野呂　充
岡田正則
人見　剛
石崎誠也 編

現代行政とネットワーク理論

法律文化社

　　　　　　　　は し が き

　今日、様々な学問分野で「ネットワーク」をキーワードとした研究が進展しており、社会を対象とする学問分野においても、社会学をはじめとして、社会をネットワーク構造として把握する分析が盛んに行われている。しかし、「学問の田舎町」とも言われる法学の分野では、ネットワーク理論の導入は未だ端緒の段階にある。

　本書は、このような状況の中で、行政法学におけるネットワーク理論の意義の解明を進めるべく行われた共同研究の成果を公にするものである。本書の基礎になった共同研究の主要なものは、科学研究費の助成を受けた研究プロジェクトである「統治の相互依存ネットワークにおける国家行政の再配置──『現代行政法』の再考と再生」（基盤研究（B）、研究代表者：野呂充、2014年度～2016年度）であるが、本書を編むに際しては、上記共同研究の参加者以外でネットワーク理論に関心を有する国内の行政法研究者にも執筆に加わっていただいた。また、上記研究プロジェクトの一環として、2015年2月に、ドイツ・シュパイヤー行政大学において開催された、日・独・韓の研究者によるシンポジウム「ネットワークにおける行政」のドイツ側代表者であるヤン・ツィーコウ教授（シュパイヤー行政大学）および韓国から参加者である金海龍氏（韓国外国語大学名誉教授）にも論文をお寄せいただくことができた。

　上記の研究プロジェクトが実施されるに至るまでには、かなり長い期間の「公私協働」にかかる共同研究の歴史があり、上記研究プロジェクトは、それを継承し、新たな段階へと発展させることを意図したものである。ここで、これまでの共同研究の経緯と問題意識について述べておくことにしたい。現代の行政において、従来は行政によって提供されてきた公的サービスの「私化」、「民営化」といわれる現象が顕著である。このような現象を把握する枠組みを設定し、これを統制するための法理を構築することが現代の行政法学の重要な課題となっている。我々は、まず、NPM（New Public Management）をテーマに、紙野健二（名古屋大学名誉教授）を中心として共同研究を組織した。その研究成果の一部は、法律時報2006年8月号の特集「NPMと行政法学の課題」とし

て公にしている。共同研究のテーマは、次に、公的サービスの提供としての公私協働に移り、科学研究費の助成を受けた研究プロジェクトとして、「PPP（公私協働）の制度化に伴う法的問題点の解明と紛争解決の在り方の検討」（基盤研究（B）、研究代表者：岡村周一（京都大学名誉教授）、2007年度～2009年度）および「特定行政領域における公私協働に焦点を当てた国家と市民社会の役割分担と規範論の検討」（基盤研究（B）、研究代表者：人見剛、2011年度～2013年度）を実施した。その研究成果は、岡村周一・人見剛編『世界の公私協働――制度と理論』（日本評論社、2012年）に結実した。

　以上の公私協働に係る共同研究は、公的セクターの変容あるいは公的セクターと私的セクターの協働という「公」と「私」の区別を念頭に置いたものであった。また、公私協働における「私」としては経済的側面が重視される傾向がある。しかし、今日においては、ヒエラルヒー的構造ではなく行政が水平的かつ多中心的な社会的ネットワークのノードの一つとして他のノードと相互に影響を及ぼしあう複雑な現象、また、市場原理の導入とは異なる公的サービスの提供形態が注目されるようになってきている。我々はこの現象を「ネットワーク」をキーワードとして把握し、また、ネットワークの概念が行政法学にとって有する意義を分析することとした。

　もっとも、ネットワーク概念は極めて多義的であり、学問分野によってもその意義は異なる。行政法学においてネットワークを対象とするに当たっては、そもそも何をもってネットワークというのかという定義問題に始まり、いかなるレベルにおいて存在するネットワークを分析対象とするのか――国際的な、特に非国家的関係において成立するネットワーク、国と地方公共団体の間ないし地方公共団体相互間の関係、行政内部の機関相互間の関係、行政と私人との関係、私人間の関係――、さらに、方法論的には、ネットワーク概念が法学上の道具概念たりうるのか問題発見概念にとどまるのか、等々の問題がある。これらについては、共同研究者の間でも様々な見解があり、必ずしも一致するに至っていない。

　しかし、我々は、ネットワーク概念が法学的概念としては未成熟であることを率直に認めて問題意識を開放することとし、ネットワークの基礎理論的探究と同時に、各共同研究者・執筆者が、自らの関心・方法に基づいて、各行政領域におけるネットワーク理論の可能性を探ることとした。これによって、行政

法学におけるネットワーク理論のポテンシャルを様々な角度から示すことができたのではないかと考える。

　本書の概要は下記の通りである。第1部では、日本、ドイツ、韓国の論者がネットワーク理論の行政法学における意義につき、各国の最新の理論状況を踏まえた基礎理論的分析を行う。第2部の諸論文は、国と自治体間、自治体相互間という行政主体間の関係へのネットワーク概念の適用を試みる。第3部の諸論文は公私協働の重要性が説かれてきたまちづくり・環境行政の領域について、ネットワーク論を用いた新たな視座の獲得を試みる。第4部の諸論文は、民間化や情報提供などの新たな行政手法に関わる法的問題をネットワーク論の見地から再検討する。

　最後に、本書に結実した長年にわたる共同研究において、その最初から中心的役割を担ってこられた紙野健二先生に、執筆者を代表して御礼を申し上げたい。紙野先生は、2017年3月をもって、名古屋大学大学院法学研究科を退職された。本書には、紙野先生のご退職を記念する論文集というという意味も与えられる。先生のますますのご健勝をお祈りします。

編集委員一同

目　次

はしがき

第1部 ネットワーク理論の行政法学における意義

1　韓国における市民社会のネットワークと行政法に対するその影響 ……………………………………… 金　海龍（荒木　修訳）　3

2　社会科学におけるネットワーク研究と公法
　　――ネットワークという概念は法学の新たなパラダイムか？
　　………………………………………… ヤン・ツィーコウ（野呂　充訳）　13

3　公私協働からネットワークへ
　　――行政法学におけるネットワーク研究序説 ……………… 人見　剛　37

第2部 ネットワーク理論から見た地方自治

4　地方自治をつなぐものとしての特別地区の可能性についての試論――ワシントン州を事例に ……………………… 前田　萌　59

5　連携中枢都市圏とネットワーク論 ………………………… 村上　博　76

6　社会的ネットワーク論と行政法・地域自治
　　――理念史的考察 ……………………………………… 岡田正則　97

目　次

```
┌─────────────────────────────────────────┐
│             第3部                        │
│  まちづくり・環境行政におけるネットワークの意義 │
└─────────────────────────────────────────┘
```

7　国土整備法及び都市建設法における自治体間調整・覚書
　　——人口減少社会における広域的な観点からの
　　　自治体間の調整・協働に関する考察のための準備作業
　　　　　　　　　　　　　　　　　……………………荒木　修　119

8　過少利用時代におけるコモンズの悲劇とアンチ・コモンズの
　　悲劇……………………………………………………角松生史　143

9　環境法におけるパートナーシップの形成の促進・強化に関
　　する予備的検討………………………………………川合敏樹　171

10　まちづくりにおける私人間の協定と行政との関係
　　——建築協定を中心に…………………………………野呂　充　189

```
┌─────────────────────────────────────────┐
│             第4部                        │
│   行政手法の変容のネットワーク論的分析       │
└─────────────────────────────────────────┘
```

11　指定確認検査機関制度と自治体の行政指導………北見宏介　209

12　公的サービスへのネットワークシステムの導入の検討
　　——情報共有ネットワークの社会的役割の評価について
　　　　　　　　　　　　　　　　……………………磯村篤範　224

13　情報の公表とリコールの行政作用体系上の位置とその法
　　的諸問題………………………………………………高橋明男　243

14　公共施設のあり方と統廃合・民営化……………三野　靖　275

第1部
ネットワーク理論の行政法学における意義

1 韓国における市民社会のネットワークと行政法に対するその影響

金　海龍（荒木　修訳）

1　現代的な国家における市民社会のネットワークの概念及び意義

　今日の世界は開かれた市民社会（オープンソサイエティ）といわれる。この言葉は、全ての者が世界のなかで相互に作用し相互に影響を与えているという意味で理解されねばならない。

　国法学的な観点からみれば、市民社会のネットワークの成立とは、国家と市民社会との区別を超えることを意味する。現代的な国家は、それ自身で存立するものではなく、独占的な権力保有者として市民に対峙するのではない。今日では、市民はもはや国家作用の客体ではない。また、国法学の理論のみならず、国家の機能も劇的に変化しているのである。1980年代以来、市民社会のネットワークの発展は重要な転換点に達している。ニューパブリックマネジメント、新たなガヴァナンス、公私協働といった新たな途は、政府の失敗、財政危機、民間セクターの成長から現れてきている。

　今日の市民社会のネットワークの発展が、権力分立原理により市民を直接的に代表する機関であるはずの議会が十分には機能していないことと密接に関連していることは確かなことである。しかし、市民の自由意思に基づく組織は、その実際上の役割に関して極めて弱い正統性しか有しないゆえに、重大な問題を抱えることになる。

　ここでニューパブリックマネジメントのテーマに関連して次のことが問題として登場する。行政は、如何にして、如何なる市民社会のネットワークと協働すべきか。そして、国家は、私人と協働した後において、市民に対してその履行義務を如何にして保障することができようか。

　公的セクターと民間セクターとの協働が適切に組織化されることはあらゆる場合に必要である。新たなガヴァナンスの方法は、公的任務の民間への委託、

民間化、第三セクターの設立、PFI、共同決定、行政決定への市民の参加など様々な形で考慮される。

　市民社会のネットワークで最も重要な役割を果たしているのはNGOであり、これは、通例、民間のボランティアにより組織され、種々の利他的な目的のために活動をする。

　しかし、市民社会のネットワークは、利他的な民間組織に限られない。今日の市民社会において、非常に多くの自己利益的なネットワークも存在し、それらも陰に陽に行政に対して作用しているからである。市民社会のネットワークという概念を把握するに際して、私人が自由意思に基づき結集した組織に限ることに必然性はない。公の手によって組織化されたものも含まれ得ることになる。韓国では、古くは実際にも、政府によって組織化され（或いは下支えされた）社団が公的任務の実現について多大な寄与を果たしてきた。韓国建国期における西北青年団、セマウル運動などがその例である。

2　韓国における市民社会のネットワークの種類

　韓国において市民社会のネットワークは多様な方向性のなかで種々存在する。5つの種類の分類することができる。

〈一般的な分類〉
1．NGO：消費者保護、環境保護、自然保護、青少年保護、社会福祉、国防の団体（朝鮮戦争・ベトナム戦争の従軍経験者の団体など）。
2．民主化のための集団。例えば、4・19学生革命、6・3学生革命、386世代。
3．同窓会。
4．一定の同郷者の団体（例、慶尚道、全羅道）。「郷友会」と呼ばれる。
5．様々な職業の集団。
〈行政のなかに存在している重要なネットワーク〉
　行政のなかにおいて、行政に大きな影響を与えるネットワークも様々に存在している。
　例えば、上級職試験合格者の集団、有名大学の学閥的なネットワーク、同郷者の集団。

3　市民社会のネットワークへの支援

　現代的な国家において確かなことは、有能な市民社会のネットワークが行政の任務実現にとって極めて大きい意義を有することである。それゆえに、適切かつ有能な市民社会のネットワークとの間で行政が良きパートナーシップを結ぼうと努めることは必然的に見える。

　2000年には、非営利民間団体支援法（NGO法）が制定されており、本法により、所管の行政庁に登録されたNGOは、行政庁から様々な援助を受け得ることになる。尤も、行政庁への登録申請は義務付けられてはいない。5条には、登録された組織に対する支援に際して当該組織の独立性及び自由意思性を考慮すべきことが定められている。[訳注1]

　市民社会のネットワークを作ることは憲法上は基本権として保障されている。しかし、この自由権的な基本権は、公共の安全及び公共の福祉のために法律の留保の下に制限され得る。多くの場合、NGOの法的地位は社団法人である。社団法人としてNGOを設立するには、所管の行政庁による許可と登録が必要である。しかし、民法32条は依然として厳しい条件を求めているために、NGOの設立は困難である。なお、このNGOのみが政府による補助金を受けることができる。

　NGO法によれば、NGOは以下のように定義されている。①非営利の組織、②民間の組織、③利他的な活動、④事業の直接の受益者の不特定性、⑤政治的・宗教的な中立、⑥100名以上の構成員、⑦少なくとも1年以上の活動実績。

　NGOに対する支援には、国家による補助金の交付、租税の減免、郵便料金の減免、その他様々な行政による補助といった種類がある。

〈ソウルにおける事例〉

　ソウル特別市ボランティア活動支援条例4条に基づき、NGO支援センターが設立されている。本センターは、届出を行ったNGOに対して様々な援助を行っている。多くのNGOは、公共の建物のホールを無料で利用することができ、また、補助金の交付を受けることができる。

　統計によると、2014年だけで、127のNGOがソウルにおいて届出を行い、ソ

ウル特別市から財政上の援助を受けていた。

4　市民社会のネットワークの活動

　1980年代末には、韓国の政治状況は民主化の方向で大きく進んでおり、公的な領域における決定プロセスへの参加と透明性に対する市民の希望が高まった。他方、韓国における経済発展は環境悪化や労働者・使用者間の紛争など多くの市民社会にとっての問題の原因となっていた。

　それ以降、幾つかの重要な市民社会のネットワーク、例えば、環境保護団体、消費者保護団体、経済的な公正に係る団体、参加への連帯が誕生した。

　それと並んで、労働組合は2つの組織に分かれて存在し、企業による団体なども存在する。市民社会のネットワークには、軍事独裁の時代に設立されたカトリックの牧師の団体のように、幾つかの宗教的な組織も含まれる。これらの多くの市民社会のネットワークは、全国規模で機能している組織である。また、地域に関連する事項に深く関わるようなローカルな組織も存在する。

　韓国におけるNGOの活動は、1990年から2000年にかけて極めて活発になった。それらは抵抗運動に際して民主化に大きく寄与していたからである。NGOは、当時から、市民社会にとっての問題を克服することを目的とし、抵抗運動に等しいという印象の存在で、独立的に着手されるものとして受け止められている。

　今日では、市民社会のネットワークは幾つかの領域では極めて重要な役割を果たしている。環境保護、消費者保護、社会福祉においてそうである。

　大規模な事業（インフラストラクチャー施設、例えば新高速鉄道、港湾、廃棄物処理施設）の建設計画の多くは、環境保護団体の強い抵抗を生み出してしまい、これらの事業の達成は長きにわたり阻止された。

　民間化は、金大中大統領の時代、国際通貨基金による財政危機の影響を強く受けていたため、極めて活発に行われた。公的任務の委託の例は民営の刑務所である。監獄行政は古くからの公的任務であるから、この委託は有能なカトリックの施設に対して一度行われただけである。委託開始後、法務部長官は監獄行政の実施につき入念に監督を行った。法務部長官による監督の実施は、保障国家の役割と関連している。

2000年代後半は韓国では市民参加の時代と呼ばれている。当時の盧武鉉大統領の下の政府が参加民主主義をモットーとして「参与政府」と名乗ったからである。NGOの構成員は、行政委員会の委員や高位の官職に就任するなど、様々な態様で行政に寄与する多くの機会を持った。

　韓国における市民社会のネットワークの成立には、特別の歴史的な背景がある。朴正熙大統領・全斗煥大統領の独裁政権の時代に、様々な組織の多くの参加者が抵抗運動に強く関わり、そのために安定した職を得ることができなかったからである。そのような者が、金大中・盧武鉉が大統領である時代に政権与党に入っていったのである。

　現在のソウル市長の朴元淳は、消費用物品のリサイクル活動の団体の常任理事であり、「参与連帯」の共同代表であったが、これらは韓国の大規模なNGOである。

　多くの市民社会のネットワークは、利己的に行動することがある。通例、職業団体はその職業活動に関わっている行政庁に対して強く働きかけている。特定のネットワークの強固な反対のために重要な行政決定が長期間阻止されることを韓国において見出すことができる。2000年に実施された医薬品販売のシステムの変更をその一例ということができよう。当時、保健福祉部は、医師の集団と薬剤師の集団との間の対立のために解決策を見付け出すことができず、経済的な公正に係る団体が両者の妥協を取り付けた。

　企業による団体は、立法及び政策形成について、ますます大きな影響力を行使している。多くの企業は、公式にも、個人的にも、様々な行政庁と密接に繋がっている。そのような関係が生じることの一因は、企業に有利な取扱を行った職員が退職したときにその企業が高位の職で採用することである。天下り職員を受け入れることは、その在職時に行われた有利な取扱への代償である。また、将来、事業を進めるうえでブローカーとなってもらうための投資でもある。

　いわゆる官民癒着の問題を解決するために、2014年に公職者倫理法が改正された。[訳注2] 17条により、公職者は退職後3年間は在職時に密接な関係にあった企業に就職してはならない。

　行政内部において、例えば大学の同窓生（学閥ネットワーク）、同郷人、上級職試験合格者といった人的な関係はとりわけ強い力を持っている。職員の昇進に際してこれらの要素は大きく影響をしている。

NGOへの陶酔は、今日、大体において以前よりは弱まっているが、NGOは政治及び行政に対してますます大きな影響力を持っている。
　NGOだけでなく、携帯電話を用いるソーシャルネットワーク（それは一定の組織内に止まらない）は、市民の生活の全ての面に大きく影響している。2008年の大統領選挙においてある候補者は選挙期間中に高齢者に対して敵対的な発言をしたために、多数の高齢者がその候補者に不利になるよう携帯電話による通信を用い、その候補者は重大な不利益を被ることとなった。
　市民社会のネットワークの持つ影響力は、今日の韓国において、ある程度下がったことは確実である。多くのNGOが多数の問題を自ら抱えているためである。不十分な専門能力、閉鎖性、独善性、腐敗、正統性の弱さ、そして市民が関心を失ったことなどである。
　このような問題があるにもかかわらず、市民社会のネットワークは、行政に対して、ときには、未だに無視できないほどの圧力集団であり協働集団である。
　2014年11月、国民権益委員会（韓国におけるオンブズマン）は、行政決定（例えば大規模事業などの建設プロジェクト）に対する大量不服の処理に関する法律の草案を示した。そこでは、あらゆる対立の場面においてADR委員会が設けられる。NGOの構成員をこのADR手続の媒介者に任命することが可能とされる。この法案は、市民社会のネットワークが市民社会の大量不服の処理にとって重要な役割を果たし得るとみているのである。

〈地方自治レベルでの市民社会のネットワークの活動の余地〉
　市民社会のネットワークは、地方自治団体の地区単位計画の策定に際して明確に作用している。それらは地区単位計画の策定の委員会に参加できる。より特筆すべきなのは、再建築整備事業組合・再開発整備事業組合は、都市及び住居環境整備法により、自らの住区について、その独自の構想をもって計画を立案できることである。韓国の最高裁判所である大法院の考え方（2009年9月17日の判決）によれば、これらの組合は本法により地方自治団体から認可されることで行政庁たる地位（行政庁的な法的な地位の受託）を得ることになる。
　このことは、市民社会のネットワークの役割が韓国では都市建設の領域で非常に強く刻印されていることを意味するのである。
　市民社会のネットワークには、地方自治法により、更なる余地が認められて

いる。
・住民は連帯して条例の制定・改正の提案を提出できる
・地方自治団体の公選職に就いている者に対する不信任投票の申立
・事務の処理に対する監査請求の申立
・不正を行った職員に対する損害賠償の住民訴訟

　これらの住民の活動に際して市民社会のネットワークは大きな役割を果たしている。

5　市民社会のネットワークの行政法的な位置付け

1　市民社会のネットワークの手続法的な側面

　法律の規定に基づき、市民社会のネットワークは行政手続への参加について多くの機会が認められている。

　韓国には、市民社会のネットワークの行政手続への参加権を認めていた法律が幾つかある（消費者基本法、環境影響評価法）。

　個別の法律が市民社会のネットワークの参加権を明文の定めにより与えてこなかった場合でも、実のところ行政手続に参加することができる。なぜなら、一般的な行政手続法においてあらゆる者の参加可能性が規定されているからである。

　行政手続法30条には、行政庁は市民の生活にとって重要な決定を行おうとするときは公開の聴聞手続を実施することができることが規定されている。この聴聞手続は、遮蔽物なしに進行する。市民社会のネットワークは、何の困難もなく、この手続において文書を閲覧し意見を述べることができる。

　今日では、行政庁には様々な委員会が附置されており、所管の行政庁による決定に先立ってその決定されるべき対象を審議することが認められている。一例は、行政安全部に置かれている、地方自治団体間の紛争に係るADRの委員会である。[訳注5]

　地方自治法4条6項によれば、行政安全部長官は、地方自治団体間の紛争をこの委員会による審議の後に決することができる。

　通常は、行政安全部長官はこの委員会の結論に基づき判断を下す。紛争が重大であるほど、行政安全部長官の決定が委員会の結論を斥けることは少なくな

る。このような事情の下、所管の行政庁の決定の重心は委員会での審議に置かれることになる。

このような委員会の設置について2つの意義が見出されてきた。一つには、今後行われることになる決定に寄与し得ることである。もう一つは、市民からの批判に対する楯として行政が委員会を用いることである。この傾向は、行政庁とNGOとの間に不適切な人的な関係があるため、極めて問題があるように考えられる。委員の任命の際に政治的・個人的な関係などの不公正な要素が作用し、それにより公正な決定が歪められ得るのである。

この問題は、約10年前の盧武鉉大統領のいわゆる参与政府の時代に相当に厳しいものであった。

そのような状況の下では、行政に設けられる様々な委員会の委員の任命について透明な手続が必要である。公的任務を民間の市民社会のネットワークに委託する場合にも、概観可能な手続を設けることが必要である。場合によっては、透明な手続こそが、行政と市民社会のネットワークとの間の協働にとって正統性の根拠となるのである。

今日の韓国において、とりわけADR組織の設置に際して、NGOを委員会の委員に任命する事例が広まっている。ADR手続は紛争解決の方法であると理解されるものなので、多くの民間の専門家がこの手続に関与しており、そこにNGOも深く関わっている。行政庁に置かれている委員会へのNGOの参加について特別の規定は、環境保護・消費者保護の領域のADRについての法律において設けられている。

2 裁判手続における市民社会のネットワークの地位

韓国の行政訴訟法によれば、原告適格が認められる者は、自己の権利が行政行為により毀損された者に限られている。

この主観的な権利保護についての根拠は、民事訴訟でも同じである。自己の権利を守ろうとする者のみが当事者適格を有する。

このような権利保護システムにとって例外なのは、消費者基本法70条による団体訴訟である。団体訴訟の提起が可能となるためには幾つかの条件がある。

・利他的に消費者保護を目的とする団体であること
・消費者基本法に基づく大統領令に定められている十分な数の構成員を有す

ること
・1年以上の活動実績があること

　主観的な権利保護のその他の例外としては証券関連集団訴訟法に定められている集団訴訟がある。[訳注6]この法律によれば、証券取引市場への参加者が違法に行動し、それによって誰か一人でも損害を蒙った場合に、集団訴訟の提起が認められる。この場合、被害者の代表として違法な行為をした者に対して訴えを提起することができ、判決の効力は訴訟に参加した者だけでなく全ての被害者にまで及ぶ。今日の韓国では、環境保護の領域に集団訴訟を導入すべきか、議論されている。

　電子商取引等における消費者保護に関する法律33条は、電子商取引における消費者の保護のためにADR委員会を設けることを定めており、[訳注7]消費者保護団体の代表を委員に任命するものとされる。消費者保護団体の代表を委員に任命することについて、法律の条文上は、不確定法概念で条件が定められているに過ぎない。そのため、行政は、自らの側にとって有利な団体を代表する者を委員として任命することができる。この例からも、市民社会のネットワークとの協働に際して良く組織化されたプロセスが準備されるべきことの理由を知ることができよう。

6　結　論

結論として次のことを指摘しておく。
・韓国には、時宜に適った市民社会のネットワークが備わっている。
・韓国における多くの市民社会のネットワークは、その役割と比較して、専門性が十分ではなく、正統性が弱いという状況にある。行政とネットワークとの間の合理性に欠ける関わり合い、市民社会の組織との協働に際しての透明性の欠如、利己的な関心に基づく関わり合いなど。
・市民社会の抱えている全ての不利な要素にもかかわらず、その積極的な作用が期待されている。市民社会のネットワークの行政への寄与を発展させるために、市民はそのような活動を監視し、透明な関係が作られるように常に努力すべきである。

第1部　ネットワーク理論の行政法学における意義

※本稿は、シュパイヤー行政大学において2015年2月26日・27日に開催された「ネットワークにおける行政（Verwaltung in Netzwerk）」において金海龍教授が報告した原稿（ドイツ語）に若干の修正が加えられたものを、その同意を得て翻訳したものである。翻訳作業に際して、李淳泰氏（韓国法制研究院・先任研究委員）の協力を得た。

　本稿に挙げられている法律のうち、民法、地方自治法、消費者基本法、行政手続法、行政訴訟法は、韓国六法編集委員会『現行韓国六法』（ぎょうせい、加除式）に翻訳が収録されている。

【訳注】
1　非営利民間団体支援法について、申龍徹「市民活動の法制度と支援に関する日韓比較」自治総研342号（2007年）135頁以下に条文の翻訳がある（特に146頁、155-162頁）。
2　公職者倫理法について、宋剛直「公職者倫理法」、「公職者倫理法施行令」外国の法令31巻4号（1992年）86頁以下、自治体国際化協会ソウル事務所「公職者等の不正防止に関する韓国の制度について」Clair Report 451号（2017年）に翻訳がある（35頁以下。http://www.clair.or.jp/j/forum/pub/docs/451.pdf, last visited 25 November 2018）。
3　都市及び住居環境整備法について、土地総合研究所のウェブサイトに周藤利一氏による翻訳がある（http://www.lij.jp/info/hourei/kankoku/toshi/toshi_005.pdf, last visited 25 November 2018）。
4　大判2009年9月17日、2007다2428（全員合意体）（総会決議無効確認）。
5　地方自治団体中央紛争調整委員会という名称である。
6　証券関連集団訴訟法について、金祥洙「証券関連集団訴訟法の制定（上）・（下）」国際商事法務32巻3号（2004年）412頁以下、4号（2004年）544頁以下、金炳学「大韓民国証券関連集団訴訟法・同規則邦語試訳」比較法学45巻2号（2011年）193頁以下に翻訳がある。
7　電子商取引等における消費者保護に関する法律について、李賢貞「大韓民国電子商取引消費者保護法2016年改正法」比較法雑誌50巻3号（2016年）425頁以下に翻訳がある。消費者被害紛争調整機構という名称である。

2 社会科学におけるネットワーク研究と公法
——ネットワークという概念は法学の新たなパラダイムか？

ヤン・ツィーコウ（野呂　充訳）

　以下の叙述は、社会科学におけるネットワーク研究および公法にとってのネットワーク研究の意味に関する議論について、ドイツにおける状況を紹介しようとするものである。「ネットワーク」という語は、ドイツの法律学の議論の中で様々な用い方がされているが、その大部分は、体系性なしに、また、熟慮せずに用いられている。ネットワーク研究に深く取り組み、その成果を法学に関する考察に結びつける研究は稀にしかなく、こうした研究は、公法よりは私法においてまだしも見られるのである[1]。公法にとってのネットワーク研究の意味を論じている刊行物の数は、片手で数えることができる。

　ドイツにおける法学研究のこのような禁欲は、他の学問分野の認識や方法への開放が大いに議論されてきたことに鑑みれば、注目に値する。開放についての議論は、1970年代においてもすでに行われていたが、経済学・社会科学のテーマ、問題設定および方法へのドイツ公法学の指向が、およそ20年前から、さらに強まっていることを確認できる。協働〔kooperative Settings〕から公民連携〔Public Private Partnerships〕に至るまでのニュー・パブリック・マネジメントの諸手段、規整モデル、そして特に広くはガヴァナンスといったものを法学に取り込もうとする試みがその代表例である。法学の方法論的自立性を他の学問分野に開放することについて、ドイツでは非常に争いがあるが、そのような方法論的開放は「新たな行政法学」という——全く不適切な——概念によって過賞されている[2]。

　ネットワーク研究がドイツの国法学・行政法学研究においていかなる意味を獲得しており、また、今後獲得することができるかについて、評価を下せるようになるためには、まず、他の学問分野におけるネットワーク研究の状況を確かめることが必要である。

第1部　ネットワーク理論の行政法学における意義

1　社会科学の諸分野におけるネットワーク研究の状況

　法学がネットワーク研究に取り組むことの困難さのかなり部分は、社会科学の諸分野において、法律学の接続能力にとって操作しやすい一義的な概念が作り出されておらず、統一的な理論ないし統一的な問題設定すら作り出されていないことにあるだろう。このことの理由は、ある程度、メタ理論レベルでの理論的なアプローチが多様であること、そしてそれに伴い、様々な社会科学に特有の研究上のアプローチがあることに存する。このことは、法学には混迷をもたらす。なぜなら、法学は概念が明確であることに依拠し、もともと、曖昧な経験上の現象に取り組むことを苦手としているからである。

　社会学は、いわば、ネットワークという基礎概念を産出し、そして、この基礎概念は、研究アプローチに応じて変化する。簡単にまとめるならば、ネットワークというこの基本概念は以下の要素によって特徴付けられている。[3]

　複数のアクターが存在すること。アクターは、個人的アクター、集合体的〔kollektiv〕アクターまたは団体的〔korporativ〕アクターのいずれであってもよい。[4] これらのアクターはネットワークにおけるノード〔Knoten〕と称される。[5] 組織またはその一部（例えば専門的部門）だけがネットワークを構成し、個人がネットワークを構成しない場合は、組織間ネットワークといわれる。国家的な組織と非国家的な組織によって構成されるハイブリッドな組織間ネットワークについては、パブリック・マネジメント・ネットワークという概念がある。[6] あるノードを通じて、他の多くのノードあるいは他のすべてのノードが結び付いている場合、そのようなノードはハブといわれる。[7]

　ノードの間に社会的な関係の網〔Geflecht〕が存在すること。[8] ここにいう関係がいかなる種類のものであるかは原則として問題にならない。関係は、対称的な場合も、非対称的な場合もありうる。対称的な関係の場合、二つのノードの間の関係は双方向において同じである。これに対し、非対称的な関係の場合、ノード1とノード2の間の関係はノード2とノード1の間の関係とは異なる。対称的な関係の典型例は婚姻であり、非対称的な関係の典型例はヒエラルヒッシュな関係である。

　それゆえ、特に法学においてみられる理解とは異なり、アクターの間の関係

が一つの地平のうえで対等であること、すなわちヘテラルヒッシュ〔heterarchisch〕であることは、ネットワークの本質的な要素ではない。ネットワーク構造がヒエラルヒッシュな場合もありうる。ヘテラルヒッシュおよびヒエラルヒッシュなネットワークと並ぶ第三の形式として、中心・周縁モデルのネットワークがある。このネットワークにおいては、「中心」というアクターが特別の地位を有する点でヒエラルヒー構造に似ているが、ヘテラルヒッシュなネットワークと同様に、関係が対称的に形成されている。ヒエラルヒーと中心・周縁構造は、ネットワークの集合的なアウトプットを容易にする手段とみなされている。

ネットワークにおける関係の網により得られる効果の基礎は、信頼や情報などの関係資本ひいては財の交換を可能とする社会的な結合〔Eingebundenheit〕というコンセプトである。ネットワーク研究の中心的な問いの一つとみなされているのは、ネットワークのアクターの社会的な結合を制御・支援することが可能かどうか、また、どうすれば可能か、という問いである。ネットワークは通例は創発的〔emergent〕なものと見られている。すなわち、ネットワークは、システムとして、個々のアクターの属性の総和を超えた属性を示す。しかし、必ずしも、ネットワークの境界を越えるアウトプットが指向されうるとか指向されねばならないというわけではない。

社会科学が等しく同じように社会科学であるわけではないが、法学においては、このことがたいてい見落とされている。社会学の問題提起およびアプローチは政治学のそれと異なり、また、政治学のそれは、経営マネジメント学のそれとも異なる。これらの様々な社会科学の内部においても、さらに様々な潮流がある。大まかな分類としては次のように区分することができる。

社会学的な視点では、ミクロレベルのネットワーク分析が中心となっている。そこで特に重視されるのは、ネットワーク内部、ネットワークの構造、アクター、アクター間の関係の考察である。

政治学、特に政策研究の分野では、ネットワークそれ自体、ネットワークと環境との関係、ネットワークの機能の仕方、ネットワークのアウトカムが問題とされる。

経営マネジメント学が中心に置いているのは、とりわけ、ネットワーク・ガヴァナンスおよびより具体的にはネットワーク・マネジメント、すなわち、

ネットワーク内のどのような制御手段を用いればネットワークの問題解決能力を確保・上昇させることができるかという問題である[16]。

構造主義的、機能主義的および制度主義的な視点の区分は、以上の分類と完全に重なりあうわけではないが、パラレルな面がある[17]。

構造主義的な視点では、ネットワークの大きさ、統合の程度および内部の権力構造が問題とされる。

特に政策研究において見られる機能主義的な視点からは、ネットワークとは、常に、市場の機能不全、ヒエラルヒッシュな制御の欠陥、技術的・社会的な発展といったものへの対応という目的に役立つものである。このような理解においては、ネットワークは、他の方法では得られずまたは同程度には得られないであろうアウトカムの達成に役立つ[18]。ネットワークを、市場およびヒエラルヒーと並ぶ、行為調整〔Handlungskoordination〕の第三の類型として捉えることができるということは、次第に広く受け容れられている[19]。

制度主義的な視点は、ネットワークが社会的構造の大枠に影響を与えうるメカニズムに焦点に目を向けている。

機能主義的な視点を前提にして、一部では、例えばAgranoffにより、ネットワーク構成員による目標に関わる相互行為の程度により細分化されている。これによれば、情報のネットワークは、問題解決策についての交換に役立つに過ぎないが、人材育成のネットワークでは、それに加え、解決策の実施に向けて、ネットワーク構成員の－個別的に自己組織化された－トレーニングも行われる。次の段階のアウトリーチ・ネットワークは、プログラム戦略を通じた目標の実現を支援し、最上位の段階にある行為ネットワークは、それを超えて、共通の行為を定義し、共通の成果をもたらす[20]。それとは異なる、理論上のアプローチの区分は、組織相互間のネットワークと転換型〔transformational〕ネットワークを区別するものである。前者は、手段的性格を有し、協働と調整を指向するものであり、後者は、ボトムアップアプローチにおける水平的な交換に基づいており、新たなシステムを生み出すことを可能とする[21]。

ネットワーク理論は、しばしば、他の概念、すなわち、ネットワーク理論と部分的に重なり合う円のような関係にある他の理論的文脈において用いられる概念と関連して議論されている。例えば、協働〔Kooperation〕、コラボレーション、共同生産〔Koproduktion〕およびガヴァナンスといった概念である。

議論されているのは、とりわけ、協働的、コラボレート的、共同生産的な手法がネットワーク形成に至るか、または、少なくとも、アクター間の振る舞いやネットワーク構造といったネットワークの次元に影響を与えるかということや、ネットワークへの組み込みが上述の手法にどのような逆作用を及ぼすかということである。[22)]上述の手法のうちの一つを選択することがネットワーク形成を示すものではないことは、議論に際して明確にしておくべきであろう。協働、コラボレーションおよび共同生産は、ネットワークの外でも可能である。逆に、ネットワークは、これらの手法の一つに必然的に依拠するものではない。これらの手法への依拠は、一定のネットワークには疑いなく妥当するが、すべてについてそうだというわけではない。

ネットワーク理論とガヴァナンス理論は非常に複雑な関係にある。このことは、一方では、ネットワークとはある種のガヴァナンス手法に他ならないのでないかという問いに関わっている。他方では、ネットワークの側がガヴァナンスを必要としているのでないか、そして、必要としているとすれば、ガヴァナンスがどのように形成されねばならないかということが、研究上論じられている。

国際的な社会科学研究のかなりの部分においては、少なくとも一定のネットワーク類型、すなわち、いわゆるガヴァナンス・ネットワークが、「第二世代のガヴァナンス手段」として理解されている。[23)]これは、第一に、提起されている問題の解決のバリエーションを見付けるために政治的・行政的・私的アクターを取り込んだネットワークにあてはまる。[24)]この意味においては、ネットワークは、イノヴェーション性と柔軟性とによって単一次元的な解決モデルを避け、解決策を探す際に多様な視点やアプローチを取り入れる制御手法として、理解されることになる。公的な目的を達成するために自己規整的なネットワークという枠組みの中で国家がイニシアティブをとることは、国家が「距離を保って」統治を行うための手段とみなされている。[25)]もっとも、国家によるイニシアティブは、ガヴァナンス・ネットワークという類型が存在するために、必須ではない。ネットワークアクターの下での自己規整は交渉を通じて行われる。[26)]例えば公民連携はガヴァナンス・ネットワークの下位形式として理解されている。[27)]

ネットワーク・ガヴァナンスとは、ネットワークアクター間の相互行為を形

成するという課題であると理解されている。ネットワーク・ガヴァナンスは極めて多様な方法で形成される。ネットワークアクターが自ら相互に調整するシェアード・ガヴァナンス、ネットワークの構成員の一人が調整を引き受けるリードメンバー・ガヴァナンス、ネットワーク・ガヴァナンスのために専門のネットワーク管理組織が設けられるいわゆるNAOモデルに大別することができる。個々のケースにおいて適切なガヴァナンス手法を選択するために、学説により、四つの指標が提案されている。それは、信頼の重要性、ネットワークの構成員の数、ネットワークの共通目標についてのコンセンサス、果たされるべき任務の性質、特に、ネットワークのレベルにおける特別な権限割り当ての必要性である。

2 ネットワーク研究と公法学

出発点においては社会科学上の用語が問題となっているのに、法学がネットワークという概念に一層力を傾注して取り組むべきであるのはなぜだろうか。伝統的・実証主義的な解答は簡単である。ネットワークという概念が次第に様々な法律で用いられているからである。例えば競争制限禁止法50a条には「欧州競争官庁ネットワーク」という文言がある。このような概念の用い方が、ネットワークの様々な形式の中の特定のもの、すなわち、公的官署の間の組織間ネットワークにしか関わっていないことは、明らかである。それゆえ、本稿においてはこれ以降、この種のネットワーク形式を詳しく扱う。しかし、法律学によるネットワークに関する議論がこれに留まらないことに変わりはない。

ネットワーク概念は、法学においては、深い検討なしに、水平的なアクター配置〔Akteurskonfiguration〕、そしてその限りでヒエラルヒッシュな組織の反対概念として理解されることが稀ではない。ネットワークをテーマとする、より掘り下げた検討であっても、経験的現象について法学が以前から行っている記述との驚くべき類似性を示している。「新たな規律構造」、「国家と市場との間」、「諸セクターの絡み合い」などの記述の使用がその例証である。法学の側からネットワーク研究に持ち込む視点とはまさに伝統的なものであると言うことができる。これに対して、社会科学におけるネットワーク研究のアプローチ

を詳しく論じ、それが公法に影響を及ぼす可能性について問うことは稀にしか行われていない。

「ネットワークは法的なコンセプトではない」というRichard Buxbaumの1993年の定式がしばしば引用されるが、ネットワークが法的に中立であるという意味に誤解されてはならない。Buxbaumの定式によって意図されているのは、「ネットワーク」とは法律学のカテゴリーではなく経験的カテゴリーであるということのみである。

証書に基づくネットワーク〔chartered network〕という類型があることは、この点と何ら矛盾しない。証書に基づくネットワークとして理解されているのは、証書に基づいていないネットワークあるいはインフォーマルなネットワークとは異なり、フォーマルなメカニズムにより制度化されているネットワークである。社会科学における一部の研究は、協定や定款と並んで議会制定法律のようなフォーマルな立法行為も、このフォーマルなメカニズムに含めている。このようなフォーマルに制度化を行うメカニズムがあっても、それによってネットワーク自体が法律学のカテゴリーとなるのではなく、一定の相互行為関係が具体的な規律の連結点として用いられるに過ぎない。法律学的視点からは、法的にフォーマル化された制度をネットワーク概念の中に取り込むことは、カテゴリー的に疑義がある。なぜなら、制度化によってネットワークは組織になるからである。しかし、法的に編成された組織とインフォーマルなネットワークを対立させるやり方は、国家による規制手段の多様性を正しく評価するものではないということを、見落としてはならない。国家の側で、組織となるようにネットワークが編成されることがなくとも、国家は、例えばネットワーク形成を意図し促進するような枠組みを作ることができる。その一例は建設法典171e条が定める「社会都市」という参加型のネットワークである。

以上とは逆に、ネットワークを契約結合として理解するときにのみネットワーク概念は法的に把握可能な概念となるというアプローチもあるが、説得力に乏しい。ネットワークの契約的構成という思考は、特に民法学で見られるが、公法におけるネットワークの前提としては合理性に乏しい。公法にとってまずは公的任務の遂行が問題であり、契約という形象は本質を規定するものではない。

すなわち、ネットワークは法律学のカテゴリーではなく規律のための連結点

であり、それゆえにすでに、ネットワークが法的に十分知覚されており、また、知覚されねばならないということになる。本来的に意義のある問題は、ネットワークという形象が法と法学に対してどこで挑戦しているかである。以下の各節において、この問題に取り組むことにする。

1　法律学に独自のネットワーク概念？

　法学においては、極めて多様な現象がネットワークとして理解されている。

　法律学の文献において一部で見られるのは、21世紀の国家はもはやヒエラルヒッシュに組織された決定構造ではなく、公的・私的なアクターの分散的なネットワークであるというテーゼである[39]。ネットワーク概念をこのように広く捉えるならば、ネットワーク概念は完全に無内容になる。ヒエラルヒッシュな制御方式を通じて完全に描写することのできない制御問題があるからといって、それが、ヒエラルヒーが行為調整の類型として完全になくなってしまってネットワークという類型により置き換えられるという帰結をもたらすわけではない。ネットワーク概念が独自の意義を発揮できるのは、ガヴァナンス・ネットワークという形式についての社会科学における出発点と同様に、ヒエラルヒーと市場の欠陥を描写する付加的類型としてネットワーク概念が理解されるときのみにおいてである[40]。

　ドイツの行政法学によるネットワーク概念の使用の仕方は曖昧であり、しかし、その代わり多用されているのであるが、これを、少なくとも部分的には、ディレンマから逃れようとするものと理解することは、完全に間違いではない。公的任務の遂行に私人が関与することや、その帰結としての公的セクターと私的セクターとの絡み合いが増大していることをめぐって、数十年にわたって行われてきた議論は、詳しく分析すれば、両セクターの異なった合理性と行為論理の統合という問題に至る。両セクターが、交換関係ないしヒエラルヒッシュな関係で向かい合っているわけではないので、両セクターの絡み合いの中で生じる関係を記述する際に、行政法学は説明に窮する。この点では、ネットワーク概念を用いることは、多分に、そのような困難を切り抜けるために用いられるメタファーである[41]。

　以上に対応して、法学がネットワーク概念を用いる場合の三つの方向のうちの一つ、そして、行政法学における二つの主要なヴァリエーションのうちの一

つは、協働的な行政の形式、すなわち、ヘテラルヒッシュな協働により公的任務の遂行にあたっている形式に関係している。その際、国家は必ずしも当該ネットワークを構成員とはみなされない。市民社会のアクターおよび／または経済的アクターのネットワークが、少なくとも、公共の利益に資する任務の遂行にも携わることもありうるのである。

　行政法学がネットワーク概念を用いて記述する第二の現象形態は、組織間のネットワークであり、その大多数は、国内的または国際的な官庁ネットワークの形式をとるものである。[42] 特にEUのレベルや、EUを越える国際的な文脈において、フォーマルな調整メカニズムが存在しない場合、またはこれを補うため、分野ごとに協働のコミュニケーション構造が生み出されている。[43] このようなコミュニケーション構造においては、関係官庁は、例えば遵守されるべき規準〔Standard〕についてインフォーマルに合意し合う。その際、国際的な規範に関する執行の規準が関係することもあり、こうした規準は、外部的な関係で適用されて企業や市民に対する効力を有することがありうる。しかしながら、必ずしもそうなるわけではない。相互運用やコミュニケーションのフォーマットなど官庁内のコミュニケーション交流に関する規準も考えられる。[44]

　組織間のネットワークでのこのようなインフォーマルなコンセンサスから行政外部に対する効果も生じ（得）ることに鑑みれば、コンセンサスに基づくこうした規準の法律学的評価が必要である。一部の学説においては「コンセンサスに基づくトランスナショナルな行政規則」[45] と位置付けるものがあるが、それが適切かどうかは、議論を要すると思われる。具体的な行政組織の外部にある他のアクターによる影響は、行政規則に関するドイツの類型論に直ちに収まるものではない。

　ネットワークの自己制御能力について語ることは適切ではないであろう。問題となっているのは、ネットワークの制御能力ではなくて自己組織化能力である。[46] それによって意図されているのは、ネットワークが自らの関係構造を自ら規律できるという能力である。それに対して、市場およびヒエラルヒーは、それらが存在するために、外から編成する規律構造に依拠しているのである。[47] これに対し、他の学問分野は、自己組織化能力をネットワークの本質的な要素とみなさず、むしろ、誰がいかなる手段でネットワーク・ガヴァナンスまたはネットワーク・マネジメントを確保するかという問いが重視されている。[48]

それゆえ、「ネットワーク」を法概念として用いるアプローチは全くもって考慮に値する。法学は概念と分類が明確であることに依拠しているおり、法治国家的な拘束により特徴付けられている行政法においてはまさにそうである。区分、類型形成、カテゴリー化は、法治国における行政法学の大きな強みである。もし社会科学における概念形成を逐一、法学に転用するならば、そのような強みが弱められてしまうだろう。なぜなら、それによって、法律学的な区分と分類が覆い隠されてしまい、法律学的な問題解決の利益が得られなくあるであろうからである。[49]それゆえに、ネットワーク理論の認識に依拠することに法学の観点から意義があるのは、経験上の現象が伝統的な法律学上の概念によって適切に記述できないとき、あるいは、ネットワーク概念に結び付いた、アクターやその相互関係への視野の変化が、今までにない認識を得る機会を与えるときである。

協働関係は、そのような認識が得られる例たりうる。協働関係は、行政法学の類型論では、インフォーマルかつヒエラルヒーにおける権威的な決定がないものとして記述されるであろう。そのような多極的な協働を、単に、ヘテラルヒッシュなネットワークと表現することは、一方で、何も言わないに等しいであろうが、他方で、次のことに視線を向けさせることになろう。すなわち、ネットワークの相互行為をより精確に観察するならば、ネットワークの中のハブあるいは優越的なもの〔Dominanz〕によって特徴付けられた「ヘゲモニー的」協働が存在しており、法学はそれによって挑戦をうけている、ということである。[50]法律学独自のネットワーク概念の形成に求められるのは、ネットワークという形象に立ち返ることを通じて、このような、そして、これに類した認識を得ることに結び付くことであろう。

2 ネットワーク、権力、民主制

今しがた「ヘゲモニー的」ネットワークという表現が用いられたが、それは、よりドラスティックには、「ネットワークの暗い側面[51]」とも称されている。すなわち、ネットワークの内部における権力化およびネットワークによる権力化の問題である。

(1) ネットワークにおける権力化 ネットワークの内部におけるネットワークアクター間の相互行為は、市場関係ではなく、例えば、情報、知識、他のア

クターとのコネクションなどのような様々なリソースの交換に依拠している。このことがもたらす帰結は、優越した交換ポテンシャルを有するネットワークアクターが、ネットワークの内部においてより多くの利益を受ける、ということである。このことは、さらに多くの交換ポテンシャルを作動させるためにもリソースを用いることができる制度化されたアクターに特に当てはまる[52]。ネットワーク概念と結び付いている少なからぬアソシエーションとは異なり、ネットワークは、必ずしも、平等主義的および同権的に構造化されているわけではない。にもかかわらず、法的な観点からは、一人または複数のネットワークアクターの重要性が優越していることに関して調整メカニズムの必要があるかどうか、という問題が設定されている[53]。

ネットワークの形成は、私人に関わる限り、基本権として保護された自由の行使に依拠している。あるネットワークの構成員になり、または、構成員であり続けることについての強制が行われない場合には、ネットワークに法的に刺激を与えることは適切でない。しかし、国家的アクターのように一定の法的拘束に服するアクター、または、他のすべてのネットワークアクターに対して絶対的優位に立つアクターがネットワークに包含されているときは、異なる考え方が当てはまるかもしれない。

前者の、国家的なネットワークアクターの場合、当然のことであるが、国家的アクターは、ネットワークの中で活動することやネットワークがその内部的な構造においてヒエラルヒーでないことを理由として、法的な拘束を免れることはできない[54]。例えば、国家的アクターにとって、知識やノウハウの交換に依拠するネットワークに包含されることが、自己の知識の欠如を埋め合わせるため、特に魅力的である場合がありうる[55]。しかし、国家的ネットワークアクターは、必要とする知識に関する交換の際に、個人情報保護〔Datenschutz〕に服する情報を提供することはできない。こうしたことが法治国家的な諸原則によって明確な場合もあれば、線引きや責任が、まさにダイナミックなネットワークにおいては不明確になる場合もありうる。このことは、とりわけビッグデータに当てはまる。ビッグデータの場合には、個々のネットワークアクターの保有するデータを繋ぎ合わせることに、ネットワークの相乗効果的な付加価値が存する。国家官署によるデータの提供が、それだけをとってみれば、個人情報保護法上許容されるかもしれないが、例えば、他のネットワークアクター

に他のデータと繋ぎ合わせて利用することを許しており、そのような利用に国家官署が協力することは問題がある、ということがありうる。逆に、他のネットワークアクターが収集した情報の国家的なアクターによる受領も、データ収集に関する規定に照らせば、同様に問題となる。

このような、およびその他の不明確さが、一部では、まさにネットワークの特徴とみなされていることを出発点とするならば、法は、ネットワークとは違う形で構造化された相互行為関係においては遵守することが当然であるような限界が、ネットワーク構造の場合においても遵守される、ということを当てにすることはできない。むしろ、公的アクターが、ネットワークにおける行動に関して、この点に関わるコンプライアンスシステムを自ら備えなければならないかどうかについて、よく検討されるべきであろう。そして、法は、このようなコンプライアンスシステムについて、最低限の要請を定めることができるであろう。

後者の、非国家的ネットワークアクターの優越の場合、学説において正しく説かれているように、優越が自由を水平的に脅かす可能性があることに、伝統的な基本権ドグマーティクよりもはるかにはっきりと、法学の光を当てなければならない[56]。しかしながら、すべてのネットワークアクターが、ネットワークに加わることあるいは留まることについて、逃れることのできない圧力に曝されていない場合には、基本権の保護義務の次元は出てこない。当該アクターにとって、ネットワークから離れていることが、ネットワーク構成員と比較して不利益となる場合にも、このことは当てはまる。むろん、ネットワークアクターの優位に服従することへの事実上の強制が個々のケースにおいて存するとしても、それだけでは公法に対する一般的な形成要請が生じることはない。アクターの状況が、基本権として保護された自由の個別的否定にとどまらず、広範に構造的な否定をもたらす場合において、初めて生じるであろう[57]。

(2) ネットワークの対外的な効果　ここまでの考察は、ネットワーク内部での権力化に鑑みた法の対応にかかわるものであったが、法の視線は、次に、ネットワークとその環境との関係に向けられなければならない。上述の「権力化」の問題に関しては、このことは、以下の二つの点で妥当する。すなわち、ネットワークを閉鎖することの許容性と公的任務の遂行にネットワークが及ぼす影響である。

ネットワークアクターの範囲がそれ以上広げられることがないとき、閉鎖されたネットワークが存在する。ネットワークをこのように閉鎖することには複数の理由がありうる。例えば、そもそもネットワークのアクターとして考えられる者の範囲が初めから限定される場合がありうる。第二に、ネットワークアクターの範囲を固定することは、ネットワーク内部でのアクター間の関係を濃密にし、このことはネットワークのパフォーマンス能力と長期持続性に役立つ。第三に、ネットワークを閉鎖することは、ネットワークの相乗効果により生み出される利益をネットワーク構成員という限定された範囲に排他的に帰属させることで、カルテル形成の一形式ともなっている。公法の観点からは、ネットワーク閉鎖により公共の福祉に対する消極的な効果が及ぶおそれがあるときに初めて、法的対応の必要が生じる。競争法の手段により対処されるべきである、経済的意図を有するカルテル形成を除いて、法は、特に、ネットワークが公共の福祉にとって重要なリソース、例えば一定の領域における知識を独占する場合に、挑戦を受ける。このような場合、規律を、例えば、リソースへの無差別なアクセスについての規律へと発展させることが合理的かどうかが吟味を要する。

　公法の観点から特に興味深いのは、公的任務の遂行に影響を及ぼすようなネットワークである。その際、統一的な類型が存在しているわけではない。例えば、次のような形式を区別することができる。第一に、もっぱら私人によって構成されるネットワークであって、国家による任務遂行の欠缺を埋め合わせようとするものがある。第二に、制度化された国家的アクターと私人からなるハイブリッドのネットワークを挙げることができる。ここで、公的任務の遂行を改善するために活動する私人としては、企業の場合も市民社会のアクターの場合もある。これに該当するものの例の大部分は、先述の政策ネットワーク〔Policy Netzwerke〕である。第三は、国家的な機関の中で活動する人とそうでない人とによって構成されるネットワークであり、このようなネットワークを通じて、公的任務の遂行の態様に影響が及ぼされる。これらのネットワークには様々な問題が結びついており、その中の一部には法的に有意味なものもありうる。

　中心的な問題は、公的任務の遂行にネットワークあるいはそのアクターを引き込むことの民主的な正統性である。[58] 法律に基づいてフォーマル化されたネッ

トワークが問題となっていない場合、または、ネットワークのアウトプットの国家的なアクターによる支配のような他のメカニズムが民主的正統性をもたらしていない場合、ドイツの憲法理解によれば、民主的正統性が欠けているというだけではすまない。それどころか、特にガヴァナンス・ネットワークの類型においては、それが代表制民主制の諸制度を掘り崩す危険が認められている[59]。ただ、このような評価には、少なくとも、誇張があると思われる。直接民主制のプロセスやその他の市民参加形態と同様に[60]、ガヴァナンス・ネットワークは国家的な諸制度を代替するものではなく、それをサポートし、強化することを目指すものである。すなわち、このように理解すると、ガヴァナンス・ネットワークは、民主制の新たな形態の手段の一つである。国家的な諸制度に留保されている決定を代替するために、ネットワーク構造が意図的に作られ利用されるときに初めて、制度的な観点からの問題が生じる。それでも、ネットワークが共同生産的に国家による決定を規定しあるいは部分的にそれを引き受けるというときには、先に触れた民主的な正統性の問題が残る。その場合には、ネットワーク構成員の幅広いコンセンサスによって機能的に同等の正統化をもたらすことはできないのである[61]。この問題を描き出すために、メタガヴァナンスというコンセプトが国際的に普及している。このコンセプトが主に狙いとするのは、ネットワークデザイン、ネットワークにより追求される目標の定式化、およびネットワークの相互行為といったものに対する中心的な影響力を、国家的な、特に民主的に責任を負う政治的なアクターに与えることである。さらに、透明性と公の場での討論によってガヴァナンス・ネットワークの答責性が保障されることも必要だと考えられている[62]。

　以上の帰結として、ガヴァナンス・ネットワークの一定の枠条件を規整すべきという要請が導かれる。例えば、以下のようなことを保障するルールが必要であると考えられている。すなわち、ネットワークにより追求される目標に利害関係を有するすべての重要なアクターが引き入れられていること、ネットワークの内部での討論が透明であり、公正であり、結果に対して開かれていること、とりわけ、すべてのアクターが討論への参加について平等なチャンスを有することである[63]。このような、ガヴァナンス・ネットワークを民主主義的に繋留するための規整システムにより、ネットワークをあらゆる点においてフォーマルな諸制度に妥当するルールに拘束し、これによってネットワークの

特有のパフォーマンス能力を奪ってしまうことが、回避されるのである。

もう一つの問題領域は、例えば行政部門と政治部門のように、フォーマル・法的には分離されたシステム間の架橋である。このような分離を架橋するインフォーマルなネットワークは、ネットワークアクターの情報上・手続上の利益をもたらすが、このような利益は、法システムが予定していないものである。このことは、特に、法的に形成された手続について重要である。このような手続は、法治国家的な理由から、通例、一定の行為予期、権限および限界といったものと結びついた一定の手続役割の割り当てに依拠している。規律された手続に参加する者は、手続法の枠内において他の手続参加者と等しく手続結果に対して影響を及ぼすチャンスを有することについて信頼することができる。これに対して、ネットワークの相互行為は、手続の合理性とは異なる論理に依拠している。ネットワークの相互行為の大部分が、ハブであるネットワークアクターを経由するとき、当該ネットワークアクターはネットワークのアウトプットについてかなり強い影響を及ぼしうる。法治国家的手続は、さらに、弱者に対する埋め合わせ、すなわち「武器対等」を、まさに狙いとするが、これに対して、ネットワークにおけるアクター間の関係は、交換－それと結び付いた様々なポテンシャルをも含む－に依拠する。それゆえ、ネットワークの形成とネットワークにおける相互行為の結果、手続構造と手続保障がかいくぐられることになってはならない。

3　機能的強化

すべてのネットワークが目標の追求を指向するわけではない。むしろ、ネットワークには、コミュニケーションまたは交換を指向し、ネットワーク構築による相乗効果的な付加価値は追求されていないようなものも存在しており、また、社会科学における一般的な意味でのネットワークの大部分はそういうものである。しかしながら、公共の福祉に関わる目標を有する目標指向的ネットワークが問題となっている場合には、目標達成を促進するための規整的な援助を考慮に入れることができる。

ネットワークは――先述のように適切な理解ではないが――自己規整的であるという理解が圧倒的多数であることに鑑み、国家によるネットワーク規整を連想することは大抵避けられている。その代わりにガヴァナンスの必要性につ

いて語られている。このガヴァナンスは、ネットワークアクターの引きこみとコミットメント、ネットワーク内に存するリソースの効率的・効果的な投入ならびに紛争の解決に向けられたものである。そのようなガヴァナンスは、手段としては、マネジメントの意味でのネットワーク・ガヴァナンスまたは規整された自己規整という二つの形式で実現されている[67]。

ネットワーク・ガヴァナンスは、それによって国家がその「高権的な特別の役割」を奪われるので、公法の観点からすればアナーキーに他ならない、というテーゼが少数の者によって述べられているが[68]、賛同することはできない。それとは全く逆で、国家はその特別の役割と公共の福祉に対する最終責任ゆえに、純粋に高権的な制御では十分でないときにはその他の行為手法を作り出すことを義務付けられている。もっぱら高権的な制御手段に依拠することへの退縮は、国家の機能不全に他ならないであろう。国家は個々のケースに最も適した制御形式を用いることでき、また、そうすべきであることは、行政法学において、形式選択の自由という形象によって、古くから承認されている[69]。

ただし、法学の視点からは、複数のガヴァナンス手法の間の選択は、状況ごとの決定や個人的な政治的選好に委ねられてはならず、構造化して行うべきであろう。行政学上は、そのような構造化は制度的選択〔instrumental choice〕として理解されうるであろうし[70]、行政法上は、このような構造化は、行為形式論という概念によって知られている[71]。

ネットワークに国家が影響を及ぼすことを固有の行為形式として理解するところまで行かなければならないかどうかについては、疑わしいように思われる。しかしながら、少なくとも、公共の福祉を指向する様々なネットワークおよびそのアクターや相互行為といったものの様々な形式に法学が取り組み、そこから、マネジメントによるものであれ規制的なものであれ、ネットワーク・ガヴァナンスの諸手段を整理するための手がかりを作り出すことは、有意義である。ネットワークに影響を及ぼすこれらの手段は、法規範のみに限定され得ず、様々なインセンティヴのセットが組み合わさっていなければならない。これは、特に契約的な手段も含みうる。例えば、契約、完全な拘束力のないとりきめ、互酬的な考慮に基づくサンクション、紛争解決メカニズムの履行などである[72]。

さらに、ネットワークに国家が影響を及ぼすことが新たな装いのヒエラル

ヒッシュな制御であると誤解しないように、注意されねばならない。ネットワークにおける関係を、ヒエラルヒッシュな制御手法との関係で補充的なものであると理解しうるのであれば、ネットワークにおける関係は、その特殊な行為構造において、真剣に受け止められねばならない。ネットワークにおいては、ヒエラルヒッシュな制御とは異なり、討議して選択肢を作り上げること、討議から学ぶこと、帰結および修正がオープンであることが特に重要である[73]。それゆえに、これらのプロセスとその帰結を、ヒエラルヒッシュな行政手続の安定化予期によって判定してはならない。このことは、例えば、国家によるネットワーク・ガヴァナンスは、行政行為や公法上の契約について発展した特殊な存続効理論に服することはできない、という帰結をもたらす[74]。しかし、このことは逆に、このようなガヴァナンス手法を選択することによって、国家に適用される公法という特別な法秩序を国家が免れることになってはならないということを意味する。

このことは、その帰結として、迂回禁止、すなわち、国家が手続法により構造化された他の行為形式も用い得るであろう場合にはネットワーク・ガヴァナンス手法を選択することが国家に対して拒絶されるということを意味するものではない。なぜなら、もしそうであるとすれば、国家の手段選択は事実上否定されてしまうであろうからである。法的挑戦は、アクター間の関係の適切な枠組みを生み出すことにより、選択可能性を可能にすることに存し、これを否定することには存しない[75]。このような法的枠組みは、学説において、説明責任の枠組み〔accountability framework〕とも称されているものであるが[76]、一方における柔軟性およびダイナミズムと、他方におけるネットワークの相互行為についてのネットワークアクターによる責任の引き受けとの間での調整をするためのデザインに取り組まなければならないであろう[77]。

3 結　語

社会科学におけるネットワークに関する論議が公法学に投げかけている挑戦は、さらなる問題設定により補充されうることは確実であるが、以下のようにまとめることができる。

1. 法学において十分な類型構築が欠如している中で、ネットワーク概念に

依拠することが、いかなる相互行為関係にとって有意義であるかを明らかにすること。

2．それに関連して、ネットワークの類型を発展させ、法的意味での組織の諸形態との区別をすること。

3．それに関連して、限界、すなわち、それを越えてしまうと、ネットワークのようなインフォーマルな行為連関が法的な制度化によって組織となり、単なるイニシアティブや枠設定が存在するわけではなくなる限界を突きとめること。

4．それに関連して、法学に固有のネットワーク概念の核心的な要素を発展させること。

5．ネットワークの中でインフォーマルに生み出された、(事実上の)外部的効果を有する規準を、法的に評価すること。

6．ネットワークアクターたる国家に関するコンプライアンスシステムについての考察。

7．独占的な傾向を有する、ネットワーク閉鎖に対して、リソースへの無差別のアクセスを可能にする規整が適切であると考えられるか、吟味すること。

8．公的任務の遂行に影響を及ぼすようなネットワークについて、メタガヴァナンスの手段を構造化すること、および、討議への平等な参加を開くことについての考察。

9．手続の配置によって意図されたフォーマル・法的なシステム間分離を、ネットワーク形成による架橋に対して保護すること。

10．ネットワーク・ガヴァナンスの手段の配置〔Konfiguration〕に関する手がかりを生み出すこと。

11．一方における柔軟性およびダイナミズムと、他方におけるネットワークの相互行為に関するネットワークアクターによる責任の引き受けとの間の調整に関して説明責任の枠組みに関する要請に取り組むこと。

【注】

1）Vgl. 民法の視点に関し、*Sebastian Weber*, Netzwerkbeziehungen im System des Zivilrechts, Berlin 2017.

2）Siehe *Andreas Voßkuhle*, Neue Verwaltungsrechtswissenschaft, in: Wolfgang

Hoffmann-Riem/Eberhard Schmidt-Aßmann/Andreas Voßkuhle (Hrsg.), Grundlagen des Verwaltungsrechts, Bd. I, 2. Aufl. München 2012, § 1.
3) Siehe nur *Erik-Hans Klijn/Joop Koppenjan*, The Shift toward Network Governance, in: Steven Van de Walle/Sandra Groeneveld (Hrsg.), Theory and practice of public sector reform, New York/London 2017, S. 158 (164 ff.).
4) *Dorothea Jansen/Andreas Wald*, Netzwerktheorien, in: Arthur Benz/Susanne Lütz/Uwe Schimank et al. (Hrsg.), Handbuch Governane, Wiesbaden 2007, S. 188 (189).
5) *Dorothea Jansen*, Einführung in die Netzwerkanalyse, 3. Aufl. Wiesbaden 2006, S. 13.
6) *Robert Agranoff*, Inside Collaborative Networks: Ten Lessons for Public Managers, Public Administration Review, Spec. Issue Dec. 2006, S. 56; *Michael McGuire/Robert Agranoff*, The Limitations of Public Management Networks, Public Administration 89 (2011), S. 265 (266).
7) *Klaus F. Röhl*, Rechtssoziologie-online, § 56 S. 6, https://rechtssoziologie-online.de/, aufgerufen am 9.9.2018.
8) *Cecilia Rossignoli/Francesca Ricciardi*, Inter-Organizational Relationships, Cham/Heidelberg/New York 2015, S. 41 ff.
9) So etwa *Dieter Bensmann*, Netzwerke, Freiburg/München/Suttgart 2018, S. 41; *Karl-Heinz Ladeur*, Der Staat der „Gesellschaft der Netzwerke", Der Staat 48 (2009), S. 163 (165, 175); *Karsten Nowrot*, Netzwerke im transnationalen Wirtschaftsrecht und Rechtsdogmatik, Halle 2007, S. 7.
10) *Mathias E. Brun/Philippe Mastronardi/Kuno Schedler*, Hierarchie und Netzwerke, Bern/Stuttgart/Wien 2005, S. 3; *Hans de Bruijn/Ernst ten Heuvelhof*, Management in Networks, 2. Aufl. London/New York 2018, S. 78 ff.; *Dorothea Jansen*, Einführung in die Netzwerkanalyse, 3. Aufl. Wiesbaden 2006, S. 13.
11) *Dorothea Jansen/Andreas Wald*, Netzwerktheorien, in: Arthur Benz/Susanne Lütz/Uwe Schimank et al. (Hrsg.), Handbuch Governane, Wiesbaden 2007, S. 188 (192).
12) *Dorothea Jansen/Andreas Wald*, Netzwerktheorien, in: Arthur Benz/Susanne Lütz/Uwe Schimank et al. (Hrsg.), Handbuch Governane, Wiesbaden 2007, S. 188 (192).
13) *Dorothea Jansen/Andreas Wald*, Netzwerktheorien, in: Arthur Benz/Susanne Lütz/Uwe Schimank et al. (Hrsg.), Handbuch Governane, Wiesbaden 2007, S. 188 (189). Zur Bedeutung von Vertrauen in diesem Zusammenhang etwa *Dieter Bensmann*, Netzwerke, Freiburg/München/Suttgart 2018, S. 59 ff.
14) *Dorothea Jansen*, Einführung in die Netzwerkanalyse, 3. Aufl. Wiesbaden 2006, S. 13.Aufl. Wiesbaden 2006, S. 13.
15) Vgl. *Keith G. Provan/Patrick Kenis*, Modes of Network Governance, Journal of Public Administration Research and Theory 18 (2007), S. 229 (232).
16) *Erik-Hans Klijn/Joop Koppenjan*, The Shift toward Network Governance, in: Steven Van de Walle/Sandra Groeneveld (Hrsg.), Theory and practice of public sector reform, New York/London 2017, S. 158 (167 ff.); *Michael McGuire/Robert Agranoff*, The Limitations of Public Management Networks, Public Administration 89 (2011), S. 265 (266). Eingehend zum Netzwerkmanagement *Hans de Bruijn/Ernst ten Heuvelhof*, Management in Networks, 2. Aufl. London / New York 2018.

第1部　ネットワーク理論の行政法学における意義

17) この区別について、*Deborah Rice*, Governing Through Networks: A Systemic Approach, in: Robyn Keast/Myrna Mandell/Robert Agranoff (Hrsg.), Network theory in the Public Sector, New York/London 2014, S. 103 (104 ff.).
18) Vgl. *Keith G. Provan/Patrick Kenis*, Modes of Network Governance, Journal of Public Administration Research and Theory 18 (2007), S. 229 (233).
19) *Eva Sørensen/Jacob Torfing*, The Democratic Anchorage of Governance Networks, Scandinavian Political Studies 28 (2005), S. 195 (197).
20) *Robert Agranoff*, Inside Collaborative Networks: Ten Lessons for Public Managers, Public Administration Review, Spec. Issue Dec. 2006, S. 56 (59).
21) *Myrna P. Mandell*, Introduction: Understanding Theory, in: Robyn Keast/Myrna Mandell/Robert Agranoff (Hrsg.), Network theory in the Public Sector, New York/London 2014, S. 3 (7f.).
22) Dazu *Ora-orn Poocharoen/Bernard Ting*, Collaboration, Co-Production, Networks-Convergence of theories, Public Management Review 17 (2015), S. 587 ff.
23) *Tom Entwistle/Gillian Bristow/Frances Hines* et al., The Dysfunctions of Markets, Hierarchies and Networks in the Governance of Partnerships, Urban Studies 44 (2007), S. 63 (64); *Robyn Keast*, Network Theory Tracks and Trajectories: Where from, Where to?, in: Robyn Keast/Myrna Mandell/Robert Agranoff (Hrsg.), Network theory in the Public Sector, New York/London 2014, S. 15 (22 f.); so beispielsweise auch aus juristischer Perspektive *Nikolaos I. Simantiras*, Netzwerke im europäischen Verwaltungsverbund, Tübingen 2016, S. 24.
24) *Erik-Hans Klijn*, Governance and Governance Networks in Europe, Public Management Review 10 (2008), S. 505 (513).
25) *Eva Sørensen/Jacob Torfing*, The Democratic Anchorage of Governance Networks, Scandinavian Political Studies 28 (2005), S. 195 (196).
26) *Eva Sørensen/Jacob Torfing*, The Democratic Anchorage of Governance Networks, Scandinavian Political Studies 28 (2005), S. 195 (197).
27) *Erik-Hans Klijn*, Governance and Governance Networks in Europe, Public Management Review 10 (2008), S. 505 (511).
28) *Erik-Hans Klijn/Joop Koppenjan*, The Shift toward Network Governance, in: Steven Van de Walle/Sandra Groeneveld (Hrsg.), Theory and practice of public sector reform, New York/London 2017, S. 158 ff.; *Michael McGuire/Robert Agranoff*, The Limitations of Public Management Networks, Public Administration 89 (2011), S. 265 (266).
29) Vgl. *Keith G. Provan/Patrick Kenis*, Modes of Network Governance, Journal of Public Administration Research and Theory 18 (2007), S. 229 (234). Zum NAO-Modell eingehend *Angel Saz-Carranza/Susanna Salvador Iborra/Adrià Albareda*, The Power Dynamics of Mandated Network Administrative Organizations, Public Administration Review 76 (2015), S. 449 ff.
30) *Keith G. Provan/Patrick Kenis*, Modes of Network Governance, Journal of Public Administration Research and Theory 18 (2007), S. 229 (237).
31) Vgl. etwa *Andreas Voßkuhle*, Neue Verwaltungsrechtswissenschaft, in: Wolfgang Hoffmann-Riem/Eberhard Schmidt-Aßmann/Andreas Voßkuhle (Hrsg.), Grundlagen

des Verwaltungsrechts, Bd. I, 2. Aufl. München 2012, § 1 Rn. 68; *Hans-Heinrich Trute*, Die demokratische Legitimation der Verwaltung, in: a.a.O, § 6 Rn. 61.

32) *Karsten Nowrot*, Netzwerke im transnationalen Wirtschaftsrecht und Rechtsdogmatik, Halle 2007, S. 30.

33) Vgl. *Gunnar Folke Schuppert*, Verwaltungsorganisation und Verwaltungsorganisationsrecht als Steuerungsfaktoren, in: Wolfgang Hoffmann-Riem/Eberhard Schmidt-Aßmann/Andreas Voßkuhle (Hrsg.), Grundlagen des Verwaltungsrechts, Bd. I, 2. Aufl. München 2012, § 16 Rn. 134 ff.

34) *Richard M. Buxbaum*, Is „Network" a Legal Concept?, Journal of Institutional and Theoretical Economics 149 (1993), S. 698 (704).

35) *Robert Agranoff*, Inside Collaborative Networks: Ten Lessons for Public Managers, Public Administration Review, Spec. Issue Dec. 2006, S. 56; *Robert Agranoff*, Managing within Networks, Washington D.C. 2007, S. 7 ff.

36) *Robert Agranoff*, Managing within Networks, Washington D.C. 2007, S. 7.

37) *Gunther Teubner*, Netzwerk als Vertragsverbund, Baden-Baden 2004; *Lars Viellechner*, Können Netzwerke die Demokratie ersetzen?, in: Sigrid Boysen/Ferry Bühring/Claudio Franzius et al. (Hrsg.), Netzwerke, Baden-Baden 2007, S. 36 (43).

38) Vgl. nur *Gunther Teubner*, Coincidentia oppositorum: Das Recht der Netzwerke jenseits von Vertrag und Organisation, in: Marc Amstutz (Hrsg.), Die vernetzte Wirtschaft, Zürich/Basel/Genf 2004, S. 11 (23 ff.); *Sebastian Weber*, Netzwerkbeziehungen im System des Zivilrechts, Berlin 2017, S. 72 ff.

39) So *Gunther Teubner*, Polykorporatismus: Der Staat als „Netzwerk" öffentlicher und privater Kollektivakteure, in: Hauke Brunkhorst/Peter Niesen (Hrsg.), Das Recht der Republik, Frankfurt a.M. 1999, S. 346.

40) Vgl. *Jan Philipp Schaefer*, Die Umgestaltung des Verwaltungsrechts, Tübingen 2016, S. 363.

41) Vgl. etwa *Poul F. Kjaer*, Embeddedness through Networks, German Law Journal 10 (2009), S. 483 (488); *Jan Philipp Schaefer*, Die Umgestaltung des Verwaltungsrechts, Tübingen 2016, S. 257. Zur Charakterisierung des Begriffs des Netzwerks als Metapher vgl. *Christoph Möllers*, Netzwerk als Kategorie des Organisationsrechts, in: Janbernd Oebbecke (Hrsg.), Nicht-normative Steuerung in dezentralen Systemen, Stuttgart 2003, S. 285 (286 ff.); *Katharina Reiling*, Der Hybride, Tübingen 2016, S. 330.

42) Siehe nur *Kai von Lewinski*, Datenschutzaufsicht in Europa als Netzwerk, Neue Zeitschrift für Verwaltungsrecht 2017, S. 1483 ff.; *Manuel Patrick Schwind*, Netzwerke im Europäischen Verwaltungsrecht, Tübingen 2017; *Nikolaos I. Simantiras*, Netzwerke im europäischen Verwaltungsverbund, Tübingen 2016.

43) Vgl. *Christoph Möllers*, Netzwerk als Kategorie des Organisationsrechts, in: Janbernd Oebbecke (Hrsg.), Nicht-normative Steuerung in dezentralen Systemen, Stuttgart 2003, S. 285 (290 ff.); *Manuel Patrick Schwind*, Netzwerke im Europäischen Verwaltungsrecht, Tübingen 2017, S. 155 ff.; *Nikolaos I. Simantiras*, Netzwerke im europäischen Verwaltungsverbund, Tübingen 2016, S. 26 ff.

44) *Christoph Möllers*, Netzwerk als Kategorie des Organisationsrechts, in: Janbernd

Oebbecke (Hrsg.), Nicht-normative Steuerung in dezentralen Systemen, Stuttgart 2003, S. 285 (290 ff.).
45) So *Christoph Möllers*, Netzwerk als Kategorie des Organisationsrechts, in: Janbernd Oebbecke (Hrsg.), Nicht-normative Steuerung in dezentralen Systemen, Stuttgart 2003, S. 285 (292).
46) *Erik-Hans Klijn*, Governance and Governance Networks in Europe, Public Management Review 10 (2008), S. 505 (510).
47) *Klaus F. Röhl*, Rechtssoziologie-online, § 56 S. 15 f., https://rechtssoziologie-online.de/, aufgerufen am 9.9.2018.
48) Vgl. nur *Erik-Hans Klijn/Joop Koppenjan*, The Shift toward Network Governance, in: Steven Van de Walle/Sandra Groeneveld (Hrsg.), Theory and practice of public sector reform, New York/London 2017, S. 158 ff.; *Michael McGuire/Robert Agranoff*, The Limitations of Public Management Networks, Public Administration 89 (2011), S. 265 (266).
49) Vgl. *Christoph Möllers*, Netzwerk als Kategorie des Organisationsrechts, in: Janbernd Oebbecke (Hrsg.), Nicht-normative Steuerung in dezentralen Systemen, Stuttgart 2003, S. 285 (295).
50) Vgl. *Christoph Möllers*, Netzwerk als Kategorie des Organisationsrechts, in: Janbernd Oebbecke (Hrsg.), Nicht-normative Steuerung in dezentralen Systemen, Stuttgart 2003, S. 285 (296).
51) *Volker von Prittwitz*, Die dunkle Seite der Netzwerke, http://www.volkervonprittwitz.de/die_dunkle_seite_der_netzwerke.htm, Abrufdatum: 15.8.2016.
52) *Volker von Prittwitz*, Die dunkle Seite der Netzwerke, sub 1., http://www.volkervonprittwitz.de/die_dunkle_seite_der_netzwerke.htm, Abrufdatum: 15.8.2016.
53) Für die Rolle der Kommission in Netzwerken im europäischen Verwaltungsverbund auch *Nikolaos I. Simantiras*, Netzwerke im europäischen Verwaltungsverbund, Tübingen 2016, S. 79 ff.
54) *Michael McGuire/Robert Agranoff*, The Limitations of Public Management Networks, Public Administration 89 (2011), S. 265 (279).
55) *Jan Philipp Schaefer*, Die Umgestaltung des Verwaltungsrechts, Tübingen 2016, S. 366.
56) *Lars Viellechner*, Können Netzwerke die Demokratie ersetzen?, in: Sigrid Boysen/Ferry Bühring/Claudio Franzius et al. (Hrsg.), Netzwerke, Baden-Baden 2007, S. 36 (49).
57) 基本権保護義務の発動要件の要約として、*Christian Calliess*, Schutzpflichten, in: Detlef Merten/Hans-Jürgen Papier (Hrsg.), Handbuch der Grundrechte, Bd. II, Heidelberg 2006, § 44 Rn. 5 ff.
58) Dazu *Eva Sørensen/Jacob Torfing*, The Democratic Anchorage of Governance Networks, Scandinavian Political Studies 28 (2005), S. 195 (196 ff.); *Manuel Patrick Schwind*, Netzwerke im Europäischen Verwaltungsrecht, Tübingen 2017, S. 141 ff.
59) Dazu *Charles Conteh*, Rethinking accountability in complex and horizontal network delivery systems, Canadian Public Administration 59 (2016), S. 224 ff.; *Eva Sørensen/*

Jacob Torfing, The Democratic Anchorage of Governance Networks, Scandinavian Political Studies 28 (2005), S. 195 (199).
60) Siehe *Jan Ziekow*, Bürgerbeteiligung und Bürgerengagement in der verfassten Demokratie, in: Kurt Beck/Jan Ziekow (Hrsg.), Mehr Bürgerbeteiligung wagen, Wiesbaden 2011, S. 33 (38).
61) 異なる見解として、Karsten Nowrot, Netzwerke im transnationalen Wirtschaftsrecht und Rechtsdogmatik, Halle 2007, S. 35.
62) *Erik Hans Klijn/Joop Koppenjan*, Governance Networks in the Public Sector, London/New York 2016, S. 220 ff.; *Michael McGuire/Robert Agranoff*, The Limitations of Public Management Networks, Public Administration 89 (2011), S. 265 (278 f.); *Eva Sørensen/Jacob Torfing*, The Democratic Anchorage of Governance Networks, Scandinavian Political Studies 28 (2005), S. 195 (203 ff.).
63) *Volker von Prittwitz*, Die dunkle Seite der Netzwerke, sub 4.1.f, http://www.volkervonprittwitz.de/die_dunkle_seite_der_netzwerke.htm, Abrufdatum: 15.8.2016; *Eva Sørensen/Jacob Torfing*, The Democratic Anchorage of Governance Networks, Scandinavian Political Studies 28 (2005), S. 195 (213).
64) *Eva Sørensen/Jacob Torfing*, The Democratic Anchorage of Governance Networks, Scandinavian Political Studies 28 (2005), S. 195 (214).
65) Vgl. これに関連するものとして *Volker von Prittwitz*, Die dunkle Seite der Netzwerke, sub 2., http://www.volkervonprittwitz.de/die_dunkle_seite_der_netzwerke.htm, Abrufdatum: 15.8.2016.
66) Vgl. zu den Verfahrensgrundsätzen *Jens-Peter Schneider*, Strukturen und Typen von Verwaltungsverfahren, in: Wolfgang Hoffmann-Riem/Eberhard Schmidt-Aßmann/Andreas Voßkuhle (Hrsg.), Grundlagen des Verwaltungsrechts, Bd. II, 2. Aufl. München 2012, § 28 Rn. 27 ff.
67) Siehe dazu *Karl-Heinz Ladeur*, Der Staat der „Gesellschaft der Netzwerke", Der Staat 48 (2009), S. 163 (189).
68) *Jan Philipp Schaefer*, Die Umgestaltung des Verwaltungsrechts, Tübingen 2016, S. 289.
69) Dazu *Bernhard Kempen*, Die Formenwahlfreiheit der Verwaltung, München 1989.
70) 制度的選択について vgl. *Gunnar Folke Schuppert*, Verwaltungswissenschaft, Baden-Baden 2000, S. 352 ff.
71) Vgl. dazu nur *Philipp Reimer*, Zur Theorie der Handlungsformen des Staates, Baden-Baden 2008.
72) Vgl. *Jacques Ziller*, Public Administration, Networks and Law, in: Arthur Benz/Heinrich Siedentopf/Karl-Peter Sommermann (Hrsg.), Institutionenwandel in Regierung und Verwaltung. Festschrift Klaus König zum 70. Geburtstag, Berlin 2004, S. 279 (283 ff.).
73) *Karl-Heinz Ladeur*, Von der Verwaltungshierarchie zum administrativen Netzwerk?, Die Verwaltung 1993, S. 137 (162).
74) Vgl. これに関連するものとして *Karl-Heinz Ladeur*, Von der Verwaltungshierarchie zum administrativen Netzwerk?, Die Verwaltung 1993, S. 137 (162 f.).

75) Vgl. *Jacques Ziller*, Public Administration, Networks and Law, in: Arthur Benz/ Heinrich Siedentopf/Karl-Peter Sommermann (Hrsg.), Institutionenwandel in Regierung und Verwaltung. Festschrift Klaus König zum 70. Geburtstag, Berlin 2004, S. 279 (284 f.).

76) *Jacques Ziller*, Public Administration, Networks and Law, in: Arthur Benz/Heinrich Siedentopf/Karl-Peter Sommermann (Hrsg.), Institutionenwandel in Regierung und Verwaltung. Festschrift Klaus König zum 70. Geburtstag, Berlin 2004, S. 279 (285). Dazu, dass accountability nicht zwangsläufig die demokratische Legitimation verstärkt *Nikolaos I. Simantiras*, Netzwerke im europäischen Verwaltungsverbund, Tübingen 2016, S. 111 ff.

77) Siehe auch *Manuel Patrick Schwind*, Netzwerke im Europäischen Verwaltungsrecht, Tübingen 2017, S. 342 f.

3 公私協働からネットワークへ
―― 行政法学におけるネットワーク研究序説

人見　剛

1　「ネットワーク」の概念

1　法律上の「ネットワーク」概念

　「ネットワーク」という概念は、一般的には「網状の連結組織」を意味するものであろうが、法律上は、2000年に制定された「高度情報通信ネットワーク社会形成基本法」において法律の名称上も用いられているように、情報通信ネットワークを指す意味でしばしば用いられている（官民データ活用推進基本法１条等、サイバーセキュリティ基本法１条等、宇宙基本法13条、統計法54条、離島振興法13条等、20以上の法律がある）。この他、番号法２条14項、21条と総務省設置法４条１項90号において「情報提供ネットワークシステム」が、消費者安全法12条４項において「全国消費生活情報ネットワークシステム」(いわゆるPIONET) が定められているが、これらは、特定の行政目的の特定の情報通信ネットワークを指しているものである。これに対し、情報通信ネットワーク以外のネットワークとして、郵政民営化法７条の２は、郵便、送金、決済等に係る「郵便局ネットワーク」を規定しており、都市鉄道等利便増進法１条は、「都市鉄道のネットワーク」について定めている。

　これらの「ネットワーク」は、通信の加入者回線網、電気の送配電網、ガスの配給網、鉄道・バス・航空機による輸送網などの人・物・情報などの物理的流通のネット（網）を指すものと考えられ、法律学の領域では、経済法学が、独占的なネットワーク施設の公平な利用を確保し事業者間の競争促進を図る規制改革の対象として「ネットワーク産業」を競争法の見地から検討を加えてきた。

　こうしたネットワークとはやや異なる組織間の結びつきを指す用語として、科学技術基本法13条の定める「研究開発機関等の間の情報ネットワーク」が挙

げられると思われる。さらに臓器移植法附則2条2項の定める「臓器移植ネットワーク」、農業委員会法42条以下の定める「農業委員会ネットワーク機構」は、そうしたネットワークが法人格を有する独立した組織として規定されている。

2　社会科学上の「ネットワーク」概念

　これに対して、社会学などの他の社会科学分野においては、ネットワークはより一般的な理論的含意を持たせて用いられており、現代の組織形態のあり方として、第一に相互に独立した主体間の商品交換に特徴付けられる「市場」、第二に権威と集中管理に基づく服従関係である「階層構造（ヒエラルキー）」、これに加わる第三のハイブリッドな組織形態が「ネットワーク」である[4]。ネットワークとは、「形のうえでは切り離された多数の行動主体が、それにもかかわらず、重要な資源に関して互いに依存し合い、その結果、資源交換のための長期的な関係を構築している状態を指す。一方でネットワークは、通常、行動主体間の争いを解決する権威中枢を有していない点が階層構造と異なっている。他方では、多くの場合、価格や交渉よりも相互信頼や駆け引きを頼りに、行動主体が繰り返し、持続的な相互交換を行なうという点で、市場とも異なっている。こうしたネットワーク的関係の例としては、協同組合的組織や、提携関係、関係的契約、パートナーシップ、さらには合弁事業などがある[5]。」などといわれているのである。

　組織の一種としての国家・政府（ガバメント）を対象として、「ネットワーク・ガバナンス」も活発に論じられている[6]。「議会等の中央政府による決定を通じた秩序形成プロセスから、（公権力をも一つのアクターとして内包する）ネットワークによる決定プロセスへの変化[7]」を目したものである。このような政府機構を包含した社会変動の背景には、①グローバル化の進行に伴う国家の相対化から帰結するグローバルガバナンス[8]、②民営化等の進行やNPO等の公的役割を担う私的組織・団体等の拡大に伴う公私協働の深化があることは明らかであろう。後者の観点から、「行政サービスの提供に関する地方自治体と住民の関係」としての地域統治を、①官治型地域統治、②市場型地域統治、③公益ネットワーク型地域統治の3つの理念型に分ける議論もある[9]。これらが、それぞれ、前述した組織一般論における、階層構造（ヒエラルキー）、市場、ネット

ワークに対応するものであることは説明を要しまい。

　また、法学の領域からネットワークの問題に積極的に取り組んできたドイツの法学者トイブナー（G. Teubner）によれば、「ネットワーク社会というトレンドは、様々な分野での階層的な協働から異質なものの協働へという100年に1度の変化の傾向を表現している」ものであって、「多くの社会のネット化の現象」を含んでいる。そうした様々なネット化現象として、彼は、「技術ネット」すなわち運送・エネルギー供給・遠距離通信ネットなどの既にみた「技術的にネット化されたインフラストラクチャー」、そして「独立したコンピューターが大規模に結合して発生した『情報ネットワーク』」、さらに「信頼ネット」を挙げている。「信頼ネットという観点からは、ネットワークとは、ネット内での条件づけられた信頼が協調の基礎となっている典型的な社会関係だということ」になり、「信頼ネットワークは、個人的な関係、家族の結合、血族関係、友人関係、隣近所、連帯、職業、権力、影響、および、その他の社会の相互依存の形式に基礎を持っている」ものである。なお、トイブナーにおいても、現代の国家は、もはや政治の階層的決定中枢ではなく、公的・私的な集合的アクターの分権的ネットワークとなっているとする見方も提示されている。

　本稿では、こうした諸議論を踏まえつつ、厳密な定義を試みることは控えて、ネットワークの概念を「市場における交換的契約関係と階層的組織関係との混合（ハイブリッド）的な多主体の多方向の相互結合関係」というような意味で用いることとし、主に前述のネットワーク・ガバナンスを念頭に、ネットワークを論じていくこととする。

2　行政法学におけるネットワーク概念

1　公私協働論の延長上のネットワーク論

　最近のわが国の行政法教科書においても「ネットワーク」の用語を用いるものが現れてきている。2016年に刊行された高橋滋『行政法』（弘文堂）は、現代行政法の特色として、①行政スタイルの国際標準化、②権利保護システムの強化、公的責任の明確化、③「公」と「私」との相対化の3つを挙げ、③について次のように論じている。

「成熟した市民社会が形成されたわが国においては、国・地方公共団体のみが公共的事務、社会の公共的な管理の役割を果たすものではないことは、共通の理解となっている。独立行政法人、特殊法人等に加え、認可法人、指定法人も行政事務の担い手として登場しており、これらの主体のほかにも、第3セクター、各種の公益法人、NPO等が、行政と連携しつつ、公共的事務の遂行に係るネットワークを形成してきている。」[13]

また、2011年に刊行された『行政法の新構想Ⅰ』におさめられた山本隆司「行政の主体」は、「多様な主体(主に組織、場合により個人)が公益を実現するために協力関係または競争関係に立って活動する手法」があり、そうした関係をネットワークと呼ぶとした上で、「公益実現のための公的組織と私的主体とのネットワーク」として次の3類型を挙げている[14]。①いわゆる委任行政、基準認証等にみられる登録機関制度などの「公的組織が私的主体に諸利益の衡量や財の配分の決定、その準備、その執行、あるいはその代替にあたる事務ないし権限を委ねる関係」であり、「狭義の公私協働」とも呼ばれる。②団体訴訟の出訴権が認められる団体や税制優遇を受ける非営利公益団体のように「私的主体が公的組織により特別な参加権を認められ、または特別な給付を受ける場合」。③私的主体が公的組織により特別な規制を受ける場合」。

こうしてみると、これらの行政法学におけるネットワークへの言及は、主にいわゆる「公私協働」と呼ばれる公的主体と私的主体との間の特別な結合・連携の関係に着目しているといえそうである。その限りでは、多主体間の相互・多方的連携の関係という「ネットワーク」という概念のイメージからするとやや狭いといえる。また、そこで主題化されている法的課題も、私的主体の公共的活動に対する公法的統制法理の拡張など[15]、概ね「公私協働」を巡って論じられてきた課題と共通するといってよい。その限りで「ネットワーク」という概念をあえて用いる必要性は小さい。したがって、本稿では、「公私協働」だけではなく、公的主体相互の協働である「公公協働」、さらに公的課題に係る私的主体相互の協働である「私私協働」も包摂した、公益実現のための多主体間の連携を目して、まずは「ネットワーク」と呼ぶことにしよう。

さらに、そこで連携する主体には、法人格を有する一個の主体のみならず、その主体を構成する諸々の内部組織も含まれると考えられる。「ネットワーク」概念の意義は、独立した各組織主体を対外的に結びつけることのみならず、組織内部の事務分掌(縦割り行政の壁)なども含む組織の内外の壁を越え

て、自律的かつ相互依存的にハイブリットに連携する事象も広く取り上げる点にあると考えられるからである。

なお、こうした国家等の公的主体をアクターとして含んだネットワークを所与とするのではなく、もっぱら市民社会において自生的に形成された互助・共助の関係としてのネットワーク（おそらく、前述したトイブナーのいう「信頼ネットワーク」の中核をなすもの）を念頭におき、国家がそれを立法によって規律し、行政がそれを利用するという形でネットワークに依存する行政と、そうした行政のネットワーク化を論ずる稲葉一将「ネットワークに依存する国家行政と国家行政のネットワーク化」という注目すべき研究も現れている[16]。

2 諸外国におけるネットワーク・ガバナンスの事例

まず、主としてイギリスにおいて発展してきたといわれるローカル・ガバナンス概念は、当地の地方自治関係者（学者・実務家）の間では、大まかに「地域における地方自治体、その他の公共的団体、非営利民間団体、民間企業という様々な活動主体（アクター）が、相互にネットワークを形成しながら、地方自治体の政策形成過程と政策実行過程の双方に参加すること」として受け止められている、という[17]。されば、日本でも紹介されることの多い、健康、教育、失業、犯罪防止、住宅、環境などの地域課題に、企業、ボランティア、コミュニティーセクターなどの多様なアクターを糾合しつつ、そうした主体のエンパワーメントによって取り組んでいく、地方戦略協働組織（Local Strategic Partnerships）や戦略的サービス提供パートナーシップ（Strategic Service-delivery Partnerschips）[18]は、公私協働を超えたネットワークを成しているといってよいのであろう。

次に、ドイツにおけるネットワーク現象の例として挙げられるところを、シュッペルト（G. F. Schuppert）の説くところによりつつ紹介しておこう。シュッペルトは、ネットワークの具体的な例として、大都市行政にみられる現代的な社会政策と、市民社会の自己組織化としての超国家的ネットワーク組織の二つを挙げている[19]。前者の例が、1993年のハンブルクにおける「社会的な都市開発の構成要素としての貧困対策措置（Maßnahmen zur Armutsbekämpfung als Bestandteil sozialer Stadtentwicklung）」であり、後者の例が、木材を生産する世界の森林と、その森林から切り出された木材の流通や加工のプロセスを認証する民間国際機関「森林管理協議会（Forest Stewardship Council）」である。後者

は、1993年に環境団体、林業者、林産物取引企業などによって設立され、約60カ国に広まっているということであるが、ここでは日本のネットワーク現象との比較の見地から、前者について具体的に紹介しておこう。

ハンブルクのこの取り組みは、パイロット地域に指定された特定の市部における生活条件を改善するためのもので、そこでは、適切な行動着手、協働形式、決定プロセスを展開・試行し、行政、媒介組織、私的な企業及び団体の間の有効な役割分担を発展させるものとされている。特にパイロットプロジェクトにおいては、従来の行政機構とは別にプロジェクトのマネージメントを行うプロジェクト開発者（Projektentwickler）が置かれ、それは、関係アクター間のコミュニケーション・プロセスや利害調整の組織化、できるだけ私経済アクターを参加させた下でのプロジェクトの展開、住民参加や公共団体の活動の組織化、地域アクター相互及びそれらと国家活動並びに私的パートナー（現場で活動している様々な主体、市民運動、団体など）とのネット化（Vernetzung）を任務としている。[20]

3 水平的・非階層的で非市場的な連携としてのネットワーク

さて、自治体レベルでの地域の公私の様々な主体の活動を糾合する仕組みとして、わが国の行政法制上すぐさま思い浮かぶのは、地方自治法157条の定める地方公共団体の長の公共的団体等の活動の総合調整権の規定である。同条は、次のように定めている。

　「普通地方公共団体の長は、当該普通地方公共団体の区域内の公共的団体等の活動の綜合調整を図るため、これを指揮監督することができる。　2　前項の場合において必要があるときは、普通地方公共団体の長は、当該普通地方公共団体の区域内の公共的団体等をして事務の報告をさせ、書類及び帳簿を提出させ及び実地について事務を視察することができる。　3　普通地方公共団体の長は、当該普通地方公共団体の区域内の公共的団体等の監督上必要な処分をし又は当該公共的団体等の監督官庁の措置を申請することができる。　4　前項の監督官庁は、普通地方公共団体の長の処分を取り消すことができる。」

そこでいう「公共的団体等」とは、「農協、漁協、生協、商工会議所等の産業経済団体、老人ホーム、育児院、赤十字社等の厚生社会事業団体、青年団、婦人会、教育会等の文化事業団体等いやしくも公共的な活動を営むものはすべて

これに含まれ、法人たると否とを問わない」（昭和42年2月7日行政実例）。また、旧「民法34条の規定に基づく公益法人についても、その具体的活動が公共的活動に及ぶ限りにおいては本条の公共的団体等に包含される」（昭和34年12月16日行政実例）と解されていた。

しかし、この公共的団体等の総合調整に関する規定は、戦時体制下の昭和18年の市制及び町村制の改正により新設された規定（市制88条及び町村制72条の2）に淵源を有するものであり、そこでは「国―府県知事―市町村長―市町村吏員―町内会、部落会・各種団体という上から下への直線的な国策遂行体制を整えるためのもの[21]」であった。したがって、長の指揮監督権や団体に対する調査権そして団体の監督官庁による自治体の長の処分の取消権の定め等、国を頂点とする上命下服関係を前提とした仕組みに鑑みても、これら市町村長の総合調整権を都道府県知事にも拡張した現行地方自治法の上記規定は、戦時体制下の国家総動員体制の残滓とみられるべきである。今日でも、市町村合併がなされた場合に、その区域に合わせて公共的団体等の統廃合が、市町村合併特例法（旧法13条2項、現行法58条6項）において求められているのも本条の機能とみられている[22]。こうした垂直的な統合的調整の関係は、多元性（中心・周辺構造ではなく、多中心的構造）、水平的な非階層構造（アクターの対等性）、柔軟性などの特色を多くの場合には備えると考えられている今日的なネットワークによる調整とは全く異質のものと考えられる。

これに対して、世紀転換期の地方分権改革後、急速に全国の自治体に普及した自治基本条例等の自治体の運営原則を定めた条例[23]においては、極めて一般的な理念としてではあるが、公私協働にとどまらない民民間の私私協働も包含した広い、水平的・多元的な「協働」の原則を定めた例も散見される。

例えば、練馬区政推進基本条例は、「協働」を「多様な活動主体および区または活動主体同士が、それぞれの役割を明確にし、互いの特性を理解しおよび尊重した上で、地域課題の解決という共通の目的に向かって、連携しおよび協力して活動すること」と定義し（2条6号）、条例の基本理念として「練馬区は、区民等および区が、情報を共有し、それぞれに果たすべき役割および責務を分担し、協働することにより、区民による区民のための自律的な地方公共団体を目指すものとする。」と定めている（3条）。あるいは、浜松市市民協働推進条例は、その基本理念として、その第3条に次のような定めをおいている。「市

民協働は、次に掲げる基本理念にのっとり推進されなければならない、(1)市民、市民活動団体、事業者及び市が、それぞれに役割と責務を理解し、互いが対等なパートナーであることを認識するとともに、互いに協力し、及び支援し合うこと。(2)市民、市民活動団体、事業者及び市が、互いの自主性及び主体性を尊重し、多様な協働の形態により行われること。(3)市民、市民活動団体、事業者及び市が、公正性及び透明性を確保し、互いの情報を共有し合うことにより、相互の参加及び参画が図られること。」

　こうした、各地の自治基本条例等が定めている自治体、住民、住民団体、事業者らの非階層的連携・協力関係は、本稿でいうネットワークに極めて近いものということができるであろう。斉藤誠も、諸自治体の自治基本条例の協働関係規定について、「その共通の背景を括り出すとすれば、『公共性』を担うものは国・自治体政府だけでなく、私的領域と国家的公共の間に多様な主体が担う『公共性』『公的空間』がある、という発想であり、国家・自治体政府の側も主体の一つとして相対化され、他とネットワークを形成し、拡大された公共空間も含めて、主体間に適用される原理・行動準則が『協働』であるという議論であろう（ガバメントからガバナンスへ）[24]。」と評している。

3　ネットワークとしての様々な連携のあり方

1　契約型と組織型

　共通の目的達成に向けての連携・協働のあり方は、一定の連携・協働のための継続的な組織の形成ということもあれば、法的な意味での契約関係といえるような場合もある。さらに、事実上の連絡・調整・情報共有の実施にとどまる場合もある。ネットワークにおけるアクター間の連携の仕方についても同様である。

　公共的課題遂行に係る公私協働についてみれば、その形態として契約型（例えば、PFIなど）と団体設立型（例えば、第三セクターなど）が区別されてきたが[25]、これは、先にみた組織論における「市場」と「階層構造」の区別に対比できるものであるように思われる。ネットワークは、これらの契約型連携、団体設立型連携のハイブリッド型連携であるということができよう。

　公公協働の例である自治体相互間の協力関係についてみれば、例えば、地方自治法の第2編第11章第3節は、①連携協約の締結（自治法252条の2）、②協議

会の設置（同法252条の2の2）、③機関等の共同設置（同法252条の7）、④事務の委託（同法252条の14）、⑤事務の代替執行（同法252条の16の2）、⑥職員の派遣（同法252条の17）などのメニューを用意しており、①、③、④、⑤、⑥は契約型の公公協働、②と特別地方公共団体としての地方公共団体の組合（一部事務組合と広域連合）の設立（同法284条以下）は、団体設立型の公公協働の一例ということができるであろう。

　例えば、都市とその周辺の農山漁村の有機的な結合による圏域の総合的な振興整備を目的として、関係市町村が共同して広域市町村圏計画を策定してそれを実施していく広域市町村圏と、それを大都市周辺地域にも拡張した大都市周辺地域広域行政圏は、併せて「広域行政圏」と呼ばれたが、これは、もっぱら行政機能を対象に、広域連合や一部事務組合などの特別地方公共団体としての組合や協議会などの行政機構を構成するものが多く、いわば団体設立型連携が中心であった。これに対し、広域行政圏に取って代わって、2008年に始まった「定住自立圏」は、中心市と近隣市町村が1対1で協定を結び、それが集積されて一定の圏域が形成されるという契約型連携を骨子としたものである。そして、定住自立圏は、医療・介護・買い物・娯楽・交通などの民間機能も含めた生活機能の確保のための施策であり[26]、公公協働にとどまらず公私協働にも及ぶものである。そして、2014年に始まった「連携中枢都市圏」も、連携中枢都市宣言を行った中心市と近隣市町村が、先の連携協約を締結して圏域を形成するという点で定住自立圏と共通するものである。現在のところ、連携中枢都市圏としては、広域保育、障害児療育施設や総合病院の共用、子育て支援や地域包括ケアの協働などの圏域づくりが多様に全国に展開しており[27]、2017年3月31日現在、姫路市を中心とする7市8町からなる播磨圏域連携中枢都市圏にはじまり、鹿児島市を中心とする3市からなるかごしま連携中枢都市圏まで、23の連携中枢都市圏がつくられている。

　無論、地方自治法以外にも多くの個別法において自治体相互間の協働の仕組みが定められており、さらに法定されていない事実上の連携関係も多く知られているところである[28]。

2　組織と契約のハイブリットとしての協議会

　先に触れた最新の行政法教科書の一つである高橋滋『行政法』は、「行政主

体、政府周辺法人と民間法人とのネットワーク」の例として、地球温暖化対策推進法の定める地方公共団体実行計画協議会（同法22条）や地球温暖化対策地域協議会（同法40条）を挙げている。[29] 確かに、地球温暖化対策推進法は、国の責務として「自らの事務及び事業に関し、温室効果ガスの排出の量の削減並びに吸収作用の保全及び強化のための措置を講ずるとともに、温室効果ガスの排出の抑制等のための地方公共団体の施策を支援し、及び事業者、国民又はこれらの者の組織する民間の団体（以下「民間団体等」という。）が温室効果ガスの排出の抑制等に関して行う活動の促進を図るため、当該抑制等のための施策及び活動に関する普及啓発を行うとともに、技術的な助言その他の措置を講ずるように努める」（3条3項）とし、政府の定める球温暖化対策計画においては、かかる「普及啓発の推進（これに係る国と地方公共団体及び民間団体等との連携及び協働を含む。）に関する基本的事項」（8条9号）を定めるものとしている。その上で、上述の地域協議会は、「地方公共団体、地域センター、地球温暖化防止活動推進員、事業者、住民その他の地球温暖化対策の推進を図るための活動を行う者」が「日常生活に関する温室効果ガスの排出抑制等に関し必要となるべき措置について協議するため」組織することができ、協議が調った事項については協議会の構成員は、その結果を尊重しなければならないと定められている（40条1・2項）。

　この種の公私多様な多主体間の連携のための協議機関や主体間の合意の仕組みは、その他の法律にも見い出される。例えば、「環境の保全のための意欲の増進及び環境教育の推進に関する法律」は、「国民、民間団体等、国又は地方公共団体がそれぞれ適切に役割を分担しつつ対等の立場において相互に協力して行う環境保全活動、環境保全の意欲の増進、環境教育その他の環境の保全に関する取組」（2条4項）と定義された「協働取組」について、まず、国は、「その在り方、その有効かつ適切な実施の方法及び協働取組相互の連携の在り方の周知のために必要な措置を講ずるよう努めるものとする。」とし（同法21条）、「国及び地方公共団体は、環境保全活動、環境保全の意欲の増進及び環境教育並びに協働取組に関する政策形成に民意を反映させるため、政策形成に関する情報を積極的に公表するとともに、国民、民間団体等その他の多様な主体の意見を求め、これを十分考慮した上で政策形成を行う仕組みの整備及び活用を図るよう努めるものとする。」（同法21条の2第1項）と定めて政策形成への民意の

反映を定めている。具体的には民間団体等の政策提案を明文で認め（同条2項）、また21条の3は、環境の保全に関する公共サービスの実施に当たっては、国と独立行政法人等そして地方公共団体は「民間団体の参入の機会の増大」や「協働取組による当該公共サービスの効果が十分に発揮される契約の推進」に努めるものとする。そして、同法21条の4以下は、「国又は地方公共団体及び国民、民間団体等は、協働取組を推進するための役割分担を定めた協定の締結並びに当該協定の作成に関する協議及び当該協定の実施に係る連絡調整を行うための協議会の設置を行うことができる。」とし、さらに環境保全に係る協定の締結とその届出・公表制、協議会の設置、国民や民間団体等からの協働取組の申出制などについて定めている。また、同法21条の6は、環境大臣の「協働取組に関する情報の収集、整理及び分析並びにその結果の提供」義務と協働取組の一層の推進を図るために関係行政機関の長に対する必要な協力の要請の権限を定めている。

この他、空家等対策の推進に関する特措法7条は、空家等対策計画の作成・変更・実施に関する協議を行う協議会を市町村が組織することができるとし、その構成員について市区町村長のほか「地域住民、市町村の議会の議員、法務、不動産、建築、福祉、文化等に関する学識経験者その他の市町村長が必要と認める者」と定めている。なお、ここには建築物規制に係る特定行政庁を擁する都道府県は明文では定められていないが、都道府県との協働も必要とされる場合があるであろう[30]。

3 一般的なネットワーク的連携の要請

このような具体的な協議機関の設置や協働的取り組みに係る合意までは定めていない一般的なネットワーク的連携が、いわゆる各地の自治体の自治基本条例や市民協働支援条例などに散見されることは既にみた。法律においても、環境問題、災害対策、産業振興政策などの分野において、行政分野横断的な組織的連携や公私のアクター横断的な連携を一般的に要請する定めがみられる。

生物多様性基本法21条は、「国は、生物の多様性の保全及び持続可能な利用に関する施策を適正に策定し、及び実施するため、関係省庁相互間の連携の強化を図るとともに、地方公共団体、事業者、国民、民間の団体、生物の多様性の保全及び持続可能な利用に関し専門的な知識を有する者等の多様な主体と連

携し、及び協働するよう努めるものとする。」と定め、琵琶湖の保全及び再生に関する法律22条は、「国及び関係地方公共団体は、個人、事業者、特定非営利活動法人等の多様な主体が協働して琵琶湖保全再生施策に取り組むことを促進するため、これらの者が琵琶湖保全再生施策に参画することができる機会の提供、これらの者の間の交流の促進その他必要な措置を積極的に講ずるものとする。」と定めている。

東日本大震災復興基本法は、その基本理念の一つとして、「被災者を含む国民一人一人が相互に連帯し、かつ、協力することを基本とし、国民、事業者その他民間における多様な主体が、自発的に協働するとともに、適切に役割を分担すべきこと。」(同法2条3号)を定めている。

交通政策基本法27条は、「国は、国、地方公共団体、交通関連事業者、交通施設管理者、住民その他の関係者が相互に連携と協働を図ることにより、交通に関する施策の効果的な推進が図られることに鑑み、これらの者の間における協議の促進その他の関係者相互間の連携と協働を促進するために必要な施策を講ずるものとする。」と定め、小規模企業振興基本法3条も、小規模企業振興の基本原則として、「個人事業者をはじめ自己の知識及び技能を活用して多様な事業を創出する小企業者が多数を占める我が国の小規模企業について、多様な主体との連携及び協働を推進することによりその事業の持続的な発展が図られることを旨として、行われなければならない。」などと定めている。

4　ネットワークと行政法学における課題
　　——いじめ・児童虐待防止のためのネットワークを素材に

1　はじめに

ネットワーク組織に関わる一般的な問題点として、①安定性に欠ける(インフォーマル性)、②複雑さの故に調整や制御が難しい、③説明責任があいまいとなり、民主主義的正当性に欠ける、④「ネットワークというのは比較的閉じた組織でありえ、少数の既得権益者が、自分たちの特定利益を追求するために、公益を犠牲にして政策ネットワークを利用することがありうる」などといった課題が指摘されている[32]。

こうした諸課題を現在の日本の法制度に即して深めることは、ここではできないので、貧しい序論的考察にとどまる本稿のむすびとして、最もネットワー

クらしい行政の連携組織・活動と思われるいじめ・児童虐待防止のためのネットワークを一例として、そこにおいて見い出される行政法学上の課題について、先行業績によりながらその一端を紹介しておくことにしたい。[33]

2 いじめ問題対策連絡協議会と要保護児童対策地域協議会

いじめ防止対策推進法3条3項は、その基本理念として「いじめの防止等のための対策は、いじめを受けた児童等の生命及び心身を保護することが特に重要であることを認識しつつ、国、地方公共団体、学校、地域住民、家庭その他の関係者の連携の下、いじめの問題を克服することを目指して行われなければならない。」と定め、同法14条は、「地方公共団体は、いじめの防止等に関係する機関及び団体の連携を図るため、条例の定めるところにより、学校、教育委員会、児童相談所、法務局又は地方法務局、都道府県警察その他の関係者により構成されるいじめ問題対策連絡協議会を置くことができる。」とする。

また、児童虐待防止法4条1項は、「国及び地方公共団体は、児童虐待の予防及び早期発見、迅速かつ適切な児童虐待を受けた児童の保護及び自立の支援……並びに児童虐待を行った保護者に対する親子の再統合の促進への配慮その他の児童虐待を受けた児童が家庭……で生活するために必要な配慮をした適切な指導及び支援を行うため、関係省庁相互間その他関係機関及び民間団体の間の連携の強化、民間団体の支援、医療の提供体制の整備その他児童虐待の防止等のために必要な体制の整備に努めなければならない。」と定めている。そして、児童福祉法25条の2第1項は、「地方公共団体は、単独で又は共同して、要保護児童……の適切な保護又は要支援児童若しくは特定妊婦への適切な支援を図るため、関係機関、関係団体及び児童の福祉に関連する職務に従事する者その他の関係者（以下「関係機関等」という。）により構成される要保護児童対策地域協議会（以下「協議会」という。）を置くように努めなければならない。」と定め、同条5項は、協議会を構成する関係機関等のうちから指定された「要保護児童対策調整機関は、協議会に関する事務を総括するとともに、支援対象児童等に対する支援が適切に実施されるよう、厚生労働省令で定めるところにより、支援対象児童等に対する支援の実施状況を的確に把握し、必要に応じて、児童相談所、養育支援訪問事業を行う者、母子保健法第22条第1項に規定する母子健康包括支援センターその他の関係機関等との連絡調整を行うものとする。」と

規定している。

3　行政組織法論における「調整」と「協議会」

　このように、子どものいじめや虐待など、学校や家庭などの閉鎖的な環境の下で生ずるため発見が困難で潜在化しやすく、人間関係、貧困、疾患など複雑な要因によって発生する年少者に関わる問題に対処するために、法務局、警察、児童相談所、学校、教育委員会、母子保健センターなどの所属行政主体を異にする諸機関が、国、都道府県、市町村などの行政主体の垣根を越えて直接に連携する協議機関（特に要保護児童対策地域協議会は、事実上の組織であった虐待防止ネットワークが児童福祉法の2004年改正で法定されたものといわれている[34]）や民間主体も含めた連絡調整のネットワークが制度化されている[35]。

　かかる行政主体の枠を超えた横断的ネットワーク型の組織である「協議会」の行政組織法上の位置づけについては、今後行政組織法理論上も重要な検討題となるのではないかと考えられる。そもそも一個の行政主体内部の行政機関相互の「調整」についてすら、法律学からする検討は乏しいと指摘されており[36]、このような状況は、現在もさほど変わっていないとみられるからである。藤田宙靖博士は、「『調整』という現象が極めて重要な意義を持つようになっていること自体については、何人もがこれを認めるところである」が、このことが「行政法学の分野に対し、新たに何をもたらすのか、ということについては、今日に到るまで必ずしも充分な理論的説明はなされていないように思われる[37]」と指摘している。

　ましてや、行政主体を異にする行政機関間、さらには民間主体との間の連絡・調整を組織法の見地から取り上げた業績は、ほとんどないのではないかと思われる。もっぱら国際関係におけるトランスナショナルな行政機関のネットワーク化や国際法の制定におけるNGO等の関与などを対象としてではあるが、メラース（C. Möllers）は、「ネットワーク」概念は、高権的・私的、フォーマル・インフォーマル、協力的・ヒエラルヒー的、自発的・被決定的という区別では完全には把握しきれない組織形態を捉えるというメリットを有すると同時に、かかる伝統的区別が持っていた批判的機能を喪失してしまうというデメリットもはらむものであることを指摘している[38]。

　そして、近年、協議会については、公私協働の場としての機能・性格を有す

るものが多くあることが指摘されており、この観点からの法学的見地からの検討も着手されている。先に触れたネットワーク組織一般に関する問題点として指摘されているところの①や②の不安定性や複雑性に関わって、損害賠償責任や内部紛争の解決について、③の民主的正統性に関わって、協議会の法定化の意義について、④の閉鎖性・偏頗性に関わって協議会構成員の構成の規律や私的構成員と行政との距離確保、透明性の確保などについて一定の検討がなされ始めている。

4 情報共有と個人情報保護

上記のような協議機関の参加機関・参加者は、要保護児童に関する様々な情報、それも極めてセンシティブな個人情報も含めて共有する必要がある。そうした情報共有は、各地方公共団体の個人情報保護条例（国の行政機関の場合は個人情報保護法）上の個人情報の本人外収集、目的外収集、外部提供に該当することになり、法律・条例上の正当化事由に該当する必要がある。例えば、児童虐待問題に係る要保護児童対策地域協議会における情報交換を定める児童福祉法25条の2第2項は、個人情報保護条例等が個人情報の本人外収集・目的外収集・外部提供を例外的に認める「法令上の根拠」のある場合の「法令」であるといえるのであるが、自治体の現場では、協議会の構成員に課せられた守秘義務（同法25条の5）にのみ着目し、これを根拠に協議会の構成員以外の機関に対しても個人情報の収集をするなどの運用がみられるとの批判がなされている。協議会が、例えば協議会の構成員以外の医療機関から情報を収集しようとする場合には、個人情報取扱事業者としての医療機関は、個人情報保護法23条1項2号〜4号の定める第三者提供制限の例外事由に当たることを根拠として、協議会に要保護児童に関する情報を提供しなければならないことを再確認すべきである、ということであろう。

なお、児童虐待に係る関係機関の情報共有は、児童の転居などの場合には、自治体間の情報共有と連携の必要にも拡大する。児童虐待防止法13条の3は、自治体間の児童虐待関係情報の外部提供・利用を定めている。だが、2018年3月の香川県から東京都目黒区に転居した家族における5歳児の児童虐待死事件を契機に、児童相談所の自治体をまたがった連携が不十分であったことが問題となった。政府は、さっそく緊急対策に着手し、同年7月20日の児童虐待防止

対策に関する関係閣僚会議決定において、転居した場合の児童相談所間における情報の共有の徹底として、事案の引き継ぎのルールが、次のように見直されることとなった。

①全ケースについて、リスクアセスメントシート等による緊急性の判断の結果（虐待に起因する外傷等がある事案等）をケースに関する資料とともに、書面等で移管先に伝えること。②緊急性が高い場合には、原則、対面等で引継ぎを実施すること。③移管元児童相談所は、引継ぎが完了するまでの間、児童福祉司指導等の援助を解除しないこと。移管先児童相談所は援助が途切れることがないよう、速やかに移管元が行っていた援助を継続すること。

5 警察との連携の課題

児童虐待防止法10条は、児童相談所長又は都道府県知事は、「児童の安全の確認又は一時保護を行おうとする場合において」管轄警察署長に援助を求めることができるとして、児童福祉行政機関と警察の連携を定めている[42]。そして、かかる連携を契機に、実際にもなされたように警察による警職法6条1項を根拠とする住居への強制立入が行われることになると、都道府県知事に認められた裁判官の許可状に基づく臨検・捜索との関係で、住居の不可侵の保障のための裁判所の判断の機会が潜脱されたり、臨検・捜索に関する児童福祉の専門機関たる児童相談所の判断の機会が奪われてしまうという問題が指摘されている[43]。

次に、要保護児童対策地域協議会に警察（少年警察部局）も参加している場合、上記臨検・捜索によって取得した情報も含め、そこで共有された情報を警察（刑事警察部局）が刑事手続において利用しうるか、という問題も慎重な検討を要する課題として挙げられている[44]。いじめ問題対策連絡協議会についても、警察が構成員として明文で定められており、児童虐待の場合と同様に「学校の警察化」を招かないよう注意が必要であると指摘されているのである[45]。

【注】
1) 特定秘密保護法1条や通信・放送融合技術の開発の促進に関する法律1条が定めている「高度情報通信ネットワーク社会」の概念は、情報通信ネットワークそのものというよりは、そうしたネットワークが高度に発達した社会一般を指す用語として用いられているとみられる。
2) 法律学の領域で早い時期に「ネットワーク社会」の語を冠した雑誌の特集として、

『ジュリスト増刊　ネットワーク社会と法』(有斐閣、1988年) があるが、そこでいう「ネットワーク」は、情報ネットワークのことであった。
3)　参照、日本経済法学会編『ネットワーク産業の規制改革と競争政策』日本経済法学会年報36号 (2015年) の掲載の諸論文、友岡史仁『ネットワーク産業の規制とその法理』(三和書籍、2012年) など。
4)　マーク・ベビア (野田牧人訳)『ガバナンスとは何か』(NTT出版、2013年) 29頁以下。
5)　ベビア・前掲注 (4) 45頁。
6)　G. F. Schuppert, Verwaltungsorganisation und Verwaltungsorganisationsrecht als Steuerungsfaktoren, in : W. Hoffmann-Riem ／ E. Schmidt-Aßmann ／ A. Voßkuhle (Hrsg.), Grundlagen des Verwaltungsrechts, Bd. 1, 2. Aufl., 2012, §16, Rn. 135ff. スティーブン・ゴールドスミス／ウィリアム・D・エッガース (城山英明・奥村裕一・高木聡一郎監訳)『ネットワークによるガバナンス――公共セクターの新しいかたち』(学陽書房、2006年)、山本啓「ガバメントとガバナンス――参加型デモクラシーへのプレリュード」・西岡晋「福祉国家論とガバナンス」岩崎正洋編著『ガバナンス論の現在』(勁草書房、2011年) 57頁以下、141頁以下など。
7)　赤坂幸一「統治機構論探訪第11回――透明性の原理」法学セミナー758号 (2018年) 58頁。
8)　主にグローバルガバナンスの課題に定位してネットワーク概念の法学上の利用について検討するものとして、C. Möllers, Netwerk als Kategorie des Organisationsrechts-Zur juristischen Beschreibung dezentraler Steuerung-, in: J. Oebbecke (Hrsg.), Nicht-normative Steuerung in dezentralen Systemen, 2005, S.285ff. 参照、岡田正則「グローバル化と現代行政法」現代行政法講座編集委員会編『現代行政法講座・Ⅰ・現代行政法の基礎理論』(日本評論社、2016年) 368頁以下。
9)　久保田治郎「公益ネットワーク型地域統治論 (上) ――ローカルガバナンスの時代における自治体行政のあり方」自治研究78巻6号 (2002年) 37頁以下。
10)　グンター・トイブナー (藤原正則訳)『契約結合としてのネットワーク』(信山社、2016年) 26頁。
11)　トイブナー・前掲注 (10) 27-30頁。なお、トイブナー自身は、こうした多種多様なネットワークのうち、信頼ネットワークの一種の「企業ネットワーク」に焦点をあてている。そのなかでも、ヴァーチャルな企業、ジャスト・イン・タイム契約、フランチャイズ・チェーンを取り上げ、それらを「契約結合 (Vertragsverbund)」として法学的に捉えることを試みている。
12)　G. Teubner, Polykorporatismus : Der Staat als "Netwerk" öffentlicher und privater Kollektivakteure, in : P. Niesen ／ H. Brunkhorst (Hrsg.), Das Recht der Republik: Festschrift Ingeborg Maus, 1999, S.346ff.
13)　高橋滋『行政法』(弘文堂、2016年) 8頁。
14)　山本隆司「行政の主体」磯部力ほか編『行政法の新構想Ⅰ』(有斐閣、2011年) 100頁以下。なお、ネットワークの語を用いていないが、参照、同「公私協働の法構造」碓井光明ほか編『金子宏先生古稀祝賀　公法学の法と政策・下巻』(有斐閣、2000年) 531頁以下、同「日本における公私協働」稲葉馨・亘理格編『藤田宙靖博士東北大学退職記念　行政法の思考様式』(青林書院、2008年) 171頁以下。
15)　参照、人見剛「世界の公私協働の諸相」岡村周一・人見剛編著『世界の公私協働――制度と理論』(日本評論社、2012年) 307頁以下。

16) 稲葉一将「ネットワークに依存する国家行政と国家行政のネットワーク化」名古屋大学法政論集277号（2018年）31頁以下。
17) 久保田・前掲注（9）35頁。
18) 参照、太田直史「イギリス地方戦略協働組織と地方協定」、榊原秀訓「イギリスにおける公私協働――サードセクターによる公共サービスの提供」岡村・人見編著・前掲注（15）3頁以下、18頁以下。
19) Schuppert, a.a.O. (Anm.6), Rn. 141ff.
20) ハードの街づくりよりも広い社会問題も含めたこの種のドイツの都市計画の取り組みである「社会都市」について、ネットワークの概念も用いて分析した論文として参照、荒木修「『社会都市』の取組――ドイツ都市建設法の近時の変容の一端」東北学院法学76号（2015年）1頁以下。
21) 地方自治総合研究所監修・今村都南雄・辻山幸宣編著『逐条研究地方自治法Ⅲ』（敬文堂、2004年）389頁。
22) 村上順・白藤博行・人見剛編『新基本法コンメンタール・地方自治法』（日本評論社、2011年）183頁〔村上順〕。
23) 包括的な概観として、松下啓一『協働社会をつくる条例　自治基本条例・市民参加条例・市民協働支援条例の考え方』（ぎょうせい、2004年）。
24) 斉藤誠『現代地方自治の法的基層』（有斐閣、2012年）384頁。
25) 参照、荒木修「公共委託発注をめぐる法制度の動向」岡村・人見編著・前掲注（15）198頁、注6、金海龍（李孝慶訳）「韓国における公私協働の現況と改善課題」岡村・人見編著・前掲注（15）248頁。
26) 定住自立圏は、その後、まち・ひと・しごと創生法の地域連携の中に位置づけられるが、同法2条7号は、「前各号に掲げる事項が行われるに当たっては、国、地方公共団体及び事業者が相互に連携を図りながら協力するよう努めること。」と定めている。
27) 村上仰志「連携中枢都市圏の取組状況等について」地方自治834号（2017年）11頁以下。
28) 土壌汚染対策法や水質汚濁防止法の法適用に関して自治体の現局レベルでの問い合わせ行動に代表される自治体間ネットワークを研究した業績として、平田彩子『自治体現場の法適用――あいまいな法はいかに実施されるか』（東京大学出版会、2017年）。自治体の専門職員などが職員間で準公式的につくってきた職種別縦割り協議会組織（全国地方税務協議会、全国連合戸籍事務協議会、道路整備促進期成同盟全国協議会など）、自治体職員の私的な準公式グループ（全国保健所長会、全国建設技術協会など）などの組織を紹介するものとして、田口一博「自治体間の横の連携」森田朗ほか編『政治空間の変容と政策革新3・分権改革の動態』（東京大学出版会、2008年）149頁以下。
29) 髙橋・前掲注（13）39頁以下。なお、地球温暖化対策推進法の改正を踏まえて、同書第2版（2018年）では若干の修正が施されている。
30) 参照、北村喜宣「老朽家屋等対策における都道府県と市町村の協働」磯部力先生古稀記念論文集刊行委員会編『磯部力先生古稀記念　都市と環境の公法学』（勁草書房、2016年）103頁以下。
31) 参照、南川和宣「地域公共交通の再生にかかる行政手法について」曽和俊文ほか編『芝池義一先生古稀記念　行政法理論の探求』（有斐閣、2016年）355頁以下。
32) ベビア・前掲注（4）49頁以下。公私協働に関する検討であるが、参照、山田洋『リスクと協働の行政法』（信山社、2013年）40頁以下、斉藤・前掲注（24）494頁以下。

33) 支援を要する人に対する人的・組織的ネットワークの必要性が意識されたのは、1980年代以降、アルコール依存症地域ケアにおいてであるとされている。「保健所を拠点にしてグループミーティングが始まり、そこに福祉や医療の関係者が集まり個別対応ではなく、複数の援助者がチームでかかわっていくという考え方を基に地域ケアシステムが構築されてきた。依存症（嗜癖）問題は関係性の病といわれているが、家族のみならず、それらを含むソーシャルネットワーク全体の対人関係パターンの修正と対人関係能力の回復を目標としている。そのためにネットワークの必要性と機能が認識されるようになったのである。」徳永雅子『子ども虐待の予防とネットワーク』（中央法規出版、2007年）146頁。
34) 参照、加藤曜子編著『市町村児童虐待防止ネットワーク——要保護児童対策地域協議会へ』（日本加除出版、2005年）14頁以下。
35) 大村敦志・横田光平・久保野恵美子『子ども法』（有斐閣、2015年）76頁以下〔横田光平〕。
36) 遠藤文夫「行政機関相互の関係」雄川一郎・塩野宏・園部逸夫編『現代行政法大系・第7巻・行政組織』（有斐閣、1985年）159頁。
37) 藤田宙靖『行政組織法』（有斐閣、2005年）105頁。
38) Möllers, a.a.O.（Anm.8）, S. 300f.
39) 碓井光明「行政法における協議手続」明治大学法科大学院論集10号（2012年）194頁、洞澤秀雄「協議会に関する法的考察——公私協働、行政計画の視点から（1）」南山法学41巻2号（2018年）1頁以下。
40) 洞澤秀雄「協議会に関する法的考察——公私協働、行政計画の視点から（2・完）」南山法学41巻3・4号（2018年）125頁以下、大久保規子「協働の進展と行政法学の課題」磯部力ほか編『行政法の新構想Ⅰ』（有斐閣、2011年）235頁以下。
　この他、利害対立の調整目的で設けられる協議会について参照、大橋洋一「道路建設と史跡保護——協議会の機能に関する一考察」行政法研究16号（2017年）1頁以下。さらに、地域住民によって構成されるまちづくり協議会に関する研究は数多くあり、複合的な性格を有する社会福祉法に基づく社会福祉協議会については、参照、橋本宏子・飯村史恵・井上匡子編『社会福祉協議会の実態と展望——法学・社会福祉学の観点から』（日本評論社、2015年）。
41) 野村武司「『要保護児童対策』における情報共有と個人情報保護」磯部力先生古稀記念論文集刊行委員会編・前掲注（30）335頁以下。
42) 前述の2018年7月20日の児童虐待防止対策の強化にむけた緊急総合対策によれば、児童相談所と警察の情報共有の強化として、次のような情報は必ず児童相談所と警察との間で共有することが全国ルールとして徹底することされている。①虐待による外傷、ネグレクト、性的虐待があると考えられる事案等の情報。②通告受理後、48時間以内に児童相談所や関係機関において安全確認ができない事案の情報。③①の虐待に起因した一時保護、施設入所等している事案で、保護等が解除され、家庭復帰する事案の情報。
　なお、環境行政と警察との連携について参照、北村喜宣『行政法の実効性確保』（有斐閣、2008年）153頁以下。
43) 横田光平「子ども法と警察　児童虐待・少年非行・いじめ」角松生史・山本顯治・小田中直樹編『現代国家と市民社会の構造転換と法——学際的アプローチ』（日本評論社、2016年）143頁以下。
44) 横田・前掲注（43）149頁以下。
45) 横田・前掲注（43）154頁以下。

第2部
ネットワーク理論から見た地方自治

地方自治をつなぐものとしての特別地区の可能性についての試論
—— ワシントン州を事例に

前田　萌

1　はじめに

　アメリカでは、州の行政機関であるカウンティ（county）、地域住民が自らの意思で創設したシティ（city）やタウン（town）といった地方自治体（municipal corporation）および数種類から数十種類もの特別地区(special district)[1]が併存していることがある。アメリカの人々が小規模なタウンによる強い地方自治を理想化する一方で、便利で充実した都市的サービスを享受する欲求を抱えていることは、「地方主義（localism）のパラドクス」とも表現される[2]。実際、アメリカの地方自治は、戸籍管理など必要最低限の公共サービスを担うカウンティの下、地域住民自身が、シティやタウンのほか、水道などの様々な都市的サービスを供給する多数の特別地区を選択し組み合わせることで展開されてきた。

　しかし、第二次世界大戦後、とりわけ大都市地域（metropolitan area）では、多様な地方政府が一定の地域に重層的に存在していることから生じる課題が指摘されるようになった。この現象は地方政府の「断片化（fragmentation）」と呼ばれている。とくに、カウンティや地方自治体から独立して創設される特別地区が地方政府間の衝突を悪化させること、人々の政治的参加の意欲を減退させること、そして総合的な視野で地域の政策を検討する難しさをもたらすことなどが問題視されている[3]。そのため、断片化した地方政府を結びつける手段として、市場化による地方政府間競争または連携の促進、地方圏政府（regional government）の創設、住民が居住地以外にも就業地など自らの日常活動に関わる複数の地方政府に投票権を行使する越境投票（cross-border voting）などが論じられてきた[4]。

　これまで、筆者は、政府形態についての地方選択権（local option）を重視し、多様な特別地区を制度化するとともに多くの中小規模の地方自治体を擁するワ

シントン州について、特別地区の制度化の過程を分析してきた。本稿では、特別地区の位置づけをネットワークとの関連で検討する。以下では、地方政府の概要をまとめた上で（2節）、ワシントン州における地方政府の断片化の歴史的経過を整理し（3節）、断片化の主たる要因の1つとしてあげられる特別地区が、地方自治をつなぐ手段として機能する可能性について検討する（4節）。

2　地方政府の概要

1　特　徴

　アメリカの地方政府には、一般目的政府（general purpose government）に分類されるカウンティおよび地方自治体と、特別目的政府（special purpose government）に分類される特別地区がある。一般目的政府は、その領域内の公共サービスを総合的に担い、そのために必要な部門（department）を有し、土地利用規制や課税の根拠となるポリス・パワー（police power）といわれる規制権を有する。このほか、ホーム・ルール憲章を採択したカウンティやシティには、一般的ホーム・ルール権限（general home rule power）が認められている。

　これに対して、特別地区は、州および他の一般目的政府から一定程度独立した地方政府である。元々は、財産所有者（property owners）の限定的なグループ（limited group）が必要とするサービスを提供するために整備されたものといわれている。特別地区の実態はきわめて多様であるが、次の3点で一般目的政府と異なる。①政府の機能が限定されている。特別地区は、一般に、消防や教育など特定の施設あるいはサービスを提供することを目的として創設される。②境界の柔軟性が高い。特別地区は一定の地理的領域内に特定のサービスを提供するが、その境界はシティよりも柔軟に設定され、他の地方政府の境界ともしばしば重複する。③授権の範囲が限定されている。特別地区は名称に則した権限と、それに関連する範囲で州から授権された権限（サービス供給およびインフラ整備の費用を確保する負担金あるいは料金の徴収、債券発行、私有地の収用など）のみを有する。こうした特徴が、地方政府の重層化、断片化を助長している。

2　政府の創設

　一般目的と特別目的とを問わず、地方政府は、州憲法または州法で創設手続

や権限の大枠が定められている。以下では、ワシントン州の制度を例に整理する[10]。同州において、地方政府の創設手続は次の3つに大別される。①地域住民の一定割合の署名を集めて投票にかけ、過半数の賛成を得た場合に地方政府が創設される。②カウンティやシティの議会の決議を受けて聴聞が行われ、投票を経て創設される。③とくに複数の一般目的政府にまたがるような広域的な行政サービスを対象とする特別地区の場合、参与する地方政府間の協議によって創設される。①②のような一般的な特別目的政府は、住民の署名に基づく請願(petition)や投票提案(ballot proposition)を通じて創設の可否が決まるしくみになっている。

　住民が地方政府の形態を選択するにあたり、たとえば、カリフォルニア州のいくつかの地方政府では、当該地域と周辺地域との歴史的な関係性、サービスの需要とコストの負担との兼ね合い、もちうる権限などを検討し、政府に頼らない「コミュニティの自治精神」か、それとも、政府としての「シティのコントロール権限」のどちらをとるかという、自治についての価値観の選択を行っているようである[11]。

3　統治体の委員の選出と財源

　一般目的政府の委員が通常選挙で選出されるのに対し、特別地区の統治体(governing body)の委員には、①選挙で選出された委員、②カウンティ、シティに任命された委員、③職権による委員、の3つのパターンがある。その多くはパートタイム職であるが、一部には法定の日当(消防地区、給水地区など)や、月給(港湾地区)が支給されるものもある。

　委員が選挙で選出される場合、多くの特別地区では、その区域内に居住する18歳以上の合衆国市民を有権者として、カウンティの監査役の管理の下で普通選挙が実施される。このほか、選挙権が特別地区内の財産所有者(property owners)に限られ、選挙管理も特別地区自身が行う形態がある。こうした制限選挙は、水管理に関わる特別地区など、その土地独自の機能を担う場合にのみ認められる。多くの特別地区は財産税(property tax)によって収入を得ているため、課税地区(tax district)ともいわれる。そのほかの財源としては、料金(rate, charge)や特別負担金(assessment)、地方債(general obligation bond)などがある。

4 地理的範囲と境界の変更

特別地区については、その目的の性質上、大きく2つの傾向がみられる。1つは、コミュニティまたは近隣程度の中小規模の特別地区であり、例として、墓地地区、給水地区、灌漑地区があげられる。もう1つは、複数の地方政府にまたがるような広範囲の地区であり、港湾地区や消防地区の一部、図書館地区の一部がこれにあたる。住民による請願や投票提案によって創設される特別地区の場合、その境界は請願または提案時に示される。また、図書館地区や消防地区の場合、同様の機能を担うシティとの競合が問題となることから、未法人化区域 (unincorporated area) にのみ創設できるとされている。仮にこうした特別地区の領域と重複する形でシティが創設された場合、特別地区はシティに編入されるか、財産税の重複徴収を避けるために解散することとされる (ワシントン州憲法7章1条)。しかし、水管理に関連する地区をはじめ、多くの特別地区は、州法上、同様または類似の機能を持つ地区同士での合併が認められている。

5 合併・解散

アメリカにおける最近の傾向として、あまりにも細分化された特別地区について、合併や解散の動きが出てきているという。Clarkeが、30州の実務家、行政関係者、専門家等に対して実施したインタビュー調査では、特別地区の合併の理由として、細分化によって非効率化したサービス供給のコスト削減があげられており、とくに学校地区について大規模な合併が実施されている。法的な課題としては、各州の州法がこれまで特別地区の創設について様々な制定法を定めてきた一方で、合併および解消の手続については法整備がされておらず、多くの州でケースバイケースの立法行為に頼っているため、州の制定法の整備を進めるべきであることが指摘されている。[12]

6 地方政府の数

5のような動きがあるとはいえ、アメリカにおいてそのサービス内容を個々に判断できる特別地区は広く普及している。[13]

本稿が取り上げるワシントン州では、2012年12月時点の地方政府の全体数は約1900、うち一般目的政府の数は320である。一般目的政府の内訳は、カウン

ティの数が39、地方自治体の数が281である。また、特別地区の内訳を見てみると、一般に最も数が多いとされる学校地区は295、その他の特別地区は1734で、学校地区を除いた特別地区の数が州内の地方政府全体の6割を占める。特別地区の種類は約60〜80種類程度あるといわれている。[14]

なお、ワシントン州は規模の小さい地方自治体が多いことも確認しておきたい。78自治体が1000人以下、117自治体が1000〜1万人以下、78自治体が1万〜10万人、10万人を超える自治体は、三大シティであるシアトル（約71万人）、スポーケン、タコマ（各約20万人）を筆頭に8自治体ある。[15]

3　ワシントン州における地方政府の断片化の展開

本節ではワシントン州における特別地区の立法状況および特徴について、シティの展開とあわせて確認する。以下では、6つの時期——準州期（1840-1889）、州制度の形成期（1890-1930）、大恐慌の影響・第二次世界大戦期（1931-1944）、郊外化・都市化・大都市問題の発生期（1945-1980）、人口増加および成長管理の時期（1981-2000）、2000年以降——に分けて検討する。[16]　なお、以下の（　）内は州法の制定年を示す。

1　準州期（1840-1889）

ワシントン州は、アメリカ合衆国北西部に位置する。1840年代に中西部の農場主がオレゴン街道を経由して流入し始め、1853年に準州政府が創設された。州の行政機関として設置されたカウンティは、人口動態記録の保有、裁判所の設置および法の執行、道路建設、財産の査定および徴税、選挙の実施を担当したという。[17]　他方、地域住民が自発的に創設するシティは、数が限られていたものの、当時の主要な交通路であった街道、水路沿いに創設され、コミュニティの安全確保、経済、消防の単位として活動し、また歩道、法令の整備を担った。[18]

ワシントン州の最初期の特別地区は、1854年に設置された道路地区と学校地区であった。[19]　カウンティ道路を建設するための道路地区、地元有権者が請願した学校地区のいずれも、コミュニティを単位としたカウンティの機関として設置された。[20]　ワシントン州の初期の地域整備は、カウンティとともにこの2つのタイプの特別地区が担うこととなった。他方、一般目的政府については、ワラ

ワラ (Walla Walla) が1878年に憲章を付与された初めてのシティとして創設された。

2　州制度の形成期 (1890-1930)

1890年代から1930年にかけては、ワシントン州の地方自治制度の基礎が形成された時期である。この時期に立法化された特別地区は、公共事業を中心とする特別地区である[21]。中でも水管理に関わるものは早くから整備され、灌漑地区 (1890)、堤防地区、排水地区 (1895) が順に設置された。1900年代に入るとカウンティをまたぐ堤防・排水地区 (1913) が立法化された。また、雑草駆除地区 (1919)、害獣を通じて感染するペストの予防地区 (1921) といった農業に関する特別地区も置かれている。

こうした特別地区に共通する特徴として、カウンティの技術者が事前審査を担当するものの、統治体の委員はカウンティから独立して選出されること、創設可否を問う投票および委員選挙の選挙権に地区内の土地所有を要すること、特別負担金 (special assessment) で運営されることがあげられる。たとえば、堤防、排水地区では、低地に居住する財産所有者が水の流れをコントロールするための費用を共同で出資するものであった[22]。地域の財産所有者 (property owners) の利害に即して創設されるという点で伝統的な地方政府といえる。

これらの特別地区については資金調達機能と目的に関連する権限が授権されるのみであったが、一部の特別地区では徐々に機能が追加されていった。たとえば、投票提案により創設される灌漑地区は、元々は、農場主が灌漑設備の建設費および事業費を確保するために、地区内の財産に特別負担金を課す権限を授権されていた[23]。しかし、次第に、排水システムの整備 (1917)、家庭用水の供給 (1923)、電力の購入および分配 (1923)、電力生産 (1933) の権限を付与され、その後も消火栓設備 (1941)、下水システム (1965)、住民の省エネルギープログラムの補助 (1981)、暖房システム (1983)、街灯設備 (1984) と付随的な権限が追加されるようになっていった。

やや異なるタイプの特別地区として、給水地区 (1913)、港湾地区 (1911)、そして都市公園地区 (1907) がある。給水地区はカウンティから独立した地方政府であるものの、その創設にはカウンティ立法機関の承認と住民による投票提案が必要であった。その財源は財産税、地方債、特別負担金、使用料によって

賄われた (Chapter 161, Laws of 1913)。この特別地区は、街灯の整備や消防も事務内容に含んでおり、シティに対応能力がない場合にはシティ内部の住民にサービスを提供することもあった。また、港湾地区は、当時鉄道会社に独占されていた湾岸部において、民主的統制を受けた公企業の活動を促進しようとした試みであり、1911年にシアトル港が設置された。港湾地区は、港湾および関連施設についての規制権を普通選挙で選ばれた委員 (commissioners) に与えるが、彼らが策定した計画や主要取引は有権者の承認を経なければならなかった。都市部に唯一認められた特別地区である都市公園地区は、動物園の建設のためにタコマに創設された。

　他方、地方自治体は、1889年の州昇格時に人口基準に応じて4つの等級に分けられ、それぞれの権限が制定法で列挙された。また、ホーム・ルール制度と呼ばれる地方自治制度が州憲法に導入され、人口2万人以上の第1級シティ (first class city) に対しては自治憲章の制定が認められ、統治構造の選択権、組織編成権が与えられた。

　第1級シティの事務として列挙されていたのは、選挙管理、シティの財産管理、起債、個人財産の公共利用、道路管理、鉄道規制、公園管理、橋の管理、水道事業、街灯設置、市場規制、病院、学校の改築、図書館、ニューサンス (生活妨害) 規制、消防、建築規制、水路管理、船舶規制、公共施設、衛生基準と伝染病対策、酒類販売規制、免許、放浪者規制、街路管理と多岐に渡った (Chapter 7, Law of 1890)。人口300-1500人の小規模な第3級シティでも、個別権限として、上下水、道路整備、消防、河川管理、建築規制、軌道および水道管整備、警察官の任命、過料、図書館の整備といった基本的な都市サービスに関するいくつかの権限が授権されていた (Chapter 7, Law of 1890)。

　シティの数は、州昇格前後に増加したが、当時、人口2万人の基準を満たしていたのは、シアトル、タコマの2シティのみであった。1930年までにスポーケンなど5つのシティが第1級シティとなったが、多くの地方自治体は数百〜数千人程度の小規模なものであり、人口の集積地はごく限られていた。多くの特別地区はより人口が少なくシティを創設するほどではない非法人化区域 (unincorporated area) に対して必要なサービスを個別に供給していた。

　1および2の時期のワシントン州では、生活の場で必要とされるようになったサービスを順に特別地区として立法化し、土地所有者・住民 (ときにシティ、

カウンティ)が積み上げていくことで地域の生活環境が整備されていったといえる。1920年代頃までは、他の地方政府とは別個に創設される特別地区が多かったが、その内容は土地の整備に関わるものが多く、いずれも地域特性に密接に関係するものであった。

3 大恐慌の影響・第二次世界大戦期 (1931-1944)

1929年の大恐慌以降の10年間は、シティにおいて新規の法人化、周辺地域の編入等の境界変更は停滞した。

特別地区については、1930年代頃から、より都市的なサービスとして、電力等の公益事業 (1931)、それまでボランティアが担っていた消防地区 (1933)、治水・灌漑・排水の多機能化 (1933)、公営住宅局 (1939)、土壌保全地区 (1939)、下水地区 (1941)、田園地域、カウンティなど各地域の図書館地区 (1941-)、公立病院、厚生地区 (1945)、カウンティ空港 (1945) などが立法化された。地域の発展過程に応じて、必要なサービスが順に特別地区として整備されていったことがわかる。他方で、シティでは、先に確認したように、個々の特別地区の権限がある程度一括して付与された。

この時期、ワシントン州立法府が、未法人化区域の地方自治の担い手として、一般的サービスを供給するタイプのタウンシップではなく特別地区を選択したために、その法整備が進んだとする指摘がある。Lundinはその理由について、当時のワシントン州におけるカウンティの不活性をあげる。彼によれば、独自のポリス・パワーや一般的自治権を有するシティの領域外の地域では、本来サービスを担うべきカウンティの活動が活発でない場合、その地域に州憲法上の課税制限や借入制限を個別行政領域ごとに免れる特別地区のしくみがなければ、必要な財源を確保しサービスを提供することはできない。そのため、特別地区はシティがない未法人化区域で、住民のニーズに応えて都市サービスを提供する役割を担うようになっていった。たとえば消防地区 (1933) は、法制化当初、キング、ピアース、スポーケンの3大カウンティの未法人化区域に設置され、特別負担金によって運営されていた。

4 郊外化・都市化・大都市問題の発生期 (1945-1980)

地方自治制度全体に変化があったのは、「ホーム・ルール第2の波」と呼ば

れる第二次世界大戦後のことである。1950年代後半から1960年代にかけて、ワシントン州でも郊外化、郊外の都市化が進み、中小規模のシティも含め、一般目的政府の担う事務が大幅に増加した。[32]

特別地区について、この時期に新たに制度化されたのは、墓地地区 (1947)、公園およびレクリエーション地区、蚊の駆除地区 (1957) などである。このほか、いずれも1957年に制度化された大気汚染規制局と大都市法人 (以下、メトロとする) の2つの特別地区のように、圏域全体に及ぶサービスを供給するタイプのものが出てきた。

大都市法人法 (Metropolitan Corporation Act, Chapter 213, Law of 1957) は、メトロについて、シティとカウンティが共通の課題に受けて共に取り組むことを法人化の目的として掲げる多目的の特別地区としている。1957年にキングカウンティが、ワシントン湖の汚染問題を契機として、下水処理、交通、総合計画を地域圏 (regional) レベルの政策課題を扱うメトロを創設した。[33]

1967年はワシントン州の地方自治制度にとって重要な3つの立法があった。まず、コード・シティ制度 (Optional Municipal Code, 35A RCW) によって、非法人化区域の人口1500人以上のコミュニティとすべてのシティおよびタウンに対して第1級シティと同等の自治、すなわち、①州憲法と衝突しない限りでの最大限の地方自治権限とその柔軟な解釈、②地方的事項の規制とシティの良き統治に適当な条例の制定執行権限、③州による明示的専占を受けない全権限の保有、④統治構造の選択、そして人口1万人以上のシティに対する⑤自治憲章採択権などが認められた。また、カウンティの中にも自治憲章を得るものが出てきた。これによってこれまで制限的に解釈されてきた小規模な自治体の自治権が大幅に拡大したといえる。

次に、境界審査委員会 (Boundary Review Boards, 36.93 RCW) が、まずキング、スポーケン、ピアースカウンティに、ついで全カウンティに設置された。[34] 境界審査委員会は、特別地区およびシティの境界変更に対して承認の可否や修正を求める委員会であり、その責務の1つは、都市部において特別地区や小規模自治体のシティへの編入 (annexation) を促進し、シティの断片化を抑制することであった。[35] しかしながら、数多くのシティで合併 (consolidations) が検討されたものの、実現したのはただ2組の事例にとどまった。住民がもつコミュニティに対するアイデンティティが影響したことも指摘されている。[36]

また、地域協同運営法 (Inter-local Cooperation Act, 39. 34 RCW) により、政府を再編することなく、サービスの提供を巡る契約が数多く結ばれるようになった。[37]

新規の特別地区立法には、洪水規制区域の設定、灌漑およびリハビリテーション地区 (1961)、カウンティ公園およびレクリエーション地区 (1963)、カウンティ輸送局 (1964)、非法人化区域の交通、公共輸送局 (1965)、緊急医療サービス、共同公園およびレクリエーション地区 (1979) などがある。1960年代以降に制度化された特別地区の特徴として、カウンティやシティの連合（大都市地方自治法人、大気汚染規制局、カウンティ輸送局など）や、カウンティの機関またはその一部門となるもの（洪水管理帯地区、緊急医療サービス地区など）のように、一般目的政府の一定のコントロールの下に置かれるもの、また輸送網の整備など、より広域の領域を対象とするサービスを担う特別地区が増加していることが指摘できる。また、特別地区の数は、人々が郊外地域に移り住む動きが加速した1960年代から1970年代にかけて、彼らの都市的サービス需要を満たすために急速に増加した。[38]

5　郊外での人口増加・成長管理の時期 (1980-2000)

1980年代、1990年代に新たに登場した特別地区は、コンベンションセンター (1982) やスタジアム (1997) のような大型公共施設の建設のための財源調達を目的とするものが中心となった。

また、1980年代にシアトル郊外での人口の増加とそれに伴う交通渋滞が深刻していた背景から、1990年代に創設された特別地区の半数は主要都市部の輸送システムに関するものであったことも特徴の１つである。たとえばシアトルと郊外地域との間を結ぶ交通網であるピージェットサウンドを創設するために立法化された地域圏輸送局 (1992)、シアトル・モノレールの建設を目的としたシティ輸送局 (2002)、キング、スノホミッシュ、ピアースカウンティによる地域圏交通投資地区 (the Regional Transportation Investment District) がある。これらは、いずれもカウンティやシティの一部として位置づけられるものの、住民の投票により創設され、住民の承認した拠出金が財源に充てられる。このうち、シアトル・モノレール局 (Seattle Popular Monorail Authority) においては、計画途中で市議会が撤退するという個別的な事情により、選挙によって選出された

市民からなる統治体が、建設および運営に関する権限を行使するという特異な経過を辿った[39]。

1990年に成長管理法（Growth Management Act, 36. 70A. RCW）が制定されたことを契機として、80年代に人口が増加していたピージェット湾周辺の都市カウンティ内の未法人化区域では、土地利用規制権を求めてシティの創設が増加した。当時、キングカウンティ内に創設されたショーライン（Shoreline）では、既存の給水・下水地区の機能を引き継ぐにあたり地区住民の一部から反対運動が起きたという[40]。

ここで、3から5の時期について地方政府の断片化の状況を整理しておく。まず、伝統的な、土地の使い方に関わる特別地区、とりわけ水管理に関わる特別地区は、コード・シティ制度によってより広範な一般的自治権限を有するに至った中小規模のシティとの間に衝突を生じるようになった。こうした特別地区のサービスをシティが引き継ぐためには、特別地区における投票を通じて承認を得なければならない。しかし、特別地区はもともと個々のサービス供給に即して創設するものであり、シティと境界を統一できるとは限らず、また、地区住民はシティに統合されることで受益と負担が不透明化されることを恐れる。そのため、断片化を防ぐためのシティへの特別地区の機能の引き継ぎは難しいようである[41]。

他方で、特別地区同士の場合は合併が進むこともある。キングカウンティは最大の都市カウンティとして多くの給水・下水地区を抱えていたが、給水地区で287、下水地区で374もの合併が行われたといわれている[42]。

また、消防地区や図書館地区などは地方自治体との地域間契約（inter-local contract）や機能的合併（functional consolidations）を通じて、また、ときには自治体に編入（annexation）されることによってサービスを提供するようになっていった[43]。そのほか、それまでは別個の特別地区によって果たされてきた複数の目的を併せて1つの特別地区となるものも出てきた。たとえば、灌漑およびリハビリテーション地区（1961）は、灌漑地区に、湖岸・海岸のリハビリ施設の整備や建物や道路の立地、建築、環境などに関する広範な規制権限を追加的に付与したものである（Chapter 87 Laws of 1961）。それにもかかわらず、当該地区は、灌漑地区と同様、他の地方政府から独立し、投票には不動産所有を要件とし、特別負担金が財源とされたことなど、伝統的な特別地区の性格をそのまま

引き継いでいる。この特別地区は設置されたことはないものの、実際に設置された場合は、既存のシティやカウンティのポリス・パワー規制、州の成長管理法に抵触すると考えられる[44]。

1960年代以降の新たなタイプの特別地区については、個々の一般目的政府が特別地区に一部の権限を委任し、各一般目的政府から特別地区の統治体の構成員が派遣される形をとるものが多い。そのため、こうした特別地区は、個別目的ごとの総合調整の場となることを期待されたとみることができるだろう。

このように、特別地区が対象とするサービスの性質によって、地方政府の再編結果には差があるといえる。

6　2000年以降

MRSC (Municipal Research and Services Center) が2012年に行った調査によれば、ワシントン州法では87種類の特別地区について定めており、そのうち約40種類が実際に運営されていることが確認できる[45]。設置数は都市部のカウンティほど多く、おおむね人口規模に比例する。2012年時点では、スノホミッシュ、キング、ピアースの主な都市カウンティで、それぞれ86、120、70の特別地区が設置されている[46]。現代的傾向として、都市部にいくほど周辺地域との調整課題が多く広域的な特別地区が増えること、領域内に多数の給水・下水地区などを抱えていることなどが影響していると考えられる。そのため、都市住民は、自分が関係する特別地区の代表について選挙で多くの意思決定をしなければならず、総合的に地域のことを考えるのはより困難になっていると思われる[47]。

4　地方政府の断片化と特別地区

アメリカにおいて特別地区が増加した要因の1つは、これまで指摘されてきたように、国、とりわけ、西部地域の発展の仕方にある。何もないところにきて、どのように生活するかが問題となる状況は、地縁に基づく集住形態が長らく続いてきた日本やヨーロッパと異なる。

ネットワークとの関係で、ワシントン州の事例における特別地区の位置づけをみるとき、次のことが指摘できる。まず、特別地区の成り立ちについて、人々の需要に応じた機能が徐々に特別地区として立法を通じて制度化されてい

4 地方自治をつなぐものとしての特別地区の可能性についての試論

ることが確認できる。とりわけ、土地利用に関する特別地区は、本稿 3 節の 1 および 2 で見たような州の諸制度が形成されつつある時期に、対応が制度化されていなかった個別課題に対処するためものとして合理的といえる。このとき、特別地区は、生業や生活パターンを同じくする人々が活動の範囲とする地域を共同管理する制度的な拠点として機能していた。すなわち、特別地区は〈自治に必要なネットワークを形成するもの〉として、機能を通じて地域の個人をつなぐ役割を担っていたと見ることができるように思われる。

　また、上記の点と関連して、特別地区は、権限を縮小された結果生まれたものではなく、必要な権限を足していく地方政府であるといえる。新たな需要に対応して新たな特別地区を創設するだけでなく、灌漑地区のように、すでにあった特別地区のもともとの目的に付随して生まれる新たな需要は、当該特別地区への授権を追加することで対応させる場合もあった。このようなとき、権限が拡大した特別地区は、〈自治のネットワークを拡大するもの〉と位置づけることができるのではないか。

　しかし、3 節の 4 以降で確認したように、やがて人口が増加し、人々の生活が多様化するにつれて、サービスの需要も多様化する。この時期に至っては、ワシントン州においても、コード・シティ制度の下で未法人化区域での小規模自治体の創設が進み、こうした自治体に対して一般的自治権が付与されるようになった。本稿 3 節の 5 でみたように、同じ種類の特別区同士の合併が進んだ一方、水管理関係の特別地区のように、居住に関する土地や資源の利用を巡ってシティと特別地区との間で権限および領域の重複が生じており、地方政府の断片化による衝突が現れているようである。後者の特別地区の中には、その目的が人々の生活の主要部分から外れることによって、機能を通じた〈自治のネットワーク〉としてよりも、機能を通じて地域を分断するものとして機能し、〈自治のネットワーク〉としての役割を終えるものもある。なお、〈自治のネットワーク〉が制度化されると、より確実な管理が行われる反面、需要対応が硬直化することも考えられる。

　他方で、60 年代頃から新たに創設された特別地区の性質は、狭域的範囲で生活を共にする限定的なグループに対するサービス提供を目的とするものから、より広域的な課題への対処を目的とするものに移行する傾向にあった。[48] これらの特別地区においては、シティやカウンティの機関またはそれらの連合体とし

71

て位置づけられるものが多い。本稿では詳細な分析を行っていないが、このとき、シティやカウンティおよびその住民が、特別地区について自治の課題としての関心をもつようになれば、当該特別地区は新たな〈自治のネットワーク〉として機能する可能性はあるだろう。ワシントン州においては、非常に小規模な地方自治体が、たとえ自律の維持に不安があったとしても自治体としてのアイデンティティを強固に保っている。そうした中で、自治の基本単位としての一般目的政府同士を結ぶ〈自治のネットワーク〉としての特別地区のあり方が見いだせるとすれば、その意義を改めて検討する余地があるように思われる。

【注】

1) special districtは、ワシントン州でspecial purpose districtと呼ばれるように州によって名称が異なるが、本稿では「特別地区」の名称に統一して記述する。
2) Laurie Reynolds, "Local Governments and Regional Governance," *Urban Lawyer* 39, no. 3 (2007), pp. 483-485.
3) *See*, Sara Galvan, "Wrestling with Muds to Pin Down the Truth about Special Districts," *Fordham Law Review* 75, no. 6 (2007), pp. 3041-3080. Galvanはテキサス州の典型的な特別地区である、水の供給を担うMUD (municipal utility district) の運用を分析し、こうした問題点を析出している。*See* also, Reynolds, *supra* note 2. また、参照、Arthur B. Gunlicks「アメリカの地方自治:多様性と不均一な発展」ヨアヒム・J・ヘッセ編(木佐茂男監修/北海道比較地方自治研究会訳)『地方自治の世界的潮流——20カ国からの報告(上)』(信山社、1997年)84頁。なお、「断片化」の問題は、この時期に初めて明らかになったわけではない。アメリカではホーム・ルール制度や排他的ゾーニング等により地方政府のパッチワーク化、断片化による弊害が繰り返し指摘されている。ホーム・ルール制度について、たとえば、薄井一成「分権時代の地方自治」『分権時代の地方自治』(有斐閣、2006年)を参照。
4) *See*, Laulie Reynolds, "Intergovernmental Cooperation, Metropolitan Equity, and the New Regionalism," *Washington Law Review* vol. 78, no. 1 (2003), p. 96; Richard Briffault, "The Local Government Boundary Problem in Metropolitan Areas," *Stanford Law Review* vol. 48, no. 5 (1996), pp. 1151-1156.
5) 筆者は2016年11月20日の日本地方自治学会研究大会分科会(南山大学)において、日本における地方公共団体の「総合行政主体論」を巡る議論に関連して、ワシントン州における一般目的政府と個別目的政府の関係性を論じた(「地方自治における『一般目的政府』と『特別目的政府』の競合:アメリカ・ワシントン州を事例として」)。
6) Hugh Spitzer, "Home Rule v. Dillon's Rule for Washington Cities," *Seattle University Law Review* vol. 38, no. 3 (2015), pp. 819-820.
7) Website Advisory Commission on Intergovernmental Relations, The problem of Special Districts in American Government (1964), p. 1. Enable, http://www.library.unt.edu/gpo/acir/Reports/policy/a-22.pdf, last visited 15 September 2017.

8) Nancy Burns, *The Formation of American Local Governments : Private Values in Public Institutions*, Oxford University Press, 1994, pp. 4, 8-11.
9) そのため、たとえばワシントン州において、裁判所は、その権限について一般目的政府に比べて厳格に解釈する（strictly construe）傾向にある。Lundin, *infra* note 10, p. 267.
10) 本節のワシントン州の制度に関する記述は主に次の文献に依拠している。Steve Lundin, *The Closest Governments to the People: A Complete Reference Guide to Local Government in Washington State* (second edition). Enable, http://mrsc.org/getmedia/1c25ae05-968c-4edd-8039-af0cf958baa7/Closest-Governments-To-The-People.pdf.aspx?ext=.pdf, last visited 15 September 2017.
11) 前田萌「多様な地方自治組織による地域空間管理の実態——サンフランシスコ・ベイエリアのケーススタディ」地域情報研究所紀要5号（2016年）を参照。もっとも、全ての住民が選択可能な状態にあるわけではなく、経済的状況等によって選択肢が制限されたり、地方政府からの「苛烈な排除と差別」を受けたりする実態も確認されている。参照、佐藤学『米国型自治の行方——ピッツバーグ都市圏自治体破綻の研究』（敬文堂、2009年）。
12) Conor Clarke, *Comment: Merging and Dissolving Special Districts*, *Yale Journal on Regulation* vol. 31, no. 2, (2014), pp. 495, 497-498.
13) 合衆国全体で、一般目的政府数は3万8910（うちカウンティ3031、自治体1万9519、タウンシップ1万6360）、特別目的政府数は5万1146（うち学校地区1万2880、特別地区3万8266）を数える。なお、特別地区の数は52年には1万2340であったので、60年間で3倍以上増加している。Census of Governments 2012. 例外的に、アラスカ州とハワイ州では、日本と同様一般目的政府のみで地域行政を担っているという。Hugh Spitzer, *A Local Government By Any Other Name*, Proceedings of the Washington State Association of Municipal Attorneys, Fall Conference, (2009), pp.2-3. Enable, http://mrsc.org/getmedia/D2F2FDF4-9C9C-4D03-8945-0A107182A50B/wsama534-7.aspx, last visited 15 September 2017.
14) Website MRSC, Washington Special Districts Overview (Updated 12/12) Enable, http://mrsc.org/getmedia/81d0cdff-e5be-43cc-9d49-7b2a1ef91051/spdchart0112.aspx, last visited 18 September 2017. なお、合衆国センサスでは学校地区も特別地区としているが、学校地区はその財源を州政府から得ていることなどからやや特殊な扱いを受ける。ここではワシントン州の地方自治に関する調査・研究及び地方政府への支援を行うNPOであるMRSC（Municipal Research and Services Center、以下MRSCとする）のデータに依拠した。MRSCによれば州立法府はこれまで80種類以上の特別地区を制度化してきたという。Website MRSC, Special Purpose District in Washington, Enable, http://mrsc.org/Home/Explore-Topics/Governance/Forms-of-Government-and-Organization/Special-Purpose-Districts-in-Washington.aspx, last visited 15 September 2017.
15) Website MRSC, Washington City and Town Profile, Enable, http://mrsc.org/Home/Research-Tools/Washington-City-and-Town-Profiles.aspx, last visited 15 September 2017.
16) ワシントン州の地方制度の歴史的展開については"A History of Washington's Local

Governments: Washington State Local Governance Study Commission Report (Update)" (2007)(以下、A History of Washington's Local Governmentsとする)、および Final Report of the Washington State Local Governance Study Commission, 1A History of Washington's Local Governments, (1998)(以下、Final Report 1とする) を参照。Enable, http://mrsc.org/getmedia/7E7C9A95-3503-4DBB-88BA-F88F6CD54E92/W3LGSCD.aspx, last visited 15 September 2017. また、州法令の閲覧は、Website Washington State Legislature, Enable, http://leg.wa.gov/LawsAndAgencyRules/Pages/default.aspx, last visited 15 September 2017を利用した。このサイトは過去の条文も一部参照できる。

17) Final Report 1, *ibid.*, p. 2.
18) *Ibid.*
19) Lundin, *supra* note10, p. 644.
20) Final Report 1, *supra* note 17, p. 2. 学校地区は後に州の機関となる。
21) Website MRSC, *supra* note 15, p. 5.
22) A History of Washington's Local Governments, *supra* note 17, p. 34. 灌漑地区、堤防地区は、もともと普通選挙とされていたが、15年の法改正で地区内の土地所有を選挙権の要件とした。こうした要件に対しては、「一人一票原則(One Person, One Vote Doctrine)」に違反するとの訴えが度々提起されている。Lundin, *supra* note 10, p. 263. 一人一票原則については、See, Richard Briffault, *Who Rules at Home?: One Person/One Vote and Local Governments*, University of Chicago Law Review vol. 60, no. 2 (1993), pp. 339-424.
23) Lundin, *supra* note 10, pp. 310-311.
24) *Ibid.*, p. 446.
25) A History of Washington's Local Governments, *supra* note 17, p. 35.
26) *Ibid.*
27) ホーム・ルール制度とは、19世紀後半以降の鉄道開発や移民の流入によって生じた工業化・都市化を受けて、人口集中地域である都市に一般的自治権を認めようとするホーム・ルール運動の中でうまれた自治制度である。
28) Website Office of Financial Management, Decennial population counts of the state, counties, and cities; 1890 to 2010, Enable, http://www.ofm.wa.gov/pop/popden/default.asp, last visited 15 September 2017.
29) Lundin, *supra* note 10, pp. 256-257.
30) *Ibid.*, pp. 100-105. その他、カウンティ全体の負担と一部の地域のみの受益という構図が受け入れられなかったこと、タウンシップの組織化が進まなかったことがあげられる。
31) その後39年の法改正で、全カウンティに設置が認められて普通財産税で運営されるようになった。また、シティや他の非法人化区域との協定を締結することにより地区外へのサービス提供が可能になった。*Ibid.*, pp. 295-296.
32) *See*, Spitzer, *supra* note 6, pp. 837-842.
33) 隣接するスノホミッシュカウンティでは、キングカウンティーシアトルメトロに組み込まれることを避けるための「防御的法人化(defensive incorporation)」としてメトロを創設したとみられるが、後にシアトルメトロに編入された。Jacob Hein, *et al., Regional Governmental Arrangements in Metropolitan Areas: Nine Case Studies*, U.S.

Government Printing Office, 1974, p. 49; Lundin, *supra* note 10, p. 556.
34) A History of Washington's Local Governments, *supra* note 17, p. 60.
35) *Ibid.*
36) *Ibid.*, p. 60, 62.
37) *Ibid.*, p. 62, 77.
38) *Ibid.*, p. 60.
39) 前山総一郎「コミュニティ経済の方式——市民統治によるシアトル・モノレール事業団の試み」八戸大学紀要29号（2004年）56頁。
40) *See*, Office of Financial Management, *supra* note 28. また、ショーラインでの状況について、2015年10月26日、ワシントン大学ロースクールのHugh D. Spitzer教授へのヒアリング。
41) シティと特別地区の間の衝突について、同上、Spitzer教授へのヒアリング。
42) A History of Washington's Local Governments, *supra* note 17, p. 60.
43) Website MRSC, *supra* note 15, p. 10.
44) Lundin, *supra* note 10, p. 320.
45) *See*, Website MRSC, *supra* note 14.
46) Website MRSC, Number of Special Districts in Each County–includes Multi-County Districts (01/12), Enable, http://mrsc.org/Corporate/media/MediaLibrary/SampleDocuments/ArtDocMisc/spdcountymap.pdf, last visited 15 September 2017.
47) 個別の地方政府について考える難しさは、地方政府を規律する州法の分かりにくさにも原因があると指摘されている。ワシントン州の場合、州法で地方政府を表す名称は58種類あり、それぞれの文言で対象が微妙に異なる他、特別地区の性質・特徴をどのように見るかによって裁判でも判断が分かれるなど混乱した状況が続いているという。地方政府の制定法上の文言の複雑性について、*See*, Spitzer, *supra* note 13.
48) ここであげた、州創設期に生まれた生活に根ざしたサービスを利害関係人の一種の相互規制によって運営する特別地区と、60年代に増加した交通等の広域行政管理のための特別地区とは、特別地区としての性質が異なる。今後特別地区の意義について更に検討する際は、各特別地区の性質に応じた個別の分析を行う必要がある。

5 連携中枢都市圏とネットワーク論

村上　博

1　はじめに

1　ネットワーク理論

　本書は、ネットワーク理論という視点から、現代行政の行政法上の諸問題の分析を行うことを目的としている。そこで本稿は、検討の素材を現代行政のうち、「人口減少時代の政策実現手法の萌芽が明確に現れている領域」である地方自治の法分野、とくに内閣総理大臣から「人口減少が深刻化し高齢者人口がピークを迎える2040年頃から逆算して顕在化する諸課題に対応する観点から、圏域における地方公共団体の協力関係、公・共・私のベストミックスその他の必要な地方行政体制のあり方について、調査審議を求められ」た第32次地方制度調査会で検討が始まっているように（第1回総会は2018年7月5日）、近年重要な政策課題になっている連携中枢都市圏に求め、以下検討することにする。
　まず、ネットワーク理論につき、行政法学の分野では、山本隆司氏がつぎのように述べている。「行政の主体」のとらえ方として、行政の主体を法人として認識するアプローチ、組織として分析するアプローチ及びネットワークに解体するアプローチという3つの考え方がある」。このうち第3のネットワーク論につき、「多様な主体（主に組織、場合により個人）が公益を実現するために協力関係または競争関係にたって活動する手法がある。こうした関係をネットワークと表現しておく。……ネットワークによる公益実現の手法は、公益を実現する過程に実験・試行や多様性・競争の要素を導入するのに資する」とする。具体的には、公益実現のネットワークとして、主に国内における公的組織と私的主体との関係が考究されている。「『行政の主体』は、国民全体を平等に構成員とする国の組織から、分節化・開放化された国の組織、自治組織、公私混合組織を経て、公的組織と協働する私的主体、公的組織によって特別な参政

権または受給権を認められ、あるいは特別な規制を受ける私的主体へと至る。そして、公的組織と私的主体との間の一般的な規制、給付、参加の関係に連続する。こうしたスペクトルにおいて、『行政の主体』を構成し、かつ統制する憲法原理のウェートは、古典的な民主的正統化から他の原理へと漸次移っていく」。この国の組織から、公益実現のネットワークへのいわば移行形態として、地方自治を含む自治組織および公私混合組織が位置付けられる。「国の組織を形成するのと相似する手続をもう一度とって形成されるのが、自治組織である」と。

他方、ドイツでもネットワーク理論が議論されている。ツィーコウ「社会科学におけるネットワーク研究と公法——ネットワークという概念は法学の新たなパラダイムか？」によれば、ネットワークという基本概念は、次の要素によって特徴付けられている。「複数のアクターが存在すること。アクターは、個人的アクター、集合的〔kollektiv〕アクターまたは団体的〔korporativ〕アクターのいずれであってもよい。これらのアクターはネットワークにおけるノード〔Knoten〕と称される。組織またはその一部（例えば専門的部門）だけがネットワークを構成し、個人がネットワークを構成しない場合は、組織間ネットワークといわれる。国家的な組織と非国家的な組織によって構成されるハイブリッドな組織間ネットワークについては、パブリック・マネジメント・ネットワークという概念がある。あるノードを通じて、他の多くのノードあるいは他のすべてのノードが結び付いている場合、そのようなノードはハブといわれる。」「ノードの間に社会的な関係の網〔Geflecht〕が存在すること。ここにいう関係がいかなる種類のものであるかは原則として問題にならない。関係は、対称的な場合も、非対称的な場合もありうる。対称的な関係の場合、二つのノード間の関係は双方向において同じである。これに対し、非対称的な関係の場合、ノード1とノード2の間の関係はノード2とノード1の間の関係とは異なる。対称的な関係の典型例は婚姻であり、非対称的な関係の典型例はヒエラルヒッシュな関係である。」「アクター間の関係が一つの地平のうえで対等であること、すなわちヘテラルヒッシュ〔heterarchisch〕であることは、ネットワークの本質的な要素ではない。ネットワーク構造がヒエラルヒッシュな場合もありうる。ヘテラルヒッシュおよびヒエラルヒッシュなネットワークと並ぶ第三の形式として、中心・周縁モデルのネットワークがある。このネットワークに

おいては、『中心』というアクターが特別の地位を有する点でヒエラルヒー構造に似ているが、ヘテラルヒッシュなネットワークと同様に、関係が対称的に形成されている。ヒエラルヒーと中心・周縁構造は、ネットワークの集合的なアウトプットを容易にする手段とみなされている。」といわれている。

2　連携中枢都市圏

つぎに、研究の対象である連携中枢都市圏について検討する。2017年10月から総務省では、「自治体戦略2040構想研究会」において、2040年に備える地方自治体の行政体制が議論されている。研究会の事務局を担う総務省自治行政局長（当時）の山崎重孝氏は、「個々の地方自治体の不連続なイノベーションと個々の地方自治体を超えた連携がカギにな」り、「縮小する経営資源の中で持続可能な行政サービス供給体制を構築していくことが、これからの地方行政の課題となる」と述べている。具体的には、「個々の地方自治体に関しては、標準化できるサービスはできるだけ標準化する」と。そして個々の地方自治体を超えるサービスの供給体制の構築については、中央省庁再編や市町村の合併の背後にあった「大ぐくりの行政主体を形成してガバナンスを強化し、意思決定を早くすることによって、実効力を高めるという考え方」「とは異なる『ネットワーク論』が重要になる」と。このネットワーク論とは、「ある程度のまとまりをもった身軽な独立した主体が目的に合わせて連携を図ることによって効率的な決定と実効性を確保していく」『クライアントサーバーシステム』のような考え方」と説明されている。具体例としては、連携中枢都市圏、中心的な都市が設立した地方独立行政法人に、「圏域内のすべての基礎自治体」が窓口事務をアウトソーシングすること[9]などが取り上げられている[10]。このように、国・地方自治体全体が取り組む地域政策の根幹的手法として、連携協約という契約型広域連携手法が位置付けられていることが、今日の特徴となっている。

そこで、本稿は、連携中枢都市圏を、ツィーコウのいうネットワーク概念に従って分析し、その結果、第3のネットワーク構造である「中心・周辺モデルのネットワーク」概念の有効性を検討するものである。したがって本稿で扱うネットワークは、地方自治体の相互関係に限定していることから、前述の山本氏のネットワーク概念とは異なるものである。

2　自治体合併と新たな広域連携[11]

　日本では、「自治体の階層制を維持し広域自治体と基礎的自治体による緻密なピラミッド構造を形成し、行政区画の漏れをなくし、併せて広域組織の境界線は常に一又は複数の基礎的自治体の境界線と一致させる必要があるという階層的な発想」で地方自治制度がつくられている。[12]

　このような制度の中で、圏域をマネージメントする方法にはつぎの5種類がある。すなわち①市町村合併のように、圏域と市町村の区域を一致させる方法、②広域市町村圏施策のように、圏域を構成する市町村が共同組織を創設する方法、③定住自立圏・連携中枢都市圏のように、圏域を構成する市町村等が、協定等によって圏域をマネージメントする方法、④以前の「郡」のように、都道府県と市町村の中間に、圏域を統治する地方自治体を創設する方法および⑤当該圏域を所管する都道府県の出先機関が圏域マネージメントを担う方法である。[13]

　日本では、広域行政＝自治体合併と考えられ、市町村合併がまず目指されてきた。具体的には戦後に限っても、1953年の町村合併促進法に始まる昭和の市町村合併、その後の広域行政圏（69年－2008年）、平成の市町村合併（2000年の市町村合併特例法改正以降）、その後の定住自立圏構想（2008年以降）および連携中枢都市圏構想という新たな広域連携へと展開してきている。

　広域行政圏施策では、「従来の広域行政圏に係る今後の取扱いについて」（2018〔平成20〕年12月26日付け総行市第234号通知）によれば、市町村圏は知事が設定する圏域を前提とする。この設定は、逐次段階的に行われ、99年度には364圏域で、広域市町村圏を構成する市町村数は2924団体であった。しかし平成の市町村合併により市町村数が減少し、2008年度には359圏域となり、一部の市町村を除く、1702市町村がいずれかの広域行政圏に所属していた。広域行政圏は、広域行政機構のガバナンスによる団体間の実質的な行政機能の分担を進める「機能的合併」としての側面を有していた。また大都市地域については、77年に大都市周辺地域振興整備措置要綱に基づき、大都市周辺地域広域行政圏が設定された。91年からは、広域市町村圏と大都市周辺地域広域行政圏は広域行政圏と総称された。[14]

新たな広域連携（定住自立圏・連携中枢都市圏）では、ある自治体が複数の連携中枢都市圏に参加するなど多層的な連携の結果が「圏域」となる。広域連携は、市町村の主体性と柔軟性が重視され、都道府県の役割は助言と支援に限定されている。[15]

1 平成の市町村合併

平成の市町村合併においては、地方分権型社会の主役としての「総合的な行政主体」という新しい酒を盛るために、新しい皮袋としての「基礎自治体」へと、市町村という「基礎的自治体」を規模拡大することが目指された。その結果、99年3月末には、市が670、町村が2562で合計3232自治体、人口1万未満自治体1537であったが、99年以来の平成の市町村合併により、2010年3月末には、市が786、町村が941で合計1727自治体に、人口1万未満自治体457になった。なおその後の人口減少により、すでに2014年1月1日には、市が790、町村が929で合計1719自治体、そのうち人口1万未満480と小規模自治体の数は逆に増加している。[16]

そこで、第29次地制調答申（2009年6月16日）は、「平成11年以来の全国的な合併推進運動については、現行合併特例法の期限である平成22年3月末で一区切りとすることが適当である」と述べた。

しかし、「合併から連携へ」と総務省は舵を切った、と結論づけるのは早計であろう。なぜなら第29次地制調は同時に、第27次地制調「答申で示された基礎自治体の姿は、今後も妥当するものと考えられる」と述べている。「それぞれの市町村が基礎自治体としての役割を適切に果たすことが求められる」との表現は、総合行政主体としての基礎自治体という特殊な自治体像を意味する。そこで「市町村の合併の特例に関する法律」（2010年3月26日）は、期限が切れる「市町村の合併の特例等に関する法律」の一部を改正する法律（2020〔平成32〕年3月末までの時限立法）として延長されたからである。また「経済財政運営と改革の基本方針2018——少子高齢化の克服による持続的な成長経路の実現」（2018年6月15日閣議決定）「第3章『経済・財政一体改革』の推進　4．主要分野ごとの計画の基本方針と重点課題　(3) 地方行財政改革・分野横断的な取組等（持続的な地方行財政制度の構築）」の中で、「地方公共団体の実情に応じ、市町村合併の進捗状況が地域ごとに異なることを踏まえ、現行の合併特例法が平成31年度

末に期限を迎えることへの対応を検討する」(64頁)とも書かれている。この骨太の方針に先立つ、自民党の財政再建に関する財政特命委員会報告は、「Ⅳ　歳出改革の具体策」で、「国の出先分野において大きな位置を占める」財政分野について具体的に取り組むべきであるとして、「3．地方財政　②広域連携等による地方財政の効率化」において、「既存の取組で市町村合併が進まなかった地域に関して更なる合併を推進する枠組みについても検討する」(13頁)と「改革努力を促」していることから、従来の市町村合併→道州制の途などが否定された、とは結論付けられないであろう。

2　定住自立圏

(1) 政府の政策　定住自立圏構想研究会『定住自立圏構想研究会報告書──住みたいまちで暮らせる日本を』(2008年5月15日)は、「もはや、すべての市町村にフルセットの生活機能を整備することは困難である」とし、(昭和の大合併以降全国的な市町村合併をしないことを前提に) 機能的合併を主たる目的としていたこれまでの広域市町村圏の施策に代わる新たな仕組みとして、定住自立圏構想を提起した。

そこで、「経済財政運営と改革の基本方針2008」(2008年6月27日閣議決定) は、「第2章　成長力の強化」の「2．地域活性化」「(1)地域再生」の「具体的手段」において、「(2)都市機能の集約化とネットワーク化　定住自立圏構想をネットワークとして、今年度から地方公共団体と意見交換しながら具体的な圏域形成を進めるとともに、各府省連携して支援措置等を講ずる」と決定した。「中心市と周辺市町村が協定により役割分担する『定住自立圏構想』の実現に向けて、地方都市と周辺地域を含む圏域ごとに生活に必要な機能を確保し人口の流出を食い止める方策を各府省連携して講ずる」とされている。

これを受けて、定住自立圏構想は、いわば「進化する制度」として柔軟に取り組むという理由から、法律ではなく、「定住自立圏構想推進要綱」(2009年4月1日施行)に基づいて取り組まれている。その結果、「広域行政圏計画策定要綱」および「ふるさと市町村圏推進要綱」は、2009年3月31日をもって廃止された(2008年4月1日時点で、日本の市町村数の95.1％、国土面積の97.1％、総人口の77.6％を占める区域に広域行政圏が設定されていた)。

定住自立圏形成協定に基づく事務の執行については、機関等の共同設置(自

治法252条の7等）や事務の委託（同法252条の14等）等のほか、民事上の契約等により行い、その形式に応じて規約の作成等の手続を経る。定住自立圏構想の特徴は、つぎの2点である。①圏域形成において、従来の広域行政圏施策のように、知事が関係市町村や国と協議した上で設定する手法ではなく、中心市と周辺市町村が自主的に相手を見出し協定を結ぶ枠組みであること。②従来の広域行政圏施策のように、構成団体間で多数当事者間での均一な事務の共同処理を志向するのではなく、中心市と周辺市町村が、1対1で人口定住のために必要な生活機能を確保するための役割分担を行うことである。[17]

このように、定住自立圏構想は、個々の地方自治体が「新しい公共空間」を運営していくために必要な社会資源の地域的ネットワークであり、その中でとくに民間が提供する生活機能を重視して構成される圏域で、地方への民間投資を促進し、内需を振興して地域経済を活性化させることが期待されている。

これまで政令指定都市を除いて、市町村が都道府県を介さずに、総務省と直接やりとりをすることは限られていた。ところが中心市は、宣言書や協定、ビジョン等を都道府県と並んで総務省に直接送付する。また定住自立圏に関する取り組みについては、都道府県と並んで総務省も、必要に応じて助言および支援を行う。このように、都道府県による助言体制という旧パラダイムから、基礎自治体重視の国の助言体制という新しいパラダイムへと移行する可能性を、定住自立圏構想は秘めている。[18]

そこで、第29次地方制度調査会答申「今後の基礎自治体及び監査・議会制度のあり方」（2009年6月16日）は、「(2)今後における市町村合併の支援のあり方」において、「平成11年以来の全国的な合併推進運動については、現行合併特例法の期限である平成22年3月末で一区切りとすることが適当である」という有名なこれまでの自治体合併の中止を宣言する。これを受けて、「(3)事務処理方策に関する基本的な考え方」において、「市町村合併による行財政基盤の強化のほか、共同処理方式による周辺市町村での広域連携や都道府県による補完などの多様な選択肢を用意した上で、それぞれの市町村がこれらの中から最も適した仕組みを自ら選択できるようにすべきである。(改行)なお、これらの地方自治制度上の仕組みに加え、中心市と周辺市町村が締結する協定に基づく市町村間の新たな連携の取組としての定住自立圏構想をはじめとする地域活性化施策を積極的に活用することで、それぞれの市町村が基礎自治体としての役割

を適切に果たすことが求められる」と。

　これを受けて、総務省「『平成の合併』について」(2010年3月)はつぎのように述べる。「今後の市町村における事務処理のあり方を考えるに当たっては、これまでのような合併を中心とした対応ではなく、このような市町村の多様性を前提にして、それぞれの市町村が自らの置かれた現状や今後の動向を踏まえた上で、その課題に適切に対処できるようにする必要がある。このため、市町村合併による行財政基盤の強化のほか、共同処理方式による周辺市町村間での広域連携や都道府県による補完などの多様な選択肢を用意した上で、それぞれの市町村がこれらの中から最も適した仕組みを自ら選択できるようにする必要がある」と。

　第29次地制調答申で言及された定住自立圏構想は、2009年4月から全国展開している。定住自立圏は、中心市と周辺市町村とが「新しい公共空間」を運営していたくために必要な社会資源の地域的ネットワークであることから、この限りでは、中心・周辺モデルのネットワークと理解できよう。

　(2) 長野県の定住自立圏　　定住自立圏構想も、「中心市と周辺市町村がそれぞれ自律的な市町村計画を持ち、対等平等に地域の将来を展望していく」なら、小規模自治体の生き残りに欠かせない広域連携の1つの手段である、と評価することも可能であろう。[19]

　たとえば、「全国小さくても輝く自治体フォーラムの会」の2018年10月19日の現地研修会のチラシによると、長野県飯田市を中心市とする全国初の定住自立圏形成協定 (2009年)「の5年間の取り組みについての13町村へのアンケート、ヒアリングでも、『町村にとっても特別交付税による財政措置が行われていること、協定によって事業に係る財政負担が明確になったこと、負担が公平化されたこと、などメリットは大きい』といった意見が寄せられ、その成功の秘訣として『人口の6割、製造品出荷額の7割を占める飯田市が、運営において圏域内の町村と対等、平等を認め、連携において広域連合重視をとっていること』、町村の側では、『下伊那町村会、議長会が構成されていて、広域連合内の町村意見の調整が可能となっている』などのポイントが指摘されている」と紹介されている。この長野県の事例は、中心市と周辺町村との対等平等性を担保する制度を構築することによって、ヘテラルヒー的なネットワークとして機能している、と理解できよう。

総務省の「定住自立圏構想の推進に関する懇談会」委員であった小田切徳美氏は、つぎのように定住自立圏を政策的に評価する。「定住自立圏構想が中小都市と農山村との連携という重要な課題に、具体的に対応しようとしていることは評価されてよい。……農山村地域にとっても、圏域の中心となる中小都市の都市機能の維持・再生なくしては、自らの存立の条件も著しく制約されるという現実が生まれ始め、こうした実態を直視するのであれば、地方中小都市とその周辺農山村との一体的振興は最重要な課題である」[20]と。

3　人口問題と地方自治体のあり方

　国立社会保障・人口問題研究所「日本の将来推計人口」統計を根拠にした「人口急減社会」論が社会的に注目されたのは、増田寛也「2040年、地方消滅。『極点社会』が到来する」(中央公論2013年12月号)やいわゆる「増田レポート」(日本創成会議・人口減少問題検討分科会「ストップ少子化・地方元気戦略」2014年5月8日)の力によるが、人口動態に関する長期予測を大前提にして、これからの基礎自治体の行政サービス提供体制のあり方について検討したのは、第30次地制調答申「大都市制度の改革及び基礎自治体の行政サービス提供体制のあり方」(2013年6月25日)である。

　答申の前文はつぎのように述べる。「平成24年1月に国立社会保障・人口問題研究所が公表した『日本の将来推計人口』(出生中位・死亡中位推計)によれば、我が国の人口は、平成38年に1億2000万人を下回り、平成60年には1億人を下回ると推計されている。(改行)このような人口減少社会に入ることにより、社会経済や地域社会の状況は大きく変容しようとしている。将来、一層の人口減少が進む中においても、集落の数自体は人口ほどは減少せず、人々は国土に点在して住み続け、単独世帯が増大すること等が予想されている。人々の暮らしを支える対人サービスの重要性は益々高まっていく。基礎自治体によるサービス提供体制を維持可能なものとしていくことが求められている。人口が収縮していく中で、都市構造や土地利用のあり方の見直しについても、基礎自治体が適切に役割を果たしていくことが求められている」と。

　この30次地制調答申を踏まえて、「今後の人口減少・少子高齢社会における基礎自治体による行政サービス提供のあり方を、より具体的に検討するために

設置された」のが「基礎自治体による行政サービス提供に関する研究会」である。この研究会報告書 (2014年1月) は、「研究会報告書の位置づけ　(1)第30次地方制度調査会答申の概要」において、つぎのように人口問題をより深刻に捉えている。「人口減少と高齢化は、まず地方において顕著となり、地域コミュニティや生活基盤の崩壊・消滅の危機という形で現れる。一方、大都市部では、高齢者の増加とその後の人口減少が予想され、国家の存立さえ危ぶまれる状況にある」と。

つぎに、「現状認識」に関し30次地制調答申は、「人口減少が進む中にあっても集落の数はそれほど減少せず、人々は国土に点在して住み続け、単独世帯も増加していく。医療、介護、教育、交通、災害対応等の分野において、住民に身近な基礎自治体の役割が増え、住民一人当たりの行政コストも増大することが見込まれている。このことを前提にして、これからの我が国のあり方を真剣に考えていくことが必要である」とする。そこで「まず、人々の暮らしを支え、経済をけん引していくのにふさわしい核となる都市やその圏域を戦略的に形成していくことが必要である。その上で、全国の基礎自治体が人々の暮らしを支える対人サービスをどのような形で持続可能に提供していくかが問われている」として、「新たな広域連携制度の必要性」等を提言した[21]。

研究会報告書は、「市町村が単独であらゆる公共施設等を揃えるといった『フルセットの行政』から脱却し、市町村間・都道府県間における新たな広域連携を推進することで、市町村が基礎自治体としての役割を持続可能な形で果たしていけるようにすることが必要である」とする[22]。

西尾勝氏 (30次地制調会長) は、地制調答申をつぎのように評価している[23]。「今回の答申では、専ら広域連携のあり方に焦点があてられ、これまでの一部事務組合・広域連合、機関の共同設置、事務の委託といった広域連携の諸制度に加え、もう少し柔軟な、協定に基づく新たな広域連携の仕組みが模索されることになった。それは、法制化せず事実上の施策として試行されてきた定住自立圏構想の発想と仕組みについて必要最少限の法制化を図り、この種の新しい広域連携の仕組みに参加しそれぞれの役割分担を担う市区町村に対する財政措置を整え、この仕組みを中核市や指定都市を中心市とするより一層広域の圏域を対象にした広域連携にまで拡大適用していく方策の模索であった」と。

また西尾氏は、2014年4月24日の衆議院総務員会においてつぎのように発言

する。連携協約制度が「法制化されれば、市町村合併ではない新たな形を地域で選択できるようになります。（改行）今後は、単独であらゆる公共施設を維持し、全ての行政サービスを提供するといういわゆるフルセットの行政の考え方から脱却することが重要であります。集約とネットワーク化を進めるため、各自治体の意識改革が求められます。（改行）都市は、そこで生み出される富をその都市だけに使うのではなく、近隣の地域も含めて必要な行政サービスを提供していかなければなりません。それが都市の責任であり、核となる都市のリーダーシップに期待しております」と。

また碓井光明氏（30次地制調専門小委員会委員長）も、2014年5月20日の参議院総務委員会でつぎのように発言している。「人口減少化は待ったなしの極めて大きな国家的課題でございます。（中略）答申は、そのような人口減少社会への対応策として、単独の市町村があらゆる公共施設を維持し全ての行政サービスを提供するという発想ではなく、地方公共団体が連携、協力して集約とネットワーク化を進める必要があるといたしました。」「人々が安心して暮らせる社会を地方制度の面からいかにして支えるか、これが人口減少社会への対応を念頭に置いてこれから幅広く検討されなければならない事柄」である、と。

これに対し、人口論に依拠した地方政策の問題点を大森彌氏はつぎのように根本的に批判する。「地域で暮らしている住民は『人口』ではない。人口は、いうまでもなく、ある集団の総体を指す概念であり、また、その集団を構成する人間の総数を指す統計上の概念である。実際に地域にいるのは、かけがえのない個人としての住民である。喜怒哀楽と生老病死のうちに人生を送る生身の個人である。自治体が、これからの人口減少時代に対処していくとき、いつも忘れてならないのは、固有の存在としての住民とその尊厳である」と。新たな広域連携につき、その政策の背景を検討することなく、その表層をネットワーク論で分析することの卑賤さが問われている、といえよう。

4　連携中枢都市圏

1　2014年地方自治法改正

30次地制調答申を受けて、地方自治法が改正された（2014年5月25日参議院可決・成立、11月1日施行）。「新たに自治法で連携協約の制度を定めたのは、地方

公共団体間の連携については、より安定性を確保し、長期的・継続的にも展開が可能となるように、また、公的な主体間であることが反映できるようにするという趣旨のもの」である[25]。

この「連携協約」とは、普通地方公共団体が「他の普通地方公共団体との連携を図るため、協議により、当該普通地方公共団体及び当該他の普通地方公共団体が連携して事務を処理するに当たつての基本的な方針及び役割分担を定める協約」(252条の2第1項)である。地方自治法の規定自体には、連携協約の締結推進に向けての強いインセンティブ(奨励)措置はなく、紛争処理の仕組みや協約についての議会の議決を法定し、なおかつ法定外の支援措置を用意することで連携を促そうという点で、本条は、広い意味でのインセンティブ(奨励)規定として位置付けられている[26]。

定住自立圏と区別される連携中枢都市圏が必要とされた理由は、「経済財政運営と改革の基本方針2014について」(2014年6月24日閣議決定)では、「『集約とネットワーク』の考え方に基づき、相当の人口規模と中核性のある都市が近隣市町村と有機的に連携し地域の活性化を図るため、地方中枢拠点都市圏や定住自立圏を形成し、圏域全体の経済成長の牽引、高次の都市機能の集積、生活機能サービスの確保・向上といった取組を推進する」とされている(第3章2「(3)地方行財政制度」)。この他に、定住自立圏が法的根拠を持たないことから、国が市町村に強く勧めるためには、法的根拠のある地域政策が必要であったのである[27]。

連携中枢都市圏に関し、白藤博行氏はつぎのように評価する[28]。連携協約は、「新たな柔軟な合併誘導政策」にならない保証はない。総務省の基本政策の1つが、いまもなお「地方総合行政主体」論にあるとするならば、「領域的合併」の不全から、過渡的合併政策として、「機能的合併」政策に暫定的に転換したといった穿った見方もできないわけではない、と。

2 地方創生政策と連携中枢都市圏

地方創生の根拠法である「まち・ひと・しごと創生法」(2014年11月21日参議院可決・成立)は、今後数10年にわたる日本のありように大きな影響を与える、極めて画期的な法律であり、「人口の減少に歯止めをかける」(1条)ことを、目的として明言した初めての法律である。したがってこの法律は、人口減少が、

法制度設計による対応を要する社会問題を引き起こす、との考えに基づいている。具体的には、地方創生は、社会保障制度の行方を政府全体の政策に持ち上げるための論理なのである。

地方創生政策は、積極戦略と調整戦略という2つの戦略に基づいている。積極戦略は長期的視点からの人口政策であり、調整戦略は短期的視点からの対策であり、人口減少に対応した「地方公共団体相互の連携協力による効率的かつ効果的な行政運営の確保を図ること」（2条6号）が基本理念として定められている。この調整戦略は、具体的には地域再編・集約化政策が中心であり、連携中枢都市圏などがそれに当たる。連携中枢都市は、東京圏など3大都市圏への人口流出を食い止める「人口のダム」の機能を果たすことを期待されており、広域連携は地方創生と一体化していくことになっている。「まち・ひと・しごと創生総合戦略（2016改定版）」では、「2020年度には連携中枢都市圏の形成数30圏域とすることを目指す」とされている。なお「連携中枢都市圏の取組状況（2018年4月1日）」によれば、連携中枢都市宣言を行った宣言連携中枢都市の数は30市、連携中枢都市圏ビジョンを策定した圏域である連携中枢都市圏の数は28圏域、連携中枢都市圏に取り組む市町村である圏域を構成する市町村数は253市町村である。

総務省「連携中枢都市圏推進要綱」（2015年1月28日）によれば、連携中枢都市圏構想の目的は、「相当の規模と中核性を備える圏域の中心都市が近隣の市町村と連携し、コンパクト化とネットワーク化により『経済成長のけん引』、『高次都市機能の集積・強化』及び『生活関連機能サービスの向上』を行うことにより、人口減少・少子高齢社会においても一定の圏域人口を有し活力ある社会経済を維持するための拠点を形成」することである。

枠組み法としての創生法に定められた基本的な事項を現実に進めていく事業法的な法律が「地域再生法の一部を改正する法律」（2014〔平成26〕年11月28日法律第128号）である。連携中枢都市圏こそが改正地域再生法に基づく地域再生計画を作成する主体としてふさわしい、と想定されている。

たとえば、「2018年度 新たな広域連携促進事業委託団体」の1つである福山市では、「本圏域は、生活圏が県境を跨いでおり、救急医療等について県境を越えた流出入がある地域である。また、県庁所在地から遠く離れ、大学医学部がないこともあり、医療が地域の共通課題となっている。そこで、県境を跨

いだ圏域における安定した医療提供体制の確保に向けた課題の把握や解決策を検討する。広域連携の高度化に向けた産学金官民での連携の検討を行う。」「平成26年度新たな広域連携委託事業による分野別取組例」によると、福山市では、高度医療サービスの提供として、救命救急センターやがん医療等の提供体制の充実、圏域内の医療機関の連携強化、医師・看護師の確保・教育研修の充実がなされた。医療分野への創業・多角化推進事業として、「製造業や農業など多種多様な業種からの事業の多角化や創業を推進し、医療分野での各種技術や研究施設、企業の集積を促進」することである。このように連携が強まるごとに、近隣市町村は市町村である意味が失われ、都道府県の役割が減少することになる[33]。

そこで、地方創生下の連携中枢都市圏は、「集権・競争型自治」モデルといえる中央政府主導の自治体間連携であり[34]、地方自治体間のネットワークとして理解することは、国の地方自治体に対する介入の側面を見落とすことになる。

5　新たな広域連携の法的論点

1　定住自立圏

2014年の地方自治法改正によって連携協約が規定されるまで、定住自立圏協定は、地方自治法外の広域連携方式＝民法上の契約＝行政契約である。そこで民法上の契約に関する諸原則や諸規定が、行政契約であることの特性に配慮しつつ適用され、裁判外の紛争解決手法（ADR）が利用可能である[35]。

2　連携中枢都市圏

(1) 地方自治法改正（2014年）　原田大樹氏は、人口減少時代における新たな政策実現に関しつぎのように述べている。「2014年の地方自治法改正では、複数の基礎自治体間の連携や包括的な事務委任のモデルが導入されている。また、公私協働・外部委託の拡大が進み、行政にしかできない固有の任務・役割とは何かに関する議論が進展している。さらに、データー処理のクラウド化や事務フローの共通化を推進して情報通信技術をさらに活用し、行政の中核的任務に人的資源を集中投入すべきとの考え方も強まってきている」[36]。

「人口減少自体に対応する新たな政策実現手法を通覧して気が付くのは、上

述の誘導手法のように、国の法律で実体的プログラムを書き切らない手法が目立つことである。……また、地方自治法の2014年改正で導入された連携協約は、協約で規定すべき内容に関する規律を含まず、その手続と紛争解決手段という枠組みのみを法定し、具体的な連携の内容・方法はこれを利用する地方公共団体に委ねている。これらはいずれも、伝統的な法律事項の観念である、国民の権利・義務の変動や行政活動の内容に関する実体的プログラムという手法からの乖離を見せており、政策実現手法の面から見れば、手法の多様化・高度化と評価し得る[37]」。

「人口減少時代における」「新たな政策実現過程における国家の役割はつぎの3点に集約し得る。」「第1は、間接的な制御者・調整者としての国家である。人口減少時代においては人的資源に代表される行政資源がこれまでと比べて限定されることとなる。……公務員にしか対応できない分野として『政策立案』や『政策実施における調整』の作用に資源が集中的に投下されることが予想される。新たな政策手法における誘導作用・媒介作用の萌芽は、こうした傾向を示しているものと考えられる。(改行) 第2は、政策の枠組みの設定者としての国家である。……国家の立法者による政策目的の決定や制度の形成は完結的にはなされていない。……制度設計者が多元化している現状において、国家がそれらの制度設計者の自律性を尊重しつつ国家法との一定の整合性確保を図る局面でも、政策の枠組みの設定という手法を観察し得る。……立法者による政策目的・政策実現過程に関する大枠の確定と、立法者が創出した政策実現における様々な主体による政策基準の定立という理論構造（政策基準論）」。「第3は、強制的な執行権限の保有者としての国家である。この第3の役割はしかし、新たな2つの国家の役割を機能させる前提条件となっている。間接的な制御・調整や政策の枠組みの設定という、従来に比して謙抑的な国家作用がなお一定の機能を発揮するためには、国家にしかなし得ない作用である強制的な執行が機能性と実効性をもってなされる必要がある。……実効的な法執行制度に向けた改革が不可欠である。……今後予想される人口の急激な減少とそれに伴う行政基盤の縮小に行政法学が対応するためには、……問題解決に向けた大胆で新しい発想を生み出す柔軟性と開放性がますます求められる」[38]と。

原田氏のように考えると、連携中枢都市圏における国家の第3の役割とは何であろう。憲法上自治権の保障された地方自治体との関係では、国家の第3の

役割は厳格に限定されなければならないであろう。

地方自治体間の連携協約は、国家間の条約に相当する重みをもったもの、と理解されている[39]。この連携協約を条約に擬える「積極的な」意義は、「法定の契約である連携協約は、私人間の合意である私法上の契約とは異質な自治体間の合意であるということである」。このために「条約に関する国家間の紛争が、原則として、国内裁判所の審判の対象にならないと同様に、連携協約に関する自治体間の紛争は、裁判所の審判の対象とならず、……もっぱら自治紛争処理委員による処理に委ねられる[40]」。そこで以下の法的論点について検討する。

（ⅰ）近隣自治体の真摯な検討・判断　「連携中枢都市圏構想推進要綱」は、「宣言連携中枢都市に対する通勤通学割合が0.1以上である市町村においては、宣言連携中枢都市から連携協約締結に向けた協議があった場合には、真摯に検討し判断することが望ましい」と定める。この真摯な検討・判断は、近隣市町村の法的義務ではないが、「望ましい」規定は一定の傾向を示しており、近隣市町村を事実上拘束することから、この規定は連携中枢都市中心主義の発想であり、自治体間の平等性を損なうことになる。

（ⅱ）総務大臣・知事の勧告権　地方自治法252条の2第5項は、「連携協約については、公益上必要がある場合においては、都道府県が締結するものについては総務大臣、その他のものについては都道府県知事は、関係のある普通地方公共団体に対し、連携協約を締結すべきことを勧告することができる」と規定する。この「公益上必要がある場合」とは、「連携協約が締結されていないことが、住民にとって看過できない不利益が生じている場合（例えば、住民生活に不可欠なサービスが維持できなくなるような場合）などが考えられる[41]」と解釈されている。しかし勧告は事実上関係自治体の自治的判断を侵害するため、廃止されるべきである[42]。

（ⅲ）自治紛争処理委員による処理方策の提示を求める「申請権」　地方自治法252条の2第7項は、「連携協約に係る紛争があるときは、当事者である普通地方公共団体は、都道府県が当事者となる紛争にあつては総務大臣、その他の紛争にあつては都道府県知事に対し、文書により、自治紛争処理委員による当該紛争を処理するための方策の提示を求める旨の申請をすることができる」と規定する。「広域連携にかんする自治体間の合意をめぐる紛争解決が裁判所に委ねられる場合には、裁判所が自治体間の合意に政策の転換を許さないとす

るまでの拘束力を認めることは難しそうである。(改行) そうしてみると、連携協約制度における自治紛争処理委員による紛争処理の仕組みの目的が連携の継続・維持にあるとすれば、この仕組みは裁判所が及ばないところをカバーするものであろう。……連携協約にかかる施策の変更に起因する変更自治体の責任を損害賠償にとどめることになる司法的な処理を一切排除するものであるとすると、それは法の支配の下での紛争解決の仕組みとしては適切なものとはいえない」と評価されよう。

(ⅳ) 処理方策尊重義務　地方自治法251条の3の2第6項は、「処理方策の提示を受けたときは、当事者である普通地方公共団体は、これを尊重して必要な措置を執るようにしなければならない」と規定する。これは、「両当事者の同意がなくても自治紛争処理委員は処理方策を定めるもの」と解釈されている。自治紛争処理委員による一般の調停の場合には、当事者のすべてが調停案を受諾しなければ成立しない (251条の2第7項) ことと比較すると、総務大臣または知事の同意を得て、申請を取り下げることができる (251条の3の2第2項) としても、連携協約であることが、当事者の同意を無視する合理的な理由にはならないであろう。

(2) 市町村自治を保障する連携中枢都市圏　たとえば道州制推進基本法案 (骨子案) (2013年6月6日修正版) においても、「各道州内の中枢・拠点となる都市を中心に圏域単位で都市機能と良好な居住環境を維持し、基礎自治体は、住民に必須の行政サービスを持続可能な形で提供していく必要がある」と明記されている。連携中枢都市圏や定住自立圏の推進は、市町村自治の「空洞化」を促進する方向に作用すれば、市町村合併や道州制の条件整備として機能する可能性がある。

しかし定住自立圏と連携中枢都市圏の2つの制度は、市町村合併や道州制といった急進的な改革ではなく、現行の2層制を維持した上で、政策ベースで自治体間連携を図りながら漸進的に改善・調整する側面をもっている。そこで集権的な広域連携ではない、自治と内発的発展による自治体間連携のあり方が求められているのである。道州制論のように、国の内政課題に対する行政責任を否定するのではなく、国と都道府県の行政責任を明確にした上で、連携中枢都市圏を政策的に利用することが重要となる。

たとえば、(長野県)「自治体間連携のあり方研究会」が2015年2月に設置さ

れ、「とりまとめ」[47]が出されている。長野県に関する国立社会保障人口問題研究所の推計によると、50年後の2060年に、35市町村が、2010年人口の半分になると見込まれ、50年後には、1村を除く76市町村人口が8割以下になると見込まれることから、つぎのように、人口減少に対応した行政体制の整備が必要である、とされている。

「人口減少・少子高齢化社会の中、地域が活性化し、県民が安心して快適な暮らしを営んでいけるようにするためには、各広域行政圏内での役割分担のもとで、市町村が連携して地域づくりを進めていく必要がある。県内では、全ての広域行政圏において広域連合による事務の共同化が図られているほか、定住自立圏も幾つかの圏域で形成されるなど市町村間の連携が進んでいる」と。

そこで、市町村間連携のフレーム（枠組み）に関し、「地理的な繋がりから生活圏が近い広域市町村圏を基本単位（基本プラットフォーム）として検討」し、「構成市町村の事務の共同処理を行う広域連合を1階とし、連携中枢都市圏や定住自立圏等中心市を中心とした柔軟な仕組みを2階とする2層構造として、地域の実情や事務の性質に応じて使い分けるのが適切」とされている。

この長野県の事例は、市町村間、あるいは県と市町村との間の対等性を確保しながら自発的な取組として進められる限り、市町村自治を補完する制度として位置付けられる、と評価できよう。[48]

6　おわりに

現行地方自治法は、基礎的自治体と広域自治体との二層制の基本構造を採用しているが、連携中枢都市圏は、「核となる都市が周辺市町村と形成する圏域を全体としてマネジメントすること」を目指しており、この限りではネットワーク論の観点から連携中枢都市圏を分析することも形式的には可能であろう。

しかし「従来までは、都道府県の役割とも考えられてきたこれら項目（「コンパクト化」、「ネットワーク化」並びに「経済成長の牽引」及び「高次都市機能の強化充実」——村上注）を、第三次産業を主産業とする超高齢・人口減少社会においては、大都市が担うことで、より高い生産性が期待できるという問題意識が、連携中枢都市圏構想の根幹にある」とされている。[49]

またこれまで検討してきたように、連携中枢都市圏構想の背後には、都道府

県を廃止することを前提とした地方自治体としての道州を導入する道州制構想が予定されていることを考えると、連携都市圏をネットワーク論の観点から分析することは、連携中枢都市圏の本質を見誤ることになるであろう。

しかし、連携中枢都市圏が契約型の連携であることから、長野県の例にみられるように、従来の広域連携の手法と新たな広域連携の手法を組み合わせて、行政サービスの提供の方法を作り出すことは可能である。しかしこれも、都道府県および市町村という領域を前提としたものであり、ネットワーク論に基づき新たに分析することは適切ではない。

【注】

1） 原田大樹「人口減少時代における政策実現手法の展開」レファレンス66巻3号（2016年）4頁参照。
2） 原田「地域自治の法制度設計」地方自治848号（2018年）は、合併によって規模が拡大した市町村が狭域自治の単位として機能しづらいため、2つの方向からの改革が試みられている、とする。1つは合併政策からの転換であり、広域連合、法人格を伴わない連携協約、事務の代替執行である。もう1つは、市町村内での住民自治の拡充策である（3頁）。広域連合については、村上博『広域行政の法理』（成文堂、2009年）70頁以下参照。連携協約と事務の代替執行については、村上「基礎的自治体の行政サービスと自治体間連携、都道府県の役割」西村茂・廣田全男・自治体問題研究所編『大都市における自治の課題と自治体間連携』（自治体研究社、2014年）159頁参照。
3） 稲葉一将「ネットワークに依存する国家行政と国家行政のネットワーク化」名古屋大学法政論集277号（2018年）31頁以下参照。
4） 山本隆司「行政の主体」磯部力・小早川光郎・芝池義一編『行政法の新構想Ⅰ　行政法の基礎理論』（有斐閣、2011年）89頁参照。
5） 同上100頁参照。
6） 同上104頁参照。
7） 同上97-98頁参照。
8） ヤン・ツィーコウ（野呂充訳）「社会科学におけるネットワーク研究と公法——ネットワークという概念は法学の新たなパラダイムか？」本書14-15頁参照。
9） 山崎重孝「『二〇四〇年』」地方自治842号（2018年）12頁以下参照。
10） 村上「第31次地制調答申と地方独立行政法人——窓口業務の包括委託を中心に」自治労連・地方自治問題研究機構・研究と報告110号（2016年）参照。
11） 「広域連携」と「広域行政」との違いに関し、木村俊介氏は、「広域行政」という用語が行政活動自体に着目しているのに対し、「広域連携」は地方自治体間の協力関係に着目した用語である、と説明する（木村俊介『広域連携の仕組み』〔第一法規、2015年〕1頁参照）。横道清孝氏は、「広域行政」では「圏域ありき」であり、その圏域を担う特別の行政機構が想定され、全国に画一的に拡げていくイメージがあるが、「広域連携」では、この3つのイメージがない、と捉える（横道「広域連携の現状と今後の方向性」日本都

市センター編『広域連携の未来を探る』〔日本都市センター、2016年〕2頁参照)。
12) 木村『グローバル化時代の広域連携——仏米の広域制度からの示唆』(第一法規、2017年) 385頁参照。
13) 横道清孝「圏域における新しいマネジメントと人材育成」自治フォーラム599号 (2009年) 26頁以下参照。
14) 木村・前掲注 (11) 65頁以下および村上「地方自治制度改革論」白藤博行ほか『アクチュアル地方自治法』(法律文化社、2010年) 17頁以下参照。
15) 松本英昭『新版逐条地方自治法〈第9次改訂版〉』(学陽書房、2017年) 1276頁、同「地域の広域連携について」地方議会人45巻3号 (2014年) 7頁および伊藤政次「自治体間連携の時代？——歴史的文脈から解きほぐす」都市問題106巻2号 (2015年) 55頁参照。
16) 村上・前掲注 (14) 27頁および29頁参照。
17) 木村・前掲注 (11) 74頁参照。
18) 村上「定住自立圏構想の現況と課題」季刊自治と分権42号 (2011年) 55頁参照。
19) 岡庭一雄「定住自立圏構想を考える——飯田下伊那地区から」信州自治研212号 (2009年) 2頁以下参照。
20) 小田切徳美「コラム『定住自立圏構想』の見方」町村週報2670号 (2012年) 1面参照。
21) 寺田雅一「第30次地方制度調査会『大都市制度の改革及び基礎自治体の行政サービス提供体制に関する答申』の概要」地方議会人44巻4号 (2013年) 12頁以下参照。
22) 研究会報告書については、大杉覚「新たな広域連携への取組」地方議会人45巻3号 (2014年) 20頁以下参照。
23) 西尾勝「中心市は広域責任を自覚せよ」地方議会人44巻4号 (2013年) 10-11頁参照。
24) 大森彌『人口減少時代を生き抜く自治体——希望の自治体行政学』(第一法規、2017年) 332頁参照。人口論を新自由主義的権力としての環境介入権力の現れと批判する考えについては、佐藤嘉幸『新自由主義と権力』(人文書院、2009年) 70頁参照。
25) 松本・前掲注 (15) 1277頁参照。
26) 斎藤誠「連携協約制度の導入と自治体の課題」市政63巻12号 (2014年) 19頁参照。
27) 本多滝夫「『地方創生』と連携中枢都市圏構想を問う」季刊自治と分権59号 (2015年) 46頁参照。兼子仁氏は、「地域自治体間の多制度な連携にすべて国の法律上の根拠が要るという考え方は疑問である」との立場から、"地域自治法"としては、『連携協約』の法律規定は強行法規ではなく、任意『協定』とは選択関係にあることがのぞましい」と解釈する (兼子『地域自治の行政法』〔北樹出版、2017年〕48頁参照)。
28) 白藤博行「2014年地方自治法改正を読み解く」住民と自治615号 (2014年) 31頁参照。
29) 溝口洋「まち・ひと・しごと創生法の制定的論点」自治体法務研究2015年春号47頁以下参照。辻琢也氏も「連携中枢都市圏構想には、超高齢・人口減少社会に適合的なまちづくりを可能にする新しい地方行財政のメカニズムを見出し得る」という (辻琢也「連携中枢都市圏構想の機制と課題」日本不動産学会誌29巻2号〔2015年〕49頁参照)。
30) 大森彌・金井利之「人口減少時代を生き抜く自治体」における大森氏の発言。自治実務セミナー 667号 (2018年) 3頁-4頁、6頁および10頁-11頁参照。
31) 平岡和久「地方創生政策下における自治体間連携をめぐる現状と課題」季刊自治と分権68号 (2017年) 77-78頁参照。
32) 大森・前掲注 (24) 347頁および本多・前掲注 (27) 48-49頁参照。
33) 辻山幸宣「自治欄：連携中枢都市って？」自治日報3782号1面 (2015年2月27日) 参照。

34) 水谷利亮・平岡『都道府県出先機関の実証研究』(法律文化社、2018年) 5 頁参照。岡田正則氏によれば、「メラースは、……法学的な問題設定のためにどうしても必要となる区別を不明確にしてしまう」というネットワーク概念の問題点を指摘している（岡田「グローバル化と現代行政法」現代行政法講座編集委員会編『現代行政法の基礎理論』〔日本評論社、2016年〕371頁参照。
35) 斎藤・前掲注 (26) 18頁参照。
36) 原田・前掲注 (1) 7 頁参照。
37) 同上15頁参照。
38) 同上16頁参照。
39) 宇賀克也「2014年地方自治法改正の意義と課題」自治実務セミナー 2014年12月号 5 頁参照。
40) 本多「自治体間の広域連携と連携協約制度——連携協約を『条約』に擬える意味」龍谷法学48巻 1 号 (2015年) 240頁参照。
41) 松本・前掲注 (15)『新版逐条地方自治法〈第 9 次改訂版〉』1278頁参照。
42) 岩崎忠「定住自立圏構想と地方中枢拠点都市制度」都市問題106巻 2 号 (2015年) 62頁参照。
43) 本多・前掲注 (40) 244-245頁参照。
44) 松本・前掲注 (15)『新版逐条地方自治法〈第 9 次改訂版〉』1279-1280頁参照。
45) 平岡・前掲注 (31) 80頁参照。
46) 村上・前掲注 (2)「基礎的自治体の行政サービスと自治体間連携、都道府県の役割」159頁参照。
47) (長野県)自治体間連携のあり方研究会「とりまとめ」2016年 3 月参照。
48) 平岡・前掲注 (31) 85頁参照。
49) 辻・前掲注 (29) 55頁参照。

社会的ネットワーク論と行政法・地域自治
――理念史的考察

岡田正則

1 はじめに

「ネットワーク」は、近年の社会科学において、市場での人々の新たな関係のあり方や水平的分権型のガバナンスを構築するための概念として注目されている。公法学の分野では、公私協働論（PPP）や新公共管理論（NPM）に代わる理論、あるいはグローバルガバナンスに対応する組織論・手法論などにおいてこの概念の活用が試みられているが、概していえば、これまでの制度・理論に対する批判的視点の提供や問題発見にあたっての有用性という点での意義は認められるものの、法理論や法解釈論を構築するための概念として積極的・肯定的に受容されるまでには至っていない、というのが現状だと思われる。本稿は、主に地域自治を素材として、このようなネットワークの概念の意義を行政法学との関連において考察する。国家的関係および市場的関係のあり方と区別するために、そこでの人的・組織的ネットワークを「社会的ネットワーク」と呼ぶことにする。

本稿の考察対象からすると、社会的ネットワークの概念と対をなすのは「主権的国民国家」という概念である。前者が水平的・開放的であるのに対し、後者はヒエラルヒー的・閉鎖的であることを特徴とする。法制史学者のミヒャエル・シュトライスは、グローバル化の時代状況に照らして、あるいは世界の中で"国家から自由な"ネットワークも機能するようになっている状況を考慮して、この「主権的国民国家」の概念を理念史的に分析することが重要である旨を強調している。すなわち、公法学が"脱国民国家化"の法理論を展望するためには、「国家、主権、国民」という3つの概念の歴史的な基礎を確かめることが必要とされているのである。そしてこれにともなって、国家と社会および社会と個人の関係の見直しも同時に必要とされることになろう。

理念史的考察のために、本稿は、まず、"48年"という年号に基づく4つの区分および"長い20世紀"における3つの概念を社会的ネットワークおよび日本の行政法との関連において簡単に説明する。次に、日本における地域自治の推移に照らして社会的ネットワークの意義を考察し、最後に、自治体における外国人の参政権、自治体の事務と国際社会との関係、および多様な公的サービスを担うようになっている私企業に対する監督手続に関する検討を加えて、その意義と課題を提示することにしたい。

2 国家・主権・国民の理念史

1 4つの"48年"と社会的ネットワーク

(1) 1648年——ウェストファリア条約・社会契約論と主権的国家　ヨーロッパの近代史において1648年と1848年は必ず取り上げられる年号である。1648年から49年にかけて、ミュンスターとオスナブリュックにおいて30年戦争を終結させるための講和条約が締結された。これを端緒とする主権国家というシステムは、国家の公権力的活動を正当化するための説明を必要とした。この必要性に対応したのがトマス・ホッブズの社会契約論である。彼の提案によれば、人々は"万人の万人に対する闘争"の状態から脱するためには、主権を創設する契約を結ばなければならない。この社会契約というフィクションは、たしかに個々人の平和的な生存という目的によって主権的国家創設の正当性を論証することに成功した。しかし、そこでは、主権者が社会の秩序を破壊する場合に社会の構成員はどのようにして主権者の権力行使をコントロールするのか、という問題は未解決のままであった。

ネットワーク論との関係では、このような社会契約論の意義は社会関係の編成原理を転換した点に認められる。すなわち、社会関係を人為的に編成することについてこれを法理論上可能なものとして位置づけたことである。自然発生的な社会的ネットワークを否定し、"域内平和"の達成という目的のために権力的な統治構造を正当化する点に、その特徴を見いだすことができる。そこでのルールの性質は、H・L・A・ハートの用語でいえば、主権者の命令だといえよう。

(2) 1748年——モンテスキュー『法の精神』と立憲国家　1748年に出版されたモ

ンテスキューの『法の精神』は、主権者の権力行使をコントロールするために憲法を実定化するという考えを提示した。ホッブズが"civil state"という用語を公共体（res publica）と理解したのに対して、モンテスキューは"état civil"という用語を——"état politique"と対比して——世界全体に広がる私的社会と考える方向を示した。このような考えに従って、北アメリカとヨーロッパの国々は、実定憲法を定めることになるのである。

ネットワーク論との関係では、それが国家権力を分割し、ネットワーク化することによって権力制御の契機を挿入した点に注目すべきである。"域内平和"の確保という目的のために権力の中枢部分のヒエラルヒー的構成を否定した点にその特徴を見いだすことができる。そこでのルールは、ハートの用語でいえば、第1次ルールと第2次ルールとを分化させた構造になった。つまり、一定の行為の禁止や処罰等を国家が行うためのルール（第1次ルール）の前提として、その国家自身も従うべきルール（第1次ルールを裁定・変更・承認するための第2次のルール）が作動することになったのである。

(3) 1848年——フランクフルト国民議会と国民国家　1789年の「人と市民の権利宣言」における「人と市民の権利」は、1804年のフランス民法典（Code civil des Français）において「フランス人の権利」（私権）へと縮減した。そして、憲法上の権利の享有だけでなく民法上の権利の享有についてもフランス国籍の保持が前提とされ、むしろ民法典こそが国民資格の基礎とされた。ここにおいて、「市民社会（société civile）」という概念は国民および国家と結びついたのである[7]。

1848年から49年にかけてのヨーロッパにおける諸革命の中で、ナショナリズムとインターナショナリズムとが、あるいはまた国家主義と社会主義とが対立した。そして、ナショナリズムおよび国家主義の側が勝利したといえる。この後、政治的な国家と市民的な社会という二元的対立の図式に基づいて社会団体は国家の下へと組み込まれた[8]。1849年のフランクフルト憲法は、人権と市民権を「国民の基本権（Grundrechte des Volkes）」と名付けたが、このような考えの影響の下で、1889年の大日本帝国憲法は「臣民の権利」を定めたし、1947年の日本国憲法は「国民の権利」を保障している。

ネットワーク論との関係では、社会連帯のしくみが法制化されるとともに、それが「国民」という資格でつなぎあわされていくことに注目すべきであろう（たとえば、社会保険や職能団体が国家によって法認されていく過程）。この中で、統

治者と被治者が同一であるという国民主権の概念が近代国家の標準的な考え方となり、国家と社会団体と個人が一定のヒエラルヒー構造の枠組みで法的に把握されるようになったことが、この時期の特徴だといえる。そこでのルールは、ハートの用語でいえば、第1次ルールと第2次ルールの分化を前提とし、「国民」概念を媒介として承認のルールが作動する状況になっている。つまり、国民の一員としての権利行使がルール承認行為の実践とみなされる状況である。

(4) 1948年——世界人権宣言と国際的立憲主義　1948年の世界人権宣言は、人類社会のすべての構成員の平等で譲り渡すことのできない権利を承認した。立憲主義の国際化である。この宣言にいう「人類社会 (human family)」とは、主権のない、さまざまなネットワークで構成されていると考えられる。そして、人権が強調されている背景には法関係の国際化——"普遍的な人権"を主権国家が侵害する危険性に対して国際社会が果たすべき役割の正当性——があるといえる。

ネットワーク論との関係では、主権的国家間や非主権的団体間などのさまざまな関係が多種多様なネットワークとして構成されている点、その意味で主権概念が相対化された点が注目される。"域内平和"を超えて"グローバルな平和"がこのような転換の正当化の根拠となっている。そこでは、ハートの用語でいえば、第1次ルールと第2次ルールがそれらの外部にある世界との関係で抜本的な見直しを求められている。そしてその見直しのプロセスを把握するためには、後述4 3で示すような重層的レベルの規範の相互関係を視野に入れなければならないと思われる。

2　"長い20世紀"における行政法学

(1) 行政法学の成立　上述の1848年の枠組みの下で、19世紀の終わり3分の1の時期に、主権的国民国家が世界の中で支配的になった。この時期に社会連帯を通じて人々の生活を支えていた社会団体は、国家の一部か、そうでなければ私的団体かに分けられていった。これにともなって、国家と個人との関係だけでなく、国家と社会団体との関係も公法上の規律の対象となった。こうした法関係に対応して、ヨーロッパの大学は1870年代に行政法学の講座を創設した。周知のように、国家学的方法を否定し、法学的方法を用いて行政法学を独

立の科目として基礎づけたのは、オットー・マイヤーであった。[9]

(2) **日本におけるドイツ行政法学の継受**　当時、日本は、国家と社会の近代化のために、短期間のうちにヨーロッパ諸国から法的な考え方を継受した。ロシュトック大学の国家学教授であったヘルマン・ロェスレルは、このような目的のために日本政府の顧問として日本に招かれ、そして、商法や明治憲法の草案の作成に大きく関与した。注目すべきは、彼の『ドイツ行政法教科書・第1巻』(1872年) の副題が「社会的行政法 (Das sociale Verwaltungsrecht)」となっていることである。彼によれば、「社会的行政法」は、「社会自身の中に基礎を有する行政上の関係」を対象とし、そして、「社会的行政とは、日常生活における社会的自由を基礎とする行政、法的原則に基づく行政、自治行政をいう」とされている。あるいはまた、「社会的行政法学は、現代的な発展の潮流にとってしっかりとした安定的な足場となるものであり、現代社会を正しい方向へと導くものだ」とされている。[10]

社会的行政法というロェスレルの構想は、"市場でも国家でもない"領域の自治的な法制度を追究するものであったが、ドイツにおいても日本においても受け容れられなかった。というのは、この考えが近現代のヒエラルヒッシュな国家統治の形式に対応していなかったからだと考えられる。[11] 日本における行政法学は、美濃部達吉によるオットー・マイヤー『ドイツ行政法』の翻訳 (1903年) およびその後の体系書の公刊などによって成立した。

日本の地方制度の形成に関しては、ルードルフ・フォン・グナイストの影響を指摘しなければならない。地方自治を国家発展の手段として捉えるその考え方は、1880年代に内務省顧問のアルバート・モッセを通じて取り入れられたのであるが、今日でも支配的である。

(3) **戦後期の改革**　第二次世界大戦後、アメリカ占領軍の下で、国家・法制度の抜本的改革が行われた。1947年の日本国憲法は個人の尊重を定めるとともに、地方自治を保障した。そのほか、社会の中で公共的な関係を発展させるべき社会保険・専門職団体・商工業者団体・労働組合などのしくみが承認された。しかし、憲法学者の樋口陽一によれば、このような改革がもたらしたのは、実際のところ、「個人」ではなく「私」の解放であった。[12] おそらくはそれゆえ、戦後日本の行政法学は、公法私法二元論を批判的に克服しようとしたものの、そこでの発想は公権力的な制度や行政実務を私法の視点を用いて構成し直

そうとするものであったため、行政主体(=公共)かさもなければ私人(=私)かという公法私法二元論の理論枠組みになお囚われていた。そしてそれゆえ、戦後日本の行政法学は、「個人」が構成する公共的な関係としての「社会」の把握には向かわなかったのである。

　戦後ドイツの公法学について付言すれば、国家と社会の二元論の主唱者であったE・フォルストホフは、統合理論に対抗して「市民社会」の自律保障の重要性を強調したが、社会国家規定の憲法上の意義を否定したところにあらわれているように、「市民社会＝私」という前提の下で、公共的な関係として「社会」を把握しなかったのである[13]。

（4）新自由主義的改革の中での社会的ネットワーク　1970年代以降、世界規模での人・商品・資本・情報の移動が飛躍的に進展した。いずれの国民国家も、一国的な制御手段では対応することができず、そのための公的任務を超国家的団体・地方団体・私的団体に委ねる方向をたどった。

　とはいえ、こうした任務を担うことになった諸団体やそれらのネットワークが主権的国家に取って代わったわけではない。人や商品等の移動を制御しうる権限の行使は、主権的国家または関係者の承諾等の正統化の根拠を必要とする。他方で、ネットワーク状の関係は無条件で水平的・反ヒエラルヒー的構造になるわけではない。むしろそのいくつかは「ネットワーク状の権力」と呼ばれる状態にある。すなわち、主要な国民国家、超国家的制度、メジャーな資本主義企業等の組織が国際分業を調整し維持する仕組みとしての結びつきである。近代国家がその正統性を示すために行政管理活動の普遍性と平等性を最優先の原理とするのに対して、ネットワーク状の権力は「個別特殊な目標に対する活動の特異性と適合性」を行動原理にしているとされる[14]（この問題については、後述４２で考察する）。行政法学は、現在、このようなネットワーク状の関係をどのような法関係として把握し、そしてそこにおける規範の制定や執行をどのようにして行うのかという理論的課題を突きつけられている。

3　小　括

　別稿において、私はネットワークという概念の特徴を次の４点に整理した。すなわち、ヒエラルヒー構造に対抗する点、公共的任務の多元的な実施の構想する点、人々の性質の多様性を前提とする点、構成員（アクター）間の関係を動

態的に捉える点である。社会的ネットワークの概念も当然これらの特徴を有する。しかし、上述のとおり、主権的国民国家を前提として構築されてきた行政法学の中では、これらの特徴は的確に扱われてはこなかったし、かえって否定されるべきものと位置づけられてきた。また、新自由主義的な私化・民間化の動向の中でも、社会的ネットワークの概念がこれらの特徴を発揮する局面を見いだすことは困難であった。そこで次に、国家から地域自治へと視点を変えて、この概念の意義を考察することにしたい。

3 社会的ネットワークと日本の地域自治の推移

1 近代国家形成の中での地域自治

日本でも近代以前に地域自治は存在していた。堺における都市自治の例はよく知られているが、村落においても、江戸時代から明治時代にかけて、村は自然に生じた一種の法主体として、課税権を行使し、訴訟を提起し、財産を管理していた。これを担っていたのは地域の有力者たちである。1868（明治元）年に成立した明治政府は、このような前近代的制度を存続させるのではなく、廃藩置県（1871年）と大区小区制（1872年）によって、中央政府の統治権を及ぼしうるような地方制度を構築した。大区小区制は、6万4000の村を約900の大区と約7700の小区に統合し、管理役職者を設けるものであったが、従来の地域運営とは著しくかけ離れたしくみであったため、人々の反発に直面し、機能しなかった。そこで明治政府は、1878（明治11）年に郡区町村編制法・府県会規則・地方税規則の"三新法"を制定した。これらによって、旧来の郡や町村をある程度復活させ、府県レベルで民意を表明できるようにし、地方税の使途を明らかにしたのである。

歴史学者の松沢裕作によれば、この間の地租改正（1873年）を含む一連の施策によって近世村の機能の柱であった村請制（村に割り当てられた年貢の総量を村の構成員全員が連帯して納入するしくみ）が解体され、市場という空間を管理する同心円状の統治構造が形成されたことが重要な転換であった。本稿の関心からいえば、この時期に、自然発生的な社会的ネットワークが解体され、市場化した世界に対応する中央集権的なヒエラルヒー型の統治組織が形づくられることになったのである。

1888(明治21)年に市制町村制が、そして——翌年の大日本帝国憲法の制定をはさんで——1890年に郡制と府県制が制定された。第二次世界大戦以前の地方制度の骨格となったのがこれらの法律である。自治体が国の統治機構の補完物として組み込まれたこと、中央政府の利益誘導に同調しなければ地域の生活基盤整備ができなかったことなどがその特色であり、その背景には、地域統治の権限を付与された地域の有力者(地方名望家)たちが飢饉や災害から生じる困窮者救済策の負担に耐えられなくなっていたという事情もあった。[18]

2　第二次世界大戦後の地方自治制度と地域自治

　第二次世界大戦後、日本を民主化する施策の一つとして、「地方自治の本旨」に基づく地方自治制度が導入された。憲法92条から95条までの規定によって憲法原則の一つとして地方自治が位置づけられ、地方自治法等によってその具体化が図られたのである。知事等の直接公選の実施、女性への参政権の拡大、直接請求制度や行政委員会制度の導入などがその特徴であった。

　1949年と1950年には、地方自治を支える地方税財政のあり方を提言するために、シャウプ使節団が来日した。同使節団は、①行政責任の明確化、②規模・能力・財源に即した事務配分、③事務配分における市町村の優先、を骨子とする勧告を行い、またその勧告をもとにして具体的な施策を提示するために設けられた地方行政調査委員会議(いわゆる神戸(かんべ)委員会)は、国庫補助や行政事務再配分の改革などに関する勧告を行った。しかし、これらの勧告内容の多くは、占領政策の転換や中央集権的な高度経済成長政策によって、実施されることなく棚上げにされた。そして、1954年には自治体警察制度が、1956年には教育委員の公選制が廃止され、また、1950年代半ばにはいわゆる"昭和の大合併"が推進された。これらは、地方自治を形骸化する制度改革であったといえるであろう。

　国と地方自治体の関係を上下関係とみる理解は、1970年代から1980年代前半にかけて動揺することになった。いわゆる革新自治体が児童手当制度の創設や老人医療・児童医療の無料化などの「上乗せ」「横出し」条例を制定したことで、地方自治体が福祉行政に関する企画・立案および実施の能力——つまり自治的な事務遂行能力——を有していることを示したからである。[19]地方自治の気運が高まる中で、1970年代末には「地方の時代」という言葉が人口に膾炙する

ようになったが、これと踵を接する形で開始された行政改革の中で、この言葉は地方自治体の責任と負担を増やす脈絡でも用いられることになった。この経過をみれば、「地方の自主性・自律性の強化」という旗印の下で実現されたのは、国の財政負担の軽減であって地方自治の強化ではなかった[20]、といわざるをえない。1990年代には、社会福祉基礎構造改革の中で市町村が「基礎自治体」として重視されるようになり、市町村への事務の移譲が進められたが、ここでも地方自治の強化という評価を見ることはできない[21]。

3　地方分権改革と自治体内の分権化──「小さな自治」の試み

　政府は、1995年の地方分権推進法に基づいて第1次分権改革に着手した。1999年の地方分権一括法は、改革の内容として、機関委任事務制度の廃止と法定受託事務制度の創設、国と地方の対等化などを定めた。この改革の後、財源移譲、基礎自治体の能力向上、地域間格差の是正などの残された課題への対応策として、「平成の大合併」が推進された（「三位一体改革」とあわせて「第2次分権改革」と呼ばれる）。

　市町村大合併の歴史をみると、そこには、住民生活上の必要性と「国のかたち」の彫塑という2つの要請が働いていたことが分かる。1888（明治21）年の市制町村制の施行時期に行われた「明治の大合併」では、7万1314町村が1万5859市町村（約5分の1）に統合されたが、そこで市町村の規模の目安とされたのは、教育、徴税、土木、救済、戸籍等の事務処理であった。第二次世界大戦後の1953（昭和28）年から61年にかけて、町村合併促進法に基づいて「昭和の大合併」が進められ、9868市町村が3472市町村（約3分の1）に統合された。そこでの規模の目安は、新制中学校の管理、消防・自治体警察、社会福祉、保健衛生等の事務処理であった。これらに対して、2002（平成14）年から取り組まれた「平成の大合併」では、住民生活上の必要性が具体的に語られることはなく、もっぱら「市町村は住民に最も身近な総合行政主体でなければならない」といった、国からの事務移譲に対応できる受け皿としての能力が規模の目安とされた（2012年までの10年間で、3218市町村から1719市町村へと、ほぼ半減した）。これらの中で、国は、国と地方との間の機能分担論を用いて「全国一律」の事務の実施を全地方自治体の必須の義務とすることによって、地方自治体を「統治」の側に組み込みながら、「補完性の原理」を用いて財政上の国の責任を縮小さ

せ、地方自治体にその責任を負わせている[22]。

しかし、なぜ「基礎自治体＝総合行政主体」なのかは、立ち止まってよく考える必要がある。住民生活の基礎となるサービスを提供することとあらゆる行政需要に対応することとは異なるのであるから、住民の自治的判断に基づいて、福祉サービスに特化する選択を行いうる自治制度を構想する必要がある。

2004年の地方自治法改正によって、市町村よりも小さい単位として、「地域自治区」を創設することができるようになった（同法202条の4以下）。市町村大合併にともなって生じる弊害に対応するためである。たとえば、合併によって吸収されたかたちになっている小さい町村の住民自治をある程度維持していくために地域自治区を設置し、議会に類似したものとして「地域協議会」を設置することができるものとされた。

現状（2018年4月1日時点）では、地域自治区（一般制度）が14団体・141自治区、地域自治区（合併特例）が11団体・21自治区、合併特例区が0団体であり、このほか、合併前の旧市町村の区域を単位として設けられる市町村の附属機関である地域審議会（都市計画、地域振興などについて審議し、答申・意見具申を行う機関）が31団体・84審議会である。平成大合併直後の時期（2007年10月1日時点で、地域自治区（一般制度）が17団体・123自治区、地域自治区（合併特例）が38団体・101自治区、合併特例区が6団体・14特例区。地域審議会が216団体・780審議会）と比べると、減少傾向にある[23]。

諸外国の例を含め、自治体内分権組織は、全体としていえば、住民代表組織による地域基本構想の作成、予算の決定と執行、まちづくり計画の策定やその具体化を主要な課題としている。とはいえ、自治体内分権制度の導入だけでは「小さな自治」の活性化につながらないことも明らかになりつつある[24]。これらの分権組織が何を課題・任務とすべきか、あるいは地方自治体とどのように行政課題を分担すべきかについては、いまだ試行錯誤の状態にあるからである。地域社会での課題意識の共有、主要な担い手となる団体の横断的つながり、予算審議（地域の課題に応じた予算の決定）を通じた意思疎通が必要だと思われる。

4　小括──自治体の適正規模

市町村の大規模化の前提となる市町村への分権化自体の根拠は、住民に身近な行政主体として住民の生活実態や多様なニーズを最もよく知ることができ、

これを施策の実施の際に考慮しうる点に求められていた。ここには、分権化に関する相反する要請が現れている。市町村は「統治主体」として相応の財政規模と事務遂行能力を備えるために大規模化すべきだとする要請と住民の生活実態やニーズを把握できるコンパクトな行政主体であるべきだとする要請である。この空隙を埋める方策の一つが、2004年に導入された地域自治区・地域協議会制度であった。しかし、上述のとおり、この制度は、少なくとも住民福祉の面での自治の活性化には結びついておらず、また住民福祉の制度の側も「小さな自治」に対応していない。地域の実情に応じた福祉サービス提供システムを住民の自治的な判断に基づいて整備していくという発想が、どちらの制度にも欠けているからである[25]。生活リスクへの対処が特定の地域や文化の中に歴史的に蓄積されている知識や生活知の援用・活用——つまり「自分たちで技術を制御する術を身につけることで、皆でリスクを分かち合い、相互の支え合いにもとづいた社会の構築へと向かう[26]」という自治的な社会関係——を必要とすることを想起するならば、住民福祉の実現を中核とした「小さな自治」を構想することが不可欠だといえる[27]。社会的ネットワークが有効な役割を果たすのは、このような「小さな自治」の単位においてであろう。

4　脱国家化の時代における社会的ネットワーク

1　社会的ネットワークとしての地方自治体と社会団体

　社会的ネットワークは、地方自治体としてであれ社会団体としてであれ、原則として主権的国民国家の中に存在する。では、その活動の正統性は主権的国民国家の後ろ盾なしには成り立たないのであろうか。まず、自治体における外国人参政権の問題と自治体の国際的活動に関わる問題を例として考えてみたい。
　ドイツにおいて、1990年10月31日の２つの連邦憲法裁判所判決は[28]、外国人に地方参政権を付与する州法を違憲と判断した。これらは、地域的自治を「部分国民（Volksteil）」の固有の行政という理由づけによって正統化しており、そして市町村のような地方団体は国民国家の一部分にすぎないという前提に基づいて判断しているように思われる。これに対して機能的自治は、主権と結びついた民主的正統性の原理を必要としないとされている[29]。私の見解によれば、上記２判決は地方自治団体の機能的自治の面を看過していると考えられ、それゆえ

この面を再評価することが必要である。というのは、民主的正統性の原理の射程範囲と主権という概念の射程範囲とを区別すべきであって、その理由は前者がすべての公的団体に及ぶのに対して、後者は近代国家についてだけ妥当するという点にある、と考えるからである。

　日本における外国人の地方参政権の問題については、禁止説（外国人参政権は憲法上で禁止されているとする説）・許容説（その許否は立法者の裁量に委ねられているとする説）・要請説（自治体の外国人参政権の拒絶は憲法違反だとする説）という3つの説がある。日本の最高裁は許容説を採ったとされているが、[30]上述のドイツの議論に照らしてみると、この最高裁の判断は、社会的自治の思想に基づいてではなく、むしろ民主的正統性についての理解の不足に基づいているように思われる。というのは、同判決は外国人の地方参政権の保障について結局は「専ら国の立法政策にかかわる事柄」と述べるのみで、国の統治権と自治体の自律的決定権との関係については論じていないからである。行政法学は、社会団体の民主的正統性の問題という枠組みの中でさらに検討を行うべきである（詳論はできないが、この点は、2011年3月の福島原発事故で生じた「地域なき市町村」の問題、すなわち域外避難民が構成員となっている地方自治体の民主的正統性の問題にもあてはまる）。[31]

　ドイツにおいて前述の外国人選挙権に関する2判決とほぼ同じ時期に出された連邦行政裁判所の2判決も、社会的ネットワーク論にとって重要だと思われる。同裁判所は、核兵器廃絶に向けた都市間連帯の宣言については地方自治の範囲内としたのに対し（フルス市事件）、核兵器廃絶ゾーンの宣言については、国家機関の権限を侵害するとの理由でその範囲外だと判断した（ミュンヘン市事件）。[32]後者が許されない理由は、防衛政策など国家外交に関わるような事項についての決定だからだと考えられる。最近の研究では、自治体外交の許容範囲の曖昧さに関する指摘とともに、多元的な外交権の所在が国家にとっても有益だという理解が広まるにつれて、自治体が国際的次元で活動することも憲法上の自治権の保障として認められるようになる、といった見解も示されている。[33]

　以上の例が示しているのは、地方団体に関わる法関係が主権国家の枠組みを超えるものとなっている、ということである。そして、そこでの法関係は、しばしば主権国家の活動をモニタリングする意味を含むことになる。すなわち、

外国人による地方参政権の行使が間接的な国政の評価や代替的選択肢の提示の機会となりうること、あるいは国際的な都市間連帯が新たな国際関係の道筋をもたらすこと、などである。主権概念を基礎とする正統化論を維持する場合であっても、このようなモニタリングを遮断するのではなく、むしろそれを不断に取り込む構成となることが求められていると思われる。

2 私企業による公的課題の引き受け

次に、公的課題を遂行する私企業のネットワークの問題を考える。日本では、1870年代から90年代に、いくつかの大きな企業体が国家によって創設され、後に私企業化された。1920年代になると、たくさんの企業または団体が、エネルギー供給・近距離交通・社会福祉・教育といった行政分野において成立してきた。[34] このような歴史的背景から、公的課題を私企業がになってきたことは、日本の経済行政法制の特徴であった。そこでは時折、いわゆる「囚われ問題」あるいは「癒着問題」が生じている。日本においてソフトローが多用される理由は、公的課題の遂行と企業の私的自治との間の隠された調整過程にある。また、1990年代以降、公共サービスの市場化・民間化が進展した。その意味は、一面では社会構成員の自律の尊重であり、他面では法関係の「私」化である。

利潤の追求を旨とする私的な主体が水平的な関係で公的課題を遂行できるのであろうか。国際通貨を例として、この点を手短に考察したい（通貨流通の維持と決済がここでの公的課題である）。

しばしば指摘されることであるが、国際通貨のネットワークにおいては、$<n-1>$問題が存在する。これは、関係諸国が外貨準備の負担を軽減するように努めるという理由から、通貨間の関係の数は$<{}_nC_2>$から$<n-1>$へと次第に減少し、これにともなって何らかの基軸通貨が出現する、という問題である。たとえば、100の国が基軸通貨がない状態の下にあるとすると、各国は99の外貨を保有していなければならない。この場合、通貨間の関係の数は4950種類である（$={}_{100}C_2$）。しかし、もし各国が基軸通貨――たいていは最強国の通貨――を保有すれば、その数は99種類に減少する（=100-1）。というのは、各国は基軸通貨を用いて他国通貨との決済を行うことができ、それゆえ、自国通貨と基軸通貨を保有するだけで足りるようになるからである。この場合、基軸通貨国は、特

権的な立場を手に入れることができる。つまり、基軸通貨国は準備や流通のために基軸通貨をほしがる国々に対して貨幣を自由に発行できるので、自分の生産能力をはるかに超えた消費をすることができるのである。このような大儲けの見返りとして、基軸通貨国は、自国の利益だけを考えずに世界全体のことをつねに考慮にいれた規律ある行動が期待されることになる（非対称性仮説）。具体的にいえば、「アメリカは、たとえ自国がデフレ気味であったとしても、世界経済のインフレ傾向に抗して、ドルの発行量を抑えることが期待される」し、「同様に世界経済が全体として恐慌におちいっているとき、たとえアメリカ自体はインフレ的であっても、ドルの発行量を増やすことが期待される」。つまり"無から生み出された有である貨幣の発行権を握っている主体"は、私的な利益ではなく社会全体の利益を考慮して行動することが必要とされるのである[35]。したがって、このような通貨のネットワークを公正に構成しようとすれば、基軸通貨国の通貨発行に対して透明さと公開性を義務づけることが必須の条件になる。

　このような国際通貨の例が示唆しているのは、社会的ネットワークにおいて公共性を確保するためには特権をコントロールするための手続がどうしても必要だ、ということである。ネットワークの関係にある私的な主体に自治を認めるとしても、各主体には、その役割の公共性に照らして、説明・応答の責任が課せられるのである。

3　社会的ネットワークにおける規範に関する若干の考察

　最後に、"市場でも国家でもない"領域としての「社会」におけるルールの形成と執行の問題を考えておく。この点で注目すべきなのが、「集団的行動領域」に関するE・オストロムの研究である。彼女は、"コモンズの悲劇"問題を摘示したG・ハーディンによるその問題の解決策が共有地の私的所有への分割か国家的管理かという二者択一の想定であるのに対して、公共経済学を用いて、利用者による管理という第三の方法を提示した。そして、コモンズの管理に関するルールについて、「制度設立に関するルール」「制度で決定されたルール」「直接作用するルール」という3層構造を示した上で、これらの相互作用を論じている（この3層は、国家法でいえば憲法・法律・行政立法に近似したルールと考えられる）。社会的ネットワークとの関係で注目されるのは、ルールの動態に関

図6-1 制度選択に影響を与える変数の概要

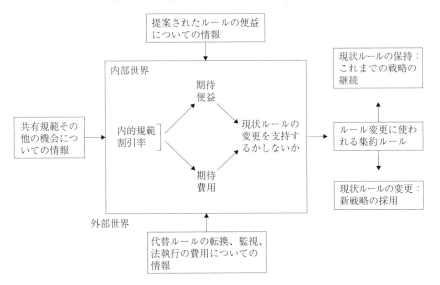

する図6-1の見取り図である。[36]

　これによれば、共有資源（Common-pool resources）の採取や利用に際して、その利用者らのコミュニティ（内部世界）は、その維持・管理のために、近接度・貢献度・利用度などに応じて負担の「割引率」を定め、その見直しを絶えず行う。この過程では、内部世界における費用便益分析のみならず、外部世界からの情報摂取・モニタリング・ルール評価などのプロセスも組み入れなければならない。そして、紛争解決が内部世界で自治的に解決できない場合には、外部世界の裁判所が、紛争当事者に対して話し合いの場の設定、専門的鑑定や科学的知見の提供、ルールの解釈や和解案の提示など、重要な役割を果たすものとされている。ここでのルールの対象となっているのは共有資源の管理であるが、そのルールの形成や執行の面については、サービスの供給や地域生活上の諸問題に関する意思疎通・意思決定そのものといった社会的ネットワークの対象にも共通するところが多いと思われる。というのは、社会的ネットワークは、特定の地域や文化に歴史的に蓄積されている知識（ローカル・ナレッジ）や生活知を援用したり活用したりすることによってルールの管理そのものを外部に開放されたかたちで運用し、「相互の支え合いにもとづいた社会の構築へと

向かうこと[37)]」を課題としているからである。本稿では、さしあたりオストロムの上記の規範論に注目することの重要性を指摘するにとどめたい。

5　おわりに

本稿が行った主権的国民国家の理念史の検討を踏まえれば、行政法学は、社会的ネットワークが投げかけている問題を法理論的に解明すべきである。

第一に、今後の人々の生活における"市場でも国家でもない"領域の重要性に鑑みれば、主権的国民国家とは対極にあるネットワーク論の特徴（ヒエラルヒー的な社会構造を否定し、公共的任務を多元的な組織で実施し、人々の性質の多様性を前提とし、社会構成員間の関係を動態的に捉えるという特徴）を正確に捉えた上で、とりわけ機能的自治の組織として社会的ネットワークの役割を解明すること、および私的団体が公共的な役割を果たしうるしくみを──人権保障・組織構造・資源配分・信頼確保に関連づけて──解明することである。

第二に、ネットワーク論に対する規範理論としての有効性に対する疑問についても、検討を行うべきである。たとえば、ネットワークにおける結びつきが対等な協力関係なのか隠されたヒエラルヒー関係なのか、そこでの行為が高権的行為なのか私的な行為なのか、フォーマルな制御なのかインフォーマルな制御なのか、法の形成が意識的制御の結果だったのか意図せざる進化の結果だったのかといった区別である[38)]。

第三に、"ケア社会"論と社会的ネットワーク論との関係の解明である。近代社会が前提とする「強い個人」はネットワークを必要としないのに対して、さまざまな弱点を有する"弱い個人"の方がネットワークの結び目となって社会連帯を強化するという「脆弱性のパラドックス」の検討は、現代の法理論にとって重要な課題だと思われる。

本稿は、課題の提示と今後の作業に関する示唆にとどまっているが、上記の点を含め、今後考察を進めることにしたい。

【注】
1)　ネットワーク論の発展経過全体については、野沢慎司編・監訳『リーディングス　ネットワーク論──家族・コミュニティ・社会関係資本』（勁草書房、2006年）を、近年

の社会科学での動向については、マーク・ベビア（野田牧人訳）『ガバナンスとは何か』（NTT出版、2013年）44-59頁を参照。市場的関係におけるネットワークの特質とされる「ネットワーク価値の増殖」とは、たとえば電気通信の場合、接続者数nが増加すればほぼn^2に（正確にはn(n-1)／2に）比例して利用価値が高まることをいう。なお、本稿は、2015年2月26-27日 にDeutsches Forschungsinstitut für öffentliche Verwaltung (Speyer) において開催された日独シンポジウム"Verwaltung in Netzwerken"での報告"Eine historisch-theoretische Analyse über soziale Netzwerke: Zum Verwaltungsrecht in der Zeit der Entstaatlichung"を大幅に補訂して作成したものである。

2) 公法学における活用の試みとして、K.-H. Ladeur, Die Internationalisierung des Verwaltungsrechts, in: Chr. Möllers/A. Voßkuhle/C. Walter (Hrsg.), Internationales Verwaltungsrecht, 2007, S. 393、批判的な検討として、Chr. Möllers, Netzwerk als Kategorie des Organisationsrechts: Zur juristischen Beschreibung dezentraler Steuerung, in: J. Oebbecke (Hrsg.), Nicht-normative Steuerung in dezentralen Systemen, 2005, S.295-302; Sigrid Boysen u. a., Netzwerke im Öffentlichen Recht, in: M. Dalibor et al. (Hrsg.), Perspektiven des öffentlichen Rechts: Festgabe 50 Jahre Assistententagung Öffentliches Recht, 2011, S. 523-534、概観として、岡田正則「グローバル化と現代行政法」岡田正則ほか編『現代行政法講座・第1巻／現代行政法の基礎理論』(日本評論社、2016年) 368頁以下を参照。

3) E・オストロム／J・ウォーカー（関屋登・大岩雄次訳）「市場でも国家でもなく――集合的行動領域での変換過程を結びつけること」D・C・ミュラー編『公共選択の展望』(多賀出版、2000年) 45頁での「集合的行動領域」における関係のあり方である。

4) Vgl. M. Stolleis, Was kommt nach dem souveränen Nationalstaat?, in: A. Héritier/M. Stolleis/F. W. Scharpf (eds.), European and International Regulation after the Nation State, 2004, S. 19ff. Vgl. auch ders., Globalisierung und Zukunft des Staates, in: ders., Öffentliches Recht in Deutschland: Eine Einführung in seine Geschichte (16.-21. Jahrhundert), 2014, S. 205ff.

5) 4つの"48年"についての詳細は、岡田正則「公法学における歴史研究の意義――近代的な「時間」の観念と立憲主義・法治国家」公法研究73号 (2011年) 21頁（同『国の不法行為責任と公権力の概念史――国家賠償制度史研究』(弘文堂、2013年) 第1部第2章所収）参照。この4つの"48年"という区分は、樋口陽一「四つの八九年」樋口陽一ほか『〈共和国〉はグローバル化を超えられるか』(平凡社、2009年) 50頁・157頁を参考にして、立憲主義の転換点を捉えるための視点として提示したものである。

6) 周知のように、ハート（矢崎光圀監訳）『法の概念』(みすず書房、1976年) は、法が「主権者の命令」であることを否定し、一定の行為の禁止や処罰を定める「第1次ルール」とそのメタルールである「第2次ルール」(第1次ルールの違反があった場合に当該ルールを執行する手続に関する「裁定のルール」、第1次ルールを見直す場合に必要となる「変更のルール」、第1次ルールの妥当性を承認する「承認のルール」からなる）という法の複合的構造を提示した。

7) この推移については、岡田正則「私権・人権と市民的権利――フランス革命期の憲法・民法典におけるcivilとcitoyen」水林彪・吉田克己編『市民社会と市民法――civilの思想と制度』(日本評論社、2018年) 119頁の検討を参照。

8) 19世紀半ば以降に形成される「社会」の概念とその歴史については、田中拓道「社会的

なものの歴史」齋藤純一ほか編『社会保障と福祉国家のゆくえ』(ナカニシヤ出版、2011年) 24頁、社会保険団体・職能団体などの中間団体の国家への包摂については、岡田正則「地方自治とナショナルミニマム——社会保障における国家・社会・個人」井上英夫ほか編『新・社会保障法講座 (第3巻)』(法律文化社、2012年) 50-51頁参照。
9) 行政法学における従前の国家学的方法に対するマイヤー法学的方法の特徴については、岡田正則「経済行政法理論の生成と展開」首藤重幸・岡田正則編『佐藤英善先生古稀記念　経済行政法の理論』(日本評論社、2010年) 14-15頁参照。
10) Hermann Roesler, Lehrbuch des deutschen Verwaltungsrechts, 1. Bd: Das sociale Verwaltungsrecht, Erlangen 1872, S. VII-VIII.
11) この点について、村上淳一「ローベルト・フォン・モールとヘルマン・レースラーの社会理論」山口俊夫編『東西法文化の比較と交流』(有斐閣、1983年) 178頁は、ロェスレルの社会的行政法が「旧身分制的伝統の延長線上に構想されている」という復古的なものであったがゆえに「ドイツにおいて大きな反響を呼ぶことなく終わったのは当然だった」としている。一方、近年の研究であるBeate Ritzke, Der ordo-soziale Wirtschafts- und Rechtsbegriff von Hermann Roesler (1834-1894), 2010, S. 201f., 213f.は、彼の社会的行政法学について、産業化した社会経済状況の下で「新たな国民経済」を構築するために「秩序社会的な法概念 (der ordo-soziale Rechtsbegriff)」を用いて「法の中で再度いっそう有効な力を社会的なものに発揮させる途を見いだす」試みであったと評価している。本稿では詳論できないが、ロェスレルの構想が身分制的伝統やカトリック的社会理論に依拠するところがあるとしても、資本主義的な社会関係が支配的になった状況の下で自治の再生を基軸として公共的法関係の理論を究明しようとするものであったことは、積極的に評価すべきだと思われる。
12) 樋口陽一『自由と国家——いま「憲法」のもつ意味』(岩波書店、1989年) 199頁以下など。
13) 近年の研究として、Florian Meinel, Der Jurist in der industriellen Gesellschaft : Ernst Forsthoff und seine Zeit, 2012, S. 168f., S. 370ff.などを参照。
14) A・ネグリ／M・ハート (幾島幸子ほか訳)『マルチチュード (上)』(NHK出版、2005年) 16頁以下、同 (水嶋一憲ほか訳)『〈帝国〉』(以文社、2003年) 429頁参照。ネグリとハートが「ネットワーク状の権力」に対置するのは、「分散型ネットワーク」(異なったままの節点で接続され、外的な境界が開かれているネットワーク) である (『マルチチュード (上)』18-21頁)。
15) 岡田・前掲注 (2) 369-370頁。
16) 中田薫「徳川時代に於ける村の人格」および同「明治初年に於ける村の人格」同『法制史論集　第2巻』(岩波書店、1938年) 963頁、991頁参照。
17) 松沢裕作『町村合併から生まれた日本近代——明治の経験』(講談社、2013年) 第2章・第3章。
18) 以上について、岡田正則「地方自治の理念と歴史」岡田正則ほか『地方自治のしくみと法』(自治体研究社、2014年) 19-21頁を参照。
19) 北山俊哉『福祉国家の制度的発展と地方政府』(有斐閣、2011年) 98頁参照。
20) 芝池義一「福祉行政事務の地方移譲の法的問題点」日本地方自治学会編『広域行政と府県』(敬文堂、1990年) 95頁、106頁など参照。この時期における社会保障法学からの批判的検討として、佐藤進『社会福祉の法と行財政』(勁草書房、1980年) 183頁以下、小川政亮「福祉行政と行政改革」小川政亮『小川政亮著作集・第3巻』(大月書店、2007年) 33

頁参照。
21) 以上に関する検討として、本多滝夫「社会福祉基礎構造改革と社会福祉行政組織の変容」社会保障法16号（2001年）55頁、前田雅子「分権化と社会福祉サービス」日本社会保障法学会編『講座社会保障法・第3巻・社会福祉サービス法』（法律文化社、2001年）287頁、岡田・前掲注(8) 57-62頁など。
22) 以上について、岡田・前掲注(18) 26-30頁を参照。
23) 2004年地方自治法改正および地域自治区制度の解説・検討として、石崎誠也「地域自治区の法的性格と課題」岡田知弘・石崎誠也編『地域自治組織と住民自治』（自治体研究社、2006年）55頁。
24) 文献を含め、岡田正則「福祉サービス供給の拡充と地域自治——自治体内分権の視点から」社会保障法25号（2010年）157頁を参照。国際比較については、名和田是彦編『コミュニティの自治——自治体内分権と協働の国際比較』（日本評論社、2009年）、総務省ホームページ「地域自治区制度について」中の「諸外国における地域自治組織の実態等」（2007年時点）、近年の動向については、栗本裕見「コミュニティ・ガバナンスの困難——ある地域自治区の挑戦から」石田徹ほか編『ローカル・ガバナンスとデモクラシー——地方自治の新たなかたち』（法律文化社、2016年）147頁、日本都市センター『都市内分権の未来を創る——全国市区アンケート・事例調査を踏まえた多角的考察』（日本都市センター、2016年）、地方自治組織のあり方に関する研究会『地方自治組織のあり方に関する研究会報告書』（総務省、2017年）、名和田是彦「ブレーメン市の地域評議会法の新展開に見る「参加」と「協働」」水林・吉田編・前掲注(7) 257頁、西村茂「大都市自治体の域内分権制度の現状——指定都市を中心に」自治と分権73号（2018年）30頁など。
25) 岡田・前掲注(24) 160-162頁参照。
26) 小松丈晃「リスクと信頼」今田高俊編『リスク学入門4・社会生活からみたリスク』（岩波書店、2007年）122頁。
27) 以上について、岡田正則「自治体運営のしくみと方法」岡田ほか・前掲注(18) 143-148頁を参照。
28) BVerfGE 83, 37 Urteil v. 31.10.1990 (Schleswig-Holstein) と BVerfGE 83, 60 Urteil v. 31.10.1990 (Hamburg) である。前者は、ゲマインデ（市町村）等の選挙において一定の外国人に対して選挙権を付与する旨のシュレスヴィッヒ＝ホルシュタイン州選挙法改正を違憲と判断し、後者は、行政区会議の選挙において一定の外国人に対して選挙権を付与する旨の都市州ハンブルクの法律を違憲と判断した。なお、マーストリヒト条約批准にともなう1992年12月の基本法28条1項改正により、EU市民権を有する外国人には地方選挙権が認められることになった。文献を含めて、大西楠・テア「ドイツにおける外国人の地方参政権——基本法28条1項3文と外国人参政権違憲判決の法理」国家学会雑誌121巻5号（2008年）531頁を参照。
29) Vgl. BVerfGE 107, 59 Beschluss v. 5.12.2002 (Lippeverband).門脇美恵「ドイツ疾病保険における保険者自治の民主的正統化（1）～（4・完）」法政論集242号（2011年）261頁・247号（2012年）49頁・251号（2013年）347頁・252号（同年）155頁は、地域的自治に関する議論をふまえて、機能的自治の民主的正統化論の検討を行っている。
30) 最判平7・2・28判時1523号49頁。
31) 文献として、今井照『自治体再建——原発避難と「移動する村」』（筑摩書房、2014年）、人見剛「原発事故避難者住民と「仮の町」構想」学術の動向2014年2月号59頁、太田匡彦

「居住・時間・住民——地方公共団体の基礎に措定されるべき連帯に関する一考察」嶋田暁文・阿部昌樹・木佐茂男編『地方自治の基礎概念——住民・住所・自治体をどうとらえるか？』(公人の友社、2015年) 46頁以下、岡田正則「原発災害避難住民の「二重の地位」の保障——「生活の本拠」選択権と帰還権を保障する法制度の提案」学術の動向22巻4号 (2017年) 80-83頁など参照。

32) 前者は1990年12月14日のBVerwGE 87, 237、後者は同日のUrteil des BVerwG vom 14.12.1990, NVwZ 1991, 684f. である。大西楠・テア「グローバル化時代における地方自治体」地方自治849号 (2018年) 2頁が両判決を含めて、地方自治体の国際活動と国家の統治権との抵触に関する問題を検討している。

33) Helmut Philipp Aust, Das Recht der golbalen Stadt, 2017, S. 115ff., S. 140.

34) 詳細については、岡田・前掲注 (9) 3頁。

35) 岩井克人・大澤真幸「貨幣とナショナリズム」現代思想23巻9号 (1995年) 74-76頁。この点については、岡田正則「立憲主義・制度・自由市場——権利論再考のための覚書」浦田賢治編『立憲主義・民主主義・平和主義』(三省堂、2001年) 215頁で論じたことがある。

36) 図はElinor Ostrom, Governing the Commons, Cambridge University Press 1990, p.193、大山耕輔「社会‐生態システム論におけるガバナンスの概念——IPBES・オストロムと公共ガバナンス論」法学研究90巻3号 (2017年) 14頁からの引用である。ルール変化のプロセスについては、Ostrom, ibid., pp. 206-210参照。周知のように、オストロムはコモンズの共有資源管理に関する理論で2009年にノーベル経済学賞を受賞した研究者である。文献として、上記および前掲注 (3) のほか、高村学人「オストロム・コモンズ理論の応用による都市内地域共用資源の分析方法と法概念論」新世代法政策学研究12号 (2011年) 347頁、同「都市コモンズを支える制度 (体) と法政策——エリノア・オストロムの法学へのインパクト」コミュニティ政策15号 (2017年) 45頁など。

37) 小松・前掲注 (26) 122頁。

38) Möllers, a.a.O. (Anm.2), S. 295-302.

第3部
まちづくり・環境行政におけるネットワークの意義

国土整備法及び都市建設法における自治体間調整・覚書
――人口減少社会における広域的な観点からの自治体間の調整・協働に関する考察のための準備作業

荒木　修

1　初めに

　人口減少社会の到来のなか、都市計画の制度及びその運用に対して、従来の発展型（都市化社会）・成熟型（都市型社会）とは異なった考え方の必要性が説かれ[1]、また、都市計画の地方分権に伴う弊害が指摘されることがある[2]。スプロール的な開発が全面的に行われる可能性は乏しいであろうが、立地に対する規制の弱いところにおいて散発的に開発圧力が生じることは今後も起こり得る。市町村の計画権限を尊重しながらも、広域的な観点から新規開発等の立地は制御されねばならない。また、生産活動・日常生活に欠かせない各種のサービスが安定的に公衆に提供されるためには、それを支えるための各種施設・インフラストラクチャーは人口減少社会においても適切に維持されねばならず、そのためにも、広域的な観点も含めて、計画的に配置されることが求められる[3]。このような課題について自治体間の協働はどのように行われるべきか。地方自治法において広域連携の制度化が進んでいるが[4]、単に自治体相互の関係だけを見ることでは、今日の地方自治が抱える問題の多くは解決できないのではないか[5]。だからこそ多様な主体が、時には国家的・拘束的な制度の下で、時には自生的に展開していくネットワークへの注目が必要になる[6]。そこで、本稿では、かかる問題意識から、自治体が広域的な観点を持って様々な主体と協働的に都市計画を運用するにはどうすればよいかを検討する作業の一環として、自治体の計画高権が憲法上保障されているドイツ法を素材として、国土整備と都市建設法との関係がどのように制度化され運用されているかを紹介することにしたい。

2　国土整備法と都市建設法との関係（概要）

1　立法管轄

　連邦国家であるドイツにおいて、連邦とラントの立法権限の範囲は、連邦憲法である基本法に定められている。国土整備法・都市建設法の何れにも連邦とラントの競合的な立法権限が認められている（74条1項18号、31号）。ただ、競合的な立法権限とはいえ、両者の定め方には違いがある。即ち、国土整備については、連邦が立法権限を行使した場合においてラントがそれとは異なった規定を置いてよいことが特に認められている（72条3項4号）。この規定は、2006年改正により、大綱的な立法権限に関する規定（旧75条）が廃止されたことによる。基本法改正により、国土整備などの分野に設けられていた連邦立法権限の制約となる必要性条項がなくなる一方、ラントには連邦法律とは異なる規定を置いてよいことが認められたのである。なお、後者をラントに認めるに際して事項的に制限が設けられ得るが、国土整備については設けられていない。

　基本法における「国土整備」概念について、1954年6月16日のいわゆる建設法鑑定意見において連邦憲法裁判所は判断を下している。それによれば、統合的、広域的、部門横断的であることが国土整備のメルクマールとして掲げられている[7]。そして、この3つのメルクマールは、国土整備法1条1項1文においても用いられている。

　連邦法としての国土整備法が制定されたのは1965年であるが、この法律は、ドイツ連邦共和国全土を対象とする国土整備計画を定めるものではない。戦後においてナチス期への反省から、国土整備は本法成立に先行してラントにより「ラント計画」として行われており、本法はそれを規律することを主眼として制定されている[8]。そのため、従来から、ラントがラント全域及びラント内に設定される地域（Region）ごとに国土整備計画を策定することが、本法にいう国土整備を実現する第一の柱とされてきた[9]。なお、本法においては、国土整備の任務について、「統合的・広域的・部門横断的な国土整備計画、国土整備上の協働、国土に意義のある計画及び措置の調整を通じて」行われるものとされている（1条1項1文）。

Horitsubunka-sha Books Catalogue 2019

法律文化社
出版案内
2019年版

■新テキストシリーズ登場！

ユーリカ民法
田井義信 監修

2 物権・担保物権　渡邊博己 編　2500円

3 債権総論・契約総論　上田誠一郎 編　2700円

4 債権各論　手嶋豊 編　2900円

【続刊】1 民法入門・総則
　　　　5 親族・相続

スタンダード商法

Ⅰ 商法総則・商行為法
北村雅史 編　2500円

Ⅴ 商法入門　高橋英治 編　2200円

【続刊】Ⅱ 会社法　Ⅲ 保険法
　　　　Ⅳ 金融商品取引法

■ベストセラー

憲法ガールⅡ
大島義則　2300円
小説形式で司法試験論文式問題の解き方を指南。

憲法ガール Remake Edition
大島義則　2500円
2013年刊のリメイク版！

好評シリーズのリニューアル

新プリメール民法
2500～2800円

1 民法入門・総則
2 物権・担保物権法
3 債権総論
4 債権各論
5 家族法

新ハイブリッド民法
3000～3100円

1 民法総則
3 債権総論
4 債権各論

【順次改訂】
2 物権・担保物権法
5 家族法

法律文化社　〒603-8053 京都市北区上賀茂岩ヶ垣内町71　TEL075(791)7131　FAX075(721)8400
URL:http://www.hou-bun.com/　◎本体価格(税抜)

法律

大学生のための法学 長沼建一郎
● キャンパスライフで学ぶ法律入門 2700円

スポーツ法へのファーストステップ
石堂典秀・建石真公子 編 2700円

イギリス法入門 戒能通弘・竹村和也
● 歴史、社会、法思想から見る 2400円

「スコットランド問題」の考察
● 憲法と政治から 倉持孝司 編著 5600円

法の理論と実務の交錯 11600円
● 共栄法律事務所創立20周年記念論文集

スタディ憲法
曽我部真裕・横山真紀 編 2500円

大学生のための憲法
君塚正臣 編 2500円

講義・憲法学 3400円
永田秀樹・倉持孝司・長岡 徹・村田尚紀・倉田原志

憲法改正論の焦点 辻村みよ子 1800円
● 平和・人権・家族を考える

離島と法 榎澤幸広 4600円
● 伊豆諸島・小笠原諸島から憲法問題を考える

司法権・憲法訴訟論 上巻／下巻
君塚正臣 上：10000円／下：11000円

司法権の国際化と憲法解釈 手塚崇聡
● 「参照」を支える理論とその限界 5600円

行政法理論と憲法
中川義朗 6000円

大学における〈学問・教育・表現の自由〉を問う
寄川条路 編 926円

公務員をめざす人に贈る 行政法教科書
板垣勝彦 2500円

公共政策を学ぶための行政法入門
深澤龍一郎・大田直史・小谷真理 編 2500円

過料と不文の原則
須藤陽子 3800円

民法総則 2000円
生田敏康・下田大介・畑中久彌・道山治延・蓑輪靖博・柳 景子

民法の倫理的考察 ● 中国の視点から
趙 万一／王 晨・坂本真樹 監訳 5000円

電子取引時代のなりすましと「同一性」外観責任
臼井 豊 7200円

組織再編における債権者保護
● 詐害的会社分割における「詐害性」の考察
牧 真理子 3900円

会社法の到達点と展望 11000円
● 森淳二朗先生退職記念論文集

―社会の事象を検証する―

◆法学の視点から

18歳から考える家族と法 2300円
[〈18歳から〉シリーズ]
二宮周平

ライフステージの具体的事例を設け、社会のあり方を捉えなおす観点から家族と法の関係を学ぶ。

◆政治学関係の視点から

デモクラシーとセキュリティ 3900円
グローバル化時代の政治を問い直す
杉田 敦 編

境界線の再強化、テロリズム、日本の安保法制・代議制民主主義の機能不全など政治の諸相を深く分析。

◆平和学の

沖縄平和論のアジェンダ
怒りを力にする

ベーシックスタディ民事訴訟法	越山和広	3000円
刑事訴訟法の基本	中川孝博	3200円
労働者のメンタルヘルス情報と法 ●情報取扱い前提条件整備義務の構想	三柴丈典	6200円
住宅扶助と最低生活保障 ●住宅保障法理の展開とドイツ・ハルツ改革	嶋田佳広	7000円
公害・環境訴訟講義	吉村良一	3700円

政治／平和学・平和研究／経済・経営

民意のはかり方 ●「世論調査×民主主義」を考える	吉田徹 編	3000円
「政治改革」の研究 ●選挙制度改革による呪縛	吉田健一	7500円
都道府県出先機関の実証研究 ●自治体間連携と都道府県機能の分析	水谷利亮・平岡和久	5200円
地方自治論 ●変化と未来	幸田雅治 編	2800円
いまから始める地方自治	上田道明 編	2400円
日本外交の論点	佐藤史郎・川名晋史・上野友也・齊藤孝祐 編	2400円
安全保障の位相角	川名晋史・佐藤史郎 編	4200円
「街頭の政治」をよむ ●国際関係学からのアプローチ	阿部容子・北美幸・篠崎香織・下野寿子 編	2500円
グローバル・ガバナンス学	グローバル・ガバナンス学会 編	
Ⅰ 理論・歴史・規範	大矢根聡・菅英輝・松井康浩 責任編集	3800円
Ⅱ 主体・地域・新領域	渡邉啓貴・福田耕治・首藤もと子 責任編集	3800円
環境ガバナンスの政治学 ●脱原発とエネルギー転換	坪郷實	3200円
国際的難民保護と負担分担 ●新たな難民政策の可能性を求めて	杉木明子	4200円
SDGsを学ぶ ●国際開発・国際協力入門	高柳彰夫・大橋正明 編	3200円

◆社会学の視点から

アニメ聖地巡礼の観光社会学
2800円
コンテンツツーリズムのメディア・コミュニケーション分析

岡本 健

国内外で注目を集めるアニメ聖地巡礼の起源・実態・機能を、聖地巡礼研究の第一人者が分析。

◆社会保障の視点から

貧困と生活困窮者支援
3000円
ソーシャルワークの新展開

埋橋孝文
同志社大学社会福祉教育・研究支援センター 編

相談援助活動の原点を探り、研究者が論点・争点をまとめ、理論と実践の好循環をめざす。

核の脅威にどう対処すべきか
●北東アジアの非核化と安全保障
鈴木達治郎・広瀬 訓・藤原帰一 3200円

平和をめぐる14の論点 日本平和学会 編
●平和研究が問い続けること 2300円

現代地域政策学 入谷貴夫 5300円
●動態的で補完的な内発的発展の創造

グローバリゼーション下のイギリス経済
●EU離脱に至る資本蓄積と労働過程の変化
櫻井幸男 5200円

生活リスクマネジメントのデザイン
●リスクコントロールと保険の基本
亀井克之 2000円

社会学／社会一般／社会保障・社会福祉／教育

変化を生きながら変化を創る 4000円
●新しい社会変動論への試み 北野雄士 編

在日朝鮮人アイデンティティの変容と揺らぎ
●「民族」の想像／創造 鄭 栄鎭 4900円

教養のためのセクシュアリティ・スタディーズ
風間 孝・河口和也・守 如子・赤枝香奈子 2500円

人口減少を乗り越える 藤本健太郎
●縦割りを脱し、市民と共に地域で挑む 3200円

貧困の社会構造分析
●なぜフィリピンは貧困を克服できないのか
太田和宏 5500円

日常のなかの「フツー」を問いなおす
●現代社会の差別・抑圧
植上一希・伊藤亜希子 編 2500円

テキストブック 生命倫理
霜田 求 編 2300円

協働型社会と地域生涯学習支援
今西幸蔵 7400円

新・保育環境評価スケール②〈0・1・2歳〉
T.ハームス 他／埋橋玲子 訳 1900円

新・保育環境評価スケール③〈考える力〉
C.シルバー 他／平林 祥・埋橋玲子 訳 1900円

新時代のキャリア教育と職業指導
●免許法改定に対応して 2200円
佐藤史人・伊藤一雄・佐々木英一・堀内達夫 編著

改訂版

ローディバイス法学入門〔第2版〕
三枝 有・鈴木 晃 2400円

資料で考える憲法
谷口真由美 編著 2600円

いま日本国憲法は〔第6版〕●原点からの検証
小林 武・石埼 学編 3000円

家族法の道案内
川村隆子 著 2600円

テキストブック 法と国際社会〔第2版〕
徳川信治・西村智朗 編著 2300円

国際法入門〔第2版〕 ●逆から学ぶ
山形英郎 編 2700円

レクチャー国際取引法〔第2版〕
松岡 博 編 3000円

18歳から考えるワークルール〔第2版〕
道幸哲也・加藤智章・國武英生 編 2300円

労働法Ⅱ〔第3版〕●個別的労働関係法
吉田美喜夫・名古道功・根本 到 編 3700円

18歳からはじめる環境法〔第2版〕
大塚 直 2300円

新版 日本政治ガイドブック ●民主主義入門
村上 弘 2400円

新版 はじめての環境学
北川秀樹・増田啓子 2900円

新・初めての社会保障論〔第2版〕
古橋エツ子 編 2300円

2 国土に関する計画とその体系

　国土整備の３つのメルクマールを考えれば、国土に関する計画には国土整備の任務として策定される国土整備計画のほかに、国土に関する狭域的なもの、国土に関する部門的なものが存在し得る。これらの計画によって、国土を構成する土地の利用・保全に関して総合的・計画的な規律が行われることになるのであるから、国土整備のメルクマールが実際にどのように国土に関する計画を線引きするか、また、国土に関するそれぞれの計画がどのように調整されるべきか、問題になる。[10]

　広域的・狭域的な計画の線引きについては、極めて単純化していえば、広域的な計画である国土整備計画は国家的な性質のものであり、狭域的な計画は建設法典に定められる建設管理計画である。第一に、国土整備計画は主としてラントの策定する計画である。ラント全域を対象とするものについては、計画というよりはプログラムに止まるものしか定められない場合があり、ラント議会により法律形式で定められる場合がある。他方、地域ごとの国土整備計画は、その本質にも関わるが、その策定主体について大別すると２つのモデルがある。一つは、ゲマインデ及びゲマインデ連合から構成される地域的な計画団体が地域計画を策定する場合であり[11]、もう一つは、ラントの行政機関が策定する場合である。[12] 第二に、建設管理計画をゲマインデが策定することは憲法上保障される計画高権に基づく。そのため、国土整備計画が国土を対象として規律を行うとはいえ、その場合の国土の捉え方にどのような限界があるか、問題が出てくる。各ゲマインデの区域内での計画上の自己形成の余地を奪うような国土整備計画による国土を対象とする規律は原則として許されないことになる。尤も、国土整備計画のうち特に地域計画における定めがゲマインデの区域内での土地の利用に対する詳細な規律を行うことが許される場合もある。[13]

　広域的な計画と狭域的な計画とはどのように調整されるべきかについて、国土整備法は対流原則を定めている（１条３項）。「部分国土（Teilräume）の発展・整備・保全は、全国土（Gesamtraum）の与件と必要性に適合しなければならず、全国土の発展・整備・保全は部分国土の与件と必要性を考慮しなければならない」。対象となる国土の大小により計画間にヒエラルヒーが生じることになるが、対象となる国土の大きなところでの決定に一方的に優先的な地位を与えるものではなく、そのなかに包括される部分国土を考慮しなければならな

い。また、建設法典にも両者の調整のための規定があるが、そのなかで最も重要なものは、「建設管理計画は国土整備の目標に適合しなければならない」と定める1条4項である。

　国土整備法1条3項の対流原則及び建設法典1条4項の国土整備の目標への適合義務は、計画高権の憲法的な保障に反しないものと解されている。手続的には、ゲマインデの協働権が無視された場合には、ゲマインデは国土整備の目標に拘束されず[14]、実体的には、広域的な理由から他のゲマインデと比較して特に負担が課されるためには、その広域的な理由はゲマインデ側の利益に比して重要度が高いものであり、ゲマインデには建設管理計画の策定にとって実質的な余地が残されていなければならず、その限りでゲマインデ側の利益が衡量において後退することが認められていると指摘されている[15]。

3　国土整備法──国土整備計画に関する規定を中心に

(1)「点と軸による開発方式」　ここで「点」とは中心地や開発重点（Entwicklungsschwererpunkt）、「軸」とは開発軸を意味する。中心地は主にサービス供給中心であり、開発重点は期限を限って指定される経済的な開発拠点である[16]。「中心地」はもともとは経済地理学で用いられた概念であるが、1965年に制定された国土整備法においても重要な概念となっている。中心地理論に基づいて国土整備を行うことについては懐疑的な議論もあるが、現在においてもなおその有用性は否定されておらず（3 1で扱う）、国土整備法のなかには、明文で「中心地」に関する規定が置かれている。以下の3つがそれである。なお、これらは全て、国土整備計画において中心地を定めなければならないという義務的な性格を有するものではない[17]。

①2条2項2号4文　この条文は集落（Siedlung）に係る活動を集約させることに関わる。現行法においては、十分なインフラストラクチャーのある既存の集落及び中心地に優先的に方向付けられるものとされている。なお、この条文の定め方、つまり、十分なインフラストラクチャーのある既存の集落が中心地よりも先に記されていることについて批判もある[18]。

②2条2項3号2文　この条文の前段によれば、社会的なインフラストラクチャーは中心地において優先的に集約されねばならない。なお、この条文の後段では、「中心地コンセプト（Zentrale-Orte-Konzept）の到達可能性基準及び負担

可能性基準（Erreichbarkeits- und Tragfähigkeitskriterien）は、地域的な必要性に柔軟に方向付けられねばならない」と定められている。これは、国土整備計画において中心地をどのような基準によって定めるかに関わる。ここでは、国土整備法において明文で「柔軟」に行われるべきことが定められていることのみ確認しておく。

③13条5項1号b号　13条5項は、ラントの定める国土整備計画は国土構造について、特に、達成されるべき集落構造（1号）、達成されるべき空地空間の構造（2号）、インフラストラクチャーのために保全されるべき立地及び予定線（3号）について指定（Festlegung）することを定めている。1号に含まれるものとして特に列挙されているものは、国土カテゴリー、中心地、開発重点及び負担軽減地（Entlastungsorte）などの特別のゲマインデの機能、集落発展、軸である。なお、この8条5項に列挙されているものは、ラントが国土整備計画の内容として策定可能なものを例示するに過ぎない。

（2）国土整備の「原則」（Grundsatz）と国土整備の「目標」（Ziel）　何れも国土整備法において用いられている概念であるが、両者には大きな違いがあるので、両者の違いを説明しておく。

　国土整備の「目標」とは、2段階の具体化プロセスを経た産物である。国土整備の「原則」とは、国土整備にとってレレヴァントな衡量される諸利害を含む定めであり、国土整備法2条に列挙されるほか、ラントが補充的に定め得るものである。国土整備の原則は、それぞれ対立し得るものが相互に衡量されることで、国土整備計画の枠内で実現されることになる。その結果として登場するのが国土整備の「目標」であると説明されている[19]。

　このような国土整備の「原則」・「目標」は国土整備の「必要性」（Erfordernisse）に含まれるものである（3条1項1号）。国土整備の「目標」は、拘束的であり、国土整備計画において、空間的及び事項的に特定され又は特定可能であり、国土整備の主体によって終局的に衡量され、文書又は図面による定められるという形式を採るものである（2号）。これに対し、国土整備の原則とは、後続する衡量決定又は裁量決定にとって定めとなる国土の発展・整備・保全に関する言明である（3号前段）。つまり、国土整備計画に「目標」という文言の下に定められていることであっても、3条1項2号の要件を充たしていない限りは、国土整備の目標として法的に扱われることはない。実際にどのように国土整備計

画において定められているかによって、それが国土整備の目標であるか国土整備の原則であるかが判断されることになる。そのため、原則・例外という定め方やいわゆるSoll規定が国土整備計画において用いられる場合に国土整備の目標として法的に扱われ得るか、問題になることがある[20]。

4条1項1文では、上記の定義をうけて、国土整備の目標が顧慮 (beachten) されなければならないこと、国土整備の原則及びその他の必要性は衡量決定又は裁量決定において考慮 (berücksichten) されなければならないことが定められている。なお、4条1項1文において義務が課されているのは、原則的には、公的な機関である[21]。また、国土整備法以外の法律において国土整備の必要性が許可基準等として定められていることがあり得る（2項）。その一例は、建設法典35条による外部地区での建設計画の許容性を巡る判断である。国土に意味のある建設計画は、国土整備の目標に矛盾してはならないと定められている（35条3項2文前段）。

4 建設法典

建設法典においても、1条4項などのように、国土整備との関係で条文が定められている。ここでは、中心地に関わり得る「中心的な供給区域」(zentrales Versorgungsbereich) という概念及び国土整備の目標に言及している条文の概要を見たうえで、本稿にとって重要な規定であることから1条4項及び2条2項をやや詳しく説明する。

(1) 条文の概要

(a) 国土整備の目標

①1a条3項3文及び200a条は、環境に対する相当な妨害等が予見される場合にその調整のための措置を建設管理計画において定めることに関する条文である。環境への妨害等が生じる場所以外において調整のための措置を講じることが許容される要件として、国土整備の目標に合致することが挙げられている。

②35条は、外部地区における建設計画の都市建設上の許容性に係る規定であり、1項は優先的な建設計画、2項はその他の建設計画について許容性の要件を定めている。1項に列挙される優先的な建設計画が都市建設上許容されるのは、公的な諸利害に対立せず、十分な基盤整備が確保されている場合であるところ、3項1文では、公的な諸利害への妨害が特に認められる場合が列挙され

ている。3項2文前段では「国土に意味のある建設計画は国土整備の目標に反してはならない」と定められる一方、後段では、国土整備の目標として衡量されていた限りで公的な諸利害とは対立しないものとされる。他方、3項3文では、「1項2号～6号の建設計画のために土地利用計画又は国土整備の目標として他の場所が指定されている限りで、公的な諸利害とは原則として対立する[22]」と定められている。

③自治体間協働に関わるが、複数のゲマインデに共通の土地利用計画を策定すべき場合として、国土整備の目標がそれを求めている場合が挙げられている（204条1項2文）。

④建設法典の下位法令の一つである建設利用令11条は、地区詳細計画において指定できる地区のうち特別地区に関わるものであり、そのうち11条3項は大規模店舗に係る規定である。大規模店舗は中心地区及び大規模店舗のために指定された特別地区においてしか許容されない（11条3項1文）。この条文にいう大規模店舗は、ショッピングセンター（1号）、その用途、位置又は規模から考え、国土整備及びラント計画の目標の実現又は都市建設上の発展と秩序に対して非本質的ではない影響を及ぼし得る大規模小売商（2号）、その他の大規模商業施設で、最終消費者への販売及び影響について2号に掲げる小売商に匹敵するもの（3号）と定められている。

(b) 中心的な供給区域

①建設管理計画の策定における衡量において特に考慮されるべき事項は1条6項に列挙されている。4号では、「中心的な供給区域の維持及び発展」は、「既存のOrtsteileの維持、修復、継続発展、適合、改造」と並んで掲げられている。なお、「中心的な供給区域の維持及び発展」は2007年改正で追加された文言である。

②土地利用計画で定められるべき事項は5条2項に列挙されている。そのなかに、「中心的な供給区域を有するゲマインデの区域」が掲げられている（2号d号）。この規定は2012年改正で入った。

③地区詳細計画で指定されるべき事項について、9条2a項1文において、中心的な供給区域の維持及び発展のために、建設法典34条1項及び2項によれば許容される建設的利用のうち一定の態様のもののみが許容され又は許容されない若しくは例外的にしか許容されないという定めを地区詳細計画に定めるこ

とができると定められている。9条2a項は2007年改正で入った規定である。

　④34条は、連担建設地区における建設計画の都市建設上の許容性に係る規定である。3項では、ゲマインデ又は他のゲマインデにおける中心的な供給区域への有害な影響が建設計画から予期されてはならないと定められている。つまり、連担建設地区における許容性に係る追加的な要件である。

　⑤同条3a項は、34条1項1文の要件が個別事案において充たされない建設計画が許容される場合が定められているが（1文）、2文により、消費地に近くでの公衆への供給を妨げる又はゲマインデ若しくは他のゲマインデにおける中心的な供給区域への有害な影響を及ぼし得る小売商は、その適用が受けられないとされる。なお、34条3項及び3a項は、2004年改正で入った条文であり、何れも、連担建設地区における大規模小売商に係る建設計画を規制するものになっている[23]。

　⑥建設利用令11条3項2文において、1文2号の意味における影響に当たるものが列挙されている。そのなかの一つは「ゲマインデ又は他のゲマインデにおける中心的な供給区域の発展への影響」である。そして、大規模小売商及びその他の大規模な商業施設の場合、延床面積が1200㎡を超えれば、2文の意味における「影響」が存在することが推定されることになる（11条3項3文）。

　（2）建設法典1条4項——国土整備の目標への適合義務　　建設管理計画が国土整備の目標に適合（anpassen）しなければならないことが定められている。国土整備の原則が建設管理計画の策定に際して命じられる衡量のなかで考慮されることになるのは国土整備法4条と同じであるが、国土整備の目標への適合義務が国土整備の目標への顧慮義務とは別に建設法典において定められていることから、この義務の内容等について議論がある。

　建設法典において、ゲマインデは、都市建設上の発展と整備のために必要である限りにおいて建設管理計画を策定しなければならないと定められている（1条3項1文）。この定め方は、建設管理計画を策定するか否かについてのゲマインデの判断の自由を尊重するものである。1条3項との関係で、1条4項の国土整備の目標への適合義務はその例外を定めるものと考えられる。即ち、国土整備の目標に適合する建設管理計画が存在しないことがその実現にとって克服不可能な障害となる場合又は重大な妨げとなるようなときにはゲマインデに建設管理計画を策定する義務が生じることに、「顧慮」義務を超えるものが

あると解されている。[24]

（3）建設法典2条2項2文──自治体間調整　建設法典2条2項は自治体間調整に係る規定である。「隣接するゲマインデの建設管理計画は相互に調整（abstimmen）されねばならない。その際、ゲマインデは、国土整備の目標を通じて与えられた機能及びその中心的な供給区域への影響を主張することができる」と定められている。このうち第2文は、建設法典2004年改正により追加された条文である。

　2条2項2文の追加は、国土整備計画における指定はゲマインデにとって権利を与えるものではない旨の判例法理を修正することが意図されている。[25]ゲマインデが国土整備の目標に建設管理計画を方向付けるように拘束されるときには、国土整備上の諸機能を妨げることになる隣接のゲマインデの計画から、そのように方向付けられるべき自己の計画策定を守ることができるというのは、首尾一貫した考え方であるという理解がある一方、[26]2条2項2文の規定が立法者の意図通りに機能し得るかについて、批判的な見解も見られる。特に、大規模小売商の立地を制御すべく国土整備計画において中心地の指定などが行われるときに問題になる。

　批判論の挙げる論拠の一つは、判例法理の修正の可否に関わる。その前提として、2条2項1文における「調整」とは、隣接するゲマインデに対して不利益的な影響を及ぼしてはならないという消極的なものか、国土整備の目標が個々のゲマインデに関わる場合に、そのゲマインデの利害（Belange）として国土整備の目標を促進しなければならないという積極的なものか、問題になる。後者の意味で調整が求められるならば、国土整備計画との関係で隣接ゲマインデの利害ゆえに計画高権が制約されることが大きくなるからである。[27]次に、この問いについて何れの立場を採るかとは別に、国土整備計画において大規模小売商の立地を制御するときの定め方として、その商圏（Einzugsbereich）が中心地の供給区域を越える大規模小売商の立地を認めないという一致原則（Kongruenzgebot）が適切であるか、問題になる。また、逆に、そのような定め方でない場合に、他のゲマインデへの不利益を排除するという効果を超えて、中心地として定められているゲマインデが、その中心地としての機能に対する十分な不利益がない場合にまで、中心地として定められていないゲマインデにおいて大規模小売商の立地を可能とする建設管理計画の策定を止めさせること

ができるか。そのような解釈は計画高権に対する過剰の制限であるという批判が見られる[28]。他方、連邦行政裁判所の判例においては、ラントが国土整備計画において妨害禁止ではなく一致原則を用いることに対して、裁判所によるそれほど厳しい統制は行われていない[29]。

批判論の第二の論拠は、国土整備計画においていわゆるSoll規定が用いられている場合に、それが国土整備の「目標」として拘束性を有するかという点に関わる。国土整備の目標であるためには、前述のように、空間的及び事項的に特定され又は特定可能な定めでなければならないからである（国土整備法3条1項2号）。連邦行政裁判所の判例によれば、国土整備計画において原則・例外という定め方が用いられる場合は、その例外が原則的な許容・禁止から十分に特定されていれば国土整備の目標であるとされる。更に、それは、国土整備計画において明文で記されている場合だけでなく解釈によって読み取ることが可能な場合でもよいとされる[30]。この判例を考えれば、Soll規定であっても国土整備の目標であるとされる場合は肯定されることになろう[31]。

以上からすると、2条2項2文前半の追加に対して、立法者の意図が実現しうるか、特に大規模小売商の立地を制御する国土整備計画の定めに関して批判的な見解があるが、それは斥けられることになろう。建設管理計画の策定における広域的な調整は、従来、国土整備よりは自治体間調整が重視されてきたようであるが、2004年改正は前者と後者とを接合させることによって、国土整備を通じた広域的な調整のウェイトを従来より大きくするものであると言えよう。

2条2項2文後段の「中心的な供給区域」という概念について、本条文には定義的な定めはない。この概念は、中心地理論に関わるが、国土整備計画及びそこでの中心地の指定とどのように関わるかについて、建設法典において何ら定められていない。そこで、中心的な供給区域とは何を意味するか、それに該当するのはどのような場合であるかという実体的な問題とは別に[32]、中心的な供給区域とは何によって定まるか、問題となる。後者について、国土整備計画において中心地が指定される場合は前段で済むのであるから、中心地としての指定とは無関係である。前者に関わるが、一定の範囲における各種のサービス供給の拠点となっている場合を指すものであり、都市建設上の許容性を判断するための都市建設法に固有の概念である。ただ、例えば建設管理計画における定めが含まれるか、都市建設に係るインフォーマルな計画における定めが含まれ

るか、或いは、計画における定めとは無関係に現実の土地利用の状況から肯定され得るものか、議論になる[33]。

3 「均質な生活関係」(gleichwertige Lebensverhältniss) の要請

　国土整備法において、国土整備の任務（1条1項）の実現に際しての指導像は、国土に対する社会的・経済的な諸要求とそのエコロジー的な諸機能とを調和させ、部分国土における均質な生活関係を備えて長期的で広範囲に調整された秩序に至るところの持続的な国土の発展であると定められている（1条2項）。均質な生活関係という（法）概念は、連邦国家であるドイツにおいて、国土整備においてはもちろん、そこに必ずしも限定されることなく、政治・行政を嚮導するものとして用いられてきた。ここでは、本概念を巡る議論のうち、人口減少社会において均質な生活関係が国土整備のなかでどのように保障されると考えられているかを取り上げる[34]。

1　通説的な立場

（1）中心地コンセプト（Zentrale-Orte-Konzept）　1965年に制定された国土整備法の下で、全ての部分国土における均質な生活関係の創出という国土整備上の目標を果たすために、全国土にわたり一定の間隔で中心地を配置することが行われるようになる。1968年に、国土整備大臣会合において「中心地及びその機能が及ぶ区域（Verflechtungsbereich）」について決議が行われ、中心地及びその機能が及ぶ区域についてそこに記される原則（Leitsatz）を顧慮すべきものとされた。本稿に関わる範囲で、その内容を紹介しておく。

　中心地とは、中心地的な意味を有するゲマインデとされ、社会的、文化的、経済的な諸施設が備えられ、当該ゲマインデの住民だけでなく、その機能が及ぶ区域の住民に対しても供給の中核となる（Leitsatz 1）。中心地は、上位中心、中位中心、下位中心、小中心からなる（Leitsatz 2）。下位中心及び小中心は社会的、文化的、経済的な観点における住民の一般的な需要を満たすための諸施設（基本的な供給）を備えなければならない。小中心においては、中等学校、スポーツ施設、健康（医師、薬局）、小売商、商工業、サービス業などの一定の諸施設が存在すべきとされる（Leitsatz 3）。中位中心は、一般的な需要に比して贅

沢な需要を満たすものであり、そこに含まれるのは、大学入学資格を授与できる学校及び職業学校、病院、大規模なスポーツ施設、多様な購入可能性である。上位中心は、より専門化された需要を満たすものとされ、そこに含まれるのは、大学入学資格を授与できる教育施設、スポーツスタジアム、大規模病院（専門医）、劇場、大規模店舗及び専門化された購入可能性、上位のレベルの行政及び大規模な銀行の事務所である (Leitsatz 4)。中心地の諸施設が十分に稼働できるかは、中心地としての機能が及ぶ区域の住民数に依存するので、住民数は重要である。但し、住民数について基準値 (Richtwerte) しか提示することはできない。基本的な供給についての機能が及ぶ区域では5000人以上、中位中心の機能が及ぶ区域では2万人以上の住民が基礎とされるべきとされる (Leitsatz 7)。住民数のほか、諸施設に住民が過大な負担なく (zumutbar) 到達できるかも考慮されねばならない。それは、中心地のレベル、中心地の諸施設に住民が訪れる頻度に応じて定まる。公的な交通手段を用いて、基本的な供給について機能が及ぶ区域では可能な限り30分以内、中位中心では1時間以内に到達可能であるべきとされる (Leitsatz 8)[35]。

　このような中心地コンセプトに照らせば、特に農村的な地域では、十分なインフラストラクチャーが整備されていない。そこで、1960年代から70年代において、国土整備政策はその拡張に集中することになった[36]。

（2）中心地コンセプトの限界　　均質な生活関係の創出のために国土整備において中心地コンセプトが用いられてきたが、経済地理学における理論を法的な規範として用いることに問題がないか、指摘されてきた。とはいえ、現在のところ、国土整備において中心地コンセプトを完全に放棄すべきという状況には至っていないようである。ただ、中心地コンセプトを国土整備において用いることに限界もある。そこで、空間研究・ラント計画学会 (Akademie für Raumforschung und Landesplanung) の作業部会による報告書が公表されているので、そこでの議論を参考にして、その一般的な限界とその修正の方途を紹介する。

　①中心地の類型について、下位中心・小中心についてはその一義的な区別は殆ど不可能であることから、両者は基礎中心という類型に統合すべきである。他方、ヨーロッパレベルにおける大都市地域 (Metroplregion) との関連で、上位中心よりも高いレベルの中心地類型として大都市地域を設けることが提唱されている[37]。

②それぞれのレベルの中心地に備えられるべき諸施設を列挙することは、どのような施設が備えられるのが望ましいかについて、議論及び合意の形成に資するが、個々の施設を整備する主体等のダイナミズムに鑑みれば、国土整備の目標という拘束力ある形で行うことには問題があるので、典型的なものを例示するに止めるべきとされる。[38]

③中心地を設定するための基準として、住民数を拘束的なものとして用いることには問題がある。また、中心地としての機能の及ぶ範囲も拘束的に定めてはならない。[39] 他方、中心地への到達可能性を十分に保障できるよう、国土整備の観点から、移動時間・移動頻度について最低限の水準が形成されるべきことが説かれている。[40]

④多くのラントの策定する国土整備計画において中心地は一つのゲマインデ全体として指定されているが、元々の中心地理論において中心地とは中心に相応しい諸施設の空間的な集中（クラスター）であるので、中心地とゲマインデの区域とは必ずしも一致しない。区域が広く区域内に複数の中心部があるゲマインデや、区域が広いが区域内の空地の割合が高いゲマインデでは、国土整備の観点から、中心地はゲマインデ内の機能的な中核又は集落の重点となる範囲に限って指定されるべき場合があり得るし、逆に、複数のゲマインデにわたって中心地が指定されるべき場合もあり得る。その場合、前者では、ゲマインデの区域よりも狭い範囲で中心地を国土整備計画が定めることでゲマインデの計画高権に触れることになるので、国土整備計画においてはゲマインデの区域内で範囲を限って中心地が設けられることだけを定め、実際にどのように中心地が設けられるかはそのゲマインデに委ねられるべきこと、後者では、国土整備計画は中心地としての一般的な表示に止まり、中心地としての機能が複数のゲマインデの区域のなかでどのように割り振られるかについては、それらゲマインデ間の密接な調整に委ねられるべきことが説かれている。[41]

⑤中心地を国土整備計画において定め、国土整備の目標として拘束力を与えることは、協働的・討議的なプラニングと両立するかという問題がある。地域レベル又は自治体間の協働・合意形成の能力に応じて、後見的な「固い」国土整備計画という伝統的な手段は広範囲で不要になるという期待はあろうが、これまでの自治体間協働からは期待はできないので、中心地コンセプトの助けで促進される地域的な協働の結論は、最終的には、紛争が起こってもそれに耐え

られ得る「固い」形式で行われるべきである。また、自治体間の協働・合意形成にとって、中心地を定めるなどの国土整備の目標による枠組みがあることは、そうでない場合と比べて、「ヒエラルヒーの影」のなかで国家的な誘導を受けることによって、成功しやすいことが指摘されている。[42]

(3) 特に農村部における中心地の配置 以上のような一般的なものとは別に、特に農村部において中心地を十分に配置することが現実的であるかという形で国土整備における中心地コンセプトの限界が問題になる。人口密度が1km²当たり150人を超えるクライスでは、中位中心としての機能が及ぶ範囲が200～300km²で、約3万人の人口によって支えられ、最も近くにある中位中心への到達可能性の水準（公的な交通を用いて60分以内）が達成されないことは稀である。公衆への日常品の供給について基本中心の意義は相対的に低くなってきているが、基本中心をできるだけ濃い密度で全国土に配置することは、住居の近くでの基本的な供給を確保するためにも、エコロジー的な理由からも、国土整備の重要な目標であり続ける。とはいえ、供給からの撤退に対して国土整備計画が影響を与える可能性は限定的であり、分業的な自治体間協働の可能性を試すことの重要性は増す。他方、特に密度の低い地域においては、中心地がその機能を果たす範囲は広がる一方、過大でないコストでの公的な交通の利用は殆ど不可能であり、中心地への到達可能性の水準が大多数の住民にとって達成されない。このような認識のうえで、一方では、中位中心に発展のための重点としての役割を期待し、教育施設・医療施設等の供給が維持されるよう配慮し、また、経済援助を通じて地域の経済のダイナミズムを支援することが説かれる。他方、基本中心について、それぞれの機能が及ぶ範囲ではそのコストが負担できない場合が多く、それらを配置し続けることが何処まで現実的であるかが問われるとし、非現実的な形で基本中心を指定するのではなく、各種の供給に関して、移動式を含め、地域ごとに適した柔軟な方法での解決策が求められるという。[43]

このような限界が生じることの制度的な一因は、国土整備は、特定の生活関係ではなく生活関係の総体を対象とし、部門計画の基礎にある権限秩序に変更を加えるものではないために、公衆に供給される各種サービス及びインフラストラクチャーについて最低限の水準を拘束的に定めることがその任務とされていないことにある。[44] また、中心地に備えられるべき諸施設には、民間の事業者により市場経済のなかで設けられるものがあり、国土整備はその立地を私人と

の関係で規制するものではない。

(4) **大規模小売商の立地の制御**　以上のような人口減少が進んでいく社会において、社会・経済の全般的な動向を国土整備が全面的に阻むことはできないが、市場経済のもとで民間の事業者によって各種事業、とりわけ既成市街地における商業の集積、ひいては中心地において提供される各種の供給の総体に対する影響の大きな大規模小売商について国土整備の観点から立地を制御することはなお可能ではないか、考えてみたい。

　大規模小売商について国土整備の観点から立地を制御することに対して批判的な見解においては、第一に、民間の事業者による経済活動との関係で国土整備は経済中立的であるべきことが重視されている[45]。第二に、特に大規模小売商との関連では、商業の在り方が1960年代とは異なることが説かれている。人々の需要の専門分化が進めば、そのような需要に対応する供給のための小売商の商圏は広がる。従来の中心地コンセプトにおける機能が及ぶ区域を越えて小売商は展開せざるを得ない場合が出てくる[46]。また、そのような専門分化した小売商の配置は、もはや従来の中心地コンセプトのようにヒエラルヒー的ではなく、機能分業的に行われる[47]。第三に、中心地コンセプトによる国土整備では、人は最も時間コストの小さい手段を排他的に選択するので、居住の場の選択は各種のサービス供給との距離で第一次的に決まると想定されていたが[48]、小売商についてはそれは誤りである。これらは、何れも、自動車による移動が1960年代と現在では全く異なることによる。個人による自動車による移動を肯定的に捉えるならば、大規模小売商が中心地に存在しないことは、中心地以外においても豊富な品目が低廉な価格で提供されることとして肯定的に評価されることになる[49]。

　しかしながら、国土整備においてもエコロジーの観点や自動車を運転できない者の存在を考えるならば、個人による自動車移動の現状をそのまま肯定してよいのか、反論が出るのは必至であろう。また、国土整備プランナーが大規模小売商の立地の制御に肯定的なのは、大規模小売商の無制約な立地が持続可能性を損なうおそれを示すものであろう。第一の批判については、大規模小売商の立地によって他の事業者、特に既存の事業者の事業の継続を妨げ、それが国土整備・都市建設上望ましくない帰結がもたらされるという因果関係に基づいて国土整備において制御が為されているのであり、国土整備は抑も経済的に中立なものではないと考えればよい[50]。

大規模小売商の立地について国土整備において制御がなされていることから、延床面積が1200㎡を超える小売商、即ち、大規模小売商に係る建設計画が都市建設上許容される要件は厳しくなっている。24 (1) で見たように、連担建設地区においては34条3項、3a項により規制を受けることになる。それを乗り越えるために地区詳細計画が策定される場合には、中心地区又は大規模小売商を指定する特別地区の指定が行われなければならないが (建設利用令11条3項1文)、ゲマインデがこのような地区詳細計画を策定するためには、国土整備の目標への適合義務 (1条4項) 及び自治体間調整義務 (2条2項) を果たさなければならないのである。

2　国土整備の指導像 (Leitvorstellung) の在り方

(1) 基本法72条における「均質な生活関係の創出」概念とその解釈　　国土整備法1条2項で用いられている「均質な生活関係」という概念は、基本法においても用いられている。連邦の立法権限に係る72条において、74条 (競合的な立法権限) に定められる一定の範囲のものを連邦が行使することは、連邦領土内における均質な生活関係の創出又は全国家的な利益のための法的統一又は経済的統一の維持のために連邦法による規律が必要とされる場合に限定されている (2項)。

この文言の解釈を行った連邦憲法裁判所の判例として2002年10月24日の判決がある。この判決によれば、91a条との比較から、生活関係の改善に必要であるという程度では連邦の立法権限の行使は認められない。「均質な生活関係という連邦国家的な法益は、生活関係が連邦国家的な社会的な構造 (Sozialgefüge) を相当に妨げる方法でラント間において展開し又はそのような展開を具体的に示すときに初めて」連邦の立法権限の行使が認められるという[51]。その後の判例によれば、ラント間に相当に分かれていく傾向があっても十分ではなく、均質な生活関係の保護のためにラント法による定めで十分であれば連邦の立法権限は認められないと解されている[52]。

このような判断が下されたのは、この「均質な生活関係の創出」という文言は、連邦の立法権を制約する方向で用いられた文言だからである[53]。

(2) 国土整備の指導像　　上記の連邦憲法裁判所の判例を契機として、国土整備法における「均質な生活関係」という文言の解釈を改めようとする議論が出

てきている。その代表的な論者であるKerstenの考え方を紹介し、その当否を検討したい。

①2002年の連邦憲法裁判所の判決について。従来は、生活関係の均質性を定めるうえで基準となるのは、社会的に受け容れられているスタンダードであり、均質な生活関係という指導像がもたらすべきとされる調整は、福祉国家の高い水準に向かうものと理解されてきた。他方、この判決によって、このような理解は憲法との結び付きを失うことになる。なぜなら、均質な生活関係という概念は社会的な結束（soziale Zusammenhalt）の最も低いレベルとしての最低限のみを示す概念となっているからである[54]。

②均質な生活関係は、従前の解釈では福祉国家的な高い水準への一元的な方向付け、2002年の連邦憲法裁判所の解釈では生存配慮の最低限への一元的な方向付けをもたらすことになるが、その結果として、生存配慮の保障を現在及び将来にわたり定めるところの空間上の差異に規範上で目を付けることができていない。最低限というコンセプトでは、成長と縮減とが同時に生じているドイツにおける社会的な結束を規範的に記述することができないので、均質の生活関係という原則は、ドイツにおける生存配慮の実現の在り方を構造的に制御することはできないのである[55]。

③国土整備のLeitbildの変換。以上のような発想の下で、Kerstenは、ヨーロッパ連合で展開してきた国土政策に新たな指導像を見出す。特に参照されるのは交通・電信・エネルギーのインフラストラクチャーにおける欧州横断ネットワークである。これにより、周辺的な地域に住む者にも、その自由を社会的な生活のなかで適切に展開できるようにヨーロッパ共通の生存配慮のネットワークに結び付くことが保障される。もしそれが達成されないならば、ヨーロッパ連合が経済的、社会的及び領域的に統合されないからである[56]。なお、このようなヨーロッパ連合で展開してきた国土政策を新たな指導像とする場合、社会政策的な統合性の下限を記述するところの基本的な供給は前提とされるが、基本的な供給を定義するに当たって、人口減少社会における生存配慮を差異化しながら形成するために、単に平均値に焦点を当てることはできないとされる[57]。

（3）検討　上記の①・②について、人口減少社会が到来するなかで、国土整備において最低限に焦点が当てられることが多くなったことは否定できな

いが、人口減少地域においても他の地域と同じく、即ち、普遍的な意味で、最低限の水準とは別に、達成すべき水準を法規範論的に考える余地がないのか、Kerstenの議論からは明らかではない。また、人口減少社会のなかでもグローバルな都市間競争のなかで成長している地域・成長すべき地域があるが、福祉国家という目標から水準が設定されるのでないとすれば、そこで達成すべき水準が何によって規定されることになるか、明らかではない。更に、③にも関わるが、中心的な地域と周辺的な地域との間の差異が残ることは従来の国土整備において全く否定的に考えられていたわけではない。[58]

③に関して、第一に、国土整備において人口減少地域における最低限として説かれている基本的な供給の内容・範囲が狭いのでないかという批判はあろう。各種サービスの供給を行うための個々の施設と比べて交通・電信・エネルギーというネットワーク型のインフラストラクチャーのほうが、より慎重な検討のもとで配置されるべきであろうし、その意味で国土整備への関わりが大きく、また、交通・電信・エネルギーのネットワークから閉ざされた生産活動・日常生活は現在の社会において想定し難い以上、その供給は全国土に普遍的に保障される必要性は極めて高いであろう。とはいえ、この３つのネットワーク型インフラストラクチャーが保障されていれば、それ以外の多種多様なサービス等の供給は国土整備において最低限として捉えなくてよいと言えるか。[59] ネットワークそのものとネットワーク上で行われる事業とを区別する思考方法が近年展開されてきたが、[60] ネットワークそのものが維持できれば済むわけではない。周辺であれ中心であれ、それぞれの結び付き方、特に地理的な条件は国土整備において見失われてはならないと考えられる。[61] 第二に、ヨーロッパ連合の国土整備は、加盟国のそれとの重畳的であり、特に構造的に弱い地域について補完的なものではなかろうか。

福祉国家を根拠として普遍的に保障されるべき水準を設定することが国土整備において従来行われてきたのであれば、それを放棄することについて説得力ある考え方が示されておらず、その点でKerstenの考え方をそのまま受け入れることはできないであろう。他方、地域ごとの差異がある程度残ることは、従来からもそうであって、Kerstenの議論の意義の一つは、それを国土整備法の解釈論において強調したところにあろう。更に、ネットワーク型インフラストラクチャーへの着目によって、その是非はともかく、全国土に普遍的に保障さ

れるべき最低限の基本的な供給を提示したことは、従来の国土整備において重視されてきた中心地コンセプトに限界があることに鑑みれば、興味深いようにも思われる[62]。

4 終わりに

　本稿では、ドイツ法において国土整備と都市建設法との関係を見ることで、広域的な観点からの大規模小売商の立地への制御は自治体間の水平的な調整のみでなく、国家的な性格を有する国土整備によってもそれが支えられていることが分かった。第一に、多様な主体の間における調整は段階的に行われるが、国土整備計画はその結論に拘束性を持たせ、更には、裁判によっても担保され得る。この点で、建設法典2条2項2文の追加は、ネットワーク的な現象のなかでそれを促進する方向での法の整備の一例と言えよう。第二に、人口減少社会において均質な生活関係を創出することについて、国土整備には限界もあり、分業的な自治体間の協働への進展が期待されている。尤も、国土整備において均質な生活関係の最低限の水準を示すことが困難であるため、ヨーロッパ連合における国土整備にならって、交通・電信・エネルギーのネットワーク型のインフラストラクチャーを全国土に配置することが最低限の基本的な供給であるという議論が登場しているというのが、ドイツ法における国土整備と都市建設法の現状であろう。

　なぜにドイツにおいては国土整備を通じて自治体間の調整がそれなりに機能しているかについて、本稿では論じることができていない。また、インフラストラクチャーの維持に関して、国土整備における最低限の水準とは何か、それは何によって根拠付けられるかについても、解答を殆ど何も示していない。これらの問いについては、今後の検討の課題としたい。

※本研究はJSPS科研費15K03130の助成を受けたものである。

【注】
1）　例えば、亘理格・生田長人編集代表、縮退の時代における都市計画制度に関する研究会編『都市計画法制の枠組み法化——制度と理論』(土地総合研究所、2016年) 2頁。

2) 参照、角松生史「都市空間の法的ガバナンスと司法の役割」角松生史・山本顯治・小田中直樹編『現代国家と市民社会の構造転換と法』(日本評論社、2016年) 35-39頁。なお、都市計画法2006年改正に関して、大規模な集客施設の立地が商業地域等を除いて制限され、商業地域等以外の地域において立地しようとする場合には、都市計画の決定・変更が必要となり、市町村が都市計画の決定・変更をする場合の都道府県知事との協議・同意手続を通じて、広域的な観点からの調整が図られるという説明がある(国土交通省都市・地域整備局まちづくり推進課・都市計画課(監修)『詳説まちづくり三法の見直し』(ぎょうせい、2007年) 13頁)。規制対象となる床面積は1万㎡とかなり大きいために、地方都市の実態からは依然として制限なしに近いこと、都計法・建基法により直接規制できる対象が拡大したとはいえ、周辺市町村への影響を調整する仕組みが存在しないことから批判的な評価も見られたところである (生田長人『都市法入門講義』(信山社、2010年) 356頁)。そのほか、商業系の用途の立地に対する広域的な観点からの調整・規制について、参照、矢作弘・瀬田史彦『中心市街地活性化三法改正とまちづくり』(学芸出版社、2006年)。
3) 例えば、宇都正哲ほか編『人口減少下のインフラ整備』(東京大学出版会、2013年)。筆者によるものとして、拙稿「市町村営水道の限界と広域化・覚書」関西大学法学論集62巻4-5号 (2013年) 181頁以下。
4) 地方自治法2014年改正による「連携協約」制度など。参照、木村俊介『広域連携の仕組み』(第一法規、2015年)。
5) コミュニティへの注目は様々な観点から行われてきたが、現在における展開の一因として新自由主義的な理念に基づく福祉国家再編成の動きを指摘することができよう。参照、小原隆治「平成大合併と地域コミュニティのゆくえ」室崎益輝・幸田雅治編『市町村合併による防災力空洞化』(ミネルヴァ書房、2013年) 222頁。ネットワーク形成の「自生」性に関わるが、コミュニティは放っておけば誕生するものではなく、また、上から強制して創り出されるものではない。「プラン」ではなく「デザイン」に特有な思考方法が存在するかは明らかではないが、最近では、「コミュニティデザイン」という概念が登場し、それが重視されていることは、今日の地方自治の抱える問題の解決策を考えるときに見落としてならないであろう。コミュニティデザインについて、参照、山崎亮『コミュニティデザインの時代』(中央公論新社、2012年)。地方消滅論への対抗として、コミュニティが農村部において維持されてきた現状を説明し、他方で都市においてこそ人口減少社会への対応が喫緊の課題であることも指摘されている。参照、小田切徳美『農山村は消滅しない』(岩波書店、2014年)。「地域社会」という概念の法令における利用に着目することで、近代的な国家・社会の二元論とは異なる行政法の在り方を示そうとするものとして、参照、飯島淳子「「社会」改革と行政法理論」宇賀克也・交告尚史編『小早川光郎先生古稀記念　現代行政法の構造と展開』(有斐閣、2016年) 3頁以下。
6) ネットワークという概念は社会学・経済学等で、全くのヒエラルヒーではなく、多中心的な構造の社会の組織を説明するために用いられてきたものであるが、社会に対する法による規律・介入を考える場合に、その対象をネットワークという概念でもって法律学が把握することが可能であるか、有用であるか、議論はあろう。そのような社会の組織においては、高権的・私的、フォーマル・インフォーマル、人為的・自生的、制御・進化といった法的な分析のために法律学において用いられてきた区別の意義を相対化させる現象が生じていることから、ネットワークと呼ぶことにするが、それによって直ち

に適法・違法、有効・無効といった法的な効果を附与するわけではない。とりあえずは発見的な概念として法律学において用いるに止まる。なお、拙稿「「社会都市」の取組」東北学院法学76号（2015年）744頁。
7 ）　BVerfGE 3, 407, 425.
8 ）　なお、ナチス期を含めて「国土」整備という概念の成立などについて、参照、藤田宙靖「西ドイツの国土整備法制」同『西ドイツの土地法と日本の土地法』（創文社、1988年、初出：1983年）44-46頁、広渡清吾「ドイツにおける都市法の論理と歴史的発展」同『ドイツ法研究』（日本評論社、2016年、初出：1993年）474-475頁。
9 ）　①ラントはラント全域及びラント内に設定される地域ごとに国土整備計画を策定することが義務付けられていると解されている（13条1項1文）。但し、ベルリン、ブレーメン、ハンブルクは建設法典5条の土地利用計画でラント全域の国土整備計画を代替でき（2文）、これら3州及びザールラントでは地域ごとの国土整備計画を策定する義務はない（3文）。②国土整備法では第2章「ラントにおける国土整備」に続いて第3章「連邦における国土整備」について若干の規定が置かれている（特に17条1項の排他的経済水域の国土整備計画）。条文の配置からもラントによる国土整備が重視されていることは明らかである。海域の国土整備について、参照、高橋寿一「洋上風力発電設備と海洋空間計画」同『再生可能エネルギーと国土利用』（勁草書房、2016年）第9章。
10）　なお、本稿では、国土整備と部門計画との関係については扱うことができない。この分野について、参照、高橋・前掲注（9）88-92頁。
11）　バーデン・ヴュルテンベルク、バイエルン、ブランデンブルク、メクレンブルク・フォアポンメルン、ラインラント・プファルツ、ザクセン、ザクセン・アンハルト、チューリンゲンがこれに当たる。
12）　これは3つに分かれる。①ノルトライン・ヴェストファーレンとヘッセンではBezirk政府が策定する。Bezirk政府に地域計画策定に関して計画評議会・地域会議が設けられるが、自治的な性格は有しない。②シュレスヴィヒ・ホルシュタインではラントが策定し、クライスとクライスに属さない都市がそれに参加する。③ニーダーザクセンではクライス又はクライスに属さない都市が策定する。
13）　例えば、ダムや飛行場のための国土が定められる場合のほか、大規模小売商の立地が国土整備によって制御され得ることが、例として挙げられている。Ulrich Battis, Öffentliches Baurecht und Raumordnungsrecht, 7. Aufl., 2017, Rn. 97.
14）　BVerwGE 95, 123.
15）　Willy Spannowsky/ Michael Uechtritz, Baugesetzbuch, 2. Aufl., 2014, § 1 Rn. 60.1 [Dirnberger].
16）　森川洋『ドイツ——転機に立つ多極分散型国家』（大明堂、1995年）109頁。
17）　なお、1998年改正後の9条1項1文は、複数の上位中心が存在するときに地域計画を策定するようラントに義務を課すものであったが、2008年改正によりなくなっている。
18）　Zum Entwurf des Raumordnungsgesetzes 2008 : Stellungnahme des Ad-hoc-Arbeitskreises „Novellierung des ROG" der Akademie für Raumforschung und Landesplanung, ARL-Nachrichten 2008/4, S. 4.
19）　Vgl. Michael Ronellenfitsch, Ziele der Raumordnung, FS für Hoppe, 2000, S. 355, 356f.
20）　大規模小売商の立地の制御でもしばしば用いられている。自治体間調整を扱うなかでこの点について触れる。

21) 公的な機関が国土に意義のある計画及び措置を行う場合（1号）、公的機関の国土に意義のある計画及び措置の許容性を巡り他の公的な機関が決定するとき（2号）、計画策定又は計画策定の法効果を有する許可を必要とする私法上の主体の国土に意義のある計画又は措置の許容性を巡り公的機関が決定をするときである。なお、私法上の主体が公的な任務を引き受けている場合で、その私法上の主体に公的な機関が過半数以上の持分で関わっている場合又は公的な資金によって大部分が賄われている場合に準用される（2文）。
22) 35条3項3文は、国土整備計画において適性地区（Eignungsgebiet）を定めることが認められたことに関わる条文であり、主として風力発電施設の立地の国土整備上の制御に関わる。風力発電施設は環境に対して相当な影響を有することから、それに適した地区に集中するように国土整備上の地区指定の一つである適性地区は用いられ得る。国土整備計画において例えば風力発電施設につき適性地区が定められる場合、風力発電施設は当該計画の適用される範囲では適性地区においてしか許容されない。なお、適性地区外における風力発電施設が許容されないことには拘束力があるので国土整備の目標たる性質を有するが、適性地区内において国土整備の目標たる法的な性質を有するかについて議論があるが、体系的な解釈から否定論が説かれている。Vgl. Susan Grotefels, Vorrang-, Vorbehalt-und Eignungsgebiete in der Raumordnung (§ 7 Abs. 4 ROG), FS für Hoppe, 2000, S. 372, 381. 日本語文献として、高橋・前掲注（9）151-153頁。
23) それ以前の状況について、連担建設地区における大規模小売商に対する規制が弱かったことについて既に紹介がある。参照、阿部成治『大型店とドイツのまちづくり』（学芸出版社、2001年）23頁。
24) Vgl. Spannowsky/ Uechtritz, a. a. O. (Anm. 15), § 1 Rn. 71 [Dirnberger]. なお、この義務は地方自治監督上の手段で貫徹可能である（BVerwG, NVwZ 2004, 220）。
25) BT-Drs. 15/2250, S. 41; Egle Zierau, Das Gebot der interkommunalen Abstimmung als Rechtsprinzip, DVBl. 2009, 693, 695, 700ff. そのような判例法理を修正しようとすることに対して批判的なものもある。Vgl. Werner Hoppe, Das zentralörtliche Gliederungsprinzip, NVwZ 2004, 282; ders. / Olaf Otting, Zur Entwicklung der Planungshoheit und der gemeindlichen Klagebefugnisse in § 2 Abs. 2 Satz 2 BauGB 2004 um raumordnungsrechtliche Belange, DVBl. 2004, 1125.
26) Spannowsky/ Uechtritz, a. a. O. (Anm. 15), § 2 Rn. 35 [Uechtritz].
27) Vgl. Christoph Moench, Neue Formen des großflächigen Einzelhandels in der Bauleitplanung, FS für Hoppe, 2000, S. 459, 466f.; Hoppe, NVwZ 2004, 282, 284; Hendrik Schoen, Interkommunale Abstimmung in der Bauleitplanung, 2010, S. 54. なお、後者では、場合によっては民間投資家にとって職業の自由（基本法12条）に照らしても問題が生じ得ることが指摘されている。なお、同書には、大規模小売商の立地に関して国土整備計画において中心地の類型を用いてどのような定めが置かれているか、実例が紹介されている（S. 50f.）。
28) Vgl. Hoppe, NVwZ 2004, 282, 284; Schoen, a. a. O. (Anm. 27), S. 54ff.
29) BVerwGE 138, 301. 比例原則におけるいわゆる必要性について、国土整備計画を定めるラントに評価特権が認められるという（Rn. 18）。
30) Vgl. BVerwGE 119, 54, 60. 地域計画において「不可避的な場合を除いて他に用いられてはならない」とされ、「当該地域の自然的な適性の基礎とその経済的な利用が保たれ

続ける又は場合によっては改善されることが顧慮されねばならない。集落に係る活動は農業・林業の必要性に適合しなければならない」というように優先地区の「例外」が定められていた事案である。本判決に対して批判的な評釈がある。Vgl. Werner Hoppe, DVBl 2004, 478.
31) なお、国土整備計画の定め方次第では、Soll規定であっても、国土整備の目標であると言えるだけの特定性・特定可能性がないと判断される場合もあり得る。
32) この点については、判例において、既存の小売商の利用に基づき、直接的なNahbereich（基本中心としての機能が及ぶ区域－筆者註）を超える供給機能を与えられている空間的に画されたゲマインデの区域であると述べられている。BVerwG, ZfBR 2008, 49.
33) 34条との関係では建設許可が覊束的な性質であることから解釈がなされるべきであるが、それが如何にして可能であるか、Hoppeは疑問を呈する。Vgl. Hoppe, NVwZ 2004, 282, 284. 例えば、Spannowsky/ Uechtritz, a. a. O.（Anm. 15），§ 1 Rn 97 [Dirnberger] は後者を採る。
34) 「均質な生活関係」に係る議論の流れを紹介する図書として、それをタイトルに掲げているものを挙げておく。Susanne Reichel, Gleichwertigkeit der Lebensverhältnisse, 2009; Martin Schuppli, Herstellung gleichwertiger Lebensverhältnisse, 2016; Wolfgang Kahl, „Gleichwertige Lebensverhältnisse" unter dem Grundgesetz, 2016.
35) Vgl. BT-Drs. 5/3958, S. 149.
36) Vgl. Reichel, a. a. O.（Anm. 34），S. 62f.
37) Vgl. Hans H. Blotevogel (Hrsg.), Fortentwicklung des Zentrale-Orte-Konzepts, 2002, S. XXVI.
38) Vgl. Blotevogel, a. a. O.（Anm. 37），S. XXVIII.
39) Vgl. Blotevogel, a. a. O.（Anm. 37），S. XXX.
40) Vgl. Blotevogel, a. a. O.（Anm. 37），S. XXXI.
41) Vgl. Blotevogel, a. a. O.（Anm. 37），S. XXIIff.
42) Vgl. Blotevogel, a. a. O.（Anm. 37），S. XX.
43) Vgl. Blotevogel, a. a. O.（Anm. 37），S. XXXIIf.
44) Vgl. Schuppli, a. a. O.（Anm. 34），S. 166f.
45) 独占委員会（Monopolkommision）が２年ごとに行う鑑定において、計画法による大規模小売商の立地の制御について問題視されている。2010～2011年度の報告書の第６章は「計画法が小売商に与える影響」という題である（BT-Drs. 17/10365, S. 395ff.）。経済中立性とは別に、職業の自由との関係を指摘するものもある。Vgl. Schoen, a, a, O.（Anm. 27），S. 54.
46) 抑も、中心地コンセプトのいう機能が及ぶ区域（Verflechtungsbereich）は、多機能的な自治体の任務について規範的に設定されるものである一方、あらゆる商業はそれぞれに異なった商圏（Einzugbereich）を持つ。Vgl. Moench, FS für Hoppe, S. 467.
47) Vgl. Werner Hoppe, Das Nachhaltigkeitsprinzip und das planungsrechtliche Prinzip der zentralörtlichen Gliederung (Zentral-Orte-Konzept), FS für Rehbinder, 2007, S. 191, 210.
48) Vgl. Reichel, a. a. O.（Anm. 34），S. 63.
49) Vgl. Ronellenfitsch, FS für Hoppe, S. 365 (Fn.43)。同書では、大規模小売商の立地の

制御に肯定的な考え方が国土整備プランナーに蔓延しているとし、そのことを個人による自動車交通に対する十字軍遠征であると表現している。
50) Vgl. Ulrich Battis, Raumplanungsrecht und Wettbewerb, ZPR 2016, 107, 108f.
51) BVerfGE 106, 63, 144.
52) BVerfGE 112, 226, 247; BVerfGE 125, 141, 154.
53) 統一性という指導像からの転換が指摘されている。Vgl. Hermann v. Mangoldt/ Friedrich Klein/ Christian Starck, Kommentar zum Grundgesetz, Bd. 2, 6. Aufl., 2010, Art. 72, Rn. 98〔Oeter〕.
54) Vgl. Jens Kersten, Wandel der Daseinsvorsorge-Von der Gleichwertigkeit der Lebensverhältnisse zur wirtschaftlichen, sozialen und territorialen Kohäsion, in: Claudia Neu (Hrsg.), Daseinsvorsorge, 2009, S. 22, 26.
55) Vgl. Kersten, a. a. O.（Anm. 54）, S. 26f.
56) Vgl. Kersten, a. a. O.（Anm. 54）, S. 29.
57) Vgl. Kersten, a. a. O.（Anm. 54）, S. 29.
58) 1965年の国土整備法の制定に際して「統一的」ではなく「均質な」という概念が選択され、そのために、均質な生活関係とは如何なる場合であるかについて議論が生じたが、均質とは違いを無くすという意味でないという理解については一致が見られた。Vgl. Reichel, a. a. O.（Anm. 34）, S. 59. また、国土整備法の条文において、中心地コンセプトに関連して、到達可能性基準・負担可能性基準は地域的な必要性に「柔軟」に方向付けられねばならないことが定められている（2条2項3号）。Vgl. Andrea Edenharter, Der demografische Wandel als Herausforderung für das Raumordnungsrecht und das Baurecht, 2014, S. 153f.
59) Vgl. Edenharter, a. a. O.（Anm. 58）, S. 154. 中位中心に発展のための重点としての役割を期待することから、教育施設・医療施設等の供給が維持されるべきことが説かれている。Vgl. Blotevogel, a. a. O.（Anm. 37）, S. XXXIII.
60) Vgl. Georg Hermes, Staatliche Infrastrukturverantwortung, 1998, S. 330ff.
61) 交通発生の回避・減少に集落構造を方向付けることが、従来、中心地コンセプトにおいて想定されてきた。Vgl. Blotevogel, a. a. O.（Anm. 37）, S. XVI.
62) なお、Hermesは上述の区別を前提として、国家のインフラストラクチャー保障責任を論ずる一方、それを生存配慮から区別している。Vgl. Hermes, a. a. O.（Anm. 60）, S. 336ff.

**過少利用時代におけるコモンズの悲劇と
アンチ・コモンズの悲劇**[1]

角松生史

1 「コモンズの悲劇」

1 「コモンズの悲劇」と財産権の正当化

　一般に、財産権制度を正当化する根拠として、2つの筋の説明が考えられる[2]。第1の説明は、財産権の人格的自由保障機能、すなわち、財産権がその保有者にとって、安定した生存を保障し、人格的自由の物理的条件を形成する機能を営んでいることに着目するものである。第2の説明は、各人に財産権を割り当てる形で資源を配分することが、資源利用の効率性を高め、社会全体の厚生を増大させることを根拠とするものである。

　第1の説明についてはひとまずおいて、第2の説明の一つとして、Garett Hardinが示した「コモンズの悲劇[3]」をあげることができる。要約すれば、以下のようになる。

> 「全ての人に開かれた牧草地があるとする。どの飼い主も自分の利得の極大化をめざす『合理的』な行動をとり、また、その共有地が産出しうる牧草の量には限界があると仮定する。この場合、牛の飼い主たちはできるだけ多くの牛を共有地に放そうとするだろう。共有地に牛を『もう一頭』放牧することによって得られる正の効用（増えた一頭の売却益）はその牛の飼い主一人のものになるが、負の効用（共有地の疲弊）は全ての牛の飼い主に分散されるから、『合理的』な牛の飼い主には『もう一頭』の放牧を避ける動機がないのである。その結果、共有地は、過度の放牧によって疲弊し、使いものにならなくなってしまう。この事態を避けるためにはどうするか。共有地を分割して各飼い主の私有財産とするのがよい」

　この説明にはいくつか注意すべき点がある。第1に、上でHardinが念頭に置く「全ての人に開かれた牧草地」が財として有する性質である。それは、外部者による利用や他の飼い主の過度な利用を抑止することが難しいという意味

143

で、『排除性』が低いオープン・アクセス状態にある一方で、利用者が増えることによって資源が消耗するという意味の「競合性」を備えている。すなわち、Elinor Ostromがいう「コモンプール財」である[4]。現在の日本において、土地自体の本来の利用——土地から得られる資源の利用——に着目すれば、このような「コモンプール財」としての性質を備えている土地は少ないだろう。「無主物」としての土地は基本的に存在せず、ほとんど全ての土地に私的主体・公的主体いずれかの所有権が設定されているため、「生産目的のために誰でも自由に利用できる土地」は、ほぼ存在しないと思われる。もちろんHardinの設例は、財産権のない世界を想定した言わば「寓話」なのだから、これは当然のことかも知れないが。

しかし、例えば漁業資源の管理、エネルギー消費による地球温暖化、交通渋滞など、土地「以外」で所有権の設定が難しい対象について、「コモンズの悲劇」と類似する現象を見出せる例は少なくない[5]。また、土地について見ても、「所有者はいるが誰も現実に管理していない空き地における不法投棄」、「誰も維持管理しない児童公園」などにも類似の特徴が見出される。Hardinも「共有地から何かを取り出すことではなく、共有地に何かを放り込むことが問題になる[6]」として、環境汚染及びその原因としての人口増加を例にあげる。以下本稿では、上の牧草地の設例のような「資源としての土地の利用に関するオープン・アクセス状態」を「本来的コモンズ」、「土地以外の対象についてのオープン・アクセス状態、または資源利用『以外』の目的に関する土地についてのオープン・アクセス状態」を「比喩的コモンズ」と呼ぶことにする。

第2に、Hardinは、コモンズの悲劇」の解決のために、所有権の設定以外の方法もあげている。国立公園が入場者の過度の増加によって破壊されてしまうことを防止するためには、それを(1)「私有財産として売却する」方法に加えて、(2)「公有財産にしたままで、入園する権利を分配する」こともできる。入園する権利の分配には(ⅰ)オークションによる分配、(ⅱ)あらかじめ合意された基準を用いた各人の功績(メリット)による分配、(ⅲ)くじ、(ⅳ)先着順などさまざまな可能性がある[7]。

ここでひとまず、(1)を「所有権による解決」、(2)を「ルールによる解決」と呼ぼう[8]。(2)において、ルールを設定・執行する主体としては、まず政府を想定することができる。しかし、(Hardinは想定していないかも知れないが)少な

くとも論理的可能性としては、「上の『飼い主』たちの自治的な集団による管理」も考えることができる。コモンズ研究者には、実際に存在する（した）共同所有地について、地域社会による共同的・自治的な持続的管理が可能であることを強調する者が多く、彼らは「コモンズの喜劇」論者と呼ばれることがある。

また、上の設例が共有牧草地の疲弊を招いたのは、経営単位としての「個々の飼い主」の眼から見て「もう一頭」の放牧が「合理的」だったからである。もし個々の飼い主を経営単位とするのではなく、彼らが共同して会社を設立したとすれば、牧草地全体を見渡して長期的に最大の利益を生み出すため、持続的に管理できる方策を考えることになるだろう。少なくとも論理的可能性としては、これも「コモンズの悲劇」の解決方策たりうる。これを(3)「共同経営による解決」と呼ぼう。

2　コモンズとしての景観

2000年代初めの日本においては、「景観」に対する法的関心が突如高まり、2004年には景観法が成立した。そのきっかけの一つとなったのが国立マンション事件である。この事件では、同市まちづくりのシンボル的存在の「大学通り」沿いにおける高さ約40mのマンション建築計画に対して、周辺の住民や学校が反対運動を展開した。当時の都市計画法・建築基準法上はこの高さのマンション建設も許容されていたが、周辺住民らは、大学通り沿いに高さ約20mで立ち並ぶ銀杏・桜並木と同マンションの高さが調和せず景観を損なうと考えたのである。そのため国立市は急遽、高さを20mに制限するなどの内容の地区計画及び建築条例を制定した。しかし、建築基準法を所管する東京都は、同条例の施行日において同マンションは「現に建築工事中」（建築基準法3条2項）だったため地区計画・建築条例は同マンションには適用されない（既存不適格）として措置を執らなかったため、周辺住民らが訴訟を提起したものである。多くの訴訟事件があるが、(1)ディベロッパーに対して、同マンションの高さ40mを超える部分の建築差し止め（工事進行後は撤去）を求める民事訴訟と(2)地区計画・建築条例は同マンションに適用「される」ことを前提として、東京都に対して、高さ40mを超える部分の建築禁止命令（工事進行後は除却命令）を出すことを求める行政訴訟が重要である。

この事件において、ともに住民側の主張を認めた行政訴訟第一審判決および

民事訴訟第一審判決[11]のそれぞれ次のような判示は、景観をコモンズとして捉えている[12]。なお、両訴訟の控訴審判決および民事訴訟最高裁判決[13]は、いずれも住民側の主張を退けた。

〈行政訴訟第一審判決〉

「景観は、通りすがりの人にとっては一方的に享受するだけの利益にすぎないが、ある特定の景観を構成する主要な要素の一つが建築物である場合、これを構成している空間内に居住する者や建築物を有する者などのその空間の利用者が、その景観を享受するためには、自らがその景観を維持しなければならないという関係に立っている。しかも、このような場合には、その景観を構成する空間の利用者の誰かが、景観を維持するためのルールを守らなければ、当該景観は直ちに破壊される可能性が高く、その景観を構成する空間の利用者全員が相互にその景観を維持・尊重し合う関係に立たない限り、景観の利益は継続的に享受することができないという性質を有している。すなわち、このような場合、景観は、景観を構成する空間を現に利用している者全員が遵守して初めてその維持が可能になるのであって、景観には、景観を構成する空間利用者の共同意識に強く依存せざるを得ないという特質がある。」

〈民事訴訟第一審判決〉

「ある特定の地域や区画（以下、（略）単に「地域」という。）において、当該地域内の地権者らが、同地域内に建築する建築物の高さや色調、デザイン等に一定の基準を設け、互いにこれを遵守することを積み重ねた結果として、当該地域に独特の街並み（都市景観）が形成され、かつ、その特定の都市景観が、当該地域内に生活する者らの間のみならず、広く一般社会においても良好な景観であると認められることにより、前記の地権者らの所有する土地に付加価値を生み出している場合がある。

このような都市景観による付加価値は、自然の山並みや海岸線等といったもともとそこに存在する自然的景観を享受したり、あるいは寺社仏閣のようなもっぱらその所有者の負担のもとに維持されている歴史的建造物による利益を他人が享受するのとは異なり、特定の地域内の地権者らが、地権者相互の十分な理解と結束及び自己犠牲を伴う長期間の継続的な努力によって自ら作り出し、自らこれを享受するところにその特殊性がある。そして、このような都市景観による付加価値を維持するためには、当該地域内の地権者全員が前記の基準を遵守する必要があり、仮に、地権者らのうち１人でもその基準を逸脱した建築物を建築して自己の利益を追求する土地利用に走ったならば、それまで統一的に構成されてきた当該景観は直ちに破壊され、他の全ての地権者らの前記の付加価値が奪われかねないという関係にある。」

景観のコモンズとしての性質は次のように説明できる。Hardinの「コモンズの悲劇」を回避するために、法は、（1）本来的には連続した地表を個別的地片

に分割し、さらに（2）土地の所有権は上下に及ぶ（民法207条）と定めてその上部の空間も分割するという「二重の空間分割」によって、土地所有権を創出した。しかし、景観はその性質上物理的分割が不可能であり、また「利益享受者の全てがルールを守った節度ある利用と必要な維持管理を行うならば持続的に資源から各人が大きな利益を得ることができるが、少数の利用者が近視眼的な自己利益追求を行うならば容易に破壊される性質を有する財」としての性質を備えている。景観に対する人々の関心や経済的重要性が高まると、「コモンズの悲劇」が再び発生することになるのである。

そして、上記2判決の特徴は、景観保全のためのルールをエンフォースするための一定の役割を原告ら近隣住民に認めたことにある。

行政訴訟第一審判決は、次のように述べて、近隣住民に原告適格——地区計画・建築条例が定める行政法的ルールを発動させるために行政訴訟を起こす資格——を認めた。

　「本件地区のうち高さ制限地区の地権者は、……本件建築条例及び本件地区計画により、それぞれの区分地区ごとに10メートル又は20メートル以上の建築物を建てることができなくなるという規制を受けているところ、これら本件高さ制限地区の地権者は、大学通りの景観を構成する空間の利用者であり、このような景観に関して、上記の高さ規制を守り、自らの財産権制限を受忍することによって、前記のような大学通りの具体的な景観に対する利益を享受するという互換的利害関係を有していること……などを考慮すると、本件建築条例及び建築基準法68条の2は、大学通りという特定の景観の維持を図るという公益目的を実現するとともに、本件建築条例によって直接規制を受ける対象者である高さ制限地区地権者の、前記のような内容の大学通りという特定の景観を享受する利益については、個々人の個別的利益としても保護すべきものとする趣旨を含む……」

また、民事訴訟第一審判決も、上の引用部分に述べられているような状況、すなわち（a）特定の地域内において、当該地域内の地権者らによる土地利用の自己規制の継続により、（b）相当の期間、ある特定の人工的な景観が保持され、社会通念上もその特定の景観が良好なものと認められ、（c）地権者の所有する土地に付加価値を生み出したという3要件が満たされた場合には、

　「当該地域内の地権者らは、自らの財産権の自由な行使を自制する負担を負う反面、他の地権者らに対して、同様の負担を求めることができなくてはならない。」

としている。

同判決は、行政法的規制とは論理的に関係なく、コモンズの利用に関する地権者らの不文律的な自己規制（＝いわば慣習法的ルール）の事実から、地域住民に対して、民事不法行為法上の法的保護性を有する「景観利益」を導き出している。その上で、その「景観利益」を根拠に、上記ルールに違反する建物の建築の差し止めを求める権限を当該地域住民に認めているのである。対象となるルールは異なるが、それらルールのエンフォースメントにおける一定の役割を地域住民に認めるという点では、両判決は共通している。

「コモンズとしての景観」の例が我々に教えることは、第1に、既に分割されて「本来的コモンズ」がもはや存在しない場合であっても、経済的・社会的状況や人々の意識の変化——例えば景観の「財」としての価値の上昇——によって「比喩的コモンズ」が問題として浮上する可能性があることである。第2に、「コモンズの悲劇」を発生させないためには、その「比喩的コモンズ」を再度分割する（「所有権による解決[15]」）か、コモンズのままにした上で、その管理に関するルールを設定する（「ルールによる解決[16]」）必要があることである。後者の場合、第3に、コモンズの利害関係者には一定の「利害協同体」的性質が生まれる（行政訴訟第一審判決の「互換的利害関係」という概念はそのことを示している）。そして、その協同体の構成員には、上記のルールをエンフォースする上での一定の「権限」——個人の「権利」であると同時に、協同体管理の「権限」としての性質を持っている——が認められるべき場合があるのである。

3　コモンズ管理としてのエリアマネジメント

近年、「地域における良好な環境や地域の価値を維持・向上させるための、住民・事業主・地権者等による主体的な取り組み[17]」としてのエリアマネジメントが注目されている。地域を活性化するためのイベント実施・清掃活動への取り組み・自主的なまちづくりルールの設定などがその内容である。このエリアマネジメントの取り組みも、一定の範囲の地域空間ないしその空間の中の個別施設・個別活動をコモンズとして捉えた上で、地域の関係者で構成される団体が当該コモンズの管理を担っていくことにより、コモンズの悲劇に対する上記(3)「共同経営による解決」を実現しようとするものと理解できる。

コモンズ管理としてのエリアマネジメント活動を法律上位置付けていく際に

問題になることとして、(ア)どのような場合にエリアマネジメント活動を公的に承認し、当該活動の主体(エリアマネジメント団体)・空間的範囲・関係者の範囲をどのように定義するか、(イ)当該活動のための費用負担をどのように配分し、徴収するか(フリーライダーの発生防止)、(ウ)((イ)とも関係するが)、当該活動に同意していない関係者に対しても、費用負担や自主的まちづくりルールの遵守を強制することができるかなどの点がある[18]。

2014年に成立した大阪市エリアマネジメント活動促進条例[19](以下、「大阪市条例」という)は、北米・欧州で広く用いられているビジネス改善地区(Business Improvement District, 以下「BID」という)[20]類似の制度を導入したものである。エリアマネジメント活動の安定した財源を確保し、フリーライダーの発生を防止することがその主要な目的であるが、同条例は、「現行法令は変えずに、エリアマネジメントに関連する現行の既存制度を活用しながら、市条例によりエリアマネジメントの財源部分を付加し、これらをパッケージ化する」[21]ものだとされる。

大阪市条例は、上記(ア)について、エリアマネジメント団体を都市再生特別措置法第118条に基づく「都市再生推進法人」として指定して公的な位置付けを与え、また、市長が認定する「地区運営計画」において条例上も団体を認定し、実施区域を特定する(大阪市条例第2条)[22]。

(イ)については、認定を受けたエリアマネジメント団体に対して、都市再生特別措置法上の都市利便増進施設[23]の一体的な整備又は管理に要する費用に相当する額を補助金として交付し、また、その交付に要する費用に充てるため、地権者等の認定整備等の実施により利益を受ける者から、地方自治法224条[24]の規定による分担金を徴収するものとされている(大阪市条例6条)。このように分担金を原資として交付できる補助金は都市利便増進施設の整備・管理業務に要する費用(「地域内の公共空間における高度な管理的業務」)に限定され、「地域内の公共空間におけるプロモーション活動や収益活動」や「地域内の民有空間における活動」には支出できない[25]。また、地方自治法224条に定める「当該事件により特に利益を受ける者から、その受益の限度において」という限定が課されている。

(ウ)については、事前に負担に同意した者からのみ分担金を徴収することを可能にする仕組みをとっている。エリアマネジメント団体(都市再生推進法人)

と地権者との間の都市利便増進協定の締結・認定（認定都市利便増進協定、都市再生特別措置法74条、76条）が地区運営計画の認定（大阪市条例2条）、したがって分担金徴収の前提となるのである。

　2018年6月、エリアマネジメントに関連する2件の法改正——地域再生法改正及び都市再生特別措置法改正−が成立した。

　地域再生法の改正は、大阪市条例と同様、BIDの仕組みを導入するものである。同法は、「自然的経済的社会的条件からみて一体である地域」において観光客増加により雇用機会の増大・経済基盤の増大が見込めるエリアマネジメント活動を「地域来訪者等利便増進活動」（同法5条4項6号）と定義する（上記（ア））。この「地域来訪者等利便増進活動」を実施するエリアマネジメント団体は、当該活動を盛り込んだ計画について市町村長の認定を申請することができる（同法17条の7第1項）。認定申請の要件の1つとして、当該活動から利益を受ける受益事業者の総数の2／3以上、かつ負担金額の割合についても2／3以上の事業者の同意を得ていることがある（同法17条の7第5項、上記（ウ））。認定された場合、市町村は当該活動から利益を受ける受益事業者から負担金を徴収し、エリアマネジメント団体に対する交付金に充てることができる（同法17条の8、上記（イ））。（ⅰ）関係者の範囲を（「地権者」や「居住者」ではなく）「受益事業者」として捉えたこと、また、（ⅱ）大阪市条例とは異なり、2／3以上の事業者から同意があれば、同意していない事業者からも負担金の徴収が可能になることが、本改正の特徴である。

　都市再生特別措置法改正は、コンパクト・シティを実現するために2014年に既に導入されていた「立地適正化計画」において「居住誘導区域」又は「都市機能誘導区域」と定められた空間的範囲について（上記（ア））、地域交流広場・コミュニティ施設・防犯灯等を、当該区域における「立地誘導促進施設」（都市再生特別措置法81条8項）として盛り込むことを可能にするものである。この場合、当該区域の地権者等は、全員の合意によって（上記（ウ））、市町村長の認可を得た上で、当該「立地誘導促進施設」に関する協定を締結して、費用負担等についても定めることができる（上記（イ）、同法109条の2、45条の2第4項）。当該協定等への参加を承諾しない者に対しては、地権者等全員の合意による申請に基づき、市町村長は参加をあっせんすることができる（同法109条の3）。地域再生法と異なり、都市再生特別措置法では全員の同意が要求されているが、市

町村長のあっせんの可能性が規定されていること、認可を得た協定は、協定締結後に土地を購入などして当該協定の締結には参加していない者に対しても、効力を有することになること（承継効）〔同法109条の2第3項、45条の8第5項〕がポイントである。国土交通省の資料は、立地誘導促進施設の性格を「コモンズ」と説明している[27]。

　前記のように、エリアマネジメント活動の取り組みは、コモンズの悲劇に対する第3の解決――「共同経営による解決[28]」――の一種と理解できる。それは、エリアマネジメント対象区域における経済活動の活性化・土地の資産価値を高めるのみならず、当該地域における社会関係資本の増加をもたらすことが期待される。当該エリアマネジメント対象区域の外に対するスピル・オーバー効果の可能性もある。他方で、当該活動に同意していない関係者に対して活動への協力を強制するために必要な「公共性」の根拠がどこにあるかについて、より詳細な検討が必要であろう[29]。特に、エリアマネジメント活動が同質的な利害を有する構成員によって担われることによって、異質な利害を有する関係者の排除をもたらさないか（特に住宅地で行われた場合は、ジェントリフィケーションの進行が危惧される）という点については、慎重な検証が必要である[30]。

2　アンチ・コモンズの悲劇

1　Hellerの議論

　Hardinの「コモンズの悲劇」をもちろん意識して、Michael Hellerの1998年の論文は「アンチ・コモンズの悲劇」を提示する[31]。「アンチ・コモンズ」とは、「希少な資源に対して、複数の所有者が〔他者を〕排除する有効な権利を有している所有制度」と定義される[32]。アンチ・コモンズは、法的アンチ・コモンズと空間的アンチ・コモンズに区別される。Hellerは、所有権を「権利の束」(bundle of rights)と捉えるのだが[33]、「法的アンチ・コモンズ」は、たとえば同じ不動産について、「所有する権利・賃貸する権利・使用する権利が、当初からばらばらの持ち主に配分されている状態」を指す。それに対して「空間的アンチ・コモンズ」は、「核となる『権利の束』が各個別所有者に与えられているが、空間的に狭小すぎるため、当該時点および場所における有効な利用が困難な状態」を指す[34]。このようなアンチ・コモンズの状態に陥ると、資源は過少利

用 (underuse) 状態を招きがちであり(「アンチ・コモンズの悲劇」)、後に権利を集約することは、取引費用の高さや当事者の戦略的行動等により、困難になるというのである。[35]

2　森林法最高裁判決

前記のようにHellerは「所有権＝権利の束」という英米法的な見方を前提にして議論を展開しているが、日本法は、「単独所有」または「一物一権主義」、すなわち、「1つの物に対する所有権者は1人であり、その所有権は『自由かつ排他的』[36]」であるという見方を基本的にとっている。この立場からすると、共同所有形態については基本的に消極的な評価が与えられることになる。

民法249条以下の共有についてこのような見方を示したものとして、森林法最高裁大法廷判決[37]がある。同判決の事案では、父親から森林を生前贈与され、持分1／2ずつで共有していた兄弟の間で不和が生じ、弟が共有森林の分割を請求した。民法上では一般に、各共有者は、いつでも共有物の分割を請求することができる(民法256条1項)のだが、当時の森林法186条は、共有森林の場合は、持分価額1／2以下の共有者にはこの分割請求権を否定していた。第1審・控訴審は同法の規定に基づいて弟の請求を退けたが、最高裁は、森林法186条は公共の福祉に適合しない財産権の制限であって憲法29条2項に違反すると判断し、事件を原審に差し戻した。

同判決には様々な理論的問題があるが[38]、ここでは専ら、同判決の、共有制度および共有物分割請求権に関する次のような見方に注目する。

> 「森林法186条は、共有森林につき持分価額二分の一以下の共有者(略)に民法256条1項所定の分割請求権を否定している。そこでまず、民法256条の立法の趣旨・目的について考察することとする。共有の場合にあつては、持分権が共有の性質上互いに制約し合う関係に立つため、単独所有の場合に比し、物の利用又は改善等において十分配慮されない状態におかれることがあり、また、共有者間に共有物の管理、変更等をめぐつて、意見の対立、紛争が生じやすく、いつたんかかる意見の対立、紛争が生じたときは、共有物の管理、変更等に障害を来し、物の経済的価値が十分に実現されなくなるという事態となるので、同条は、かかる弊害を除去し、共有者に目的物を自由に支配させ、その経済的効用を十分に発揮させるため、各共有者はいつでも共有物の分割を請求することができるものとし、しかも共有者の締結する共有物の不分割契約について期間の制限を設け、不分割契約は右制限を超えては効力を有しないとし

て、共有者に共有物の分割請求権を保障しているのである。このように、共有物分割請求権は、各共有者に近代市民社会における原則的所有形態である単独所有への移行を可能ならしめ、右のような公益的目的をも果たすものとして発展した権利であり、共有の本質的属性として、持分権の処分の自由とともに、民法において認められるに至つたものである。」

　同判決は、①共有制度について、「持分権が共有の性質上互いに制約し合う関係に立つ」ことから「物の経済的価値が十分に実現されなくなる」事態をもたらすものとして認識し、また、②単独所有を「近代市民社会における原則的所有形態」と捉えた上で、共有状態は、分割請求権が行使されることによっていずれ単独所有に移行すべき過渡的な状態だと理解している。
　①の見方は、複数の権利者がお互いに使用・収益・処分を排除することができることが「過少利用」をもたらすとする点で、Hellerの「法的アンチ・コモンズ」概念に近い。ただし「法的アンチ・コモンズ」の場合は、複数の権利者がそれぞれ細分化された権利を有しているのに対して、共有状態は、1つの権利に対して複数の者が「持分」を持っているという法的構成の相違はある。
　森林法186条が分割請求権を否定した趣旨は、森林の細分化を防止することによって森林経営の安定を図ることにあったが、最高裁は、次のように述べて、そのような立法目的と同法同条の制限との間には、合理的な関連性がないとしている。

　「森林が共有となることによつて、当然に、その共有者間に森林経営のための目的的団体が形成されることになるわけではなく、また、共有者が当該森林の経営につき相互に協力すべき権利義務を負うに至るものではないから、森林が共有であることと森林の共同経営とは直接関連するものとはいえない。したがつて、共有森林の共有者間の権利義務についての規制は、森林経営の安定を直接的目的とする前示の森林法186条の立法目的と関連性が全くないとはいえないまでも、合理的関連性があるとはいえない。共有者間、ことに持分の価額が相等しい二名の共有者間において、共有物の管理又は変更等をめぐつて意見の対立、紛争が生ずるに至つたときは、各共有者は、共有森林につき、同法252条但し書に基づき保存行為をなしうるにとどまり、管理又は変更の行為を適法にすることができないこととなり、ひいては当該森林の荒廃という事態を招来することとなる。同法256条1項は、かかる事態を解決するために設けられた規定であることは前示のとおりであるが、森林法186条が共有森林につき持分価額二分の一以下の共有者に民法の右規定の適用を排除した結果は、右のような事態の永続化を招くだけであつて、当該森林の経営の安定化に資することにはなら

ず、森林法186条の立法目的と同条が共有森林につき持分価額二分の一以下の共有者に分割請求権を否定したこととの間に合理的関連性のないことは、これを見ても明らかであるというべきである。」

森林法大法廷判決は、共有状態を「法的アンチ・コモンズ」をもたらすおそれがある状態として捉えた上で、それを解決するために、分割して単独所有を実現することを原則的な処方箋として提示している。それではこのような処方箋で必要・十分だろうか。もちろんそうではない。節を改めてこの点を検討しよう。

3　所有者不明土地問題と「法的アンチ・コモンズ」

2010年代後半から、「所有者不明土地」問題が急速に社会問題として浮上した。[39] 国土計画協会「所有者不明土地問題研究会」の推計によれば、日本の全国土の約20%、九州の面積を上回る410万haの土地が所有者不明状態になっているのではないかとされる。[40] さらに、死亡数の増加やアンケートから見た相続意識の希薄化からすれば、2040年には所有者不明土地面積が約720haまで増加するという推計も示されている。[41]

このような状況をもたらしている「主たる要因」は、相続未登記である。[42] 相続発生時に登記がなされず、相続人の間での共有状態が継続し、それが何代にも及び相続人が多数になるのである。しばしば言及される事例であるが、2013年にある自治体が道路建設のためにわずか192㎡の土地を取得しようとしたところ、当該土地については1948年以来相続に伴う登記書き換えがなされず、ねずみ算式に増えた約150名の共有者に連絡を取らなければならなかったとされる。[43]

相続に伴って生じる「法的アンチ・コモンズ」状態が、莫大な取引費用を発生させ、公共用地としての利用や震災復興を妨げている。つまり、「過少利用」状態が生じていると言える。また、所有者不明土地は、農地や森林の適正な管理にとっても障害になっている。

しかし、森林法大法廷判決が想定するような「共有地の分割を認めること」――Hardinの第1の解決――は、上のような「法的アンチ・コモンズ」状態の解決としては、必ずしも機能しない。

第1に、そもそも土地の共有者である相続人は、いつでも遺産分割を請求で

きる——既に「分割が認められている」——のであって、それがなされなかったのは、分割のために必要な取引費用（登録免許税等、司法書士等の専門家への依頼費用、遺産分割協議の費用等々）が理由であろう。現在日本で生じている土地の利用価値の低下に伴い、共有者にとって、土地から得られる利益よりも取引費用の方が上回ることになったから分割が行われないのである。つまりこの場合、「過少利用」は、「法的アンチ・コモンズ」の「結果」でもあるが、その「原因」でもある。(1)土地についての「過少利用」状態と取引費用の関係——いや、正確に言えば、土地への経済的需要自体が低下しているのだから、資源が有効に利用されていないという意味での「過少」利用とはこの段階では言えない——によって「法的アンチ・コモンズ」が発生し、(2)その「法的アンチ・コモンズ」がますます取引費用を拡大させて、(3)当該土地についての経済的需要が発生した場合であっても利用できないという「過少利用」を招くという悪循環が発生している。分割自体に取引費用が必要である場合は、その費用分担について検討することなしに、「法的アンチ・コモンズ」は解決できないのである。

第2に、仮に分割によって「法的アンチ・コモンズ」は解決できたとしても、「空間的アンチ・コモンズ」を発生させる場合がある。所有権が細分化されすぎて有効利用が達成できないのである。いわゆる「共有私道」の所有者不明問題はこの点を示している。主として建築物の建築基準法上の接道義務を果たすために、隣接する所有者が共同で私有地を道路として提供している場合がある。この「共有私道」の所有者が不明になっていることで、舗装の修復や水道管・下水道管の新設が困難になるなどの「アンチ・コモンズの悲劇」を発生させている。ここで共有私道には、隣接所有者によって共有されている場合（共同所有型私道）に加えて、「相互持合型私道」と呼ばれる類型がある。「私道付近の宅地を所有する複数の者が、それぞれの所有する土地を通路として提供し、私道がこうした数筆の土地により形成されている」類型である。道路建設当初から所有権を意図的に細分化して相互に利用させ合うことで、お互いに利用妨害できない状態が作り出されていたのである。この類型の場合「法的アンチ・コモンズ」は存在しないが、細分化された個別所有地の所有者への連絡が取れなくなれば、「空間的アンチ・コモンズ」問題を発生させる。

4 「アンチ・コモンズの悲劇」に対する対応策[48]

(1) 分割による解決と所有権集約による解決　それでは所有者不明状態がもたらすアンチ・コモンズの悲劇に対して、どのような対応策が可能だろうか。

第1に、所有法の問題として分割で解決しようとする場合、取引費用を誰が負担するのか、また、細分化された所有権をどのように集約するのかについて[49]議論が必要である[50]。

第2に、所有者不明土地がもたらしているのがどのような問題であり、どのような意味において「アンチ・コモンズの悲劇」が発生しているのかによって、対応策を区別すべきである。高村学人は、「過少利用」を(a)全体論的過少利用(＝相隣に迷惑をかけていないが不動産の有効利用が立地に照らして十分になされていない状態)と(b)相隣侵害的過少利用(＝管理不全のため外部不経済が大きくなり相隣に侵害を及ぼしている状態)の二つに分類する[51]。この観点から、現在なされている法的対応について検討する。

(2) 近隣外部不経済に対する対応　(ⅰ)所有者不明により(b)「相隣侵害的過少利用」、即ち近隣外部不経済が生じている例としては、空き家の所有者が不明で問題を発生させている場合や、共有状態が森林や農地の荒廃を招いて付近に外部不経済を発生させている場合等がある。これらの場合について、各地の空き家条例や、空家等対策の推進に関する特別措置法(2014年)の方策のように「外部不経済が発生した場合の費用、又はその発生を回避するための費用は、所有者が負担しなければならない」というルールを明確にすることには、特に所有者が不明になってしまう「前」の段階においては、意義がある。それは、当該土地について売却などの適正な処理を行うことへのインセンティブとなるだろう。ただし、相続時において当該土地を売却したくてもそもそも需要がない場合にはこの方策は必ずしも効果をもたらさないし、既に所有者不明の状況に陥ってしまった「後」では、費用負担義務があることで、所有者が自発的な情報提供をためらい、問題の解決がかえって阻害されることも考えられる[52]。

(ⅱ)また、(b)による外部不経済に対処するためには、強制的措置も可能である。空家等対策の推進に関する特別措置法は、近隣に著しい外部不経済を発生させる「特定空家」について、所有者等に対する指導・勧告を経て最終的には除却も可能とする制度を設けているが[53]、所有者等が不明である場合も、略式代執行が可能である。

(ⅲ) 森林法は、「間伐又は保育 (以下「間伐等」) が適正に実施されていない森林であってこれらを早急に実施する必要のあるもの」(要間伐森林) について、市町村長が間伐等を実施すべきことを森林所有者等に対して通知・勧告することができるとしている。そして所有者等が実施勧告に従わないときは、第三者と所有権等の権利の移転・設定に関して協議すべきことを勧告できる。さらに、協議が整わない場合は、都道府県知事の「裁定」によって、間伐等の実施のために最小限必要な所有権・使用権を設定することができるとされている。2011年の森林法改正で、所有者等が不明な場合にも、公示によって、上のように所有権・使用権を強制的に設定する「裁定」を可能とする制度が設けられた。[54] 要間伐森林制度は、土砂の流出又は崩壊その他の災害の発生のおそれ等が裁定の要件となっていることに示されているように、基本的には当該要間伐森林が近隣に対して及ぼす外部不経済に着目して、間伐・保育等を適切に実施しうる者に間伐木の所有権等を移転する仕組みである。(b)「相隣侵害的過少利用」によって問題が発生している場合に当たるだろう。[55]

(3) 有効利用が妨げられている場合の利用権設定——森林・農地の場合　(ⅰ) それでは、所有者不明土地について外部不経済は発生していないが、当該土地について何らかの利用目的への需要があり、その意味で土地の有効利用が妨げられているという場合——(a)「全体論的過少利用」の類型——はどうだろうか。所有者が不明であり同意が得られないままで、強制的に利用権 (使用権) を設定することは可能だろうか。[56]

以下では、①当該利用目的が当該土地の本来的・内在的性質からして求められているか、②当該利用目的が当該土地にとって専ら外在的か、という観点から農地・森林に関する利用権設定制度について考察し、ついで、近時登場している、「共有者不明」がもたらすアンチ・コモンズ状態に着目した立法についても検討する。

(ⅱ) まず、森林施業のための使用権設定の仕組みが挙げられる。森林法50条1項によれば、森林から木材等を搬出し、又は林道等の森林施業に必要な設備をする者は、その搬出又は設備のため他人の土地を使用することが必要且つ適当であって他の土地をもって代えることが著しく困難であるときは、都道府県知事の認可を受けて、土地所有者等に対し、使用権の設定に関する協議を求めることができる。この協議が整わないときは、認可を受けた者は、使用権の設

定に関し都道府県知事の裁定を申請することができる。森林法2011年改正により、土地所有者等が不明な場合も手続を進めることが可能になった。上記の都道府県知事への認可申請の段階における公開による意見聴取（50条3項）の制度を設け、意見聴取の通知等が当事者に到達しないときは、公示によって到達を擬制して、手続を進められるようにしたものである。この場合、裁定にかかる補償金は供託することになる（森林法61条2号）。

　(ⅲ)ついで、農地法が定める遊休農地の利用権取得の仕組みである。2013年に農地中間管理事業の推進に関する法律によって設置された農地中間管理機構（農地集積バンク）は、貸借を通じて担い手への農地の利用集積・集約化を促進するための中間的受け皿となるものである。同機構に対する自主的な貸し付けも可能であるが、遊休農地については、2013年及び2018年の農地法改正により、裁定による利用権取得の仕組みが設けられている。農業委員会は、利用状況調査（農地法30条）の結果、(1)現に耕作の目的に供されておらず、かつ、引き続き耕作の目的に供されないと見込まれる農地(2)その農業上の利用の程度がその周辺の地域における農地の利用の程度に比し著しく劣っていると認められる農地のいずれかに該当する農地があるときは、農地の所有者等に対して利用意向調査を行う（農地法32条1項）。所有者等から農地中間管理事業を利用する意思がある旨の表明があったときは、農地中間管理機構との協議が行われる（同法35条）が、所有者等にその農地の農業上の利用を行う意思がない等、当該農地について農業上の利用の増進が図られないことが確実であると認められる場合には、農地中間管理機構と協議すべき旨の農業委員会の勧告（同法36条）を経て、協議が整わない場合には、申請（同法37条）に基づき、都道府県知事は農地中間管理権を設定すべき旨の裁定をするものとされている（同法39条）[57]。裁定の公告があった場合には、当該裁定に係る契約の締結が擬制される（同法40条）。

　ここで農業委員会が、「相当な努力が払われたと認められるものとして政令で定める方法により探索を行ってもなお」[58]農地の所有者等を確知することができないときは、利用意向調査に替えて、(1)その農地の所有者等を確知できない旨及び、(2)その農地が(ア)現に耕作の目的に供されておらず、かつ、引き続き耕作の目的に供されないと見込まれる農地(イ)その農業上の利用の程度がその周辺の地域における農地の利用の程度に比し著しく劣っていると認められる農地いずれに該当するかの別等を公示する（同法32条3〜5項）。所有者等か

8　過少利用時代におけるコモンズの悲劇とアンチ・コモンズの悲劇

ら6ヶ月以内に申し出がない場合には、農地中間管理機構は利用権の設定に関する裁定を申請することが可能になる(同法41条1項)。

　(ⅳ)これらの制度における強制的な使用権・利用権の設定は、一方では、当該土地にとって外在的な公共性に根拠を持つものと言える。森林施業のための使用権設定の仕組みの要件の1つである「他人の土地を使用することが……適当」(森林法50条1項)とは、「土地収用法にいう『その土地を当該事業の用に供することが土地の利用上適正かつ合理的である』(同法第2条)ことと同意義であると考えられる」とされている。他方で、森林施業に関して使用権の設定が必要になるのは「林地の地形上の制約」が存在するからであり、森林施業の予定地と使用権が設定される土地との間には、文字通りの相隣関係ではないにせよ、何らかの空間的な関連性が存する。

　遊休農地に係る利用権取得の仕組みは「意見書の内容その他当該農地の利用に関する諸事情を考慮して引き続き農業上の利用の増進が図られないことが確実であると見込まれる場合において、農地中間管理機構が当該農地について農地中間管理事業を実施することが当該農地の農業上の利用の増進を図るため必要かつ適当であると認めるとき」(農地法39条1項)という要件が設定され、資源の有効利用に焦点を当てたものとなっている。直接的には近隣に外部不経済を発生させるおそれが必ずしも認められない場合——遊休農地である以上、抽象的にはその可能性はあるだろうが——であっても設定可能なのである。

　他方、農地や林地の場合、土地利用の目的が法的に固定されていて、「資源の有効利用」の具体的内容がある程度明らかであり、自然的・経済的・社会的条件に応じて利用のある程度の一体性が求められる部分がある。農地については、「所有権又は賃借権その他の使用及び収益を目的とする権利を有する者は、当該農地の農業上の適正かつ効率的な利用を確保するようにしなければならない」(農地法2条の2)という理念がそれを支えている。

　なお、これら二つの制度は、土地所有者以外の主体が当該土地を利用することに公共性が存在する際に、所有者の明示の意思に反したとしても、利用主体が所有権や利用権を取得することを認めるものである。このような制度において、所有者不明で連絡が取れない場合であっても所有者が判明している場合に準じて手続を進行させ、最終的には利用主体が所有権又は利用権を取得することが可能とされている。

159

(4) 有効利用が妨げられている場合の利用権設定——共有者不明の場合の特例 近時の立法では、「共有者不明」によるアンチ・コモンズ状態への対処に着目した特別の制度が設けられている。

（ⅰ）森林法2016年改正で、共有者不確知森林制度が設けられた。森林共有者で知れている者（確知森林共有者）は、市町村長が公告により不確知森林共有者の探索手続きを講じることを申請することができ（森林法10条の12の2）、公告（同法10条の12の3）に応じた申出がない場合は、確知森林共有者は、申請（同法10条の12の4）に基づく都道府県知事の裁定を経て、不確知森林共有者の立木持分及び当該共有林の土地の造林期から次の伐期までの使用権を取得することができる（同法10条の12の5～6）。[65]

（ⅱ）2018年に成立した森林経営管理法は、[66]「市町村が、経営管理権集積計画を定め、森林所有者から経営管理権を取得した上で、自ら経営管理を行い、又は経営管理実施権を民間事業者に設定する等の措置を講ずることにより、林業経営の効率化及び森林の管理の適正化の一体的な促進を図り、もって林業の持続的発展及び森林の有する多面的機能の発揮に資することを目的とする」（同法1条）法律である。同法は、①森林所有者の申出による経営管理権集積計画作成（6条）・公告および市町村の経営管理権の設定（7条）と並んで、所有者（又は共有者全員）の同意が得られていない場合について、②一部共有者不明の場合③所有者（又は共有者の全部若しくは一部）不同意の場合④所有者（共有者全員）不明の場合についての特例を設けている。便宜③から述べると、単独所有者または共有者のうちで知れている者（確知森林所有者）で同意しないものがある場合、市町村長は、経営管理権集積計画に同意することを勧告（16条）し、都道府県知事の裁定（19条）を経て、当該確知森林所有者の同意があったものとみなして経営管理権集積計画を作成することができる（20条）。単独所有者又は共有者の全てが不明である④の場合、相当な努力が払われたと認められるものとして政令で定める方法による探索を行っても不明森林所有者を確知することができないときは、市町村は、定めようとする経営管理権集積計画その他の事項を公告することができる（25条）。6月以内に申し出がないときは、市町村長は都道府県に裁定を申請し、裁定とその公告があったときには、森林所有者の同意があったものとみなして経営管理権集積計画を作成することができる（28条）。以上のように、③④の場合には、都道府県知事の裁定によって、みなし

同意と経営管理権集積計画の作成による経営管理権取得が可能になる仕組みがとられている。

　これに対して、共有者のうち知れている者が全て同意している一方、不明共有者もいる②の場合には、探索（10条）と公告（11条）を行い、6月以内に異議が述べられないときには同意があったものとみなされる（12条）。「裁定」を介在されない手続がとられているわけである[67]。また、経営管理権集積計画作成の実体要件についてみると、①所有者（共有者全員）が同意している場合及び②一部共有者不明の場合には「当該森林の経営管理権を当該市町村に集積することが必要かつ適当であると認める場合」（4条）のみであるが、③所有者（一部共有者）不同意の場合及び④所有者（共有者全員）不明の場合には、「現に経営管理が行われておらず、かつ、当該（略）森林の自然的経済的社会的諸条件、その周辺の地域における土地の利用の動向その他の事情を勘案して」（19条、27条）という考慮事項が付加されている[68]。②の場合と③・④の場合との区別は、共有者相互間には必然的に利害共同体的性質があることと、知れている共有者が全て同意していることで、不明共有者の同意意思の推定が、より高い蓋然性をもって可能であることに根拠を有するものと考えることができる。

　(iii) 2018年には、農業経営基盤強化促進法の改正により、共有者不明農地に関する特例が設けられた。農業経営基盤強化促進法の農用地利用集積計画に基づく利用権の設定は、2009年の同法改正以来、共有農地であっても共有持分の2分の1以上を有する者の同意があれば可能とされてきたが[69]、上記2018年改正により、共有持分の2分の1以上を有する者を確知することができない場合であっても、市町村から農業委員会への探索の要請と農業委員会による「相当な努力が払われたと認められるものとして政令で定める方法による探索」の探索（同法21条の2）および公示（同法21条の3）を経て、不確知共有者も同意したものとみなされ（同法21条の4）、利用権設定が可能となった。また、利用権が設定可能な期間が最長5年から20年へと延長された[70]。ここでも裁定の仕組みは介在していないが、上の森林経営管理法の場合と同様の説明が可能であろう。

（5）有効利用が妨げられている場合の利用権設定――当該土地にとって外在的目的のための利用　　（i）それでは、当該土地にとって全く外在的な利用目的であり、森林・農地のように、利用目的の固定と自然的経済的社会的条件に由来する一定の一体性の要請も認めにくい場合はどうか。

このような場合の典型は言うまでもなく土地収用である。公共の利益が認められ、土地収用法の適用が可能な事業の場合は、所有者に連絡が取れる場合であっても所有者の意思に反した強制的な所有権取得が可能なのであるから、所有者不明の場合にも強制的な取得が可能であることは当然であろう。土地収用法はこのような場合について「不明裁決」の制度を置いている（同法48条4項但書、49条2項）。

（ⅱ）2018年に成立した「所有者不明土地の利用の円滑化に関する特別措置法」(所有者不明法)[71]は、「所有者不明土地」を「相当な努力が払われたと認められるものとして政令で定める方法により探索を行ってもなおその所有者の全部又は一部を確知することができない一筆の土地」と定義した（2条1項）上で、(ア)土地収用手続の特例および(イ)地域福利増進事業のための使用権設定の仕組みを置いている。

（ア）土地収用手続の特例は、所有者不明土地のうち、現に建築物が存せず、かつ、業務の用等に供されていない特定所有者不明土地（2条2項）について、土地収用裁決段階において、収用委員会を介在させず、都道府県知事の「裁定」による収用を認めることに最大の特徴がある。①有識者等による合議制の組織である収用委員会の開催日程が限られることが裁決手続におけるボトルネックになっていたこと②特定所有者不明土地については補償金の算定が容易であること③事前の公告・縦覧により補償の内容に異議のある権利者がいないことを確認していることが、この特例を正当化する理由として挙げられている[72]。

（イ）地域福利増進事業とは、同法2条3項で列挙された「地域住民その他の者の共同の福祉又は利便の増進を図るために行われる」事業を指す（同法2条3項）。土地収用法上の収用適格事業に当たらなくても、このような事業に該当する場合、特定所有者不明土地への使用権設定が可能となるわけである。「地域住民への敷衍性のほか、使用権が恒久的な権利ではなく時限的な権利であることを鑑み、公園、広場、購買施設等、一時的・暫定的な土地利用が想定される事業を列挙する形で規定している[73]」とされている。

（ⅲ）上記のような所有者不明法の制度は、様々な論点を提起する。まず(ア)について言えば、特定所有者不明土地に限り、収用裁決の中立性・公平性を確保するための仕組みである収用委員会を手続上省略することの意味が問題となる[74]。上で挙げた①収用委員会のボトルネック性②補償金の算定の容易さによる

専門的知見の必要性の小ささ③異議を申し立てる権利者の不存在が、不明裁決制度との相違を正当化する理由になるだろうか。おそらく①③は、通常の不明裁決の場合とも共通する事情だと考えられる。だとすれば、少なくとも不明裁決との比較では②が重要になってくるのではないか。

（iv）「土地収用を正当化するほどの公共性はないが地域住民の福祉・利便等の一定の公共性が認められる事業について、収用による所有権移転ではなく暫定的な使用権の設定を認める」制度である（イ）は、所有者不明状態を土地所有権の機能との関係でどのように理解し、どのような方向性の解決を目指すのか、基本的な問題提起を含んでいる。

1で財産権の正当化根拠としての①人格的自由の保障と②資源利用の効率性を指摘したが、まず一般論として、土地収用制度は、①と②をどのように調整するかという問題に対する一つの解決であると考えられる。そして現に利用されていない所有者不明土地の場合、①の観点からの土地所有権の要保護性が既に希薄になっているのであり、また、法的・空間的アンチ・コモンズ状態に陥っている場合には、②の観点から所有権に対して何らかの介入を行う必要性が高いと言える。

それではどのような介入が望ましく、それは法理論的にどのように正当化されるのか。

第1に、不動産の客観的・主観的価値の低下そのものに焦点を当てる議論がありうる。吉田克己は、財産的価値が低落し、維持管理に必要なコストに見合わない不動産を「負財」として、「土地利用者の権利利益擁護のために設けられる慎重な手続のコストと、擁護される土地所有者の利益の微少性との間のバランスがとれないことを理由とする」特例措置の正当化可能性を示唆する。富田裕は、所有者不明土地について所有者を探索し、探索できない場合、「無主不動産としていったん公的主体に帰属させ、その上で、実際に当該土地を有効利用できる者に土地を購入させる」という制度を提案する。

第2に、所有者の推定的意思を根拠とする議論がありうる。筆者は別稿で、著作権法における権利者不明著作物の利用に関する裁定制度と比較して、「所有者不明の土地建物については、所有者が当該財産について関心を失っている場合が少なくないと考えられる。仮に所有者に連絡がつけば、それらの活用を望みあるいは少なくとも異議を唱えないことと推定できる場合も多いだろう。

所有者の意思に反しても利用を認めるべき高い公共性が認められるとは必ずしも言えない場合であっても、『所有者の明示の意思に反する場合は利用できないが、所有者不明の場合は上のような推定的意思を根拠に利用できるようにする制度』を創設することも検討に値するのではないだろうか」と述べた。24(4)で見た森林経営管理法、農業経営基盤強化促進法の使用権（利用権）設定の仕組みは、共有者不明の場合には「裁定」を要求していないが、上述のように推定的意思を根拠としてそれを正当化することもありうると思われる。ただしこの発想を、農地や林地のように土地利用目的がある程度固定されている土地以外についてまで拡張できるかについては、なお検討を要するだろう。

　第3に、使用権（利用権）設定の仕組みと収用による所有権取得の比較である。既に脚注で紹介したが、農地中間管理機構について、所有権と利用権を分離した上で「放置、放棄された土地、あるいは将来的にそうなる可能性が高い土地の利用権を集約して次の利用につなげていく」「総有的な管理の仕組み」と評価する見解がある。例えば高松市丸亀町の商店街の再開発をモデルに、所有権から利用権を分離した上で地域のエリアマネジメントを総合的に行う仕組みを高く評価している「現代総有論」の問題意識にも通じる見方だろう。空間のコモンズ的性格を重視した上でそれを「共同経営」的に解決していこうという方向性である。

　所有者不明法の「地域福利増進事業」は、地域住民等の「共同の福祉または利便」には着目するが、共同管理までを志向するものではない。他方、都市の空き地について、自治体のコーディネートにより市民団体・地域団体の短期的な利用を可能にする市民緑地認定制度（都市緑地法）は、上のような方向性に位置づけることができるだろう。都市再生特別措置法2018年改正で設けられた「低未利用土地権利設定等促進計画」（109条の5以下）も同様である。土地の暫定的な利用であり、終了後は原状回復が可能であることから、利用権設定の場合は上記の「推定的意思」を認めることもより容易に可能である。

　他方、利用権設定の仕組みに対しては、「地権者の同意なく権利を収奪するという側面は、所有権と使用権で異ならず、土地収用法や都市計画法も収用と使用について対象事業を区分していない」という趣旨の批判、「5年間の利用権設定後に原状回復が必要とされる場合、利用できる事業が限定されすぎて積極的な利用が得られないため、利用権の設定では不十分であり、所有権の取得

まで必要である」という趣旨の批判がある[85]。もし利用権の設定と共同管理という方向性に期待しないのであれば、公共性要件を放棄し、「完全な私的利用であっても、土地利用希望者の申請に基づき、公共団体が所有者不明土地の所有者の意思を代行し、土地利用希望者に対し土地の売買や賃貸をする制度を設け、所有者不明土地の利用を促進する」として、利用目的の公共性を一切要求しない方向の制度設計が志向されることになるのは自然である[86]。

確かに利用権設定という手法は、共同管理による活性化につながる可能性がある一方で、かえって権利関係を複雑にしてアンチ・コモンズを招く可能性も理論的にはあり得る[87]。コモンズの悲劇に対する複数の解決——所有権分割による解決、ルールによる解決、共同経営による解決——の選択と組み合わせは、おそらく教条的にどれか一つを称揚するのではなく、具体的な局面における現実を見据えた上で試行錯誤的に展開して行かざるを得ないのではないだろうか。

【注】
1) 本稿草稿を元に関西行政法研究会における報告（2018年6月24日）を行った。また、国際シンポジウム"A Cooperative Establishment in a Downscaling Society"（全北大学校（韓国）、2018年3月14日）において、本稿草稿の英語版を報告した。参加者からの様々な教示に感謝申し上げる。なお本稿はJSPS科研費JP26285009、JP15H03290、JP18H00796の成果である。
2) 角松生史「経済的自由権」安藤高行編『憲法II 基本的人権』（法律文化社、2001年）231-235頁。参照、長谷部恭男『憲法〔第7版〕』（新世社、2018年）244-247頁。
3) G. Hardin, "The Tragedy of the Commons," Science 162 (1968), pp.1243-1248. （ハーディン（桜井徹訳）「共有地の悲劇」シュレーダー＝フレチェット編（京都生命倫理研究会訳）『環境の倫理（下）』（晃洋書房、1993年）445-470頁）
4) 高村学人「都市コモンズを支える制度（体）と法政策——エリノア・オストロムの法学へのインパクト」コミュニティ政策15号（2017年）47頁。
5) Hardinは、クリスマスシーズンにおける駐車スペースの無料化、海洋資源、国立公園への入場者増加などの例を挙げる。Hardin (Fn. 3), p.1245（邦訳453-454頁）.
6) Hardin (Fn. 3), p.1245（邦訳454頁）.
7) Hardin (Fn. 3), p.1245（邦訳454頁）.
8) もっとも、「入園する権利」を「所有権」と定義すれば、これも「所有権による解決」のバリエーションと捉えることもできる。このように、「所有権による解決」と「ルールによる解決」はしばしば相対的であり、両者の相違は法技術的区別に依存する部分がある。
9) 高村学人『コモンズからの都市再生』（ミネルヴァ書房、2012年）7頁。
10) 東京地判2001・12・4判時1791号3頁。
11) 東京地判2002・12・18判時1829号36頁。
12) 参照、角松生史「コモンズとしての景観の特質と景観法・景観利益」論究ジュリスト

15号（2015年）26-27。
13) 行政訴訟最高裁判決は実質的な判断を行っていない。
14) 高村・前掲注（9）3頁。
15) 関西行政法研究会において、野呂充（大阪大学）から、「仮に景観は破壊されるがディベロッパーが利益を得続けているとすれば、『コモンズの悲劇』とは言えない。『コモンズの悲劇』が生じないことこそが景観問題の難しさではないか」という趣旨の重要な指摘を受けた。この点は、同一の空間が、財として、「直接の利用の対象となる分割された土地所有権及びその上部の空間」と「共有物としての景観」の二つの性質を同時に具えていることによるのではないかと考えられる。土地利用者が前者の財のみに関心を持っている限り、同人にとってはコモンズの悲劇は生じず、後者の財に関心を持つ者の不利益の下と引き換えに利益を享受することができる。また、後者の財に関心を持つ者の場合も、一人だけが高層建築物を建築する場合は、当該利用者は、他の者の不利益の下に、少なくとも眺望の利益を享受することができる。多くの高層建築物が建築されて社会的ジレンマ状況（参照、角松生史・島村健・竹内憲司「環境を守るためのルールとは」柳川隆・高橋裕・大内伸哉編『エコノリーガル・スタディーズのすすめ——社会を見通す法学と経済学の複眼思考』（有斐閣、2014年）270-271頁）が発生して初めて、高層建築物を建築する者にとってもコモンズの悲劇が生じたと言えるだろう。
16) 景観問題についても、地役権の設定は一つの解決策たり得る。
17) 国土交通省土地・水資源局『エリアマネジメント推進マニュアル』（2008年3月）（http://www.mlit.go.jp/kisha/kisha08/03/030425_.html）9頁。（以下で挙げるURLは全て最終アクセス2018年11月29日）
18) 参照、Narufumi Kadomatsu, Inclusion and Seclusion in Area Management Activities, *Zeitschrift für Japanisches Recht (Journal of Japanese Law)* 45 (2018), pp. 8-10.
19) 参照、大阪市都市計画局計画部都市推進課「大阪市エリアマネジメント活動促進条例」小林重敬編『最新エリアマネジメント』（学芸出版社、2015年）103-168頁。
20) 訳語は高村学人「サンフランシスコ市におけるビジネス改善地区の組織運営とその法的コントロール（1）」政策科学24巻3号（2017年）266頁に従った。原田大樹「街区管理の法制度設計——ドイツBID法制を手がかりとして」法学論叢180巻5・6号（2018年）436頁は「商業活性化区域」という訳語を充てる。
21) 大阪市都市計画局計画部都市推進課・前掲注（19）165頁。
22) 当該区域における地区計画において、エリアマネジメント活動により適切に都市施設の整備又は管理を行うこととする旨が、当該区域の整備、開発及び保全に関する方針として定められている場合に限る（大阪市条例2条1項）とされている。
23) 「広場、街灯、並木その他の都市の居住者その他の者の利便の増進に寄与する施設等であって国土交通省令で定めるもの」都市再生特別措置法46条16項。
24) 地方自治法224条「普通地方公共団体は、政令で定める場合を除くほか、数人又は普通地方公共団体の一部に対し利益のある事件に関し、その必要な費用に充てるため、当該事件により特に利益を受ける者から、その受益の限度において、分担金を徴収することができる」。
25) 大阪市都市計画局計画部都市推進課・前掲注（19）168頁。参照、原田・前掲注（20）474-475頁。
26) 地域再生計画について内閣総理大臣の認定（地域再生法第5条）を得た市町村（認定市

町村、同法17条の7第1項）に限られる。
27) http://www.mlit.go.jp/common/001220829.pdf
28) ここでいう「共同経営」は、地権者等が経営に実質的に関与する場合に限られず、エリアマネジメント団体が主に特定の民間企業等によって担われる場合も含みうるものと考えられる。「コモンズの悲劇」を回避して長期的・持続的管理を実現するために一つの経営体を設立するとしても、そこで重視されるのが「迅速な意思決定、経営感覚の発揮」なのか、協同組合的な「構成員の平等と参加」なのかは、また別の論点として浮上するだろう。参照、高村学人「現代総有論の歴史的位相とその今日的意義」五十嵐敬喜編著『現代総有論序説』(ブックエンド、2014年) 72-73頁(この点は、関西行政法研究会における原田大樹 (京都大学) の示唆による)。
29) 当該地域あるいはその周辺の資産価値を高めることそれ自体は個別的・財産的利益に過ぎないとも考えられ、同意なしに金銭を徴収することの正当化にも公的財政支出の正当化にも直ちにつながるとは言えないだろう。そのため、これに公共性を認めるためには、例えばより広域的な都市計画における当該地域の位置付け等、一定の条件を充たすことが求められると思われる (角松生史「『都市のスポンジ化』への対応と公共性」榊澤能生ほか編『現代都市法の課題と展望　原田純孝先生古稀記念論集』(日本評論社、2018年) 69頁)。改正地域再生法のBIDの仕組みが政府の定める地域再生基本方針に適合する地域再生計画の認定を前提としていること、改正都市再生特別措置法の仕組みが立地適正化計画への適合を前提としていることは、この観点から理解できる。
30) 参照、高村・前掲注 (20); Kadomatsu (Fn.18), pp.12-13.
31) Michael Heller, The Tragedy of the Anticommons: Property in the Transition from Marx to Markets, 111 *Harvard Law Review* (1998) pp.621-688. Hellerのアンチ・コモンズ論に対しては知財法分野からの関心がむしろ強いと思われるが、土地法との関係で検討するものとして、高村・前掲注 (28) 75-81頁、同「過少利用時代における所有権論・再考」法社会学81号 (2015年) 65-67頁、同「土地・建物の過少利用問題とアンチ・コモンズ論」論究ジュリスト15号 (2015年) 63-64頁。
32) Heller (Fn.31), p.668.
33) 「希少な資源の利用と管理に関する二当事者間の関係を表象する個別の権利の束」という所有権イメージである。Heller (Fn.31), p.623 n.4.
34) Heller (Fn.31), p.671.
35) Heller (Fn.31), p.659.
36) 石川健治「法制度の本質と比例原則の適用」LS憲法研究会編『プロセス演習憲法〔第4版〕』(信山社、2011年) 303頁。
37) 最大判1987・4・22民集41巻3号408頁。
38) 批判的考察の出発点とされるのは、この弟は、生前贈与により森林を共有するようになった当初の時点から、旧森林法により改正前森林法186条と同様の分割請求権の制限を受けている、すなわち、「もともと分割請求権が制限されていた持分をそれと知って取得した」のではないか、「上告人の立場は、住宅を建築しようとして第一種低層住居専用地域に属する土地を購入したが、後に気が変わって、10階建てのビルを建築したくなった、という場合と似ているのではないか」という「素朴な疑問」である (安念潤司「憲法が財産権を保護することの意味——森林法違憲判決の再検討」長谷部恭男編『リーディングズ現代の憲法』(日本評論社、1995年) 138-139頁。

39) 実態と問題点を的確に示すものとして、吉原祥子『人口減少時代の土地問題——「所有者不明化」と相続、空き家、制度のゆくえ』(中央公論社、2017年)。
40) 所有者不明土地問題研究会最終報告 (2017年12月) 13頁 (http://www.kok.or.jp/project/pdf/fumei_04_02.pdf)。なお、同研究会において「所有者不明土地」とは、「不動産登記簿等の所有者台帳により、所有者が直ちに判明しない、又は判明しても所有者に連絡がつかない土地」と定義されている (同報告4頁)。
41) 所有者不明土地問題研究会・前掲注 (40) 15頁。
42) 武川幸嗣「所有者不明土地問題の検討課題」法律時報96巻2号 (2018年) 2頁。
43) 東京財団『国土の不明化・死蔵化の危機』20頁 (https://www.tkfd.or.jp/files/doc/2013-06.pdf)。参照、吉原祥子「土地の『所有者不明化』と制度の課題」法律のひろば70巻8号 (2017年) 5頁。
44) 実はHellerにおける「過少利用」は、そもそも概念上、費用便益分析的発想と不可分に結びついている。「通常の利用」と「過剰利用」という伝統的な対比に「最適利用」という観念が持ち込まれることによって、「過少利用」概念が必要になり、また、リスク規制において問題になるようなトレードオフの検討に道を開くことになるというのである (Heller (Fn.31), pp.15-16; Heller, *The Gridlock Economy* (Basic Books, 2008), pp.35-36. 参照、角松生史「過少利用時代における所有者不明問題」土地総合研究25巻2号 (2017年) 19-20頁)。
45) 参照、法務省「共有私道の保存・管理等に関する事例研究会」報告書「複数の者が所有する私道の工事において必要な所有者の同意に関する研究報告書〜所有者不明私道への対応ガイドライン〜」(2018年1月) (http://www.moj.go.jp/MINJI/minji07_00203.html) 同報告書では、「共有私道」を「国や地方公共団体以外の者が所有する、一般の用に供されている通路であって、法令上、国や地方公共団体が管理することとされていないもの」と定義している (6頁)。
46) 位置指定道路 (建築基準法42条1項5号) の指定を受けている場合が多いだろう。
47) 法務省「共有私道の保存・管理等に関する事例研究会」・前掲注 (45) 14頁。
48) 以下4の記述は、角松・前掲注 (44) と一部重複する。
49) 例えばHellerによる土地集約区の構想が挙げられる。高村学人「土地・建物の過少利用問題とアンチ・コモンズ論」論究ジュリスト15号 (2015年) 63頁。
50) これに加えて、所有者情報をどのように生産し・流通させるのかについての検討も必要になる。角松・前掲注 (44) 20頁。
51) 高村・前掲注 (31) (法社会学) 67頁。
52) 角松・前掲注 (44) 22頁。
53) 角松・前掲注 (44) 24頁
54) 2016年森林法改正において、要間伐森林に係る間伐保育に利害関係を有する者による申請の制度が設けられた (森林法10条の10第3項〜第6項、宮部大輝「林業の成長産業化と森林法等の一部改正:森林法等の一部を改正する法律 (平成28年法律第44号)」時の法令2022号 (2017年) 10頁)。
55) 角松・前掲注 (44) 25-26頁。
56) 所有権の取得については後述する。
57) 2013年改正では、裁定による農地中間管理権の存続期間は最大5年とされていたが、2018年改正で最大20年と改められた。

58) 2013年改正では「過失がなくて」とされていたが、「従来の手続きが重すぎたことの反省」（吉田克己「所有者不明土地問題と土地所有権論」法律時報90巻9号（2018年）72頁）に立ち、探索手続きを合理化するために2018年改正で改められたものである。なお、この表現は後述する所有者不明土地の利用の円滑化等に関する特別措置法2条1項の表現と対応している。
59) 参照、御厩敷寛「農地中間管理事業の推進に関する法律の制定と農地法の改正」市民と法87号（2014年）31頁。
60) 森林・林業基本政策研究会編著『解説森林法』（大成出版社、2013年）、430頁。
61) 森林・林業基本政策研究会・前掲注（60）429頁。
62) このような性質に着目して、農地中間管理機構を、所有権と利用権を分離した上で「放置、放棄された土地、あるいは将来的にそうなる可能性が高い土地の利用権を集約して次の利用につなげていく」「総有的な管理の仕組み」と評価する見解もある。米山秀隆「所有者不明の土地が提起する問題」富士通総研（FRI）経済研究所研究レポートNo.433（2016年）16頁。
63) 佐々木晶二「住宅地と不明土地」法律のひろば70巻8号（2017年）25頁は、「住宅市街地の土地等との制度設計上最も重要な違いは、農地所有者に営農義務が課されていることにある」と指摘する。
64) 髙木賢・内藤恵久『［逐条解説］農地法』（大成出版社、2011年）55頁は、農地が国民及び地域のための限られた資源であること、転用制限及び権利移動の許可制をあげて「このような性格を持つ農地について、他の者の利用の機会を排除して独占的に利用できる立場にある農地の権利者は、本来、その利用する責務を有する」と同条の趣旨を説明する。
65) 参照、吉田・前掲注（58）73頁。
66) 同法について参照、宮部大輝「森林経営管理法について」人と国土21　44巻2号（2018年）29-32頁。
67) 吉田・前掲注（58）73頁。
68) ③（所有者（一部共有者）不同意）の場合は、同意しない所有者（一部共有者）の意見書の内容も勘案される（19条））。
69) 参照、原田純孝「農業関係法における「農地の管理」と「地域の管理」――沿革、現状とこれからの課題（2）」土地総合研究25巻4号（2017年）110頁。
70) 参照、天野英二郎「農業経営基盤強化促進法等改正案をめぐる論議：所有者不明農地への対応と農作物の栽培施設の高度化」立法と調査403号（2018年）32-33頁、35頁、飯塚康太「所有者不明農地の利活用について（農業経営基盤強化促進法等の改正）」人と国土21　44巻2号（2018年）26-28頁、吉田・前掲注（58）72頁。
71) 同法について参照、国土交通省土地・建設産業局企画課「所有者不明土地の利用の円滑化等に関する特別措置法について」人と国土21　44巻2号（2018年）14-21頁、田邊直樹「所有者不明土地の利用の円滑化等に関する特別措置法の概要」法律のひろば71巻8号（2018年）60-72頁、同「所有者不明土地の利用の円滑化等に関する特別措置法の概要」NBL 1128号（2018年）65-71頁、吉田・前掲注（58）70-72頁。
72) 田邊・前掲注（71）（法律のひろば）64頁。
73) 田邊・前掲注（71）（法律のひろば）62頁。
74) この点を指摘するものとして、高瀬康正「『所有者不明土地問題』解決の方向を考え

る」前衛2018年5月号94-95頁。
75) 国土交通省土地・建設産業局企画課・前掲注（71）16頁。
76) 岩橋健定は、所有権法ルールによる保護を損害賠償法ルールによる保護のみに変更する公用収用制度は、「権原を保有している者のその権原に対する主観的評価価値」が「時価によってなされる客観的評価価値」よりも大きいことを前提とする制度であることを指摘する。(岩橋健定「公害民事訴訟における公共性」碓井光明他編『金子宏先生古稀祝賀　公法学の法と政策（下）』(有斐閣、2000年) 189-191頁)。所有者が関心を失った所有者不明土地については、まさにこの前提が成り立たない場合が多いと考えられる。
77) 吉田・前掲注（58）71頁。
78) 富田裕「国土審議会の提案する所有者不明土地利用権設定制度の問題点とその解決としての無主不動産に一定の先占権を認める制度の考察」日本不動産学会誌31巻3号（2017年）29-30頁。ただしこの構成は、著者が指摘する無主不動産を国庫に帰属させる民法239条2項に加え、土地所有権放棄可能性の問題との関係で、難しい問題を生ぜしめるだろう。参照、吉田・前掲注（58）74頁、安念潤司「土地所有権は永遠か」日本不動産学会誌31巻3号（2017年）4-8頁。
79) 角松・前掲注（44）29頁。
80) 米山・前掲注（62）。
81) 高村・注（28）62頁；五十嵐敬喜「現代総有の理論」五十嵐敬喜編著『現代総有論』（法政大学出版局、2016年）36頁。
82) 高村学人「現代都市法論と都市コモンズ研究——連結のための試論」楜澤能生他編『現代都市法の課題と展望　原田純孝先生古稀記念論集』（日本評論社、2018年）47頁。
83) 参照、国土交通省都市局都市計画課「都市再生特別措置法等の一部を改正する法律——都市のスポンジ化対策」日本不動産学会誌32巻1号（2018年）123頁。
84) 佐々木・前掲注（63）24頁。
85) 富田・前掲注（78）27頁。
86) 公益社団法人日本不動産学会／公益社団法人都市住宅学会／資産評価政策学会「所有者不明土地問題の発生原因とその解決のための法政策（第一次提言）——所有者不明土地の解消に向けた抜本的な法整備を」(2018年4月25日)（http://www.jares.or.jp/dl/0425_suggestion.pdf）。公共性要件を放棄することへの批判として、吉田・前掲注（58）73-74頁。なお、公共性要件一般の放棄と、提言で指摘されているコンビニや道の駅の公共性をどう考えるかは、区別して議論できる。
87) 高村・前掲注（82）47-48頁。

※再校時、以下の文献に接した。吉田克己「所有者不明土地問題対応の近時の展開と農地・林地・漁場の過少利用問題」土地総合研究26巻4号（2018年）59頁、高村学人「所有者不明問題を問い直す——アンチ・コモンズ論からの問題再定義」土地総合研究26巻4号（2018年）72頁。

環境法におけるパートナーシップの形成の
促進・強化に関する予備的検討

川合敏樹

1 はじめに

環境法は、国家ないし公的主体（行政）と非国家的主体（私的主体）とのパートナーシップないし協働の形成やその促進・強化に関する法制度やその具体的な実施例を多く見て取れる法領域のひとつである。したがって、これらの検討に取り組むことは、環境法——ひいては行政法総論——における協働やネットワークに関する法的問題等の論究にとって重要な作業であるといえる。本小論では、筆者の能力上の制約から、予備的検討という位置付けにとどまるもので、甚だ不十分なものではあるが、ドイツ環境法を素材としながら、国家と非国家的主体とのパートナーシップや協働の形成やその促進・強化に関する法制度とその具体的な実施例の若干の紹介・整理・検討を行うことで、以降の論究を進めるための素地を獲得しようとするものである。

2 協働（原則）の意義と背景

今日のドイツ環境法に関する代表的なテキストでは、環境法における法原則（Rechtsprinzip, Rechtsgrundsatz）として、事前配慮原則（Vorsorgeprinzip）および原因者負担原則（Verursacherprinzip）と並んで、協働原則（Kooperationsprinzip）が挙げられることが通例であり、環境法上の3大原則といえる。

協働原則が環境法上の原則ないし法原則として論じられてきた背景には、環境保護という課題は、国家だけではなく、すべての非国家的主体によっても取り組まれるべきものであり、また、国家と非国家的主体との二元的・対立的構成によるのではなく、両者の協働的構成によるほうが容易に解決可能である、という思考が存在する。

もっとも、事前配慮原則および原因者負担原則の意義および外延が比較的明確であるのに対して、以下で見るように、協働原則の意義はそれほど明確ではないといえる[6]。例えば、協働原則の具体例としては、①計画策定、基準定立、許否決定などの手続への非国家的主体の関与、②環境リスク管理の内部化ないし自己規制としての環境監査や環境保護受託者（Umweltschutzbeauftragte）、③ある事業案の許否決定や事後規制の内容に関する行政と事業者との事前折衝に代表される、いわゆるインフォーマルな行政活動、などの実定法上の各制度が挙げられることが多い。しかし、例えば、①については、市民が意見提出などの形で各手続に参加する場合もあれば、より積極的に行政上の決定を形成する主体として申請者や市民が手続にかかわってくる場合もあるのであり[7]、これら諸々の現象を一括してしまうことは適当ではないだろう。また、②については、そもそも協働による環境保護といえるか否かについては、疑問も呈されている。なぜならば、環境監査の実施や環境保護受託者による活動は、立法者による制度設計の結果として展開されているだけであり、企業や環境保護受託者自身が国家による環境保護の過程に能動的に関与してきたことの結果ではないと見られているからである[8]。

また、上述したところからも覗えるように、協働原則は手続原則（Verfahrensgrundsatz）であると捉えられることがある[9]。もちろん、協働原則は、単に非国家的主体の手続参加・関与のみを志向するものであるわけではなく、その行政上の決定の実体的な質・内容にかかわるか否かという点やその濃淡はさまざまである（また、それゆえに、国家と非国家的主体との間でどのような責任配分がなされるか、という問題ともかかわってくる）。例えば、行政基準の定立に自然保護団体や関連業界団体が参加する場合、定立される行政基準に専門的知見を反映させたり、両者でコンセンサスを形成したりするという側面があり、この場合には手続参加が行政上の決定の質・内容に大きく関係することとなる。しかし、他方では、行政基準の定立に際して、行政と業界団体が妥協的にコンセンサスを形成する可能性もあり、この場合には環境保護のレベルが相対的に下がるという危険がある。これは上記の③のような場合に特に顕著なことである。

そのため、協働原則は国家による規制的活動に代替しうるものではなく、行政上の決定に専門的知見を反映させ、国家のみならず非国家的主体も含めて行

政上の決定の責任を構成すると捉えることで、行政上の決定をより容易にするという点にこそ協働原則の妙味があるとする旨の指摘がある[10]。

3 イミッシオン防止法制の例

1 規範定立

ドイツ環境法において中心的役割を担う連邦イミッシオン防止法(Bundesimmissionsschutzgesetz, BImSchG) 7 条 1 項は、同法の対象施設の技術基準適合義務をはじめとする種々の事項を定めるため、連邦政府が法規命令(Rechtsverordnungen)を定立することができる旨を授権している。また、同法48条 1 項は、連邦政府による行政規則(Verwaltungsvorschriften)の定立の授権を規定している。もっとも、両条項に基づく場合も、連邦政府が単独で法規命令や行政規則を定立するわけではなく、その定立の過程に各主体が関与する手続が法定されている。この手続を規定しているのが、同法51条である[11]。ここでの意見聴取制度は、規範定立者(連邦政府)が当該規範定立に反映させうる情報の収集に寄与し、さらに、広く「関係者」から聴取した意見を基にして当該規範を定立することによって当該規範に正統性を与える機能を有しているとされる[12]。

意見聴取の対象者(科学界や経済界の代表者のほかラントの最上級官庁も含まれる)の範囲を画定する作業は、当該の法規命令・行政規則の定立を管轄する行政機関の意向を反映して案件ごとになされ、その点で当該機関の裁量に委ねられる部分が少なくないが、関係行政機関の意見が広く取り入れられなければならないとされている。意見聴取の方法は特に定められていないため、口頭による場合のほか書面による意見聴取も可能であるが、原則として、すべての参加範囲にある者について、口頭による意見聴取が実施されなければならないとされる。そのため、通説的な立場によれば、本条の手続を(十分に)経ないで定立された法規命令や行政規則は違法となるとされる[13]。

もっとも、これまでのところ、個人または団体レベルでの利害関係人が個別の許否決定に参加するにとどまっており、同条に基づく参加制度などが例外的法定例なのであって、行政による規範定立段階における各主体の参加は、積極的に行われてこなかったことが指摘されている。その原因については、許可手

続段階での参加は、権利保護の要請に裏付けられて制度化されてきたものであるのに対して、行政による規範定立段階での参加は、法治国家原則・民主主義原則および基本権秩序に照らしてみると、少なくとも憲法政策上の疑問に直面することに起因するとの指摘がある[14]。

2 許可手続

公私のパートナーシップないし協働の主戦場のひとつとして、施設の設置・操業や活動の許可手続や種々の計画策定手続が挙げられることがある。もっとも、許可手続や計画策定手続におけるその形態は、一様ではない[15)16]。

例えば、許可手続の場合、行政庁と申請者との二面的関係に終始せずに、付近住民をはじめとする第三者を加えた三面的関係ないし多面的関係を念頭に入れて許可手続を形成・実施すべきことは、夙に主張されてきたし、現行法制においてもそのような制度化が図られてきている。これは特に目新しいものではない。最も基本的な例としては、BImSchG10条所定の許可手続における住民参加があるし、連邦行政手続法（Verwaltungsverfahrensgesetz, VwVfG）72条以下および個別法が規定するように、より大規模で環境に大きな負荷を与えうる事業に関する計画確定手続（Planfeststellungsverfahren）では、より広範な公衆参加が行われる。

許可手続段階の具体例あるいは今後の立法政策としてさらに指摘されているのは、許否決定を行う行政庁と申請者との間で許否内容に関してなされる協議である。ドイツ環境法上、伝統的には、申請者の申請内容に対して行政庁が許否決定を下すことが建前とされており、両当事者の協議は制度化されてきたわけでもないが、これまでのところ、このような協議は、インフォーマルな行政活動の一環として実際上は広く行われている。もっとも、こうした協議がインフォーマルに行われるものである以上、両当事者にとって柔軟な着地点を見出すことができるメリットと並び、両当事者の協議内容によっては法令の定めよりも緩やかな内容で許可決定が下される可能性があることは、協働が国家による規制的手段には代替し得ないという指摘につながる[17]。

4　廃棄物処理・循環経済法制の例

1　容器包装廃棄物の回収・リサイクル制度：デュアル・システム

　現行の循環経済法（Kreislaufwirtschaftsgesetz, KrWG）7条2項および15条1項によると、廃棄物（特に事業系廃棄物）の処理（Entsorgung）[18]については、その発生者・占有者自身によって行われなければならないとする自己処理（Eigenentsorgung）が原則として位置付けられている。[19]他方、同法20条1項によると、住民の日常生活から不可避的に発生する家庭系廃棄物（Haushaltsabfall）の処理については、公法上の処理主体としての自治体がその義務を負っている。[20]

　こうした廃棄物処理・循環経済法制における公私のパートナーシップないし協働の典型例としては、容器包装廃棄物令（Verpackungsverordnung）が規定しているデュアル・システム（Duale System）挙げることができる。[21]同命令は、容器包装廃棄物の発生予防・削減のため、家庭系一般廃棄物の処理制度と並行して（dual）、容器包装廃棄物の回収・リサイクルの制度を定めており、同命令によると、容器包装廃棄物の回収・リサイクルは、製造者・販売者自身によって行われるか、その義務の履行のために設立された有限会社デュアル・システム・ドイチュラント（Duale System Deutschland GmbH）によって行われる。デュアル・システムは、旧廃棄物法ないし現行の循環経済・廃棄物法の志向する生産者責任（Produktverantwortung）を支える制度であり、ドイツ環境法における法原則のひとつである原因者負担原則を具体的に制度化したものであるが、これと同時にもうひとつの法原則である協働原則を具体的に制度化するものでもある。デュアル・システムは、1991年の制度化以来、数次の改正を経て運用されている。[22]

　容器包装廃棄物令の定めるデュアル・システムにおける公私協働ないしパートナーシップをめぐっては、著名な連邦憲法裁判所の判決がある。[23]この事案は、ヘッセン州のカッセルが舞台となって起きたものである。カッセルでは、容器包装税（Verpackungssteuer）の徴収を定めた条例（Satzung）が制定されていた。この条例は、容器包装税の嚮導的機能に期待して、市民が同税の支払いを回避しようとすることから容器包装廃棄物の排出を予防・抑制することを意図したものであった。基本法105条2a項によれば、ラントは、地域消費税

(örtliche Verbrauchsteuern) として、本件のような容器包装税の徴収を立法によって制度化する権限を与えられており、この権限は、さらにゲマインデに移譲することができるとされる。

連邦憲法裁判所によれば、カッセルの容器包装税は、たしかに基本法105条2a項にいう地域消費税に該当し、連邦法上規定されている租税には当たらないが、しかし、こうしてカッセルが容器包装税によって達成しようとする廃棄物法制上の嚮導的機能は、連邦によって制定されている廃棄物法制に反するとされているのである。連邦法として廃棄物法を制定した立法者の選択は、公私が連携して (kollektiv) 容器包装廃棄物の発生予防・削減・再利用の責任を負うことを基礎付けるものであった。つまり、――デュアル・システムが実際上は奏功しなかったことはここで措くとしても――製造者・販売者が公的処理制度と並んで協働して責任を負うというのが、連邦法制度上の建前であったのである。そうすると、連邦法上の規定とカッセルの条例上の規定が相反することとなるので、カッセルによる容器包装税の徴収の制度化は、違法であるとされているのである。

さらに、バーデン・ヴュルテンベルク州、ヘッセン州、ニーダーザクセン州、シュレスヴィヒ・ホルシュタイン州における特別廃棄物課徴金 (Sonderabfallabgaben) の徴収制度の適否について争われた連邦憲法裁判所判決においても、上記と同様の理が判示されている[24]。

2　協定の締結

公私のパートナーシップないし協働に基づき、連邦政府などと事業者ないし業界団体との間で、法令や契約の形式によらずに合意を形成したり、自主規制を設けたりする例が散見される。飲料製造業界によるリターナブル容器の促進に関する確約 (1982年、1997年)[25] は、その代表例である[26]。

このように法令によることなく合意を形成するという手法は、とりわけ連邦レベルにおいて、「規範に代替する (normvertretend)」あるいは「規範を回避する (normvermeidend)」という側面を持ちうる[27]。なぜならば、例えば、連邦政府が事業者や関係業界団体とある協定を締結する場合、こうした協定は、法定の手続を経て定立された法規命令や行政規則とは位置付けられず、いわばインフォーマルな形式で文書化されたものであるという側面がある。そうすると、こうした

締結された協定には、法規命令や行政規則が定立された場合に適用対象となるであろう事業者や関係業界団体を相手方として、行政側の意思または双方で形成されたコンセンサスが盛り込まれていることになる。そして、この協定に即して環境保護の過程が実施されてきているとすれば、その後にあえて同内容の法規命令や行政規則を定立する必要性ないし重要性は失われる、と捉えられるのである。

もっとも、こうした側面があることを一律に否定的に評価することもまた、的を射ないともいえる。なぜならば、たしかに、法律よりも法規命令や行政規則のほうが迅速に定立でき、それらを実際に適用する場面においても柔軟性が認められ、それらの定立手続においても公私の協働がなされているが、公私協働の密度や柔軟性という点では、上記のような協定に分があると考えられ、こうした協定に基づく保護措置によるほうが、ケースバイケースでの事案処理がより容易かつ適切に行い得る可能性もあるからである。こうした利点は、いわゆるインフォーマルな行政活動のそれと通ずるところでもある。

5　原子力法制の例

1　脱原発立法

ドイツにおいては、EUの環境政策の影響などもあり、原発の設置・運転にかかわる法制度をめぐって紆余曲折が見られたものの、東日本大震災以降、脱原子力ないし脱原発（Atomausstieg）が改めて明確に打ち出された。すなわち、2011年7月の原子力法改正では、いわゆるモラトリアム命令によって運転停止中であった既存原発以外の原発について、32年間の運転期間を想定して2002年の原子力法改正時に法定された残余発電量を尽くすか、最長でも2022年を期限として運転停止とする旨が定められた。

こうした脱原発法制は、既存原発を設置・運転していた事業者にとって、自身の基本権（特に財産権）の侵害と受け取ることのできる可能性を内容とした法改正であった。しかし、そもそも、上記のような既存原発の残余発電量と運転可能期間は、政府と電力4事業者との間で折衝が交わされ、2000年6月に締結していた協定――「脱原発コンセンサス（Atomkonsens）」と呼ばれる――によってすでに定められていた内容を法定したものである。したがって、既存原発の

残余発電量や運転可能期間を法定することについて、事業者は予め同意をしていたという側面を見て取ることができる。また、こうした協定の締結は、後の立法内容を先取りしたものということもでき、その意味で「ワンクッション」が置かれていたのであり、これにより事業者からの反対を(ある程度)緩和することができたということもできる。[28]

2　既存原発の安全性確保

上記のように、脱原発立法が進められてきた反面、既存原発の即時の運転停止には至っていないため、残余発電量または運転可能期限の範囲内で既存原発の運転は可能である。そこで、既存原発の運転の局面における安全性確保もまた、重要な法的課題である。

ドイツ原子力法においては、バックフィット (Nachrüstung) やその要否の判断に関する体系的な法制度は存在しないものの、バックフィットについて明記する(またはバックフィットと関連する)ものとして、許可の取消し・撤回、事後命令、事後負担 (nachträgliche Auflage) に関する規定やこれらの際の補償の要否に関する規定が存在する (17条、18条、19条)。ただし、バックフィットと財産権や事業の存続の保護との緊張関係を反映してか、実際上は、バックフィット命令の発令には消極的であったようである。

そこで、原発の安全性確保に寄与してきたのが、事業者による自主的な取り組みや行政との折衝ないし対話に基づく取り組みである。例えば、事業者と行政庁がインフォーマルに協議を行ったり、事業者自身が多大な経済的コストを捻出して「自主的に」最新の——しかし当該の事業者には本来的にはその遵守を義務付けられない——基準への適合を図り、行政庁もこれに同意 (Zustimmung, Abstimmung) を示すといった運用がなされてきたようである[29](したがって、法定の補償規定も活用されてこなかった)。こうした運用は、法制度上のものではなく、あくまでもインフォーマルに行われるものであるため、そこには肯定的に捉えられる面と否定的に捉えられる面がある。すなわち、事業者が自主的に最新の安全性確保措置をとることで法定のレベルを超える高い安全性を確保することができるという点では、肯定的に捉えられるが、しかし、事業者と行政庁による「阿吽の呼吸」による対処は対外的に透明性に欠け、場合によっては安全性確保の面で「妥協的な解決」に落ち着く可能性があるという点では、否定

的に捉えられる。このことは、原子力法分野に限らず、インフォーマルな行政活動全般に当てはまることでもある。

さらに、ドイツ原子力法上、事業者による自己監督の制度が定められている。例えば、2002年の同法改正によって整備されたものとして、事業者自身が許可処分の内容に即した運転状況について定期的に検査して、その結果を行政庁に提出する――したがって、上述の規制権限の行使の契機ともなりうる――定期検査の実施が法定されている（19a条）。[30]

3 高レベル放射性廃棄物最終処分場の立地選定

高レベル放射性廃棄物の最終処分場の立地選定については、ドイツにおいても難題となっており、ようやく制定されたいわゆる立地選定法（Standortauswahlgesetz）の施行には、大きな期待が寄せられることとなる。[31]すなわち、同法では、新たに設置された高レベル放射性廃棄物処分委員会（Kommission Lagerung hoch radioaktiver Abfallstoffe）が、最終処分方法の調査、中間処分の成否、瑕疵の是正、選定プロセスや代替案審査、公衆参加・情報提供・透明性確保などの点について、準備的な提案を行うものとされている。[32]同委員会は、委員長のほか、科学界から8名、環境団体から2名、宗教団体から2名、経済界から2名、実業界から2名、連邦衆議院と連邦政府から各8名が選出され、全33名からなる。同委員会の任務である上記作業にあたっては、メンバー全員の合意（または少なくとも2／3の合意）を目指すこととされており、ここに国家（連邦）と非国家的主体とのパートナーシップないし協働が見て取れる。もっとも、同法所定の制度の基礎にあるのは、①科学に根差した手続における安全性の優先、②透明かつ公正な手続の原則、③原因者負担原則、という「3本の柱」であるとされており、上記のような各主体の参加・協働は、主として、②にいうような透明性・公正性の確保に資するものとして制度化されているようにも見える。[33]

6 都市計画・まちづくり法制の例[34]

1 私人に対する建設管理計画の策定準備作業の委託

都市計画・まちづくり法制においては、ゲマインデのレベルでの都市計画の策定やその内容の実施等について、公私のパートナーシップないし協働を定め

179

る例が散見される。

例えば、建設法典 (Baugesetzbuch, BauGB) 4b条によれば[35]、ゲマインデが策定する建設管理計画 (Bauleitplan)——土地利用に関する準備的性格のゆえに法的拘束力を伴わない土地利用準備計画 (Flächennutzungsplan) と、法規たる条例として発布されるために法的拘束力を伴う地区詳細計画 (Bebauungsplan) から成る——について、第三者に委託してその準備および実施を行わせることができる。同条で規定されている手続過程は、戦略的環境アセスメント (strategische Umweltprüfung) の実施に必要な環境影響報告書 (Umweltbericht) を含む建設管理計画の提案書の作成 (2a条)、公衆参加 (3条、4a条)、官庁や他の公益主体の参加 (4条、4a条) である。「特に建設管理計画手続の促進のために」制度化されたものであるが、ゲマインデに委託された第三者が当該手続を担当することによって当該手続が長期化してしまう場合もありえる。しかし、ここで対象とされている手続がコミュニケーションを前提に成り立っているものである以上、このことは完全に否定されるものではないとされている (この点は、同条が「特に」という文言を用いていることからも推察できる[36])。

ただし、この手続は、ゲマインデと私人が協働して事務を処理する手続であると断言しうるものではない。こうした手続私化 (Verfahrensprivatisierung)[37] が協働ないしパートナーシップを強化することにつながると捉えられてもいるが[38]、他面では、手続私化をもって公私協働の現象形態と捉えることには否定的な立場もありえよう。

2　都市建設契約の締結

都市計画、特に前節で触れたゲマインデにより策定される建設管理計画をめぐって注目されるのは、オープンスペースないし広場の創出や維持に関する規定ないし制度である。

物理的なオープンスペースや広場は、人々のレクリエーションの場や、一定の緑地環境を確保するための場として活用されてきている。これらと並んで特に今日重要であると思われるのは、そうしたオープンスペースや広場が、災害時の避難用地として活用されるなど、災害の予防・対策の機能を有する土地空間であるという点である。災害の予防・対策にあたっては、直接に国民・住民の生命・身体・財産の保護が問題となりうることから、こうしたオープンス

ペースや広場の創出は、喫緊の課題であるといえる。

　ドイツの都市計画法制における広場の創出に関する規定に着目してみると、ゲマインデと私人による都市建設契約（städtbauliche Vertrag）の締結という手法がある（建設法典11条）。ゲマインデと私人（地権者やディベロッパーなど）との間で締結した都市建設契約に基づく都市建設は、それほど古くから制度化されていたわけではない。都市計画法領域における契約手法の有用性は判例・学説上夙に指摘されていつつも、現行の建設法典11条が規定するような都市建設契約の制度化は、1998年まで待たなければならなかった。

　こうした都市建設契約の典型例のひとつが、施設整備（Erschließung）のための契約である。管轄官庁から建築許可を受けて一般住居等を建築するためには、実際に当該建築を許容するほどに客観的に機が熟していること（baureif）、すなわち、当該建築案を許容し、社会生活を実現しうるだけの施設整備が当該建築案の周辺地で済んでいること、という要件を満たす必要がある。つまり、ドイツの都市計画法制においては、道路等のインフラや水道等のライフラインなどが施設整備の対象とされ、これらの設備を創出・確保していくことが、まちづくりの推進、都市環境全体の整備にとって不可欠の要素であると捉えられている。建設法典では、施設整備を実施する義務を負っているのはゲマインデであり、さらに、市民は施設整備の内容について請求権を有しない旨が規定されている（123条1項および3項）。また、整備されるべき施設の種類・規模等が一般的に明定されているわけではなく、施設整備の手段やその具体的な内容は事案ごとに異なりうる。施設整備は、建築行為等に適した土地空間を形成し、社会生活を可能にするまちづくりを進めることであり、当該区域の所有者等は、当該施設整備によって特別の利益を享受することとなるから、ゲマインデは、施設整備に要した費用を施設整備負担金（Erschließungbeitrag）として当該所有者等から徴収することができる。他方、施設整備負担金の徴収とは異なり、施設整備をゲマインデ自身が行うのではなく、ゲマインデが事業者と施設整備の実施を内容とする契約を締結し、事業者の手で施設整備を実施していくという方途もある。これが都市建設契約の一種としての施設整備契約（Erschließungsvertrag）である（124条）。事業者が所有する区域について施設整備契約が締結される場合、事業者自身が当該区域の施設整備を実施することで、当該区域での建築行為が可能になり、まちづくりが進められることとな

る。そして、事業者による施設整備に際して生じたコストは、施設整備実施後に事業者から当該区域の土地が売却される際の価格に組み込まれることになる。したがって、当該区域の購入者は、やはり公共的負担として施設整備の実施を金銭的に支えていることになる。この場合、当然のことながら、この購入者から後に施設整備負担金を徴収することはできない。

3　都市計画・まちづくりと温暖化防止・気候保護

　都市計画・まちづくり法制による環境保護というテーマが取り上げられる要因となっているのが、再生可能エネルギーの利用によるエネルギーの倹約的・効率的利用や、温暖化・気候変動の防止・予防[44]といった課題への対処である[45]。例えば、風力発電所の設置・操業を連邦・ラント・ゲマインデの各レベルでの建設計画法によって規律することを模索したり、ゲマインデの策定する地区詳細計画によって太陽光発電設備などの設置の義務化を模索したりする傾向がある。さらに、これらに加えて最近目立つのが、太陽光発電設備の設置などを都市建設契約の内容とすることで、温暖化・気候変動の防止・予防を図ろうとする議論があることである。

　もともと都市建設契約によって温暖化・気候変動の防止・予防を図ることは可能であった。なぜなら、建設法典11条1項は、都市建設契約の内容を例示的に列挙しているが、そのうち同項2号には、「建設管理計画によって達成される目標の促進および確保」と掲げられており、建設管理計画の目標には環境保護が明示されているからである（1条5項・6項）。同号による都市建設契約は、建設管理計画などの内容を補完したり、同計画に随伴してその内容を実現しようとすることから、計画随伴型契約（planbegleitende Verträge）と呼ばれている[46]。また、同様に、同法11条1項3号には、ゲマインデが都市建設上の措置を講ずるにあたり要した諸コストの負担も都市建設契約の内容とされうるため、やはり都市建設契約によって温暖化・気候変動への対処が可能であった（同号による都市建設契約は、その内容から、コスト負担型契約（Folgekostenverträge）と呼ばれている）。

　これに対して、都市建設契約によって温暖化・気候変動の防止・予防を図ることをより明示して規定したのが、同項4号である。すなわち、同号によれば、「都市建設上の計画および措置によって達成される目標および目的に応じ

て、温熱・冷気・電気供給のために熱併給発電（Kraft-Wärme-Kopplung）の供給網および施設ならびに太陽光発電設備（Solaranlagen）を利用すること」が、都市建設契約の対象事項となる。同号が設けられたことによって、ゲマインデが建設管理計画を通じて達成すべき目標である気候保護（1条5項2文）および再生可能エネルギーの利用を含むエネルギーの倹約的・効率的利用（同条6項7号f）について、ゲマインデがその責任を果たすことのできる手法が提供されたことになる。ゲマインデと私人との間でかかる契約を締結することで、当該土地（特にゲマインデが所有する土地）を購入した私人に対して、その土地の利用にあたって太陽光発電設備の設置を義務付けることができるため、都市建設契約は近時注目を集めているのである。

もっとも、前述のように、都市計画・まちづくり法制における計画法上の手法による温暖化防止・気候保護は、古くから活用が企図されてきたものではなく、その実効性や法的課題等については、さらに詳細な検討が必要である。

【注】
1) 本小論で、「協働」の語ではなく「パートナーシップ」という語を第一に用いているのは、「協働」の意義になお学説上の揺らぎがあり統一的な見解が見られないことと、本小論もまた予備的検討にとどまるものであることによる。本書および本小論の関心からは、紙野健二教授による指摘が重要であると思われる。紙野教授は、「協働」の意義ないし特性について、（非国家的主体の多様性を前提とする）複数主体性、それらの主体による公共目的の共有および相互協力という3つの要素を抽出し、また、「協働」という語のもとで国家関与領域を縮小することを前提としながらその任務と担い手を非国家的主体へと一方的に開放することを批判する。紙野健二「協働の観念と定義の公法学的検討」法政論集225号（2008年）1頁以下。
2) 協働やネットワークに関する論稿は、近時極めて多数にのぼる。特に本小論の関心・対象と直接的に関係するドイツ環境法上の協働原則に関する基本的な論稿として、高橋正徳「ドイツにおける協働的環境保護」神長勲ほか編『現代行政法の理論（室井力先生還暦記念論集）』（法律文化社、1991年）148頁以下、大久保規子「ドイツ環境法における協働原則：環境NGOの政策関与形式」群馬大学社会情報学研究論集3号（1997年）88頁以下。同論文では、本文で以下に触れる協働原則の法原則としての位置付けに関する問題についても詳述されている。さらに、戸部真澄『不確実性の法的制御』（信山社、2009年）231頁以下、山田洋『リスクと協働の行政法』（信山社、2013年）27頁以下。
3) 統一的な編纂の試みが頓挫してしまったものの、環境法典（Umweltgezetzbuch）においても、事前配慮原則と原因者負担原則とともに協働原則の規定が設けられている。例えば、2008年の参事官草案（Referentenentwurf, UGB-RefE）でも、1条において、人間と環境を保護するための一般原則（allgemeine Prinzipien）として、「協働原則」の語の

もとで国家と社会（Gesellschaft）との協働が謳われている。ドイツ環境法においては、協働原則を法原則として位置付けることに対して、後掲注（6）にあるような批判的・消極的な立場が見られつつも、環境法典の編纂という国家的事業のなかで、協働原則を環境法の個別領域に共通して妥当すべき法原則として見出そうとする姿勢は、注目される。

4) なお、ドイツ環境法において協働原則が論じられる場合、連邦とラントとの間にある垂直的関係における協働という現象が挙げられることがある。この点については、自然保護・景域保全や水管理等に関するラント法が連邦法から逸脱（Abweichung）した規定を有することを許容する連邦の基本法（Grundgesetz）72条3項が、連邦・ラント間の協働の推進には有意義でないという指摘がある（Alfred Scheidler, Die Grundprinzipien des Umweltrechts und ihre Kodifikation im Umweltgesetzbuch, UPR 2009, 11 (14)）。連邦制を採るドイツにおける議論が直接的に日本に示唆をもたらすわけではないが、日本の環境法における国・自治体間ないし自治体相互間のパートナーシップないし協働を進めるという観点からは、興味深いものがある。ただし、本小論では、公私のパートナーシップないし協働を検討の対象としているため、検討対象からはさしあたり除外している。

5) Michael Kloepfer, Umweltrecht, 4. Aufl., 2017, § 4 Rn. 129ff.; Reiner Schmidt / Wolfgang Kahl / Klaus Ferdinad Gärditz, Umweltrecht, 10. Aufl., 2017, § 4 Rn. 33.

6) 本文で触れたような検討から、協働原則を法原則として捉えることについて否定的な見解として、Reinhard Sparwasser / Rüdiger Engel / Andreas Voßkuhle, Umweltrecht, 5. Aufl., 2004, § 2 Rn. 53ff.; Eckhard Rehbinder, Ziele, Grundzüge, Strategien und Instrumente des Umweltschutzes, in: Klaus Hansmann / Dieter Sellner, Grundzüge des Umweltrechts, 4. Aufl., 2012, I 3 Rn. 179ff. ただし、これらの論稿にあっても、協働原則の法原則としての位置付けに否定的・消極的なのであり、協働原則の法原則としての位置付けの否定は、協働の重要性や必要性を否定するものではない。

7) ドイツ環境法において、環境アセスメントに当たる環境親和性審査（Umweltverträglichkeitsprüfung, UVP）が実施される場合には、このことは特に当てはまる。後掲注（16）も参照。

8) Kloepfer, a. a. O. (Anm. 5), § 4 Rn. 137. 後述箇所も参照。

9) Schmidt / Kahl / Gärditz, a. a. O. (Anm. 5), § 4 Rn. 33.

10) Schmidt / Kahl / Gärditz, a. a. O. (Anm. 5), § 4 Rn. 33.

11) BImSchG51条によれば、法規命令および行政規則を発布する授権規定が、参加範囲に含まれる者（beteiligte Kreise）の意見聴取を定めている場合、その都度選定された範囲で科学（Wissenschaft）、利害関係人、参加経済界および参加流通機関の代表者ならびにイミッシオン防止を管轄するラントの最上級官庁の意見を聴取しなければならないとされる。同条のほかに法規命令や行政規則を定立する際に一定の範囲の者の意見聴取を規定する例としては、例えば、循環経済法（Kreislaufwirtschaftsgesetz, KrWG）68条や連邦土壌保護法（Bundesbodenschutzgesetz, BBodSchG）20条などがある。

12) Hans D. Jarass, Bundes-Immissionsschutzgesetz, 12. Aufl., 2017, § 51 Rn. 1. ここでいうまでもなく、日本の行政手続法38条以下においても、審査基準や処分基準などを定める際の意見公募手続が法定されており、その際には「広く一般の意見を求めなければならない」とされている（39条1項）。本文で触れているBImSchG所定の意見聴取手続と行政手続法所定の命令等制定手続の双方において、民主的手続を経ることによる正統性

（正当性）の付与に重要性が認められているといえる。このような点とならび、これらの手続では、当該手続によって定められる法規命令等およびこれに即してなされる処分等の将来の名宛人が参加・関与しうるという点も指摘することができる。

13) Jarass, a. a. O. (Anm. 12), § 51 Rn. 1 ff.
14) Rehbinder, in: Hansmann / Sellner, a. a. O. (Anm. 6), I 3 Rn. 180.
15) なお、連邦自然保護法（Bundesnaturschutzgesetz, BNatSchG）および各ラント法に基づく自然保護団体についても、手続参加が法定されている（ここでの参加では、行政庁の決定に意見・知見を述べる機会が保障されるのであり、当該決定の内容を実質的に形成することまでは保障されないとされる）。また、非国家的主体から構成される団体の活動についていえば、水域・土壌保護団体法（Wasserverbandsgesetz, WVG）に基づく団体による水域・土壌等の保護がある。同法は、土地所有者等による団体の設立、当該団体への規制権限の授権、当該団体の構成員による負担金の支払い義務等について規定している。こうした団体による土壌・水域保護は、19世紀末から20世紀初頭にその起源があるとされ、ルール工業地帯等の土壌・水域汚染の顕著な地域を中心として独自の発展をしてきたとされる。双方の例とも興味深いところであるが、筆者の能力と紙幅の都合上、本小論では扱うことができないため、その検討については、他日を期したい。
16) それだけに、こうした許可手続や計画策定手続への非国家的主体の参加をもって協働の現象と捉えることに否定的・消極的な見解がありうることは、第2章で見たとおりである。これに対して、例えば、環境アセスメントに当たる環境親和性審査では、大規模施設の設置・操業の申請者は、自身で調査した環境影響や代替案を盛り込んだ環境親和性審査報告書（UVP-Bericht）を管轄官庁に提出しなければならず、管轄官庁はこれらを基にして当該申請案の許否決定の内容を形成することとなる。これは許可手続過程における公私協働の顕著な例といってよいだろう。
17) Schmidt / Kahl / Gärditz, a. a. O. (Anm. 5), § 4 Rn. 25, Rn. 116.
18) 循環経済法にいう「処理」は、「再利用（Verwertung）」および「除去（Beseitigung）」の上位概念として用いられている。
19) 自己処理原則は、現行法の前身である1994年の循環経済・廃棄物法（Kreislaufwirtschafts-und Abfallgesetz, KrW-/AbfG）の制定を機に既に導入されている。同法の制定前においては、廃棄物処理は自治体の公的任務として実施されていた。こうした廃棄物処理のあり方の変遷については、野田崇「ドイツにおける廃棄物処理の民間化と廃棄物概念（1）・（2・完）」法学論叢150巻5号（2002年）35頁以下、151巻3号（2002年）61頁以下。
20) 家庭系廃棄物の処理義務は、前註で触れた1994年の循環経済・廃棄物法においても維持されていた。
21) そのほか廃棄物処理計画（Abfallwirtschaftspläne）の策定や廃棄物処理施設の許可手続段階における市民参加等が想起できる。
22) 特に2008年の第5次改正に至るまでの経緯と生産者責任制度の展開については、勢一智子「ドイツ容器包装回収制度における生産者責任の展開」西南学院法学論集42巻3・4号（2010年）165頁以下。
23) BVerfGE 98, 106.
24) BVerfGE 98, 83.
25) その他に連邦レベルでの代表的なものとして、バッテリー・蓄電池の循環経済的取扱

いに関する自主規制（1988年）、電化製品の回収・再利用に関する自主的取組み（1995年）、廃棄物の発生予防・削減を志向した自動車製造業界による自主規制（1996年）などが挙げられることがある。また、循環経済に限らず、環境保護全般について、ラントでも同様の協定などが交わされる。これらの例については、Sparwasser / Engel / Voßkuhle, a. a. O.（Anm. 6），§ 2 Rn. 197; Hans-Wolfgang Arndt / Kristian Fischer, Umweltrecht, in: Udo Steiner, Besonderes Verwaltungsrecht, 8. Aufl., 2006, VII Rn. 63f.

26) なお、EUレベルにおいても、EU指令の内容の確実な執行という観点から、こうした合意・協定の締結が推奨されてきた。例えば、Empfehlung der Kommission vom 9. Dezember 1996 über Umweltvereinbarungen zur Durchführung von Richtlinien der Gemeinschaft. Abl. EG 1996, L 333, S. 59ff.

27) Kloepfer, a. a. O.（Anm. 5），§ 4 Rn. 135f. Sparwasser / Engel / Voßkuhle, a. a. O.（Anm. 6），§ 2 Rn. 197も同旨。

28) 本協定を締結した連邦政府の狙いは、こうした点にあったとも推察できる。ただし、残余発電量や運転可能期間の法定に対しては、その収用該当性や金銭による補償ないし調整について、その要否・適否が訴訟で争われることとなった。この点については、高木光「ドイツ脱原発法一部違憲判決——原子力政策における裁判所の役割」自治研究93巻12号（2017年）79頁以下、カール・フリードリッヒ・レンツ「原発廃止立法に関する違憲判決」自治研究94巻2号（2018年）155頁以下。

29) 原発の設置・運転の許否決定や監督にあたっては、純粋な国家における行政機関ではなく、ドイツ規格統一協会（Deutsches Institut für Normung, DIN）や核技術委員会（Kerntechnischer Ausschuß, KTA）などの非国家的主体の策定した基準基準等が用いられることもあり、これらはパートナーシップないし協働の典型例とみることができる。これらの技術基準に関する問題について、高橋滋「原子力発電所の安全基準とその裁判的統制——西ドイツ原発裁判の新動向を契機として」一橋論叢94巻5号（1985年）764頁以下。

30) 事業者による自己監督や環境保護受託者（Umweltschutzbeauftragte）の制度は、様々な個別法において多く見られるものである。連邦レベルの法定例としては、BImSchG53条以下、水管理法64条以下、循環経済法59条以下などがある。しかし、これらの制度を「公私のパートナーシップに基づく環境保護」と整理することには、異論もありえる。というのも、これらの制度は立法者によって（一方的に）制度化されたものであって、例えば、行政庁と事業者との間でインフォーマルに折衝を行い、その結果として協定などを交わすことと比較すると、明らかに「パートナーシップ」ないし「協働」の意味を異にするからである。Kloepfer, a. a. O.（Anm. 5），§ 4 Rn. 138ff.

31) 立地選定法の詳細については、アルノ・シェアツベアク／マルティン・マイヤー（横内恵訳）「ドイツにおける放射性廃棄物最終処分場決定手続」自治研究94巻3号（2018年）19頁以下。

32) なお、立地選定手続の実施者（最終処分場の設置・操業の申請者）は、連邦放射線防止庁が務める。同庁は、候補地となる地方の選定と調査対象地の提案、立地の調査プログラムと審査基準の定立、決定された立地の地上・地下調査の実施、その都度の暫定的な安全性調査などを行う。そして、同庁は、最終的には、立地選定手続の監督権限を有する連邦核技術処分庁に対して、候補地の提案を行う。同庁は、上記の手続のなかで調査プログラムや審査基準の決定をしたり、立地決定についての完成作業と提案をするな

どの監督権限を行使する地位にあるとされる。
33) 高レベル放射性廃棄物処分委員会の定立した各種基準や立地選定案は、法律によって決定されることとされており、民主的コントロールの確保が図られている。
34) 都市計画・まちづくり法は、たしかに環境保護とは関連するところが大きいものの、環境保護を第一次的な目標とするものでは（必ずしも）ないが、公私のパートナーシップや協働の例を含むものであるため、本小論では便宜的に触れることとする。
35) 「第三者の関与（Einschaltung）」と題された同条によれば、ゲマインデは、特に建設管理計画手続の促進のために、2a条〜4a条に基づく手続過程の準備および実施を第三者に委託（übertragen）することができるとされる。
36) Ulrich Battis, in: Ulrich Battis / Michael Krautzberger / Rolf-Peter Löhr, Baugesetzbuch, 13. Aufl., 2016, § 4b Rn. 5.
37) この領域で見られる手続私化の他の例として、ゲマインデ内で予定される事業や施設整備の実施主体としての私人が当該の事業・施設整備計画を策定し、ゲマインデがこれを基にして実際に地区詳細計画を策定するというものがある（建設法典12条）。事業・施設整備の実施主体である私人は、ゲマインデと契約を締結して、施設整備費用等を自身で負担することと引き換えに、策定された事業・施設整備計画に即した都市建設を進めることができることとなる。
38) Battis, in: Battis / Krautzberger / Löhr, a. a. O. (Anm. 36), § 4b Rn. 1.
39) 以下では、ドイツの建設法典において広場の創出のためにどのような規定や制度が設けられているのかについて概観する。もっとも、広場の創出のみならず、実際に存在する広場の利用や管理についても、法的問題は多数存在しうるし、そこに公私のパートナーシップや協働の現象を見出すこともできよう。この点の検討については、他日を期したい。
40) なお、日本におけるオープンスペースや広場に関する法制面の整備は、決して十分ではないということを指摘できる。例えば、都市計画法では都市施設のひとつとして「広場」が列挙されていたり、都市計画運用指針（平成30年）でも「広場」や「交通広場」が挙げられていたりするものの、いずれも簡略な定めにとどまっており、統一的・体系的な規定が欠けてしまっている。このことから、例えば、実際に存在するオープンスペースないし広場が、上記のような都市計画を通じて創出されているのか、それとも単に事実上のものにすぎないのか、という差異が存しうるし、国や地方公共団体が創出したものであるのか、それとも私人が創出したものであるのか、という差異も存しうることとなる。このことから、例えば、オープンスペースや広場の管理のための公権力行使の可否、管理の主体や態様の差異に応じた公私の責任配分といった問題も生じうることとなる。
41) Klaus Hoffmann, in: Willy Spannowsky / Michael Uechtritz, Baugesetzbuch, 2. Aufl., 2014 § 11 Rn. 1. もっとも、現行の建設法典124条に所定の施設整備負担契約の制度等をもって、ここでいう都市建設契約制度の嚆矢と捉える見方もある。こうした見方として、Rolf-Peter Löhr, in: Battis / Krautzberger / Löhr, a. a. O. (Anm. 36), § 11 Rn. 1.
42) 施設整備契約について、Ulrike Kirchhoff, Erschließungs-und Straßenbaubeiträge, 2008, S.1ff.
43) なお、施設整備負担金の徴収や施設整備契約の締結は、対象施設を新たに創り出すための手段であり、施設整備の対象であった既存施設の改善などに用いることはできな

い。そこで、ゲマインデは、改めて道路建設負担金(Straßenbaubeitrag)を当該区域の所有者等から徴収するか、ゲマインデと市民との間で契約を締結し、当該施設の改善費用を負担しあうということになる。

44) なお、気候保護については、「グローバルな気候配慮のためのドイツ連邦共和国政府とドイツ経済界との合意」(2000年)や、「連邦政府と経済界による二酸化炭素排出量削減に関する合意」(2001年)などの合意形成ないし協定締結という手法も活用されてきた。これらの例については、Sparwasser / Engel / Voßkuhle, a. a. O. (Anm. 6), § 2 Rn. 197; Arndt / Fischer, in: Steiner, a. a. O. (Anm. 25), VII Rn. 63.

45) Schmidt / Kahl / Gärditz, a. a. O. (Anm.5), § 6 Rn. 38ff. は、気候変動の防止・予防という観点では、都市計画法制をはじめとして、連邦遠距離道路法上の交通計画、土地空間整備法上の土地空間整備計画、自然保護法上の景観計画などの計画法上の手法には、これまでのところ欠陥があったことを指摘する。

46) これに対して、同項1号の契約は、契約締結の相手方私人に一定の都市建設上の措置を講ずることを内容とするものであるため、措置型契約(Maßnahmen-Verträge)と呼ばれている。

47) Löhr, in: Battis / Krautzberger / Löhr, a. a. O. (Anm. 36), § 11 Rn. 61.

48) こうした都市建設契約を用いた「次世代型」のまちづくりを推進した成功例として、ヘッセン州にあるフェルマー市(Vellmar)が取り上げられることがある(Fabio Longo, Neue örtliche Energieversorgung als kommunale Aufgabe, 2010; Wolfgang Kahl, Klimaschutz durch der Kommunen, ZUR 2010, 395 (397))。フェルマー市での契約によれば、建築主は、新たに家屋等を建築する際に、太陽エネルギー利用施設や雨水利用施設の設置を義務付けられる一方、フェルマー市は、同施設を実際に設置するよう促進するため、同施設の設置に補助金を支給し、同施設の設置義務違反について反則金を徴収するなどしている。同契約については、Longo, a. a. O., S. 377ff. に掲載されている。

10 まちづくりにおける私人間の協定と行政との関係
―― 建築協定を中心に

野呂　充

1　はじめに

　まちづくりのために活用される協定または契約で、私人を少なくとも一方の当事者とするものとして、行政と私人との間で締結されるものと、私人相互間で締結されるものがある。また、後者には、企業と住民との間で締結される公害防止協定を典型とする、非互換的関係における協定ないし契約と、互換的な利害関係を有する住民等の間で締結されるものがありうる。本稿は、最後のタイプの協定を考察の対象とし、わが国の法制度におけるこのような協定の代表的なものである建築基準法（以下「建基法」という）上の建築協定（建基法69-77条）を中心にして論じる。

　建基法上の建築協定とは、一定の区域の土地所有者および借地権者（以下「土地所有者等」という）が、地域における良好な環境の維持または形成などを目的として、都市計画によって定められた規制より厳しい建築規制を導入し、または、都市計画の規律対象となっていない事項について建築規制を及ぼすために、全員の合意により締結する協定である。建築協定の法的性質は、通説的見解によれば私法上の契約の一種であるが、行政庁がこれを認可した場合、通常の私法上の契約にはない効力である承継効、すなわち、協定参加者から土地を譲り受けた者も拘束する効力を与えられる。

　この制度は、1950年の建基法制定の際に、日本に独自の制度として導入された。その後、建築協定に倣って創設された制度として、緑地の保全または緑化を目的とする緑地協定（都市緑地法45-54条）、良好な景観の形成を目的とする景観協定（景観法81-91条）などがある。これらの協定制度は、行政主体が定める都市計画とは別に、市民が自発的に空間秩序を形成する制度であり、日本の土地・建築法の特徴の一つとなっているといってよい。

2007年度末日において有効な建築協定の数は、全国で2803件（うち、政令指定都市では672件）となっている。都道府県別の、政令指定都市を含めた件数の上位は、神奈川県の401件、大阪府の321件、兵庫県の229件であり、他方、1件またはゼロ件という県も4県存在し、かなりのばらつきが見られる。政令指定都市別では、166件の横浜市、126件の神戸市、70件の京都市が上位であるが、一桁という市も3市ある[7]。また、その内容・目的としては、住宅地において、良好な住環境の形成・維持を目的として締結されるものが多い[8]。

以下においては、まず、建築協定制度の概要を示す（第2節）。次に、建築協定制度がまちづくりにおいて果たしている役割、とりわけ、都市計画の一つである地区計画との関係（第3節）、協定の締結や運用への行政のインフォーマルな関与（第4節）といった、制度の機能・運用に関わる問題について検討する。最後に、制度の限界と改革論、さらに新たな協定制度の動向について論じる（第5節）。これらの考察に際しては、建築協定を、まちづくりのための形成される私人相互のミクロレベルのネットワークとみなすとともに、そこに関与する行政や、協定参加者以外の私人等と関係を含む全体をネットワーク現象として把握し、そのような視点から、制度およびその運用を評価するとともに、制度改革を巡る論議にもコメントをすることにしたい。

本稿は、2015年2月27日に行った、シュパイヤー行政大学におけるシンポジウム報告を基礎としている。同報告の準備の過程で以下の3市において実務担当者のヒアリングを実施した。2014年11月26日に吹田市（都市整備部開発審査室および同部都市整備室）、同年11月26日に大阪市（都市計画局計画部都市計画課、同局建築指導部建築企画課、同局開発調整部開発誘導課）、同年12月10日に神戸市（住宅都市局建築指導部建築安全課）である。建築協定制度の運用実態については、筆者によるヒアリング以前にもしばしば紹介されており、筆者による調査は未だ端緒的なものにとどまるが、新たな知見も得られたため、以下において適宜紹介することにしたい。

ここで、ヒアリングを行った地方公共団体の特徴を簡単に述べておこう。吹田市は、大阪府北部に所在し、特に市域の北部は、高度成長期に開発された大規模ニュータウンである千里ニュータウンを含む、ベッドタウンとなっている。人口はヒアリング当時から37万人程度である。ヒアリング当時は特例市であったが、特例市制度の廃止後も中核市には移行しておらず、施行時特例市で

ある。ほとんどの建築協定は、千里ニュータウン内の一戸建て住宅街における良好な環境の維持のために、比較的近年になって締結されたものである。大阪市と神戸市は、いずれも政令指定都市であるが、建築協定の利用の仕方は対照的である。大阪市内の住宅地は、古くから狭小住宅が立ち並ぶ地域が多いため、建築協定の締結数は都市の規模の割にはわずかであり、また、建築協定の多くは、大阪府住宅供給公社による分譲時や再開発時に締結されたものである。神戸市は、既に述べたように、全国的にみてもトップクラスの数の建築協定が締結されている。

2 建築協定制度の概要

1 建築協定の目的

建築協定は、市町村の区域の一部につき、土地所有者等が、住宅地としての環境や商店街としての利便を保護または改善することなどを目的として、より広域の範囲で一律に適用される最低限の基準を超える地域的な建築の基準を設ける制度である（建基法69条）。特に、新しい団地の開発の際に良好な環境を形成して維持することや、乱雑な商店街をきれいにしていくようなケースを想定して導入された。[9]

2 建築協定の内容

建築協定には以下の内容が定められる（建基法69条、70条1項）。
　―協定の目的となっている土地の区域
　―建築物に関する基準（建築物の敷地、位置、構造、用途、形態、意匠又は建築設備に関する基準）
　実際には、敷地の最小面積または分割禁止、壁面の位置（前庭の確保）、建築物の高さまたは階数、用途の住宅への限定、塀の構造等について定められることが多い。
　―有効期間
　多くの建築協定は、10年程度の期限を付されているようである。[10]
　―協定違反があった場合の措置
　協定参加者によって設けられた運営委員会の委員長が違反者に対して工事

施工停止や是正措置をとることを請求し、これに従わない場合に民事訴訟を提起する旨を定めることが多いようである[11]。ただし、訴訟のコストなどの理由から、訴訟が提起される例は少ない。

3 建築協定の締結の要件および手続

建築協定は、市町村の条例により協定を締結することができることが定められた地域内で締結することができる（建基法69条）。もっとも、多くの市町村が全域について建築協定の締結を認めている。協定を締結しようとする区域内の土地の所有者または地上権若しくは賃借権を有する者は、全員の合意により、建築協定書を作成し、代表者が特定行政庁（市町村長または都道府県知事）に提出する（建基法70条）。

市町村の長は、建築協定書が提出された場合には、このことを公告し、20日間、関係人の縦覧に供する（建基法71条）。市町村の長は、縦覧期間の満了後、関係人の出頭を求めて公開による意見の聴取を行う（建基法72条）。

特定行政庁は、建築協定が土地または建築物の利用を不当に制限せず、建築協定の法律上の目的に合致する場合には、協定を認可しなければならない。特定行政庁が認可をした場合にはその旨を公告し、市町村の長は建築協定書を一般の縦覧に供さなければならない（建基法73条）。

建築協定について、以上のような手続が設けられている理由は、土地所有者等によって締結された建築協定による建築の制限が第三者（協定参加者から土地を譲り受けた者）にも及ぶこと、合意の強制や偽装をチェックする必要があることにある[12]。なお、建築協定の内容があくまで土地所有者等の合意によって形成されるものであり、特定行政庁はいわば拒否権を発動できるにとどまることからすると、縦覧・意見書提出の手続は、都市計画決定の手続のように、協定の内容に幅広く関係者の意見を取り入れるための住民参加手続というより、全員合意要件についてチェックするための手段という意味合いが強いようにも思われる[13]。

なお、1976年の建基法改正により、一人協定の制度が導入された。既存の市街地で、複数の土地所有者等が合意に達することは、しばしば困難を伴い、時間がかかることが多いため、開発業者が建築協定を定めて認可を受けてから、土地を分譲し、建築協定の効力を土地購入者に及ぼすことを可能にしたもので

ある。一人協定は、認可後3年以内に2以上の土地所有者等が存することとなったときに発効する。建築協定の制度の導入時に、この制度が必要と考えられた主要な理由の一つは、開発業者が土地を分譲するときに、地域の良好な環境を形成または維持するために契約に条件を付しても、その後、良好な環境がだんだん崩れてしまうことにあった[14]。したがって、一人協定の制度の導入は、制度を変質させるものではなく、むしろ、制度の本来の趣旨（の少なくとも一部）にかなったものということができる。

4 建築協定の変更・更新・廃止

　建築協定の変更は、締結と同じ手続を要する（建基法74条）。更新についても、本来は締結と同様の手続を要する。しかし、実際には、過半数の土地所有者等が更新に反対しないときは自動的に更新されるとする建築協定もあるようである。そのような手続で更新された建築協定の有効性については疑義が生じうる。

　建築協定を廃止するためには、土地所有者等の過半数が合意し、特定行政庁の認可を受けなければならない。特定行政庁が認可をした場合には、その旨を公告しなければならない（建基法76条）。

5 建築協定の法的効力

　建築協定は、認可の公告以後に建築協定区域内の土地所有者等となった者にも効力を有する（建基法75条）。ただし、その効力は私法上の効力にとどまると解されている。建築協定の内容は、建築確認（建基法6条、6条の2）の基準にはならず、また、協定に違反した者は行政庁による命令や刑罰の対象にはならない。協定参加者が、違反者に、民事訴訟により協定の内容の遵守を求め、または損害賠償を求めることができるにとどまる[15]。

　建築協定の遵守を確保するため、協定参加者が運営委員会を設けるケースが多い。典型的な活動内容は以下の通りである。運営委員会は、協定区域内で建築工事をしようとする者に、工事の前の届出を求めて、建築計画を審査し、建築工事中および完了後にもチェックを行う。違反があった場合には、既に述べたように、運営委員会の委員長が違反者に対して工事施工停止や是正措置をとることを請求する。これに従わない場合には、建築協定の定めにより、運営委

員会の代表者または建築協定に参加している他の土地所有者等が民事訴訟を提起することができる。運営委員会は、その他、啓発活動や、建築協定の更新のための作業等を担っている。比較的建築協定が多数締結されている地方公共団体においては、運営委員会協議会により、情報交換や協力が行われている[16]。

6 建築協定の法的性質

建築協定の法的性質として、私法上の契約（に承継効を付与したもの）であるという見解が支配的かつ実務においても前提とされているが、学説においては異なる見解も唱えられている。最も先鋭なものとして、荒秀の見解がある。荒は、建築協定が建築基準法および条例を基礎としていること、縦覧・公開の意見聴取という民主的手続を経ること[17]、認可制にかからしめられていることから、私法的性格を有するものとはいえないという。また、建築協定は、契約というより公法上の合同行為であって、公共組合の設立と同一の性格を持つとする。そして、建築協定は、直接民主制によって制定された、法律・条例の補完的立法であり、準条例的性格を有すると解すべきであって、建築確認および違反命令の対象となると解することができると述べる[18]。

荒の見解については以下のような疑問がある。まず、建基法は、建築協定に承継効を認め、また、建築協定書に協定違反があつた場合の措置について定めるものとしているが、建築協定が建築確認の対象になるのであればこのような規定は不要であったのではないかと思われる。また、比較的わずかな数の私人が任意に区域を設定して合意した内容に条例に準ずる効果を有すると解することには、いかにも無理がある。この難点に鑑み、建築協定が公共組合と解されているものと思われる。しかし、認可の審査対象や建築協定書の義務的記載事項にかかる建基法の規定には、組合の設立を前提としていると解しうるものはなく、また、組合の監督に係る規定もないため、この点でも無理がある。なお、荒は、一人協定制度が導入されたことを契約説の難点の一つとして指摘する。しかし、1人の開発事業者が条例に準ずる規範を定立し、また、公共組合を設立できると解することには、いっそう問題があるように思われる。

その後の学説においては、建築協定を私法上の行為として捉えるものの、契約ではなく合同行為と解する見解も有力に唱えられている[19]。建築協定の効力が私法上のものにとどまると解する場合、契約ではなく合同行為と解したとして

も、何らかの実益が生じるわけではないであろう。もっとも、現実には、建築協定の運用は、運営委員会の活動なくしては不可能であり、この点で、建築協定の実態に適合した解釈ということはできるであろう。

7 建築協定の比較法的特色

立法時において、建築協定は、海外に例のない制度と説明されていたが、建築協定に類似した制度として、英米法における制限的(不動産)約款〔restrictive covenant〕(または土地とともに移転する約款〔covenant running with the Land〕)がある[20),21)]。制限的約款は、建築協定と異なり行政が関与しない純粋な民事上の契約によるものであるにもかかわらず、コモン・ローおよびエクイティにより、建築協定に類似した承継効が認められる。ただし、その執行にあたっては、私人のみならず行政も違反者に対して訴訟を提起するなど、行政が積極的に関与しているとのことである。また、内容においては、ペットの飼育など、土地利用に関わらない事項について定めることができる点で、建築協定との違いがある。制限的約款のうち、良好な地域環境の維持・形成を目的とするものは、開発事業者が住宅の分譲前に権利義務設定文書を定めて登記することにより創設するのが一般的とのことであり、この点で、建築協定が創設された背景や一人協定制度との共通性がある。

3 地区計画と建築協定との関係

1 地区計画と建築協定の制度上の比較

都市計画のうち、建築協定に類似した役割を有するものとして、1980年の都市計画法改正により、ドイツのいわゆるBプランを参考にした詳細計画の制度として導入された地区計画(都市計画法12条の5)がある。地区計画と建築協定は、良好な環境のために用途地域などの都市計画に対する上乗せ(および横出し)規制をするという点で、同じ目的・機能を有する。地区計画と建築協定で定めることができる内容も、ほぼ同じである(地区計画につき、建基法68条の2、建基令136条の2の5)。もっとも、その決定方法についてみると、少なくとも、法制度の建前においては対照的である。地区計画は都市計画の一つであり、他の都市計画と比較して住民の意見を丁寧にくみ上げて決定する仕組みになって

いるものの (都市計画法16条2・3項)、基本的には地方公共団体が案を作成して上から決定する。これに対し、建築協定は、行政庁の認可を要するとはいえ、土地所有者等が自主的に内容を定めて下から決定する。しかし、多くの地方公共団体は、現実には、地区計画の区域のほぼすべての住民が希望または同意した場合にのみ、地区計画を定めているといわれており、いずれの制度においてもボトムアップ型の決定がなされている。

地区計画の建築協定との最も大きな違いは、その法的効力ないし執行方法にある。地区計画は、その内容が条例で定められた場合には、建築確認の基準となり、また、違反があれば建基法9条による違反是正命令の対象となる。すなわち、地区計画の内容の遵守についてはもっぱら公権力が責任を負い、また、権力的手段が用いられる。これに対し、既に述べたように、建築協定は、私法上の効力しか持たず、執行は私人が担い、その手段も、民事訴訟等、私人間において通常用いることができるもののみである。

さらに、決定等の手続および内容における柔軟性という点においても、建築協定と地区計画との違いを指摘することができる。まず、建築協定は、土地所有者等の合意さえあれば、（行政庁の認可を条件として）締結および事後的な変更が可能である。これに対し、地区計画は、法的拘束力のある建築制限を導入または廃止するためには、議会による条例の議決というかなりハードルの高い手続を要する。次に、建築協定の区域は、土地所有者等が比較的自由に設定することでき、「都市計画」としては容認しがたいような多少いびつな区域であっても許容されうるし、また、その区域内にどうしても同意しない土地所有者がいる場合には、当該土地所有者を除いた穴抜けの建築協定を締結することも可能である。最後に、その内容として、建基法70条にいう「建築物に関する基準」にあたらないため、法律上建築協定の内容となしえない基準や努力義務が、法的強制力の有無に関わらず、建築協定の中で定められることがある。例えば、吹田市においては、犬のふんやリード、路上駐車、空家、ゴミ出し等に関するルールを定める例があるとのことである。[22] 建築協定を、単に、都市計画を補完して建築規制を強化するための制度としてとらえるのではなく、地域コミュニティによる自主的なまちづくりを支援するという意味を有する制度と考えると、建築協定としての法的拘束力（第三者効）を有しえない内容をも定め、「建築物に関する基準」にあたる内容と一体的に運用することは、否定的に評

価されるべきではないであろう。[23]

2　地区計画と建築協定の運用上の相互関係

　地区計画と建築協定は、地方公共団体の実務において、どのような関係を有するものとして扱われているのであろうか。

　まず、ヒアリングにおいて、地方公共団体が、両制度を、適用地域・目的等により、一定の方針をもって使い分けているかどうかについて質問したところ、そのような使い分けをしていると回答した地方公共団体は存在しなかった。それぞれの制度を担当する部署が異なっており、基本的に住民の自主性を尊重して、各制度を運用しているようである。ただし、吹田市は、一人協定は原則として認めず、地区計画を決定するようにしているとのことであった。

　次に、特に一人協定につき、時間がたつにつれ、運営が困難になることがしばしば指摘されているところ、既存の建築協定（特に一人協定）を廃止して地区計画を定めるという運用を行っていないかを尋ねたところ、ヒアリングを実施した地方公共団体においてはそのような方針はないとのことであった。もっとも、建築協定は、一人協定に限らず、住民の高齢化などによって運営が困難になる場合があり、住民の側が同じ内容の地区計画を策定するよう希望することはあるようである。なお、神戸市では、建築協定が自主条例に基づくまちづくり協定に移行した例もある。また、興味深い事例として、吹田市では、地区計画が決定された後においても建築協定を存続させた例がある。建築協定を存続させるメリットの一つとして考えられるのは、住民が法執行のイニシアティヴを確保できることである。すなわち、地区計画に違反する建築確認が行われた場合、建築確認の取消しを近隣住民が求めようとしても、原告適格が認められない可能性もある。また、近隣住民が違反建築物に対する是正命令の義務付けを求める場合、訴訟要件・本案勝訴要件ともに、さらにハードルが高くなるであろう。これに対し、建築協定が残っておれば、運営委員会委員長または協定参加者が民事訴訟を提起することができるのである。

4　建築協定の締結および執行への行政の関与

　建築協定について、行政が、法律で定められた手続以外に、実務上、どの程

度またはどのように関与しているかにつき、ヒアリングを行った地方公共団体の状況はおおむね以下の通りであった。

建築協定の締結・運営にかかる関与は、締結を希望する土地所有者等や、すでに建築協定を締結した土地所有者等が構成する運営委員会に対する情報提供や助言である。また、運営委員会の協議会を設けて、その事務局を地方公共団体の職員が担うケースがある。ただし、建築協定の締結について、基本的に住民の自発性を尊重しており、行政から協定の締結を促すようなことはない。

執行についても同様に助言にとどまるが、吹田市は、建築確認の際、または、吹田市開発事業の手続等に関する条例（愛称：好いたすまいる条例）で義務付けられた一定規模以上の開発事業にかかる事前協議の際に、建築主に対し、建築協定への違反がないよう、行政指導をしているとのことである[24]。

5 建築協定の限界と制度改革論

1 建築協定の限界ないし問題点[25]

まず、建築協定の締結・更新の要件である全員合意制について、以下の問題が指摘されている。建築協定を締結するための所有権者等の合意形成が困難であり、最終的に合意に至る場合であっても時間がかかる。どうしても同意しない者は除外せざるを得ず、建築協定区域内の穴抜けが生じることがある。この場合には、建築協定に参加しない土地所有者等がフリーライダーとなるし、建築協定の内容に適合しないことが明らかな建築物が建築協定区域内に存在しまたは新築されることは、協定参加者の規範意識に悪影響を及ぼすおそれもある。合意を獲得するために、建築協定の内容が切り下げられる場合もある。更新の段階で締結と同様に労力がかかり、建築協定の存続が困難になることがある。

次に、執行が困難なことが指摘されている。建築協定に参加する土地所有者等による民事訴訟の提起は、費用その他の負担が大きく、現実に訴訟が提起される例は極めて少ないようである。建築協定の遵守は、運営委員会と建築主との協議によってある程度確保されているが、締結から時間がたって住民が高齢化することにより、運営が困難になるケースがある。一人協定は、締結が容易である反面、運営主体を確立できず、通常の建築協定以上に運営が困難になる

ケースが多い。

2　改革の提案

このような問題点に鑑み、以下のような改革の提案がなされ、学説においても一定の支持を得ている[26]。

第1は、締結および更新の手続の緩和である。つまり、建築協定の締結を、土地所有者等の3分の2の合意によってできるようにし[27]、また、更新については、自動更新制、すなわち、過半数の土地所有者等が廃止を求める場合を除いて建築協定が更新されるという制度を導入すべきとされる[28]。

第2は、建築協定の効力ないし執行手段の公法化ないし権力化である。つまり、建築協定の内容を建築確認の際の審査対象にし、協定の違反に対しては、建基法9条の違反是正命令を可能にすべきとされる。

これらの改革提案は、建築協定の利用可能性を拡大するとともに実効性を高めるため、建築協定を、都市計画または条例のような公法的制度の側に引き寄せようとするものであり、荒秀の見解を立法上実現しようとするものといってよいであろう。しかしながら、この提案には様々な問題があるように思われる。以下その点について指摘しよう。

3　建築協定の「公法化」または「権力化」の問題点

(1) 3分の2合意制について　3分の2合意制の一般的問題点として、まず、議会が関与することなく、地域住民のみの多数決で財産権を制限することが許されるか、という問題がある[29]。仮に一般論としては許容されるとしても、具体的運用においては、建築協定の認可の際に、協定の内容の妥当性を、現在よりも厳格に審査することが必要となるであろう。その結果、建築協定の柔軟性、自発性というメリットが損なわれるおそれがある。また、理論的問題は別にして、住民の同意が不要なはずの地区計画においてすら、現実の運用としてはほぼ全員の同意を得て策定されていることからすれば、3分の2の合意による協定の締結は現実にはほとんど行われないのではないかとも思われる。

また、仮に、3分の2合意制のみを導入し、権力的執行とは組み合わせないことにした場合、3分の2の合意によって反対を押し切って協定を締結し、コミュニティの内部に対立が生じると、建築協定の運営が困難になるであろう[30]。

建築協定の運営・執行は多分にコミュニティに依存しているところ、建築協定の締結がむしろコミュニティを破壊する結果になることが懸念される。

　(2) 自動更新制について　　自動更新制については、建築協定を多数決で廃止しない限り、個々の土地所有者等が永久に建築協定から脱退することができなくなるという問題や、私法上の効力にとどまる場合、建築協定の運営が困難になり、有名無実化しても、過半数の住民が廃止の手続をとらない限り、形式的に存続するという問題がある。規制を継続すべきであるが、高齢化等により運営の負担が大きいというような場合には、地区計画になじむ内容を地区計画で定めることなどによって対処すべきであろう。

　(3) 公権力的な執行について　　公権力的な執行の仕組みについては、締結の手続を3分の2合意制にするにせよ全員合意制を維持するにせよ、法律や条例によらずに、住民が自主的に定めた内容を、行政機関が権力的手段によって強制することを正当化しうるか、という問題がある。公権力的執行を正当化するためには、建築協定の認可の際に、その内容の公益適合性について、現在よりも厳格な審査がすることが必要となるであろう。同様のことは、3分の2合意制についても既に述べたところである。そして、3分の2合意制と公権力的執行が組み合わせられた場合には、認可段階での関与が相乗効果的に強まり、建築協定を、事実上、都市計画提案に基づいて認可権者が都市計画を決定するに等しいものへと変質させるおそれもある。

　(4) 建築協定の果たすべき機能と行政の役割　　建築協定の空間形成能力には確かに限界があるが、これを抜本的に改善するために、公法化ないし都市計画化を進める場合、内容形成における柔軟性や、コミュニティの自発的秩序形成を支援するという、建築協定の固有の意義ないしメリットが損なわれ、角を矯めて牛を殺す結果となるおそれがあるように思われる。

　建築協定においては、法的強制力を持った地域的建築制限を導入するための手続ないし仕組みという、地区計画と共通する側面のみに着目し、その限界を強調すべきではない。建築協定は、住民が自主的に形成した規範ないし秩序につき、それを事実上のものにとどめず、最終的には訴訟によって遵守を求めることもできるという公的な「お墨付き」を与える。このような制度が存在することにより、コミュニティによる自主的な秩序形成の意欲が喚起されるとともに、成立した規範について規範意識および運営委員会の交渉力が高められ、さ

らに、建築協定の内容にとどまらないコミュニティの自主的なまちづくり活動が促進されることが期待できる。こうした点に、建築協定の固有の意義を見いだすことができるのでなはないかと思われる[33]。なお、一人協定は、もともとコミュニティが存在しないところで設けられるものであり、基本的には地区計画で定めることが望ましいであろう。しかし、一人協定の存在が、新規開発された住宅地等において、まちづくりのためのコミュニティをゼロから形成する契機となる場合もあるのではないかと思われる。地区計画で最低限必要な事項を定めつつ、一人協定でこれを補充するという運用も考えられる。

　そして、このように位置づけられた建築協定の締結・運用への公行政の関与は、一方における、認可制度を通じた、不適格ないし明らかに不適切な建築協定の排除と、他方における、コミュニティによる知識の獲得や合意形成へのインフォーマルな援助を中心とすべきであろう。こうした援助には、運営委員会協議会を通じた水平的な情報交換や協力についても援助も含まれる。建築協定の実効性を高めるための適切な手段として、情報提供や助言のようなインフォーマルな援助の他は、一定の要件を充たした場合に訴訟提起について金銭的または人的支援をすること、行政組織内の第3者機関が紛争を調停することが考えられる。また、行政のみならず、自治会町内会のような他の地域的団体による支援も有効であろう。

4　新たな協定制度の動向

　建築協定のあり方についての従来の基本的な対立構図は、これまでに見てきたように、全員の合意によって締結され、(承継効を含む) 私法上効力が付与されるという現行法の仕組みに対し、全員の合意を締結要件とせず、また、建築確認の基準とするなど公法上の効果を与えるべきという改革論が対置されるというものであった。

　しかし、近年の立法においては、いずれのモデルにも属さない新たな協定制度として、2011年に都市再生特別措置法の改正によって創設された都市利便増進協定[34] (74-80条)[35] が現れている。これは、都市の中心部の活性化や共同空間の形成のため、都市利便増進施設 (広場、公園、道路、食事施設、アーケード、ベンチ、倉庫、街灯、並木など) を、地域住民が整備または管理する方法や費用の負担の方法について定める協定である。この協定の特徴は、土地所有者等の全員

でなく「相当部分」が都市利便増進協定に参加している場合に、市町村長が認定できるものとし、また、認定の効果が、国、地方公共団体、民間都市開発推進機構の情報の提供、指導、助言その他の援助を受けられることにとどまることである。さらに、目的が法律に明記されず、協定対象の幅も広いことも特徴として指摘されている[36]。また、土地所有者等のみならず、都市再生推進法人が協定に参加しうることが協定締結を先導することを期待して、明文化されるなど、土地所有者等と行政にとどまらない、多様な主体の関与・支援が当初から組み込まれている。

都市利便増進協定は、住民が自発的かつ持続的に地域空間を管理し、それに対して行政や関係法人がインフォーマルな支援を行うための枠組みを形成するための制度ということができる。注目に値するのは、都市利便増進協定が成立要件を緩和しながら、承継効を与えず、また、公法上の拘束力も付与していないことである[37]。すなわち、都市利便増進協定は、特別な法的拘束力を付与することにこだわらず、住民相互の協力およびそれに対する行政との支援によって構成されるネットワークの形成・維持を目的とする制度と位置づけることもできる。建築協定も事実上そのような役割を果たしていたが、協定制度の地域的ネットワーク形成機能に独自の意義を与えたものと評することもできるであろう。

【注】
1) 「まちづくり」という用語の意味合いないし背景については、野呂充「地方分権とまちづくり」芝池義一・見上崇洋・曽和俊文編『まちづくり・環境行政の法的課題』(日本評論社、2007年) 41-45頁を参照。
2) そのような協定の様々な例として、碓井光明『行政契約精義』(信山社、2011年) 463-489頁を参照。
3) 長谷川貴陽史『都市コミュニティと法──建築協定・地区計画による公共空間の形成』(東京大学出版会、2005年) 56-57頁は、建築協定の機能として、第1に、用途地域に対する「上乗せ」的および「横出し」的規制を可能にし、地域全体として良好な環境・景観を形成すること、第2に、当該地域の財産の価値が高まりうること、第3に、土地の高度・有効利用の制限により一定の所得階層を排除する効果を有しうることを指摘する。
4) 建築協定の法的性質に関する諸学説について、石井昇「建築協定・緑化協定の性質」成田頼明編『行政法の争点〔新版〕』(有斐閣、1990年) 288-289頁を参照。
5) 法案審議において、伊東五郎政府委員(建設事務次官)は、「建築協定についての外国の例でございますが、これは実は外国の例はないようでございます。ただGHQの関係官などは、この制度は非常におもしろいということで、これは新考案なわけでございま

す」と述べている（第7国会衆議院建設委員会第33号（昭和25年4月28日））。ただし、外国の制度を参考にしなかったという点については、後述するように疑問も唱えられている。

6） 緑地協定および景観協定の規律対象は、建築協定と一部重なり合っており、特に景観協定は重複する部分が多い。他方、建築協定も、もともと、良好な景観の維持・形成を目的の一つとしているから、景観協定を新設するのではなく、建築協定を拡充するという方法もありえたと思われる（景観法によって創設・改正された他の制度との比較を含め、野呂充「都市景観行政と建築の自由」阪大法学62巻3・4号（2012年）653-654頁、658頁を参照）。景観法は、地区計画については既存の制度を拡充する改正を行ったにもかかわらず（76条）、景観協定については、我が国の土地公法についてしばしば指摘されるメニュー追加方式を用いたのである。その理由として、景観協定を締結しうる地域や、認可等の権限を行使する行政庁につき、景観法上の制度（景観計画、景観行政団体）と連動させるという意図があったのではないかと思われる。しかし、特に協定制度は、住民のイニシアティヴによって利用されるものであり、市民にとっての分かりやすさという観点からは、できるだけ統合的な制度とすることが望ましい。なお、都市計画法に「都市計画協定」という包括的な制度を設けるべきという見解もある（碓井光明『都市行政法精義Ⅱ』（信山社、2014年）407頁）。

7） 国土交通省住宅局市街地建築課「平成19年度末日有効建築協定数」国土交通省ウェブサイト（http://www.mlit.go.jp/common/000047725.pdf, last visited 26 August 2018）。

8） 国土交通省住宅局市街地建築課「平成19年度末日建築協定認可概要データベース（都道府県）」国土交通省ウェブサイト（http://www.mlit.go.jp/common/000047726.pdf, last visited 26 August 2018）、同「平成19年度末日建築協定認可概要データベース（政令指定都市）」国土交通省ウェブサイト（http://www.mlit.go.jp/common/000047727.pdf, last visited 26 August 2018）。

9） 法案審議において、益谷秀次国務大臣は、提案理由説明の際に、「この制度は特に区画整理をやりましたところとか、分譲地とか商店街などで、かねてこういつた制度についての要望もあつたのでございまして」と発言している（第7国会衆議院建設委員会第33号（昭和25年4月28日））。また、建築協定制度の効果ないし運用に関わる質問に対し、伊東政府委員は、「たとえば郊外電車の沿線に一つの駅を設ける、そこをひとつ理想的な住宅地にしてみたい、こういうときに、何分全国なり、その府県なりに共通な規定だけでは、こまかいところに手が届きませんでしたのです。この区域については十分輪を広くとつて、前庭をとりたい、また建物は二階建にしたい、外観もこういうふうにしたい、いろいろな要望がございましたが、今まではそういうことを、たとえば電車会社なりあるいはその付近の土地の地主が相談しまして、こういう町をつくろうということで、土地を分譲するときなどに、そういう条件のもとに分譲するとかいうことをやつておりましても、当初はいいのですが、だんだんそれがくずれて参り、これを確保する道がなかつたのでございます。それで特に郊外地のそういう新開発地の地主さんとか電車会社とか、そういうところからこういう要望がかねてございました。また商店街につきましても、たとえば静岡の大火災のあとで、呉服町とか、ああいう商店街の土地所有者、借地権者などが寄つて、事前に、家の表面をどのようにしたいとか、いろいろな申合せをいたしたことがございます。そのほかまだそういう事例はたくさんございますが、そういう場合にもこの規定が活用されるのではないかと思つております。大体郊外

の住宅地を新たに開く場合、それから商店街など非常に乱雑なものを、お互いに約束してきれいにして行くといつたような場合に、この規定が活用されるのではないかと思いますので、これにつきましては、なお積極的に指導して、いい方面にひとつ活用していただくようにしたいと思つております。」と述べている（第7国会衆議院建設委員会第34号（昭和25年4月29日））。

制定に至る経緯については、長谷川・前掲注(3)66-69頁が詳しい。同書によれば、1950年に制定された建築基準法に先だって1947年に提案された「建築法草案」においては、建築協定は、土地の総面積の3分の2以上の地権者で締結することができ、また、地方長官が建築協定違反に対して是正命令を発することができるという公法的色彩の強い制度として提案されていたとのことである。

10) 逐条解説建築基準法編集委員会編『逐条解説建築基準法』（ぎょうせい、2012年）1067頁。
11) 同上1067頁。
12) 法案審議において、益谷国務大臣は、提案理由説明の際に、「第三者に対する制限もありますから、この手続は慎重を期しておるわけでございまして、特定行政庁の認可を必要といたします。また公開の聴聞を必要といたしております。」と述べている。また、前田榮之助委員による、「〔建築協定〕が悪用されるようなことになるとたいへんなことだと思うのであります。今、日本ではいろいろなちまたのボスやいろいろな連中を相当摘発しておるようでありますが、こういうような連中が近所の連中を威嚇するわけでもないでしようが、何とかして自分のかつてのいいようなことをきめるために、国家の法律を悪用しようという者がないとも限らぬと思うのであります」という発言に対し、伊東政府委員は、「ただいま御質問にありました御懸念につきましては、全員の同意でなければできないということになつております。これもむりに同意をさせられるというようなこともなきにしもあらずでございますが、そういう点につきましては全員の同意があるにかかわらず、知事や市町村長の認可を必要とするといつたようなことにしましたのは、その辺を非常に入念に取扱おうという考えからでございまして、…（略）…この運用については十分そういう点について注意をしてやつて行きたいと思つております。」と回答している（第7国会衆議院建設委員会第33号（昭和25年4月28日））。
13) 逐条解説建築基準法研究会編・前掲注(10)1069頁を参照。
14) 立法時の説明として、本稿注(9)を参照。
15) この点については、次項で紹介するように、異なる見解もある。
16) 運営委員会の実態調査として、長谷川・前掲注(3)特に81-92頁を参照。
17) ただし、この点については、すでに述べたように協定参加者の合意の確認に重点を置いた手続と解する余地がある。
18) 荒秀『建築基準法論（Ⅰ）』（ぎょうせい、1976年）161-167頁、193-195頁、亀田健二「建築協定の法的問題——私人間合意と行政との関係についての一考察」産大法学17巻1・2号（1983年）13-15頁。
19) 森田寛二「建築協定論、そして公法上の契約論——その建立的基礎についての素描(1)」自治研究66巻1号（1990年）6-8頁、碓井・前掲注(2)54頁、同・前掲(6)405頁。同方向の見解として、長谷川・前掲注(3)54頁も参照。
20) この制度の紹介として、寺尾美子「アメリカ土地利用計画法の発展と財産権の保障(1)」法学協会雑誌100巻2号（1982年）294-297頁、亀田健二「協定による土地利用規制の法的問題」産大法学18巻1号（1984年）1-20頁、長谷川・前掲注(3)69-70頁、西田幸

介「私人による土地利用規制の法的統制——アメリカにおけるカベナントを素材として」岡村周一・人見剛編『世界の公私協働——制度と理論』(日本評論社、2012年) 89-104頁、同「アメリカにおけるゾーニングとカベナントの調整法理－土地利用規制の二重構造」龍谷法学41巻1号 (2008年) 1-43頁。これらの研究においては、制限的約款が、ゾーニング制度が現れる以前において計画的土地利用規制の機能を果たしており、しかし、今日においても、ゾーニング制度と並んで、独自の意味を有する制度として利用されていることが指摘されている。

21) 長谷川・前掲注 (3) 69頁は、日本で自生的に発生した建築規制の慣行が前提として存在していたとしても、建築協定の制度化にあたっては制限的約款を参照したと考える方が自然であるとして、建築協定制度創設時の伊東政府委員による説明 (本稿注 (5)) に疑問を呈している。もっとも、政府委員が海外に類似の制度があることを認識しておれば、法案への賛同を得やすくするためこれに言及するのが通例であろうし、制度の内容においても、土地利用にかかる合意内容について承継効が働くという点以外では様々な相違もあるので、建築協定と制限的約款の類似性が偶然のものであった可能性も否定できない。
22) なお、碓井・前掲注 (6) 406-407頁は、建基法70条にいう「建築物に関する基準」は、同法69条に列挙された基準に厳格に限定すべきでないという。
23) 大橋洋一「建築協定の課題と制度設計」同『都市空間制御の法理論』(有斐閣、2008年) 131-132頁は、制度改善提案として、協定内容を柔軟化すべきとしている。
24) さらに、長谷川・前掲注 (3) は、自治会町内会の活動が建築協定の弱点を補う役割を果たしているという実態調査結果を提示している。
25) 大橋・前掲注 (23) 122-124頁、長谷川・前掲注 (3) 57-58頁を参照。
26) 代表的文献として、大橋・前掲注 (23) 124頁-132頁を参照。
27) 荒秀も、一人協定制度を導入した建基法改正の際に、3分の2または4分の3同意制が実現しなかったことを批判し、土地区画整理組合や市街地再開発組合の設立の場合より厳しくしなければならない合理的な理由は見当たらないと述べていた (荒・前掲注 (18) 196-197頁)。
28) ただし、大橋・前掲注 (23) 132頁は、更新については締結時と同様に3分の2同意とすることを提案している。
29) 前注で述べたように、市街地開発事業においては3分の2同意制がとられているが、市街地再開発事業においては、施行地区内のすべての土地を引き込まなければ事業を実施することが不可能であるのに対し、土地利用規制においては、都市計画における既存不適格保護制度や特例許可制度に見られるように、例外を認める余地があるので、同列に取り扱うことはできないであろう。
30) 小賀野晶一「建築協定とまちづくり」判例タイムズ1247号 (2007年) 47頁は、「全員一致ゆえに強力な効果を主張することができると考えると、全員の合意という要件を否定的に捉えるだけでは問題は解決しない」と指摘する。
31) さらには、住民間に何らかの対立関係が生じた場合に、有名無実化した建築協定を盾にとって嫌がらせ的な訴訟が提起されるような事態も、考えられないわけではない。
32) 長谷川貴陽史「建築協定と地区計画」原田純孝編『日本の都市法Ⅱ』(東京大学出版会、2001年) 434頁は、改革提案に意味を認めつつ、「建築協定を完全に公法的な規制として構成しなおすならば、地区計画における建築条例……に近いものとなり、私人のイニシ

アティヴを活用した現行の建築協定とは全く異なる制度になる可能性もある」と指摘する。
33) なお、建築協定は、法的拘束力を与えられていることから、宅地建物取引業法35条1項2号および同法施行令3条1項2号により、重要事項説明の対象とされている。このことは、建築協定区域に新たに加わる者の規範意識を醸成することに寄与しているであろう。
34) 都市再生特別措置法の制定の背景、同法に対する批判および制定後の主な改正経緯について、野呂充「私人による都市計画提案」松本和彦編『日独公法学の挑戦——グローバル化時代の公法』(日本評論社、2014年) 201-2014頁およびそこで引用された文献を参照。
35) この制度の背景・目的・内容については、栗田卓也・堤洋介「特集：都市の公共性と新たな協定制度」学習院法務研究5号 (2012年) 1-52頁が詳しい。その他、吉田克己「人口減少社会と都市法の課題」吉田克己・角松生史編『都市空間のガバナンスと法』(信山社、2016年) 24-27頁、碓井・前掲注 (6) 524-525頁も参照。
36) 栗田・堤・前掲注 (35) 11-12頁。
37) むろん、建築協定とのこのような違いは、一義的には、協定の目的・対象の違いによって生じているものと思われる。建築協定は、一定の広がりを持った区域について建築を制限する効果を及ぼす必要があるので、区域内の土地所有者等の全員合意制をとっているが、都市利便増進協定においては、地域住民が共同で施設の管理等を行うだけであるから、無理に全員を引き込む必要はないであろう。

第4部
行政手法の変容のネットワーク論的分析

11 指定確認検査機関制度と自治体の行政指導

北見宏介

1 はじめに

 本章は、1998(平成10)年の建築基準法改正で創設された指定確認検査機関制度を取り上げるものである。本章で触れる通り、この制度は、従来は地方公共団体のみが担っていた建築確認等の事務を、民間の法人等によっても担わせるものであり、こうした行政事務の民営化は、「行政主体等と私人とのネットワーク」として焦点となる事象の1つといえる。

 この制度をめぐっては、創設後から一定の期間を経て、偽装問題や国家賠償における責任の所在など多くの論点が生じており、いずれも重要なものであるが、ここでは、制度創設後の自治体による任務実現のあり方との関係、特に建築確認の申請時になされることがある自治体の行政指導との関係で、この制度を取り上げる。

 以下では、建築物の規制と指定確認検査機関制度に関する概観をした後に、いわゆる品川区マンション事件を参照しつつ、自治体の任務とその位置付けについて検討した上で、指定確認検査機関制度への若干の評価を行う。

2 建築確認処分と指定確認検査機関

1 建築物規制の法制度

 建築基準法は「建築物の敷地、構造、設備及び用途に関する最低の基準を定めて、国民の生命、健康及び財産の保護を図り、もつて公共の福祉の増進に資することを目的」として掲げる。この建築基準法が置く規定は、一般に2タイプのものとして説明される。すなわち、建築物の構造上の強度、階段・非常用設備に関する規定など、建築物や敷地それ自体の安全や衛生に関する基準を定

める単体規定と、容積率や建ぺい率、接道義務などの、地域環境の確保や良好な都市機能といった目的で規制を行う集団規定である[2]。建築物は、この単体規定および集団規定の両者を含む建築基準関係規定に適合している必要性がある。

一定の建築物について、その着工前に建築の計画が建築基準関係規定に適合しているか否かをチェックする制度が、建築確認である。建築主は建築確認の申請を行い、建築主事または指定確認検査機関の審査による建築確認を受け、確認済証の交付を受けなければならない（建築基準法6条・6条の2）。

建築確認を受けることによって、建築主は適法に工事を行うことが可能となる。こうした効果を有する建築確認は、実務において、伝統的な行政行為の区分論でいう確認に当たると説明され、建築の計画に対して公益上の判断を加えて確認を拒否することはできないとされる[3]。工事が完了したら4日以内に、建築主事または指定確認検査機関による完了検査の申請を行わなければならない（建築基準法7条・7条の2）。この申請を受けた建築主事・指定検査機関は7日以内に検査を行い、建築物が建築基準関係規定に適合すると認められた場合、検査済証が交付される。建築確認の対象となる建築物のうち、大規模建築物（建築基準法6条1項1-3号）については、検査済証を受けないと使用が禁止されるが、同じく建築確認が必要とされる都市計画区域・準都市計画区域内の非大規模建築物については、使用は禁止されないものとされている。

また、建築工事中においても、特定工程を含む建築工事については、当該工程の工事が終了した段階で、建築主事または指定確認検査機関による中間検査を受けなければならず、この中間検査合格証を得なければ、特定工程後の工程に関する工事を続行することはできない（建築基準法7条の3・7条の4）[4]。

こうした、着工前の建築確認から工事の完了時までの、違法建築物の出現を防止する仕組みが存在するとともに、違反建築物の是正という、いわば事後的な規制も存在する。違反建築物・敷地について、特定行政庁は、工事の施行停止や、当該建築物の除却・移転・改築・増築等の是正措置、使用禁止・使用制限等を命じることができることとされている（建築基準法9条1項）。

2 指定確認検査機関制度

以上のような、建築物規制の法制度において、建築確認・中間検査・完了検査を行う権限を有することとなる指定確認検査機関は、一定の条件を満たして

いるものとして、国土交通大臣・都道府県知事の指定を受けた民間の機関であり、周知の通り、1998（平成10）年の建築基準法改正において制度として創設されたものである。従来は建築主事によって行われていた確認処分等を民間機関が行うという、いわゆる「私人による行政」の一例として挙げうるものである[5]。

（1）制度創設の背景　　指定確認検査機関制度が創設された建築基準法改正に先だって、（旧）建築審議会に対して諮問がなされ、改正前年の1997（平成9）年3月24日に「二十一世紀を展望し、経済社会の変化に対応した新たな建築行政のあり方に関する答申」[6]が提示された。ここでは、「Ⅰ．経済社会の変化と建築行政の課題」に係る認識が示され、「Ⅱ．改革に当たっての基本的な考え方」の下に、「Ⅲ．講ずべき具体的施策」が提案される構成が取られている。これが立法の際のベースとされた[7]。

答申における基本的な考え方のうち、指定確認検査機関制度に連接するのは、「効率的な建築規制の執行体制を実現するため、行政と民間の役割分担の抜本的に見直す必要があ」り、「特に、従来、行政が行ってきた建築確認・検査等についても、今後は行政側の十分な体制整備を期待することが困難であることや、建築産業の成長拡大を通じて建築士等の建築生産業務に携わる専門技術者の絶対数が確保され、民間による多様なサービスの提供が期待できる状況になっていることを踏まえ、建築規制制度における民間の役割を積極的に拡大すべきである。具体的には民間企業等が、建築確認・検査を行政に代わって行う仕組みを構築し、行政による直接的な対応を中心とする枠組みから、監査や処分の厳正な実施等の間接的コントロールにより制度の適正な運営を確保する方式へと移行すべきである」[8]というものである。

この下に提示された具体的施策のうち「1．建築物単体の基準及び建築規制制度の枠組みの在り方」内に「(2) 民間企業・団体等を活用した執行体制の整備」の項目が置かれ、より詳細には下記の3点が示された。

　［1］　民間企業・団体等による建築確認・検査の実施
　　建築主が自らの選択により、効率的で、かつ、的確に建築物の安全性等を確保することを可能とするため、一定の要件を満たし信頼の置ける民間企業・団体等が、建築主の依頼により、建築計画の確認、施工時の中間検査や工事完了時の完了検査等を実施する途を開くべきである。
　　このような民間企業・団体等の要件としては、技術能力として性能規定化に対応し

た高い確認・検査能力や一定の確認・検査組織等を有すること、保険制度の活用等による事故や紛争等に対応した責任体制を有すること、第三者性として対象建築物の設計者、工事監理者、工事施工者等との利害関係を有さないこと等が必要であり、今後、建築物の用途、規模、敷地状況等に応じた地方公共団体の関与の在り方も含め、具体的な要件を検討する必要がある。また、公正・適正な業務を確保するための厳正的確な監査と不正行為を行った者に対する厳格な処分の実施等が必要である。

さらに、適法性の確保のために必要な検査業務の内容等については、建築物の用途、規模、構造、品質確保体制等を踏まえて適切な設定が行われる必要がある。

なお、建築確認・検査を設計者等の自己認証に委ねる範囲を拡大することについては、設計・施工段階での品質確保の体制、自己審査・自己検査の公正さを担保するための方策等も含め、その可能性について今後さらに検討する必要がある。

［2］地方公共団体の体制整備

外部の確認・検査機関の活用等により、地方公共団体の総合的な確認・検査能力の向上を図るとともに、住宅金融公庫融資住宅の審査・検査についての合理化措置を講じ、違反対策等に携わる職員の充実等の体制整備を図る。また、建築確認・検査等に要する費用負担の在り方等についても、地方の自主性に委ねることを検討する。

［3］違反対策の充実

民間による建築確認・検査を推進すること等を通じ、行政においては違反対策のための執行体制の充実を図り、違反是正等を強力に進めるとともに、罰則の適用や建築士、建築士事務所、工事施工者等に対する処分を強化するなど、総合的な違反対策を進め、規制の実効性の確保に努めるべきである。

なお、現行の違反是正手法のほかに、違反建築物所有者に対し経済的制裁を課すなどの新たな手法についても、長期的課題として検討する必要がある。[9]

このように、建築基準法に対して従来向けられていた「ザル法」という評価[10]を受けて、「建築主事の負担を軽減して違法建築の除却などの任務にリソースを投入できるようにするという事後チェックの発想を背景」[11]としたものといえる。

今少し、事情について補足すれば、建築基準法制定当時は、まだ民間に建築物の法適合性をチェックする人材的余裕がなく、建築物の調査・検査を行う産業ないし業界がまだ育っていなかったがゆえに、地方の行政機関がこれを（排他的に）行うことが一番適切な方法と考えられていたところ、これが法改正の時点に至っては、建築確認件数で年間約80万件ほど、建築主事1人当たりで年600件あまりとなっていた[12]。こうした状況下で、民間リソースを用いることが図られたわけである。[13]

また、民間に委ねられる作用についても、すでに触れた通り、建築確認は建築の計画が建築基準関係規定に適合することを「確認」する行為であり、建築主事が行う確認と同様の判断が民間機関にも可能であるということが理由の1つとなっていた[14]。

(2) 指定確認検査機関に関する規定　この指定確認検査機関に関わる規定を、ごく簡単に確認しておく[15]。

　指定確認検査機関になろうとする者は、国土交通大臣または都道府県知事に対して申請を行い、指定を受けなければならない（建築基準法77条の18）。指定については、一定の欠格条項（建築基準法77条の19）のほか、指定の基準が規定されている（建築基準法77条の20）。ここでは実際に確認に係る作業を行う常勤の確認検査員の数や経理的基礎のほか、役員・構成員・職員の構成や親会社との関係性が業務の公正の実施に支障を及ぼすおそれがないこと等が定められているが、この基準を満たす限り、公益法人のみならず株式会社であっても指定確認検査機関となることができる。

　指定確認検査機関が建築確認・検査を行うべきことを求められたときは、正当な理由がある場合を除き、遅滞なく、確認検査を行わなければならない（建築基準法77条の26）。建築確認が行われると、それは建築主事による確認としてみなされ、指定確認検査機関が交付した確認済証も、建築主事による確認済証とみなされる（建築基準法6条の2）。また、指定確認検査機関が完了検査の引受けを行い、検査の上で検査済証を交付した場合も同様に、建築主事による検査済証とみなされる（建築基準法7条の2）。

　こうした、建築主事の確認とみなされるという規定が示す通り、建築基準法では、この指定確認検査機関制度を創設しつつも、建築主事の確認・検査に係る権限をなお存続させている。他方、建築主事と並行的に権限を行使する地位が付与される指定確認検査機関に対しては、行政庁による監督の規定も存在する。

　この監督には2系列のものが存在する。第1のものが、指定を行った国土交通大臣または都道府県知事によるものである。指定に対応する形で、確認検査の業務に関し監督上必要な命令をすることができる（建築基準法77条の30）ほか、報告の徴取・検査等（建築基準法77条の31第1項）、指定の取消・業務の全部または一部の停止命令（建築基準法77条の35）の権限が国土交通大臣等に認められて

いる。

　第2に、特定行政庁による監督も用意されている。上記の国土交通大臣等による諸権限は、指定確認検査機関に対する一般的な監督に係るものであるが、特定行政庁は指定確認検査機関の行う個別案件に係る権限を有している。すなわち、指定確認検査機関は、確認済証を交付したときは、確認審査報告書を作成して特定行政庁に提出しなければならず（建築基準法6条の2第5項）、特定行政庁は当該建築物の計画が建築基準関係規定に適合しないと認めたときは、その旨を通知することとされ、この場合、検査済証の効力が失われることとされている（建築基準法6条の2第6項）とともに、必要に応じて、違反建築物に対する措置をとることとされている（建築基準法6条の2第7項）。

　また、特定行政庁も国土交通大臣等と同じく報告の徴取・検査等を行う権限が与えられ（建築基準法77条の31第2項）、自ら必要な指示を行うことができる（建築基準法77条の32第2項）ほか、立入検査の結果、当該指定確認検査機関に業務規程違反や著しく不適当な行為をした事実が認められる場合には国土交通大臣等に報告し、国土交通大臣等が必要に応じて指定の取消・業務の全部または一部の停止命令等の措置を講じることとしている（77条の31第3項・4項）。[16]

3　指定確認検査機関制度の運用後

　以上のような指定確認検査機関制度の創設により、建築確認等の担い手が多元化[17]した。この複数の担い手を、建築主は自らの判断で選択することができることとなった。

　制度の運用間もなくの時点では、指定確認検査機関の手数料の方が割高になろうということから、こうした料金を支払うインセンティブが認められるのかがポイントとなることが指摘されていたが[18]、実際に運用されると、「瞬く間に市場を席巻し」たとされている[19]。法改正の時点では、完了検査の実施割合が38％しかなかったのに対して2010年度には91％まで向上したといい、このこと自体はとりあえず制度を導入した大きな効果という評価も向けられている[20]。

　他方、建築主により建築主事よりも指定確認検査機関への建築確認申請が選択されるようになると、例えば小幡純子教授からつとになされている次のような指摘もまた問題となる。それは、「建築確認の機能の中に、私人間の建築の自由との衝突に対する調整、地域での一定の住環境の整備・維持の側面も存す

ることにかんがみるならば、民間の指定確認検査機関に担わせる役割としてそこまで求められるのかが疑問となるところ[21]」といったものである。そこで続いては、建築確認について指摘される、上記の側面に注目をして検討を進めることとしよう。

3　自治体と地域における調整

1　品川マンション事件と建築確認留保への評価

自治体による建築確認をめぐる著名な事件として、いわゆる品川マンション事件（最三小判昭60・7・16民集39巻5号989頁）がある。

阿部泰隆教授のまとめを借りるならば、この事件が「行政指導による事業遅延の賠償請求の事案において、行政指導の実効性を担保するための建築確認の留保について相手方が行政指導に従わないとの意思を真摯かつ明確に表明すれば、原則としてもはやこれを継続することは許されない[22]」ことを判示したことは周知のところであろう。他方、この品川マンション事件では、「相手方が行政指導に従わないとの意思を真摯かつ明確に表明」したとはされない時点において、建築確認の留保それ自体についてを肯認する判示もなされている。では、こうした行政指導と結びついた建築確認の留保が違法とは評価されない理由はどのようなものであるのか。これに関わる判示箇所は、以下のようなものであった。

「普通地方公共団体は、地方公共の秩序を維持し、住民の安全、健康及び福祉を保持すること並びに公害の防止その他の環境の整備保全に関する事項を処理することをその責務のひとつとしているのであり（地方自治法2条3項1号、7号）、また法は、国民の生命、健康及び財産の保護を図り、もって公共の福祉の増進に資することを目的として、建築物の敷地、構造、設備及び用途に関する最低の基準を定める（1条）、としているところであるから、これらの規定の趣旨目的に照らせば、関係地方公共団体において、当該建築確認申請に係る建築物が建築計画どおりに建築されると付近住民に対し少なからぬ日照阻害、風害等の被害を及ぼし、良好な居住環境あるいは市街環境を損なうことになるものと考えて、当該地域の生活環境の維持、向上を図るために、建築主に対し、当該建築物の建築計画につき一定の譲歩・協力を求める行政指導を行い、建築主が任意にこれに応じているものと認められる場合においては、社会通念上合理的と認められる期間建築主事が申請に係る建築計画に対する確認処分を留保

し、行政指導の結果に期待することがあつたとしても、これをもつて直ちに違法な措置であるとまではいえないというべきである。」

　この判示箇所では、建築基準法の目的規定と並べて、地方自治法の (旧) 2条3項に挙げられた自治体の責務に関する規定が参照されていることが注目される。指定確認検査機関は、無論、普通地方公共団体ではない。

　もっとも、地方公共団体の建築主事と指定確認検査機関との間で、建築確認の申請に対し、建築基準関係規定に適合するか否かを判定する作用について違いはないものとされている。では、同じ建築基準法の下でなされる両者の建築確認について、地方公共団体の建築主事には、行政指導の結果に期待をすることが許され、この期待を根拠に確認処分を留保することが許容されることとなるのか。この判示箇所について非常に興味深い議論を行う、中川丈久教授による分析をみることとしよう[23]。

2　法定外の政策内容を追及する自治体の地位

　中川丈久教授はその著書[24]において、行政指導について、その目的や背景というコンテクストに応じた6つの類型化を行い、品川マンション事件を、その第1類型たる「民民紛争の仲介」としての行政指導に位置づける。これは、既存の実定法のなかに解釈として見い出すことができない「法定外」の政策内容の実現手段として用いられる行政指導であるとする[25]。

　品川マンション事件において、最三小判が「法の趣旨目的に照らし社会通念上合理的と認められる」とする際に指摘されたのは3つの要素であるとする。第1に、指導がなされた状況が、建築主と付近住民の建築紛争の矛先が自治体に向けられた結果、建築主事が、本来的に建築基準法上考慮するいわれのない付近住民らとの話し合いを待つこととして、その間の確認を留保するという形での紛争の収束が図られたという状況であったこと、第2が上記の引用箇所にみるように、指導の目的が、地方公共団体の追及しうる政策的価値に関わるものであること、第3が、指導の相手方が、一応は協力し服従を考えてみるべき(社会的)責務があ(り、それが紛争解決の見込みがなくなるまで継続す)ること、である[26]。また、事件における行政指導の目的は、建築主に対して、紛争の社会的深刻さを認識させ、紛争当事者間の合意の条件である共有観念を、当事者の間

に創り出すことを目的としているとする[27]。

　中川教授は別稿で、この品川マンション事件について、「一定の条件つきながら、行政活動の指針が法律・条例の形式に見いだされることがなくてもよい——したがって「法外」の政策目標・価値判断の行政機関による追及——という余地を認めているように見える」とし、「政策的価値判断を追及することの正当性について、最高裁は、建築基準法の究極の目的に反しないこと、そして地方自治法上の地方公共団体の事務内容に含まれることを指摘しただけで、これを認めている」と評価している[28]。そして、自治体によるこの政策追及のための行政指導を、議会により付与された任務の実行という意味での「行政活動」としてとらえた場合には、憲法構造上不可能なのではないかとする。その上で、国でいう憲法65条上の行政権（Executive Power）に対応する、政治的な存在としての首長レベルの作用として把握することによる正当化の論理を提示し[29]、品川マンション事件において、「建築主事と建築指導課のいずれをも主語とせず、単に「地方公共団体」の責務を論じていたのは、そのような観点から理解することができよう[30]」とも述べる[31]。

3　指定確認検査機関制度の下の自治体の責務

　以上のような自治体の地位を、特に政策目標を追求することの根拠と重ね合わせて考えるならば、すでに紹介した小幡教授の指摘における疑問点は、指定確認検査機関に担わせる役割論としてだけでなく、規範的な正当性においても生じることとなろう。

　他方、品川マンション事件で着目された自治体の責務については、指定確認検査機関制度の創設後も、なお存続するといえよう[32]。むしろ、「建築物の持つ外部性からくる地域との調整は建築基準法に定めてある基準項目以外は法の目的の範囲ではないが、地域においてさまざまに何らかの調整が必要になることは現実であり、その調整をする仕組みとしては今の指定確認検査機関制度では期待できないであろう[33]」という指摘は、中川教授の分析の視点でいう「法（定）外」の政策追求の余地がなお存在することを示唆するものといえるだろう[34]。

　しかし、指定確認検査機関制度が創設されたことにより、すでに触れているとおり建築主は、建築主事と指定確認検査機関を申請先として選択することができ、したがって、建築主事を回避して建築確認を受けることが可能となっ

た。そしてこのことにより、品川区マンション事件におけるような、建築確認の申請局面において行政指導を行うことに困難が生じることが指摘されていた。「従来、建築確認を機縁とした行政指導を自治体が行い、地域の居住環境の保護、緑化、景観保護に努めてきた」が、「確認対象法令適合を理由に簡単に民間機関が建築確認を出すと、開発指導要綱やまちづくり条例は無力なものとなる[35]」といったものであり、この法改正で自治体側から最も危惧されたのが、こうした建築確認を契機とした行政指導が機能しなくなるという点であったという[36]。つまり、建築確認と行政指導という、「今まで行政がワンパッケージでやっていたものが行政と民間に分かれる[37]」こととなり、指定確認検査機関を通じた建築確認においては自治体は、建築確認の留保という行政指導の担保手段を用いる機会を失うこととなる（もちろん、これを本来あるべき姿としてとらえるのは一つの立場である）。

　またこれは、単に担保手段の使用機会を失うだけでなく、行政指導自体を然るべきタイミングで行うという機会を失うことにもなる。というのは、建築確認の申請がなされたことを自治体が知る術が、少なくとも建築基準法の制度上は存在しないからである。すでに本章2－2－(2)で触れた通り、建築基準法では、個別の建築確認に係る特定行政庁の監督の仕組みが用意されているが、ここでは、指定確認検査機関が特定行政庁に報告をするのは、一定の事項を除き、検査済証の交付後のことであり、これがあるまでは特定行政庁は、指定確認検査機関が行う建築確認についてほとんど把握することができない[38]。申請に係る過程は、行政にとっての情報収集の一局面であることが指摘されていたところ[39]であるが、指定確認検査機関を通じた建築確認は、この申請局面が果たす機能を相当程度に奪い去るものといえる。

4　まちづくり条例

　こうした状況の下における、いわゆる事前協議等の手続については、建築確認とは切り離された形でなされることを念頭に置かなければならない。その協議等手続の根拠が条例であるとしても、指定確認検査機関が確認事務において照合する建築基準関係規定ではない。このため、指定確認検査機関にとっては関心の範囲外ということもできる。こうした中で、注目されるものとして次のような条例がある。

11　指定確認検査機関制度と自治体の行政指導

　まず、芦屋市住みよいまちづくり条例3条の2において「指定確認検査機関は、市が取り組む健全で快適な住環境を維持、保全及び育成するための施策に協力しなければならない」とされるように、自治体と指定確認検査機関の間で何らかの関係性・連接が規定される例があることである。各自治体が取り組む施策にはさまざまなものがありうるが、少なくともそうしたものに対して、指定確認検査機関や、そこに申請をした建築主の意識を向けさせることはあってしかるべきものと思われる。例えば、町田市では、自治会や一定の居住区域単位で、自主的に建築物等に関する取り決めを定めた「建築協約」が策定されることがあり（本稿筆者によっては、条例にも要綱等にも根拠を見つけることはできなかった）、市によって、「こうした協約の策定された区域について情報を提供し、区域内の建築等にあたっては、これらの規約を尊重するようお願い」がなされている。ある調査によれば、この町田市内の区域における協約の存在の通知について、指定確認検査機関には建築主に対してこれを行うところと、行わないところがあるという。建築協約区域内の住民と建築主との間での関係構築の点でも、こうした通知は建築確認に際してなされているほうが望ましいようにも思われるが、自治体により指定確認検査機関に対して、通知を行うという運用を求めることなどがありえようか。

　また、建築確認のタイミングで、確認の留保を担保手段とした事前協議に係る行政指導を行うことが制度構造的に難しくなったことから、建築確認とは別個に、条例により事業着手の制限を規定する条例も存在する。狛江市まちづくり条例をその例として挙げることができる。この条例は、事前手続において「調整会」を開催することでも注目が向けられるものであるが、事業着手の制限についても規定が置かれ（35条）、これに違反して工事着手がされた場合には、勧告・公表が用意されている。

4　結びに代えて

　以上、誠に雑駁ながら、指定確認検査機関制度とその下での自治体による建築をめぐるその任務に係る実現のあり方について検討を行った。
　品川マンション事件においても考慮された、建築基準法1条の「究極の目的」と同じないし接続的な任務が自治体になお残る一方、この目的規定の下に

同じ行政作用を両者で分担しているにもかかわらず、自治体と指定確認検査機関とのつながりが、時間の観点でも、自治体による建築基準法上規定されている権限行使の有効性の観点でも、制度上、十全な形としては用意されていないように思われる。

そしてこのことにより、本章２－２－(1)でも取り上げた答申で、並列的に提案されていた、「住民による主体的なまちづくりの一環として、住民が地域における建築活動の状況を把握するとともに、その情報をもとに地方公共団体に対し幅広くまちづくりの提案を行う[44]」ということの実現が、むしろ阻害されることになるようにも考えられる。建築の計画について自治体が認知するための条件確保や、自治体と指定確認検査機関との一般的な連携体制の構築について、今後の検討の対象となると思われる。もちろん従来みられる、上記のような自治体の任務も考慮に踏まえた、単体規定と集団規定の自治体・指定確認検査機関での取扱いの担当区分や、建築確認の対象事項等の再検討は引き続きなされる必要があろう[45]。

もっとも、本稿筆者は、実態の調査を行っているわけではなく、実際に生じている問題事例を目にしているわけでもない。引き続いては、より問題事象に即した検討を行う必要性を自覚している。

【注】

1) 参照、高橋滋『行政法〔第２版〕』(弘文堂、2018年) 38頁以下。
2) 参照、安本典夫『都市法概説〔第３版〕』(法律文化社、2017年) 110-132頁。
3) 参照、逐条解説建築基準法編集委員会編著『逐条解説 建築基準法』(ぎょうせい、2012年) 62頁。もっとも、講学上の許可と見る学説も有力である。参照、碓井光明『都市行政法精義Ⅱ』(信山社、2014年) 79頁以下、安本・前掲注 (2) 137頁・注62。
4) 以上につき参照、安本・前掲注 (2) 135-142頁、原田大樹『例解行政法』(東京大学出版会、2013年) 460-463頁。
5) こうした、指定を受けた民間機関が一定の行政権限を行使する指定機関について、参照、塩野宏「指定法人に関する一考察」同『法治主義の諸相』(有斐閣、2001年) 449頁〔初出1993年〕、米丸恒治『私人による行政』(日本評論社、1999年)、松塚晋輔「指定機関の分類と責任」京女法学７号 (2014年) ３頁等。
6) 国土交通省ウェブページ (http://www.mlit.go.jp/jutakukentiku/build/info_19970324_0.html, last visited 31 August 2018) を参照。
7) 参照、原田大樹「指定確認検査機関と国家賠償」同『行政法学と主要参照領域』(東京大学出版会、2015年) 293頁。
8) 建築審議会答申・別紙Ⅱ (2) (http://www.mlit.go.jp/jutakukentiku/build/info_

19970324_2.html, last visited 31 August 2018)。また参照、米丸恒治「建築基準法改正と指定機関制度の変容」政策科学7巻3号(2000年)254頁。
9) 建築審議会答申・別紙Ⅲ1 (1)(http://www.mlit.go.jp/jutakukentiku/build/info_19970324_3-1.html, last visited 31 August 2018)。
10) 参照、北村喜宣『環境法雑記帳』(環境新聞社、1999年)64頁。ここでは、「ある政令指定都市の建設監察担当者からは、『わが市における新築建て売り住宅は、まず違法建築と考えてもらって結構です。』というにわかには信じがたい実態を耳にした」エピソードを紹介している。
11) 原田大樹「立法者制御の法理論」同『公共制度設計の基礎理論』(弘文堂、2014年)181頁〔初出2010年〕。また、答申Ⅰにおいて、阪神・淡路大震災を契機として安全性等の維持保全のための「建築規制の実効性」が強く要求される一方で、「地方公共団体のマンパワーが追いつかない状況」という認識も示されている(建築審議会答申・別紙Ⅰ(3)(http://www.mlit.go.jp/jutakukentiku/build/info_19970324_1.html, last visited 31 August 2018))。参照、櫻井敬子「技術と安全」公法研究69号(2007年)172頁。
12) 参照、杉山義隆「指定確認検査機関の実情と課題」日本不動産学会誌27巻4号(2014年)54-55頁。
13) 同上55頁。
14) 参照、板垣勝彦「指定確認検査機関と国家賠償」同『住宅市場と行政法』(第一法規、2017年)70頁〔初出2017年〕、杉山・前掲注(12)54頁。
15) 以下については、参照、米丸・前掲注(8)257-259頁、碓井・前掲注(3)73頁以下、板垣・前掲注(14)68-72頁。
16) 原田・前掲注(7)299頁は、指定確認検査機関への監督制度を「類例と比較しても極めて強度の高い特殊なもの」とする。評価は異なるように読めるが、仲野武志「判批」平成17年度重判解(2006年)43-44頁も参照。いずれも、本稿では触れない指定確認検査機関の国家賠償の責任主体性という論点にも関連する、最二小決平17・6・24判時1904号69頁をめぐっての検討である。より広く建築確認に係る国家賠償については、参照、北村和生「違法な建築確認と国家賠償責任」政策科学21巻4号(2014年)49頁。
17) 参照、米丸恒治「『建築基準法』の適用」法学教室408号(2014年)16頁。
18) 参照、大橋洋一「建築規制の実効性確保」同『対話型行政法学の創造』(弘文堂、1999年)219頁〔初出1999年〕、米丸・前掲注(8)258-259頁等。
19) 板垣・前掲注(14)67頁。
20) 参照、杉山・前掲注(12)56頁。もっとも、多くの自治体では「財政難」を理由に関連セクションの人員削減がなされ、行政側の審査能力の形骸化を決定的なものにしてしまったことを強調する見解もある。参照、櫻井・前掲注(11)173頁。
21) 小幡純子「都市・住宅・建築と行政法学の接点——建築確認を題材に」都市住宅学67号(2009年)160頁。
22) 阿部泰隆「行政指導の担保手段としての建築確認の留保」ジュリスト845号(1985年)84頁。
23) なお、この最三小判は行政指導をしている間の建築確認の留保を違法判断の対象としているが、それが適法とされる場合、行政指導も適法であるという前提に立っているといえよう。参照、交告尚史「行政指導の継続と建築確認の留保」論説ジュリスト3号(2012年)79頁。

24) 中川丈久『行政手続と行政指導』(有斐閣、2000年) 207頁以下〔初出1998年〕。
25) 同上209-212頁。品川マンション事件で問題となった周辺住民の日照阻害等は、建築基準法において十分な規定がなされておらず、それへの対応は「法定外」の政策事項とされる。参照、交告・前掲注 (23) 81頁、石川善則「判解」最判解民事編昭和60年度249頁。
26) 中川・前掲注 (24) 225-233・236頁。
27) 同上238-239頁。また参照、交告・前掲注 (23) 81頁。
28) 中川丈久「行政活動の憲法上の位置づけ」神戸法学年報14号 (1998年) 220頁。
29) 同上221-224頁、また、中川・前掲 (24) 356-358頁も参照。
30) 中川・前掲注 (28) 223頁。また、建築確認を留保した建築主事について、調査官解説の「「本件の行政指導においては……建築主を行政指導に協力させるために、……知事が一般的な指揮監督権を有する建築主事に対し建築確認を留保させるという抑制的措置が」とられた」とする箇所に注目を向けている。参照、中川・前掲注 (24) 263頁・注4。
31) さらに中川教授は、結論を留保しながらも、地方公共団体を統治機構の一翼であるだけでなく、地域団体としての「自治的集団」(地域団体、職能団体、職場組合・労働組合、業界団体等のコミュニティ) としての側面を同時に有しているものとしてみる可能性を指摘し、憲法92条以下を、社会における「自治的集団」としての「地方公共団体」による部分的秩序形成を、憲法が自ら促進しようとする趣旨とする読み方を提示する。参照、中川丈久「行政による新たな法的空間の創出」土井真一編『変容する統治システム(岩波講座憲法4)』(岩波書店、2007年) 208頁。
32) また、地方自治法 (旧) 2条3項の条文は、いわゆる第1次分権改革時の平成11 (1999) 年改正で削除されている。しかし、このことによっても責務が消滅するわけではないだろう。(旧) 2条3項は、自治体の事務の例示をするものとされており (参照、塩野宏『行政法Ⅲ〔第4版〕』(有斐閣、2012年) 161頁)、自治体の性格を、責務を失わせる方向で変容させる改正とは解されないからである。
33) 杉山・前掲注 (12) 60頁。
34) もっとも、それが行政指導の継続を正当化するだけのものと評価されるかは、なお検討すべきところがある。品川マンション事件は、「少なからぬ日照阻害、風害等の被害を及ぼし、良好な居住環境あるいは市街環境を損なうことになるものと考えて」なされた行政指導に関する事件であり、あらゆる価値・利害について射程が及ぶとは直ちには断定できないからである。参照、交告・前掲注 (23) 82-83頁。
35) 大橋・前掲注 (18) 221頁。大橋教授はここで品川マンション事件を、最高裁が「行政指導の限界は示したが、確認留保という行政指導の許容性は肯定し」たものとする。
36) 参照、米丸・前掲注 (8) 265頁。
37) 第142回国会衆議院建設委員会議録12号2頁 (平成10年5月15日)(小川忠男政府委員発言)。
38) 参照、金子正史「指定確認検査機関に関する法的問題の諸相」同『まちづくり行政訴訟』(第一法規、2008年)〔初出2005年〕。しかも、この報告を受けてなされることが念頭に置かれている特定行政庁による監督も、建築基準関係規定への不適合に限定されたものであるため、行政指導と重ね合わせることができないものであり、さらに、指定確認検査機関から報告書とともに提出される建築計画概要書は、建築確認申請の内容に比して限定的な内容記載のものという。
39) 参照、角松生史「「公私協働」の位相と行政法理論への示唆」公法研究65号 (2003年)

204頁、野村武司「行政による情報の収集、保管、利用等」磯部力ほか編『行政法の新構想Ⅱ』(有斐閣、2008年) 326-328頁等。
40) 参照、碓井・前掲注 (3) 94-95頁。
41) 堂免隆浩「住環境保全を目的とした自主ルールの実効性を高める住民組織の取り組み」日本建築学会計画系論文集75巻658号 (2010年) 2911-2912頁。
42) 参照、岩橋浩文『都市環境行政法論──地区集合利益と法システム』(法律文化社、2010年) 250頁以下。
43) 中川・前掲注 (24) 229頁。
44) 建築審議会答申・別紙Ⅲ 2 (3) [3] (http://www.mlit.go.jp/jutakukentiku/build/info_19970324_3-2.html, last visited 31 August 2018)。
45) 参照、櫻井敬子『行政法講座』(第一法規、2010年) 251頁、安本・前掲注 (2) 132頁等。

12 公的サービスへのネットワークシステムの導入の検討
―― 情報共有ネットワークの社会的役割の評価について

磯村篤範

1 はじめに

　本章の課題は、社会福祉サービスを素材に、ネットワークという手法が如何なる意味を持ちうるかを検討することである。本書冒頭に説明されているように、当初はNew Public Management (NPM) の行政への導入、そして次にPublic Private Partnership (PPP) という手法による行政目的の達成を、それぞれ課題として行われてきた共同研究の第三のテーマとして、Networkによる公的役割の遂行が検討されてきた。しかし、ネットワーク概念自体は、後述のように、多義的であるが[1]、最も基礎的に理解すると、それは「頂点（ノードともいう）と枝（リンク、紐帯ともいう）から成り数学のグラフ理論が指すグラフ関係、食物網、道路網、インターネットなどさまざまな対象を表すことができる」[2]ことをいう。頂点と頂点を枝でつなぐ関係には様々な態様があるが、法に関わる関係をみると、法制度化された関係もあれば権利義務関係もあり、それぞれに即した議論が行われるべきであり、事実関係から法関係へ変化する過程（あるいはそれとは反対の方向への変化）、法制度化への過程（またその反対の方向への課程）にある場合、「枝」やその当事者である「頂点」を「ネットワーク」と理解し、検討することにしたい[3]。

　この意味でのネットワークは様々な変化の過程に見出されるであろうが、その中の一つに、「ガバメントからガバナンスへ」[4]を挙げることができる。これは、様々な改革を内包しているが、その一つとしてのNPMは、新しいガバナンスに対応して導入されてきている政府の経営モデルで、企業的モデルあるいは市場的モデルであるという[5]。このこととの関連で興味深いのは、この様な市場原理を導入したガバナンスは、「階層構造的プロセス」、言葉を変えるとヒエラルヒー的な統治のシステムを変更できなかったということである[6]。これに対

し、「新しい公共[7]」という考え方が登場してきた。たとえば2011年の第177回国会で「21世紀の日本の復活に向けた21の国家戦略プロジェクト」が提示されたが、そこでは、「人に役立つ幸せを大切にする社会」をめざすとし、「国民の多様なニーズにきめ細かく応えるサービスを、市民、企業、NPO等が無駄のない形で提供することで、活発な経済活動が展開され、その果実が社会や生活に還元される」、「新しい公共」を実現するという。「新しい公共」をめぐっては、様々な議論が出されているが、そこで注目されている特徴として、「地域住民」「市民」「住民参加」である[8]。これをPPPと理解する見解もあり、それを誤りとはしないが、むしろ、公的な任務を「私」でになう、さらに「公」と「私」の区別を超えて公的利益を担うという社会の一側面をみる考え方と理解することにしたい。

　この様な社会的あるいは政策的な変化をみる上で有意義である一つの領域として社会福祉サービスの領域をあげることができると思われる。後述のように、社会福祉サービスを巡る最近の制度改革は、日常生活における自立を追求する支援制度に代表される個人の確立を中心とする制度改革である。その制度改革には、特徴の一つとして、本稿の意味でのネットワークが指摘されているのである。この「ネットワーク」の特性が論じられてい社会福祉サービスの類型として「コミュニティソーシアルワーク（Community Social Work、以下、CSWと略す[9]）」を素材に、ネットワークに伴って検討できる「規範」を対象とすることにする。

　本稿では、まず、CSWについての共通認識を得るため、CSWの特徴を理解するための幾つかの具体例を紹介し機能を概観する（2の1）。そして、CSWが導入される時期の社会福祉法制の変化を理解し、それとは異なるCSW検討の可能性をみる（2の2）。そして、社会福祉サービスに不適切な市場原理・競争原理・民営化を避けるCSWを検討する上での「新しい公共性」論の一つを概観して（3の1）、最後にネットワークを考えてみることにする（3の2）。

2　CSWの役割とその制度枠組

　本節では、まず、CSWの地域社会における役割を概観し、CSWの機能や特徴をみることにする。そして、新たな社会福祉制度成立の基礎となった「社会福

祉基礎構造改革」及び現行法制度とCSWとの整合性（もしくは不整合性）をみる。

1　CSWの具体例とその特徴

　今日、多くの自治体で、CSW[10]が導入されている[11]。そこで、ここでは差し当たり各CSW事業の紹介[12]をもとに、自治体毎に様々なCSW推進者による事業をいくつか概観して、CSWの内容を理解することにしよう。

　(1) 本人[13]が高齢者である場合、様々な課題とも関連してCSWrが対処している。その具体的事例として、本人は単身で生活しているが、外出した際に転倒し骨折して入院した。しかし本人には、入院時のサポーターが確保されていない。また、退院後の居住場所も失った本人について、CSWrは、介護保険の認定申請・介護サービスの利用についての支援をし、特別養護老人ホーム入所や、入所契約締結に際しての親族との連絡等をしている（②）[14]。同じく本人が高齢者で一人暮らしだが、生活費が足りず食事も不十分で体調は悪化し、精神疾患があり住むところは「ゴミ屋敷」になっていたが、訪問介護の利用に加えて、通院することや訪問看護を利用しあるいは生活保護の申請や保護費の受給にCSWrが支援したという事例がある（①）。この他、日本人の配偶者である外国人（介護保険の制度外の人）の通院（ケアマネージャーからの支援）に際してのCSWrによる通訳者の紹介（①）や30歳代の男性で、障害年金で生活をしているが生活費は足りず、満足な食事もできず、自宅は不衛生で「ゴミ屋敷」になっている人について、CSWrが本人の生活保護の申請、訪問介護の利用をするようにした事例（②）などがあげられる。これらの事例は、問題が既に発生していて、CSWrが直接複数の関係機関等と連携して、問題を解決する点に特徴がある。例えば、生活保護については自治体と、通院などについては地域包括支援センターや医療ソーシャルワーカー、病院、訪問介護事業所、病気それぞれを担当するソーシャルワーカーや行政機関、NGO等と連携して、適切な処置を提供している。この様なCSWは、「制度の狭間の支援[15]」を行っている類型といえる。

　(2) CSWrによって取り扱われるもう一つの類型として、「地域の見守りネットワーク[16]」をあげることができる[17]。例えば、子供の頃に地方で育ったが、就労などの関係で一旦都会に出た人の事例がある。本人は、夫の定年退職を契機にこの地域に戻ってきたが、地域の人たちとのコンタクトはあまりなく、配偶者

が亡くなってからは、それまで以上に人とのつながりがなくなった。この事例では、「このままの状態が続くと、必要な福祉サービスの利用は勿論、町の情報などから孤立し、生活課題が拡大していくことが想定され」、CSWrが対応することになった事例がある（③）。近時の豪雨では、人命を失うことをはじめ、大規模な災害が発生しているが、国土交通省では、水防災意識社会の再構築ビジョンという施策が、平成27年に策定されている[18]。その具体策としての「地域における要援護者の見守りネットワーク強化事業」は、地域の住民の参加の中で、災害時に避難することに不安な人自らが登録することを希望する「手挙げ方式」をとり、地域毎に「要援護者名簿」と「要援護者マップ」を作成している。2018年の西日本豪雨では、200人を超える死亡者を生み問題になっているが、災害時要援護者支援も「見守り支援ネットワーカー」あるいはCSWrの役割として取り扱っている（④）。

　（3）認知症患者Aが鉄道事故をおこし、JR東海が遺族に損害賠償を請求したが、平成28年3月1日最高裁第三小判決[19]においては、被告となったAの妻とその長男の損害賠償責任は否定された。ただ、判決では、「法定の監督義務者に該当しない者であっても、責任無能力者との身分関係や日常生活における接触状況に照らし、第三者に対する加害行為の防止に向けてその者が当該責任無能力者の監督を現に行いその態様が単なる事実上の監督を超えているなどその監督義務を引き受けたとみるべき特段の事情が認められる場合には、衡平の見地から法定の監督義務を負う者と同視してその者に対し民法714条に基づく損害賠償責任を問うことができる」とし、「法定の監督義務者に準ずべき者に当たるか否かは、その者自身の生活状況や心身の状況などとともに、精神障害者との親族関係の有無・濃淡、同居の有無その他の日常的な接触の程度、精神障害者の財産管理への関与の状況などその者と精神障害者との関わりの実情、精神障害者の心身の状況や日常生活における問題行動の有無・内容、これらに対応して行われている監護や介護の実態など諸般の事情を総合考慮して、その者が精神障害者を現に監督しているかあるいは監督することが可能かつ容易であるなど衡平の見地からその者に対し精神障害者の行為に係る責任を問うのが相当といえる客観的状況が認められるか否か」を判断するとしている。この事件を契機に、改めて、地域による認知症患者の「見守り支援ネットワーク」が求められることになったが、これはCSWの予防機能と言われている[20]。

(4) CSWは、インフォーマルな事業であること、個人の自立性支援に際しては、社会福祉サービスの「高齢者福祉」「児童福祉」「障害者福祉」及び「母子家庭等寡婦福祉」の枠を超えたサービスの提供であること、そして、地域に依拠した事業であるという点に特徴がある。CSWが機能する上では、当然本人の情報がきわめて重要な役割を持っている。個人の自立性が成り立つためにのみならず、地域に根ざした事業を考えれば、情報の地域における共有が求められることになる。情報収集など必要な範囲では強制的な作業もありうる。この様な場合には、如何なる行為が認められるのかが明確であることが求められる。そこで、改めて、社会福祉法制度の改革に焦点を当ててみることにする。

2　社会福祉制度の変更とCSWの導入

(1) 日本でCSWが注目されるに至った背景として、コミュニティワークやコミュニティオーガニゼーションの限界、アウトリートの必要性と社会福祉基盤構造改革があげられる。[21][22] ここでは、社会福祉法制との関係で注目された社会福祉基盤構造改革を検討することにする。

昭和26年に制定された社会福祉事業法は、民間社会福祉の自主性の尊重と同時に、それに対する公的責任の転嫁を禁止する法制度であった。そして、そのことを示す法制度として、福祉サービスの給付については、基本的な構造としては、都道府県・政令指定都市・市町村が給付債務者であり、給付の要件が定められていて、要件を満たす場合にはサービスの提供を決定する「措置」が行われることになっていた。この制度に対しては、「公的責任万能主義」「公立公営万能論」に対する批判的な議論が行われていたという。[23]

当時の社会福祉制度に対する改革をめざした1998年の「社会福祉基礎構造改革（中間まとめ）」で挙げられた基本的方向は、①　対等な関係の確立、すなわち、利用者と事業者の対等な関係の下で、如何なるサービスを享受するかを利用者が決定できる、契約制の導入、②　地域での総括的な支援、すなわち利用者に必要な様々なサービス、福祉のみならず、教育や就労の機会の提供、住宅や交通などの関連する様々なサービスの提供など地域から提供されるサービスも含めた効率的なサービス提供をする、③　多様な主体の参集促進、すなわち②とも関連するが、サービスを提供する側の主体者の多様性が追求される、④　質の効率性の向上、サービスの内容や費用負担の合理性の追求が求められる。

これによって、利用者の選択による適正な競争を可能とし、市場原理を活用することによって、提供されるサービスの改善を実現する、⑤　透明性の確保、⑥　公平かつ公正な負担、最後に、⑦　福祉の文化の創造、すなわち、社会福祉に対する地域住民の積極的主体的関与の実現である[24]。これは、行政とサービス提供者、福祉地域そして本人の間での役割分担と相互の協力を実現することを求めるものであるとする見解がある[25]。また、社会福祉基礎構造改革では、「措置制度を典型とする公私二元論及び官民二元論という社会福祉のパラダイムには収まりきらない」領域に、「『社会』や中間団体としての『社会的パートナー』が入る」ことで、社会福祉の内容を多様化しようとするものであったという評価をする見解もある[26]。

　他方で、社会福祉基礎構造改革に現れた民営化・営利化・市場化の三位一体が新自由主義によるものであって、「公設公営型福祉を民営型福祉へ、公共主導型福祉を民間主導型福祉へと転換する公的規制緩和策・民営化策」を推進する、「公的責任を解除」し、福祉の財政負担を利用者に課し、福祉の平均水準水準の弾力化をもたらす危険性があるという指摘がなされた[27]。

　さらに、平成12年に厚生省から、「社会福祉基礎構造改革について（社会福祉事業法等改正法案大綱骨子）」が出され、同年に社会福祉法への改正が行われた。社会福祉法では、社会福祉基礎構造改革の下で、例えば、②にあげられた、「地域での総合的支援」は、他の項目にも関連するが、利用者本位の考え方に立って、利用者を一人の人間としてとらえ、その人の需要を総合的かつ継続的に把握し、その上で必要とする保健・医療・福祉の総合的なサービス提供が、教育、就労、住居、交通などの生活関連分野とも連携を図りつつ、効率的に提供される体制利用者の最も身近な地域において構築することが求められることになった。しかし、分野に即した地域の社会福祉サービスの提供が、分野ごとの法制度によって提供されることになっているが、「制度の狭間」を埋める制度、換言すればCSW制度は法制度化されなかった。この法制度の問題点を次にみることにしよう。

（2）CSWの特性とネットワーク　社会福祉基礎構造改革を受けて、2000年に、社会福祉事業法が社会福祉法に改正された。新たに制度化された社会福祉制度は、利用する社会福祉制度を利用者の決定に委ねる一方で決定するに際しては、利用者に十分な情報の提供がされなければならない（社会福祉法75条）[28]。

社会福祉法制では、分野をサービス別に分けると、「児童」「障害者」「生活保護」「高齢者」の4分野となり、社会福祉に関わる責務を担う者として、「地域住民、社会福祉を目的とする事業を経営する者及び社会福祉に関する活動を行う者」(社会福祉法4条)があげられるが、最後に社会福祉に関わる職種として、社会福祉士や介護福祉士が規定されている。

社会福祉法は、「福祉サービスの適切な利用」を実現するため、「情報の提供」、「福祉サービスの利用の援助等」及び「社会福祉を目的とする事業を経営する者への支援」を定めている。「情報の提供」に関しては、社会福祉事業の経営者は、「福祉サービス……を利用しようとする者が、適切かつ円滑にこれを利用することができるように、その経営する社会福祉事業に関し情報の提供を行うよう努めなければならない」(法75条1項)、「……福祉サービスの利用を希望する者からの申込みがあつた場合には、その者に対し、当該福祉サービスを利用するための契約の内容及びその履行に関する事項について説明するよう努めなければならない」(法76条)、「広告された福祉サービスの内容その他の厚生労働省令で定める事項について、著しく事実に相違する表示をし、又は実際のものよりも著しく優良であり、若しくは有利であると人を誤認させるような表示をしてはならない」(法77条)としている。国や地方公共団体も「福祉サービスを利用しようとする者が必要な情報を容易に得られるように、必要な措置を講ずるよう努めなければならない」(法75条2項)とするに過ぎず、一般的制度枠組としての社会福祉法では、社会福祉サービス利用者に提供されるべき情報が提供されるようになっているかが問われる。そこで、社会福祉サービスの「児童福祉」「障害者福祉」「高齢者福祉」「母子・父子・寡婦福祉」「生活保護」のそれぞれの分野ごとにみると、サービス提供者による情報提供が一応用意されているといえる。事例でもみられたように、社会福祉サービス利用者に対する情報提供は、特に措置制度から契約制度に移行した分野では、分野ごとに切り離されて提供されており、使用者の利益が保証されないことにもなる。なお、そもそも、他方で、新たな社会福祉政策の背景を「自治体財政の困難」などを理由にする「国民生活の切り捨て」とする見解もある。社会福祉サービスに関する公的責任を曖昧にするとする批判的な指摘は、直ちに社会福祉サービスが公設公営でなければならないとするものではなく、「市民社会における社会問題への関心の高まりや実際の活動・事業の発展」も射程に入れた議論であるという

点で妥当する議論であり、現実に「多問題ケース、困難ケースに対してその施設独自の機能や専門性だけで対応できるわけではない。他の専門機関、専門職との連携が不可欠である[34]」とする点では、CSWの機能に共通の検討する意味を見いだせると考えられる。

　地域に結びついて自立支援を担うCSWには、一方で、本人や地域などに課せられた様々な問題点についての情報の共有や問題を解決する上でのプライバシーが集中することになり、そこには特殊な人間関係――それをここでは「ネットワーク」という―、社会福祉制度に現れる、適切な、本人や利用者の評価に基づくサービスの選択という意味での市場原理、競争原理の成立する民営化があり得るか否かが問われる。その回答を、社会関係資本論（social kapital）[35]あるいはネットワークに見いだせないかということが、検討課題となる。

3　求められる社会福祉制度の可能性の基礎

　前節では、CSWを素材に、実際に求められてきている社会福祉サービス制度――地域に根ざした本人の自立性の下で受け入れられる社会福祉制度――を顧みた上で、現行社会福祉法制の不十分性をみた。そこで、本節では、本来の社会福祉サービスを導き出す可能性を持った議論をみてみることにする。その一つとして、社会関係資本論をみてみる。そして、社会関係資本論に共通する社会ネットワークの社会福祉サービスへの導入可能性をみるネットワーク論を考えることにする。

1　対象としての社会関係資本の意味

　既述のごとく、ガバナンスを、国家行政や公的セクターによる公的サービスのヒエラルヒー的な提供（ガバメント）に対する批判を背景に、かつ、市場の原理や営利的事業を排除する私人による公的サービスの提供お理解し、様々な参加者（ノード）の関係をつなぐ線（リンク）である「ネットワーク」制度と結びつくと、それは、ネットワークガバナンスと理解される。このネットワークガバナンスは社会的ネットワークの一類型と理解することができるが、社会的ネットワークを検討評価するためには、ネットワークの評価基準として「社会関係資本」を用いることとし、その内容を紹介検討することにする。

社会関係資本とは、本来、「人々の善意、相互の共感、帰属意識、絆といった日常生活に必要不可欠なもの」[36]をいう。定義の一つとして「心の外部性を伴った信頼・規範・ネットワーク」とする見解がある。[37]

社会関係資本における「信頼」とは、「相互に相手の行動が自分にとって利益をもたらすことを期待する」[38]「ある人が、別のだれかに何かをしてあげる。しかし、何らかの直接的な見返りは期待しない。その人はむしろ、社会システムや集団がいつかお返しをしてくれることを信じている」[39]。この様な信頼が社会関係資本の成立に不可欠であるとすると、社会関係資本においては市場の論理は成り立たず[40]、信頼関係の成立しない関係では社会関係資本は存在し得ない。信頼関係が存在する社会はきわめて限定的となる可能性がある。また、信頼関係が存在することを前提とする以上、信頼関係を破壊する行為は、違法な行為たり得ることになる。ネットワークの成立する社会の客観法の検討を可能とするといえるであろう。

社会関係資本を検討していく上でもう一つの「基本的アイデア」として、「規範」がある。[41]ここでいう「規範」あるいは「互酬性の規範」とは、「相互的な相関関係にあり、現時点では不均衡な交換でも将来均衡が取れるものであろうとの期待を元にした持続的な協調関係である場合の互酬性」(特定的互酬性)あるいは「特定の個人からの見返りがなくとも、長期的には当事者全員の効用を高めるという連帯の調和に役立つ互酬性」(一般的互酬性)[42]を維持発展させるためにしなければならない規範があり、違反した場合には制裁が行われる行為義務をいう。[43]

社会関係資本には、さらに区別を必要とする場合として、「橋渡し型」社会関係資本と「結束型」社会関係資本がある。[44]「橋渡し型」社会関係資本とは、「異質な者同士を結びつけるブリッジング(橋渡し型)な社会関係資本」をいい、「結束型」社会関係資本とは「同質な者同士が結びつくボンディング(結束型)社会関係資本をいう。」とする。橋渡し型社会関係資本は、「情報の伝播や評判の流布において外部性」が強く[45]、結束型社会関係資本については、連帯性が強い場合には「補償もなしに、成員が集団に対する義務に従」い、「サンクションの実効性は、サンクションが実際に行使されたときの効き目」は、「ある行為の実行や抑制がしっかりと規範化されていれば」有効だという。[46]「互酬性の規範」は、信頼性を担保する情報の共有や一定の行為の義務化(道徳的倫理的な意味で

のそれも含んでいるが)が行われ、規範に違反する場合にはサンクションが行われることもあり、社会関係資本論の内容について、法的アプローチを可能にしているといえよう。

「社会関係資本論は、健康、公共財の供給、孤立・自殺対策等市場メカニズムが有効に機能しない分野や貧困、QOL (生活満足度など)に重要であるという」。社会関係資本が影響を及ぼす領域としては、企業の経済活動や地域社会の安定、国民の福祉や健康、教育が指摘されている[47]。逆に言えば、社会関係資本が機能しない場合があり、「社会統合あるいはその機能不全としての分断・分極化、隔離、孤立といったテーマについて、議論されている[48]」あるいは、「基本的な格差の拡大が社会関係資本の既存を招く[49]」とする。阪神・淡路大震災が発生した1995年は「ボランティア元年」とも称され、全国各地から多くの人々が「橋渡し型」の社会関係資本を形成しようと集まった。しかし、そうしたボランティアの数も数ヶ月で減少し、コミュニティの再生という目標の陰に、震災後18年間に震災した高齢者の1000人以上が孤独死に至っており、一時的に県外に避難した被災者の多くが未だコミュニティに戻れないといった状況が続いている。「社会関係資本は壊れやすい」社会関係資本に直面したという重要な問題が指摘される[50]。

社会関係資本論は、「弱肉強食の市場関係」「無節操な自己決定・自己責任の論理」に対する処方箋になりうるものであり、社会的諸機能の相互依存関係が形成され、信頼と連帯感がうまれるという[51]。CSWが社会的役割を担うための前提には、社会関係資本論に見いだされる「信頼」や「規範」があげられることができるであろう。そして、最後に、共通な要件としてのネットワークを検討することになる。

2 ネットワークの特性と社会福祉サービスへの導入

(1) ネットワークという用語[52]は、研究上の用語として、自然科学領域におけるネットワークもあり、また、社会科学的な意味でのネットワークが論じられてきてもいる。既述のように、ネットワークは、「頂点」と「枝」から描かれるグラフあるいは図式であるが、頂点を人またはエージェンシーによって構成されるネットワークをソーシャルネットワークという[53]。この種のネットワークは、主として説明概念として論じられており、ネットワークを巡る議論におい

ては、ネットワークが存在しているか否か、どの程度あるいは如何なる性格等のネットワークを見いだすことができるかということが議論の対象となるこの様な議論として、さらに、ネットワークを巡るいくつかの判断項目を挙げ、それに基づいてネットワークの存否・強度を判断していく見解をあげることができる。この見解では、「基本的アイデア[54]」として、1．相互作用と関連性、2．ソシオグラム：社会的ネットワークのグラフ、3．同類性、4．トライアド、5．動機づけ、6．地位、7．組織の権力構造、8．スモールワールド、9．普及・拡散、10．社会関係資本をあげている。このうち、本稿で特に注目したい点として、人の決定に際しては、「社会規範や制度に影響される」と共に「新しい規範や制度が、相互作用の繰り返しを通じて形成される」とし、社会的ネットワークの特徴としての「相互作用と関連性[55]」、単純な近接性、共通の地位もしくは他の社会的に定義された属性によって生じる「同類性[56]」、あるいは、「階層的なシステムとして分類することも可能」で、「フォーマルな義務に基づく相互作用に加えて、継続的に生じるインフォーマルな相互作用が存在する」。その意味では「組織における関係性は、ネットワークの文脈で理解するのがベスト」であるとする「組織の権力構造[57]」を指摘することができる。この議論において、ネットワークをフォーマルに定義すると、ネットワークは「オブジェクト（数学的にはノード）の集合を含み、オブジェクトもしくはノード間の関係をマッピング、あるいは記述したもの」という[58]。

　(2) 説明概念としてのネットワークのこの様なアプローチを、社会的ネットワークからさらに政治（学）や行政（学）の議論に引きつけて、その意味についてみてみたい[59]。ネットワークを導き出す例として、例えば、「ポスト国民国家」の諸類型として「グローバル国家」、「トランスナショナル国家」をあげ、それとの関連で「ネットワーク」国家を指摘する議論がある[60]。これによると、右記の3仕組みはグローバル化において無力化する国民国家が対抗する仕組みであり、ネットワーク国家は、グローバル・ガバナンスの登場から国家の新しい形態としてのネットワーク国家が出てくるという[61]。同じようにグローバル化の下でのネットワークを「帝国的ネットワーク」と紹介する議論もある[62]。ネットワーク・ガバナンス論の諸類型をあげて、それぞれの議論の特徴を明らかにする議論もある。

　グローバル化の下でのネットワーク化の成立という議論はネットワーク論の

説明の一つとして成立しているが、ナショナルなまとまりの外に対するネットワーク機能を説明しているといえる。国家に対する対抗軸として、「ガバメントからガバナンスへ」[63]という議論との関連で、ネットワークが論じられてきていることがある。ガバメントとして国家統制を対象としてきた政治学が、対象の範囲を拡張したので、新たな領域をガバナンスということになったのであるから、広げられた対象によって、ガバナンスの内容は異なることになる。実証的な意味でのガバナンスに注目すると、[64]「どの政府も、多種多様なサービスを管理、提供するうえで、民間セクターや非営利セクターの行動主体に依存する」、「従来の政府が膨大な官僚機構の階層構造から成り立っているのに対し、新しいガバナンスの場合、市場やネットワークが大いに腕を振るうように」なるという[65]。国家行政の公的サービスの提供に対する問題点に対しては、既に、New Public ManagementやPublic Private Partnershipなどという新たな手法が提示されたが、「ネットワークは新しいガバナンスに対処するための適切な制度的枠組を提供する」という[66]。公的サービスを提供する主体に着目すると、基本的に国家組織の枠組を堅持して役割を担う組織（階層構造）、市場の枠組を通して公的サービスを提供するかの二者択一であった。これに対し、新たな組織形態とし、ネットワークが用いられるようになってきたという[67]。

（3）極論を恐れずネットワークの意味をまとめてみると[68]、ネットワークという枠組を前提にする以上、公的サービスにあっても、点と点との関係をそこに見出す以上、一方が他方に対して権限と責任を担い、他方が利益の享受し服従するという関係は存在しないことになる。さらに、それは、新しい組織形態を意味し、従来の公的サービスの提供も新たなサービスの提供も対象となる[69]。ネットワークガバナンスはさらに様々な見解があるが、そこからネットワーク・ガバナンスの基礎類型を「大規模自治体であれ小規模自治体であれ、そこには国の機関も含む関係諸アクターが政策領域ごとに多様に存在するということ、セルフ・ガバナンスや社会ガバナンスにおいて公的セクターと私的セクターの境界すら曖昧となること、周縁ガバナンス論は同時にデモクラシー論を内包していること、ネットワークそのものを一つの有機的な組織体・政体として捉えることができること、ネットワーク論は行政実務論においても不可欠であること、そして、官僚制や市場とは異質のネットワーク（組織間パートナーシップ）が存在すること、などが指摘できる」としている議論は一般的命題で[70]

ありうるように思われる。

　ネットワークは、それ自体は様々な社会的環境とリンクすることは当然であって、あくまで現状を分析説明する概念であるが、社会福祉サービスの提供の領域でも、説明概念としてのネットワーク論によって他の領域と同じ役割を担うことで問題が生じないか、検討を要すると思われる。頂点と頂点の間に、貧富の差が存在する際などに社会的ネットワークが機能しないことがあり、原因としての貧富の差とネットワークが機能していないという現実とが結びついて、問題の解決の方向性が見いだされることになる。問題の様々な要因があげられるが、特に本人の情報の共有は慎重に検討されるべきことであろう。

4　おわりに

　本稿は、社会福祉サービス利用者のニーズにあったサービスの提供が行われる条件として、ネットワークが如何なる意味を有しうるかを検討しようとした。社会関係資本論のレベルでは、「信頼」や「規範」と共に「ネットワーク」が存在し、格差の成立が不調和であるという指摘を理解した。その上でのネットワークには、ネットワークの担い手間の透湿性や透湿性を理解することになったといえるであろう。社会福祉サービスは、この様な社会関係資本制度の上でネットワークの機能によって成立する可能性があるといえるのではないかと、仮説を立てることができたと思う。

　社会福祉サービスが社会福祉の枠内にとどまらず、様々な関係との間で問題を提起している。既述のように要援護者を巡るCSW対策を住民の参加も得て行われるという、社会福祉サービスを超えるネットワークづくりもある。

　行政法学からのネットワークへのアプローチはきわめて不十分であることは明らかである。特に、ネットワーク・ガバナンスは、伝統的な行政法学の規律規範が妥当するか、規制するとすると、当然、規制の正統性の根拠は何に求めることができるか[71]が問われることになる。

　行政法学の基本原則である法治主義との整合性が問われると共に、私的セクターによる公益の実現に際しての、私的セクターの利益の規制、具体的には施設の利益の範囲や究極的には、公益を誰が保証するのかが問題となるが、これまで繰り返し議論されてきた問題でもあり、未だに尚結論の出ていない問題と

して、今後の課題としたい。

【注】
1）　本文で引用する論考以外に、ネットワークについての著書論考として、安田雪『ワードブック——ネットワーク分析　何が行為を決定するか』（新曜社、1997年）は、「コンピュータや人々の背後に、何らかの関係」があるとして、様々な「関係」をネットワークとしてとらえるとする〔2頁〕。本稿では、後に対象をガバナンスネットワークへと限定していくのであるが、本書では、「パソコン通信のネットワーク」〔120頁〕や「国家間ネットワーク」〔195頁〕を具体例としてあげている。また、同『ワードマップ　パーソナルネットワーク——人のつながりがもたらすもの』（新曜社、2011年）でも、自然現象におけるネットワークを紹介している。
2）　安田・前掲注(1)『ワードブック』2頁は、「コンピュータや人々の背後に、何らかの関係」があるとして、様々な「関係」をネットワークとしてとらえるとする。
3）　飯田高「法の世界へのバイパスルート—社会科学からみる法制度—ネットワーク——人々をつなぐ見えない糸」法学教室402号（2014年）90頁以下を参照。山本隆司「行政の主体」磯部力・小早川光郎・芝池義一『行政法の新構想Ｉ　行政法の基礎理論』（有斐閣、2011年）100頁は、「公益を実現するための一つの手法である。この手法の特徴は、継続的、恒常的に、すべての分野を見渡して、分野横断的に施策を整合・強調させて公益を実現するのに資する」ことを「統合された組織を形成すること」であるとした上で、「しかし他に、多様な主体（主に組織、場合により個人）が公益を実現するために協力関係または競争関係に立って活動する手法」をネットワークと「表現する」としている。この議論では、ネットワークの「形態」を3類型あげているが、その前提として「公的組織と私的主体」とのネットワークの形態を論じているという〔101頁〕。公的組織はおそらく形式的意味での「公的組織」を論じていると理解できるが、形式的意味での「私的組織」間での協力による公益の実現が追求されるのではないかと考える。
4）　山本啓『パブリック・ガバナンスの政治学』（勁草書房、2014年）5頁によると、この議論は1992年に現れているという。「ガバメント」あるいは「ガバナンス」も特定の意味に特定されているとはいえないであろうが、本稿では、ガバメントとは国家の統治機構を意味し、従来の議論がガバメントすなわち国家の統治機構の検討に集中されてきた。しかし、国家機能の脆弱化とそれに代わる諸現象により、新たな現象をガバナンスと呼んで、それを検討の対象とすることと理解する。岩崎正洋「序章　なぜガバナンスについて論じるのか——政治学の立場から」秋山和宏・岩崎正洋編『国家をめぐるガバナンス論の現在』（勁草書房、2012年）3頁以下、マーク・ベビア（野口牧人訳）『ガバナンスとは何か』（NTT出版、2013年）4頁以下を参照。
5）　宮川公男・山本清編『パブリック・ガバナンス　改革と戦略』（日本経済評論社、2002年）124頁、ベビア・前掲注(4)102頁以下も、NPMが「市場の慣行と規律を公的セクターに持ち込むことが重要だと」する考え方であるとする。
6）　ベビア・前掲注(4)112頁以下、宮川・山本・前掲注(5)130頁を参照。
7）　「新しい公共」という考え方は、2010年に当時の民主党が提唱した考え方である。しかし、早い時期に、民主党の議論から離れて、これまでの「公共性」とは異なる「新しい公共圏」などの議論として展開されてきた。

8) 奥野信宏・栗田卓也『新しい公共をになう人々』(岩波書店、2010年)、飯田哲也・浜岡政好編『公共性と市民』(学文社、2009年)、山本二郎・宮本太郎・小川有美編『市民社会民主主義への挑戦』(日本経済評論社、2005年)を参照。
9) CSWについては後述するが、コミュニティソーシャルワークを担う人のことを「コミュニティソーシャルワーカー」という。本稿ではコミュニティソーシャルワーカーをCSWrと略する。
10) CSWをみる際には、「ソーシャルワーク(Social Work、以下SWと略す)」との違いにも留意しなければならないが、SWとCSWを明確に区別する一般的な基準は明確ではない。CSW概念の意味について、田中英樹「第1章 コミュニティソーシャルワークの概念 第1節 概念と特徴」日本地域福祉研究所監修・中島修・菱沼幹男編『コミュニティソーシャルワーク 理論と実践』(中央法規出版株式会社、2016年)の他、花城暢一「コミュニティソーシャルワークの展開に関する一考察」社会福祉学43巻1号(2002年)112頁以下、田中英樹「コミュニティソーシャルワークの概念」特定非営利活動法人 日本地域福祉研究所『コミュニティソーシャルワークの理論』(2005年)9頁以下などがある。本稿では、「CSW」として行動している作用をCSWと理解する。
11) たとえば、神奈川県、伊那市は、「地域福祉コーディネーター」という言葉を用いている。株式会社野村総合研究所『平成24年度セーフティネット支援対策等事業費補助金(社会福祉推進事業分)コミュニティソーシャルワーカー(地域福祉コーディネーター)調査研究事業報告書』(平成25年)もその一例である。ただし、たとえば新潟市「地域福祉コーディネーター手引き」は、「社会福祉協議会のCSW」は、「地域福祉コーディネーターの一員である」としており、両者を一応区別している自治体もある。
12) 本稿では、① 社会福祉法人吹田市社会福祉協議会「平成20年度 CSW(コミュニティ・ソーシャルワーカー)活動事例・活動報告」(平成21年)、② 社会福祉法人高槻市社会福祉協議会「コミュニティ・ソーシャルワーカー(CSW)活動報告集『困った』を『よかった』に」(平成26年)、③しまねコミュニティソーシャルワーク実践研究会・社会福祉法人島根県礼会福祉協議会「コミュニティソーシャルワーク実践事例集 地域福祉力』の向上を目指して」(平成27年)、④ 社会福祉法人大阪市社会福祉協議会「地域とともに暮らしを支える『見守り相談室』活動報告」(平成28年)を対象にしている。なお、この他、比較的統計的な資料を公表している豊川市社会福祉協議会の「コミュニティ・ソーシャルワーカー(CSW)の取り組み」も興味深い内容となっている。
13) 本稿で言う「本人」とは、支援の対象となっている人で、CSW者に「相談」をする者とは異なる場合がある。本人の意思なども問題になるのであろうことは想像できる。
14) 以下、あくまで参照にしたものであるが、該当事例を紹介している上記各報告集の、注(12)であげた番号を、それぞれの事例に付している。
15) 加藤昭宏「コミュニティソーシャルワークによる"制度の狭間"支援の展開可能性について——個別支援(内的世界)と地域支援(外的世界)を連動させた二次障害及び"関係性"へのアプローチから(上)」人間発達学研究8号(2017年)37頁以下を参照。
16) 空閑浩人『ソーシャルワーク論』(ミネルヴァ書房、2016年)69頁は、CSWを「地域福祉のコーディネーター」とし、「地域を基盤とする生活支援活動」としている。
17) 最近注目されている社会福祉サービスとして、「地域包括支援センター」がある。これは、平成17年の介護保険法改正により設置された。さらに、「制度横断的に介護、医療、住宅、生活支援などを連携させていく「地域包括ケアシステム」がある。宮本太郎

『地域包括ケアと生活保障の再編——新しい「支え合い」システムを創る』(明石書店、2015年) 37頁、93頁を参照、加藤昭宏・有間裕季・松宮朝「地域包括ケアシステムとコミュニティソーシャルワーカーの実践 (上)」人間発達学研究8号 (2017年) 13頁、「同(下)」9号 (2018年) 31頁以下。

18) 社会資本整備審議会河川分科会の平成27年12月10日「大規模氾濫に対する減災のための治水対策のあり方について～社会意識の変革による『水防災意識社会』の再構築に向けて～」(答申) や同平成29年1月11日「中小河川等における水防災意識社会の再構築のあり方について」(答申) がある。

19) 最高裁判所民事判例集70巻3号681頁、判例時報2299号32頁。

20) 地域福祉ネットワーク会議の一つとして地域福祉計画の策定があるが、この点につき、金蘭姫「地域福祉とローカル・ガバナンス」牧里毎治・川島ゆり子・加山弾編『地域再生と地域福祉——機能と構造のクロスオーバーを求めて』(相川書房、2017年) 177頁を参照。

21) コミュニティワークやコミュニティオーガニゼーションについては『CSW理論と実践』12頁以下、アウトリーチについては、同じく『CSW理論と実践』119頁を参照。

22) 黒澤祐介「コミュニティソーシャルワークにおけるコミュニティ概念」大谷学報92巻2号 (2013年) 22頁。社会福祉基礎構造改革については、加藤智章ほか『社会保障法〔第4版〕』(有斐閣、2009年) 247頁以下の他、批判的な分析を行う著書として、福祉労働・福祉経営共同研究会編『民間社会福祉事業と公的責任——社会福祉法人の展望をさぐる』(かもがわ出版、2003年) がある。

23) この時期の社会福祉制度に対する批判的な見解を紹介する論考として、朴姫淑「福祉におけるローカルガバナンス」、盛山和夫・上野千鶴子・武川正吾編『公共社会学2　少子高齢社会の公共性』(東京大学出版会、2012年) 174頁を参照。現行社会福祉法制度に改正される以前の法制度については、佐藤進・児島美都子編『社会福祉の法入門〔第3版〕』(有斐閣、1996年) 62頁の公私分離や佐藤進『高齢者扶養と社会保障』(一粒社、1983年) 241頁を参照。

24) 加藤ほか編・前掲注 (22) 249頁 [前田雅子担当] によると、社会福祉基礎構造改革の理念は、①自己決定の実現、②福祉サービスを自ら選択できる利用者本位の仕組みの整備、③公私の適切な役割分担、④民間活力の利用とする。

25) 大島正彦「『社会福祉基礎構造改革』の問題点」文京学院大学人間学部紀要9巻1号 (2007年) 278頁を参照。

26) 伊奈川和夫『<概観>社会福祉法』(信山社、2018年) 162頁。

27) 山本忠「社会保障の権利と社会福祉の公的責任」福祉労働・福祉経営共同研究会編・前掲注 (22) 70頁以下を参照。

28) 本人の意思の尊重が、意思形成過程で入手された情報や提供されるサービスについての価値観が重視されて当然である。「自律」について、秋元実世・平田厚『社会福祉と権利擁護　人権のための理論と実践』(有斐閣、2015年) 94頁以下、日本福祉大学権利擁護研究センター監修・平野隆之ほか編『権利擁護がわかる意思決定支援——法と福祉の協働』(ミネルヴァ書房、2018年) 79頁を参照。

29) 「社会福祉士及び介護福祉士法」(昭和62年法律第30号)。なお社会福祉士及び介護福祉士の義務として、「誠実義務」(44の2条)、「信用失墜行為の禁止」(45条)、「秘密保持義務」(46条)、「連携」(47条)、「資質向上義務」(47の2条) が定められている。

30) 利用者との関係での「適切な利用」手段としては、経営者への支援を別にすると、「福祉サービスの利用の援助等」があるが、これは、「精神上の理由により日常生活を営む者に対して、福祉サービス利用の相談、助言を行い、必要な手続きや費用の支払いに関する便宜を供与する……一連の援助を一体的に行う事業」であるという。西村昇・日開野博・山下正國編『社会福祉概論——その基礎学習のために〔六訂版〕』(中央法規、2017年) 204頁を参照。
31) 本多滝夫「第4章 地方分権時代の社会福祉行政」福祉労働・福祉経営共同研究会編・前掲注 (22) 98頁は、「市町村は、……ネットワーク管理主体として各種の福祉計画の策定を行うだけでなく、法律上受給権があるにもかかわらずサービスを現実に受領できないような状態が発生しないようにすべき」としている。
32) 以下、情報提供を行う責任者として、事業者以外に、「児童福祉」では福祉事務所や児童相談所、「障害者福祉」では福祉事務所や身体障害者更生相談所、「母子・父子・寡婦福祉」では、サービス提供組織であるが、「母子生活支援施設」「母子・父子福祉センター」があげられる。なお、「生活保護」は、利用者に対する職員の説明義務違反が問題になった事例として、東京高判平22・8・25判例地方自治345号70頁参照。
33) 富田眞一「第1章 社会福祉基礎構造改革と社会福祉法人の課題」福祉労働・福祉経営共同研究会編・前掲注 (22) 20頁を参照。
34) 岡崎祐司「第5章 地域住民と共同でつくる社会福祉の道——社会福祉「基礎構造改革」の争点と課題」福祉労働・福祉経営共同研究会編・前掲注 (22) 111頁を参照。
35) Social Capitalは直訳すればいうまでもなく「社会資本」であるが、これは宮本憲一『社会資本論』(有斐閣、1976) 年と混乱するということで、社会関係資本という。例えば、佐藤誠「社会資本とソーシャル・キャピタル」立命館国際研究16巻1号 (2003年) 1頁以下、稲葉陽二「定義を巡る議論」稲葉陽二・吉野諒三編『叢書ソーシャル・キャピタル1——ソーシャル・キャピタルの世界』(ミネルヴァ書房、2016年) 39頁以下を参照。河田潤一「ソーシャル・キャピタルの理論的系譜」坪郷實編『ソーシャル・キャピタル』(ミネルヴァ書房、2015年) 24頁。
36) 北見幸一「企業における社会関係資本とパブリックリレーションズ——社会との関係構築による資本蓄積とパブリックリレーション定義の再考」メディア・コミュニケーション研究56号 (2009年) 137頁。なお、社会関係資本の「基本的な中核概念」として、「信頼 (trust)、規範 (normative)、ネットワーク (network)」をあげている [138頁]。ただ、道義的倫理的な意味付けというよりはむしろ「経済を効率的に活性化させる重要な要素」であるとする。
37) 稲葉陽二『ソーシャル・キャピタル入門』(中央公論新社、2011年) 27頁。本書ではこの他様々な「定義」が紹介されているが、「グループ内ないしグループ間の努力を容易にさせる規範・価値観・理解の共有を伴ったネットワーク」とする定義も紹介されている。C.カドゥシン (五十嵐裕監訳)『社会的ネットワークを理解する』(北大路書房、2015年)(原本2011年) 284頁によると、私見によればむしろ一般的に当てはまると思うが、社会関係資本は「研究者ごとに異なる定義がなされる、あいまいな概念」であるという。
38) 北見・前掲注 (36) 141頁を参照。
39) カドゥシン・前掲注 (37) 238頁。
40) ここで検討しているネットワークはガバナンスネットワークとしているが、ガバナンスはそもそも、公的セクターによる公的サービスでもないが、私的サービスの提供する

ものでもなく、従って、市場原理が妥当しないという議論を前提にしている。なお、稲葉・前掲注 (37) 42頁以下は、「良好な社会関係資本は、経済活動に良い影響を与える」といい、北見・前掲注 (6) 174頁は「社会関係資本を企業として活用することで経済的な効用をもたらすものである」という。
41) 規範は「互酬性の規範」ともいうが、信頼も合わせて、行動ルールであるとされている。北見・前掲注 (6) 138頁を参照。この行動ルールは、後述の社会管理資本に関わる行為規範に該当すると理解している。
42) 北見・前掲注 (6) 142頁を参照。
43) 稲葉・前掲注 (37) 36頁以下を参照。
44) ソーシャル・キャピタルの類型については、河田・前掲注 (35) 28頁、稲葉・前掲注 (37) 31頁、三隅一人『社会関係資本――理論統合の挑戦』(ミネルヴァ書房、2013年) 83頁を参照。なお、それぞれの規範について、112頁以下及び121頁以下を参照。
45) 稲葉・前掲注 (37) 32頁。
46) 三隅・前掲注 (44) 113頁以下を参照。
47) 稲葉陽二「社会関係資本と社会」日本大学法学紀要56巻 (2015年) 432頁を参照。
48) 滝川裕樹「ソーシャル・キャピタルと社会統合」日本大学法学紀要56巻 (2015年) 459頁、稲葉・前掲注 (37) 161頁以下を参照。
49) 稲葉・前掲注 (37) 158頁以下を参照。
50) 河辺純「社会関係資本の可能性と限界――人間協働の哲学からの接近」大阪商業大学論集9巻4号 (2014年) 64頁を参照。
51) 今田高俊「信頼と連帯に支えられた社会を構築する――社会関係資本の視点から」辻竜平・佐藤嘉倫編『ソーシャル・キャピタルと格差社会――幸福の計量社会学』(東京大学出版会、2014年) 30頁以下を参照。
52) 注 (1) に紹介した論考の他、飯田高「社会ネットワーク分析の『法と経済学』への示唆」新世代法政策下区研究6号 (2010年) 313頁以下、堀雅晴『現代行政学とガバナンス研究』(東信堂、2017年) 71頁がある。
53) 増田直紀「集団とネットワークの視点から見たコミュニケーション」『岩波講座 コミュニケーションの認知科学――社会のなかの共存』(岩波書店、2014年) 145頁以下 [148] 頁。ちなみに「グラフ理論」とは、安田・前掲注 (1)『ワードブック』29頁によると、「点と線との結びつきの構造」を検討するが、つながれている点が何であれ、全てを点と線から構成されるとするという。安田によると、グラフ理論により、「一見まったく異なって見えるネットワークが、実はまったく同じ性質を持ったものとしている。
54) カドゥシン・前掲注 (37) は、「基本的なアイデア」を「ネットワークの概念、理論、分析における本質的な特徴を説明する」ものとしている。
55) カドゥシン・前掲注 (37) 274頁。
56) カドゥシン・前掲注 (37) 276頁。
57) カドゥシン・前掲注 (37) 281頁。いずれも相対的な判断項目であり、矛盾する内容もあげられるであろうが、ネットワークに権力的な関係を内包することは検討を要するであろうと思われる論者は組織ネットワークがうみだすものとして、「葛藤や制約」をあげている134頁を参照。
58) カドゥシン・前掲注 (37) 16頁。なお、これは社会的ネットワークを前提としている。
59) 今日、人々へのサービスの提供を私人が担い、民法上の権利でも内在的制約として公

的利益によって規制される場合がある。内田貴『制度的契約論——民営化と契約』（羽島書店、2010年）、磯村篤範「公物管理法理論の変化及び紛争事例の再検討」曽和俊文ほか編『行政法理論の探究——芝池義一先生古稀記念』（有斐閣、2016年）3頁以下。ネットワークは本来行政と私人との区別をすることには不整合であり、この点は後に触れる。

60) 小野寺広幸「ポスト国民国家の理論——グローバル国家・トランスナショナル国家・ネットワーク国家」法学新報118巻7・8号（2011年）103頁以下。

61) 小野寺・前掲注(60) 122頁を参照。ネットワーク国家の特徴として、「複数の次元を含む諸国家・諸政府間で主権と責任が共有され、統治手続きが柔軟に成り、政府と市民間の関係の空間的・時間的側面が多様になる」ことだとの紹介をしている。

62) 木村雅昭『「グローバリズム」の歴史社会学——フラット化しない世界』（ミネルヴァ書房、2013年）50頁。なお、「国家がもはや人々の排他的な忠誠心を引きつけられなくなる一方」「国境を貫いて無数のネットワークが世界大に拡大」するとし（46頁）、「ネットワークが密に張り巡らされた地域が、それほど密でない地域を挟んで相対峙している」（47頁）とする。グローバル化との関係での国家の対応については、意見は多々あるが、藤谷武史「市場のグローバル化と国家の制御能力——公法学の課題」新世帯法政策学研究18号（2012年）267頁以下を参照。

63) 岩崎・前掲注(4) 3頁以下を参照。ベビア・前掲注(4) 4頁以下。

64) ベビア・前掲注(4)によると、ガバナンスには、理論面と実証面とがある（5頁）が、本稿では以下この点は議論をする上で「実証面」に即して実際の変化に留意する。

65) ベビア・前掲注(4) 6頁以下を参照。

66) ベビア・前掲注(4) 13頁以下を参照。

67) ベビア・前掲注(4) 44頁以下を参照。

68) 公的サービスの方法として、階層構造、市場およびネットワークと3類型を並べたが、ガバナンスには、①国家の再生化、②上と下へのエンパワーメントによる移譲化、③外部化、④自己組織化・協働化をあげる見解もある。山本清「第3章 21世紀のガバナンス」宮川・山本編・前掲注(5) 110頁以下を参照。

69) 山本・前掲注(4) 34頁以下は、「ネットワークとしてのガバナンス」を政府や営利企業と「民間の非営利セクターが対抗的な相補性を発揮しながら、組織の内外において互いに交渉し、協働する」こと、「単一の国家によるガバメントを脱して、自己組織的なネットワークによるガバナンスを重視」するが、「市場化が進行していけば、ネットワークに対する信頼、協働、互酬性が脆弱なものにな」るとし、ガバナンスは、「市民へのサービス、公共セクター改革、統治機構、国家—市民社会の関係」に関わり、「国家と市民社会との境界線をふたたびはっきりさせる」ことが求められるとする見解を紹介している。

70) 中村裕司「ネットワーク・ガバナンス研究の基礎類型——行政理論からのアプローチ」宇都宮大学国際学部研究論集30号（2010年）29頁。

71) 法哲学の問題提起として、井上達夫「自由をめぐる知的状況」ジュリスト978号（1991年）29頁以下は、自由の規制を共通の価値観に基づく道徳的倫理の内在的制約と考えるか自由を権利として考え、権利を規制するためには法律に基づくと解するかを問うている。規制の法理は、内田・前掲注(59)の「制度的契約」では「コモス」による規制を認めるという。

13 情報の公表とリコールの行政作用体系上の位置とその法的諸問題

高橋明男

1 はじめに

1 問題設定

　本稿は、情報の公表が行政作用の体系上どのように位置づけられるかという問題を取り上げ、情報の公表を組み込んだリコール制度（製品回収制度）を分析する。行政による情報の公表が行政法学において注目されるようになったのは比較的最近であるが、インターネットを通じてネットワーク化した情報化社会におけるその影響力の大きさからみて、今後行政法において重要な位置を占めることになると思われる。

　論述の順序として、まず、行政作用と行政の行為形式論の沿革を踏まえて、情報の公表が行為形式論の展開の中でどのように位置づけられ得るかを考えた後、情報の公表の法理論的な位置づけ、法的根拠の要否、事前手続による保護、比例原則の適用、行政救済のあり方を論じ、最後に、情報の公表を組み込んだ応用的な仕組みとしてリコール（製品回収）制度を取り上げる。

2 行政の行為形式の変化における情報の公表

　行政法がその射程に置く行政作用は近代、現代、そして現在と変化してきている。その時期区分において焦点が当てられる作用は、それぞれ行政と利害関係人の間の法関係の変化に対応している。そのような変化の中で情報の公表が持つ意味を考えてみたい。

　(1) 近　代　　伝統的な行政法学の体系が確立した近代においては、行政と行政作用の相手方との二極的関係に焦点を当てた行政行為の体系が行政法学の視野に置かれていた。典型的場面は租税の賦課徴収と警察作用であり、それは近代国家のモデルが個人の自由と自律的社会を前提として必要最小限の作用に

限定された消極的な国家として描かれること、すなわち、国家と社会の二元論に即している。ここにおいては、行政法の対象となる行政と相手方との関係は行政行為により明確に定められた関係であり、行政法の規律は行為の必要性、すなわち公共の福祉の要請と相手方の権利保護の要請を比例原則により調整することに向けられる。行政作用の相手方以外のアクターは、行政法においては公益の中に包摂されて表に出てこない。そして、公益に含まれる利害を持つ者と行政の行為の相手方との間には、行政と切り離された社会において私法上の関係があり得るだけである。すなわち、行政行為は公益と相手方の利害の権力的な利益調整のみを捉え、それ以外に存在し得る利益調整はせいぜい私法によって捉えられ得るだけで、行政法上は表に現れない関係である。

このような段階において、行政行為の内容を表す情報は、行政とその相手方との間でのみ、相手方にとって不利益な内容を画する法的な意味を持ち、公益に包摂されるその他の利害関係人（公衆）に対する関係では、事実として示されることはあったとしても、せいぜい見せしめに過ぎず、法的な意味は持ち得なかった。また、公法と私法の法秩序が無関係に存在するという観念の下においては、行政行為の内容は、相手方が行う私法上の行為（市場内取引）に何ら影響を及ぼさない市場外の情報にとどまるから、市場内の取引関係者にとっても意味を有しない。[2]

もっとも、この時期においても、実際は行政指導、補助、国営企業の活動とその払い下げ等といった権力的行為とは言えない非権力的な行為を行政は——国家社会の近代化という意味では中心的な作用（「殖産興業」等）として——行っていた。しかし、それらの行為は、あるいは行政法総論の考察の対象とならず、[3]あるいは法学的な理念としての近代国家のモデルから外れる偏差として捉えられるに過ぎなかった。この場合においても、これらの作用は本質的に私人の作用と変わりはないため、（取引）相手方との関係は私法上の関係と捉えられたから、その内容を取引関係者以外に示す契機はなかった。

（2）現　代　　20世紀に入る頃から、資本主義社会の発展と共に貧富の差が拡大し、私人相互間の利益調整が伝統的な私法によっては解決できず、自律的社会を前提とする消極国家のモデルが破綻していくと、国家が社会に対して積極的に介入していく積極国家のモデルが取って代わる。行政は生活保護や社会保険による困窮した者の救護、労働者の保護、中小企業の保護から始まり、イ

ンフラの整備、都市開発、食品や医薬品等の安全規制、さらに環境保護等の社会に対する介入作用を積極的に展開していった。ここにおいて、とりわけ第2次世界大戦後、行政法学は行政作用の相手方以外をも考察の対象とする三極的関係を視野に入れていく。三極的な関係の典型的場面は建築・開発紛争、公害規制、食品や医薬品の安全規制等であり、それまで私法により規律される市場取引に委ねられていた利益調整が、国家からの介入という市場外の作用により影響を受けることになった。

ここでは、行政と相手方以外の利害関係人、例えば施設や事業によって影響を受ける競業者、近隣住民や消費者との関係が行政法上の法関係として登場する。これらの利害関係人の利益は、近代においては公益の中に包摂されていたものである[4]。この場合、行政と行政の行為の相手方との関係は、引き続き行政行為によって規律される権力的な法関係であるが、相手方以外の第三者の利益の保護が行政行為によって捉えられるとは限らない。すなわち、第三者の利益は法的利益として行政法により保護されることもあり得るが、そうではなく、インフォーマルなもの(明確な権利ではないもの)でもあり得る。その意味で、三極的な関係は必ずしも二等辺三角形として成立するとは限らず、不等辺三角形となる場合もあり得る[5]。それは、とりわけ、競業者の利益のような個別化可能な利益ではなく、近隣住民や消費者といった集合的に類型として捉えられる利益の場合に当てはまる[6]。

同時に、行政作用も行政行為、行政強制という権力的な行為にとどまらず、行政契約、行政指導等の非権力的な行為が行政の行為として認知されていき、行政調査や行政計画のような複合的な性質を持ち得る行為も行政法学の対象となっていく。このような行政法学の射程を拡げるのに寄与したのは、行政過程論と呼ばれる考え方であり[7]、それによって行政の行為形式は、実際に行われている行為をできる限り法学的な対象としていくことによって拡大していった。

このような段階では、行政と相手方及び第三者との関係において、行政指導等によるインフォーマルな関係が法的な結果を生じうる関係として認められると共に[8]、従来の私法上の市場内の利益調整が公法上の市場外の利益調整によって代替される可能性が生じる。すなわち、従来は公益の一部に過ぎなかった第三者の利益が法的利益として認められる場合においては、行政行為が相手方と第三者の利益を調整するものとして機能し得る。この場合、行政行為の内容

は、市場内の利益調整において当事者間で示される情報と並んで、あるいはそれ以上に、当事者間の利益調整を示す情報となる。また、第三者の利益が公益にとどまる場合であっても、相手方に対して行政行為又はそれ以外の行政指導、行政調査等の非権力的な行為の内容は、第三者の利益にとって事実上重要な意味を持つことがあり得る。そこには、従来、場合によっては私法上の関係として把握され得たとしても、行政法上は事実上の関係として行政法学の射程の中にはなかったものが可視化されフォーマル化されることを求める契機も同時に含むことになる。ここに、情報の公表が市場内取引関係に影響を与える要因として注目される契機が生まれる。

(3) 現在（ポストモダン） 20世紀後半の行政改革を経て、行政作用の拡大一辺倒（積極国家）の時代が終わりを告げ、行政が従来担っていた公益実現を民間の力によっても達成しようとする公私協働の時代に入ると[9]、行政と相手方・利害関係人との利益調整は多層化した利益調整のシステムの中に組み込まれつつある。このような段階を典型的に表す場面は、環境保護、安全基準、インターネット規制、国際テロ（サイバーテロ）の防御等である。従来は国家が、行政によってであれ私法によってであれ、その手に引き受けていた私人に対する規制と私人間の利益調整に取って代わる国内的・国際的な代替的利益調整システムが法学的視野に置かれる。それは業界団体の自主規制、ADR、国際規制、超国家的な調整システムといったものであり、このようなものを法学的な視野の対象に入れた場合、私人間の利益調整は公法的なものも私法的なものも、他の利益調整システムとの相互参照が必要になる[10]。

この場合、国家的なもの以外が含まれることによって、利益調整のインフォーマル化（複層化）はさらに進む一方で、インフォーマルな関係のフォーマル化の必要も同時に生じている。それは、私法により規律される市場内取引関係として、あるいは公法による市場外の干渉として描かれてきた従来の明確な権利領域が流動化することを防ぐために要請される。他方、利益の相互関連性が成立する関係（ネットワーク）は関係当事者間による自治（自律）として正当化される場合があることにも留意しなければならない。すなわち、ネットワーク内における自己完結的利益調整が正当化される限りにおいて、それは自治的ルールに委ねられ得ることを意味するから、そこにおいてはネットワーク外からの干渉が排除され得ると共に、ネットワーク内における利益調整のルールの

正当性が問題となる。[11]

　この段階において情報の流通という観点から重要なことは、90年代以降急速に発達したインターネット技術を通じた情報の流通の飛躍的な向上であり、インターネットを通じて情報が公表されることにより、私法的な関係においても公法的な規制においても、また国際的な規制においても、情報が特定の関係者間でのみ知られるものではなくなり、容易に不特定多数の者がアクセスできるものになった。それによって、情報の公表は、それ自体、インターネットという情報の自由な流通の場（ネットワーク）における価値を獲得し市場内の要因と位置づけられる契機を持つことになり、同時に、情報を公表しないこと及び虚偽の情報を公表することも市場内の要因となり得る契機が生まれる。[12] それは、行政作用の相手方であれ第三者であれ、その利益状況に対して、情報の公表が必然的に影響を与える要因となったことを意味する。他方、ネットワーク内における自治的な利益調整が認められる場面においては、ネットワーク内における情報の流通（公表）が市場的価値とは異なる固有の意味（自治の正当化）を有し得る。

　以上にみてきた行政作用の展開過程から確認できることは、行政と利害関係人の関係は、行政行為を通じた明確な行政法上の三極的法関係、行政行為または非権力的な行為と私法的な利益調整が関連し合う複合的な三極的法関係、行政行為による二極的法関係と公益保護（私法上の保護または国家外の保護があり得る）の3態様に分けられるということである。そして、この3態様は固定したものではなく、利害関係人の憲法上の地位、法律の定め、国際的な規制の有無、具体的な利害状況により変化し得る。そこにおいて、いまや市場内要因となった情報の公表が行政作用法体系においてどのように位置づけられるのか、次に検討していく。

2　情報の公表の法的諸問題

1　情報の提供の三類型——公表、共有、公開

　行政が情報を公表することにより行政は情報を外部に提供するが、行政による情報の提供の仕方には情報の公表以外に情報の共有と情報の公開もある。情報の公表を検討する前に、まず、これらの情報提供の類型を整理しておこう。

(1) 情報の公表　情報の公表はさしあたり不特定の者に対して情報を提供する非権力的な一般的事実行為である。情報の公表は公権力を持って初めて可能な行為ではなく、本質的に私人を含めて誰でも行うことができる行為であるから、権力的な行為ではあり得ない。また、名宛人は不特定の者であるから一般的行為であるが、それ自体が法効果を生じない事実行為に分類可能である。

情報の公表は、その目的から3つの場合に分けることができる。すなわち、①危険情報の提供のような不特定の者に対するサービス（助言ないし誘導）として行われる場合、②行政上の義務履行の強制手段がない場合や行政指導等のインフォーマルな行為に従わない者に対する実効性（コンプライアンス）の確保として行われる場合、③法律違反を犯した者に対するサンクションとして行われる場合である[13]。これら3つの場合は、相互に明確に峻別されうるのではなく、場合によっては重畳的に行われることもあり得る。すなわち、情報の受け手から見た場合、②や③の行政措置（命令・行政指導等）または法律に従わない者に関する情報は①の危険情報となる場合もあり、情報の公表により影響を受ける者から見た場合、①〜③のいずれであっても、不利益を受けることに変わりはない[14]。

また、情報の公表は通常不特定多数人に向けられたものであるが、受け手の法的地位により、情報の公表を受けることに対する請求権があるかどうかも問題となり得る。それと同時に、情報の公表と情報の公開との関係も問題になる。

(2) 情報の共有　情報の提供が情報の共有の形式で行われる場合、行政機関相互間であれば、職務共助の一種として捉えられる[15]。この場合、情報の共有は、行政庁の指揮監督権の行使として行われる場合（下級庁からの報告の徴収）と指揮監督関係にない行政機関相互間で行われる場合がある。前者の場合、情報の共有は「権力的」な関係として捉えられるのに対し、後者の場合、「非権力的」な関係として捉えられる[16]。情報の共有が行政機関間の職務共助として行われる場合、その法的性質は行政の内部行為であり対外的な行為ではない[17]。この点では、対外的に行われる情報の公表または公開とは異なる。他方、情報の共有は、行政機関と私人の間または国家（組織）間で行われる場合もある（テロリストに関する情報等）[18]。いずれの場合においても、情報の共有は情報提供を受ける者が特定されている点において、情報の公表とは区別される。もっとも、公共調達に係る業者の不正に関わる情報のように、情報の公表として行われて

も、他の行政機関が情報の受け手となり情報の共有として捉えられる場合もあり得る[19]。

　いずれの場合であっても、情報の共有はそれによって影響を受ける者（個人または法人）の情報の保護が問題となる[20]。

　（3）情報の公開　情報の公開は、私人の情報開示請求権・情報コントロール権に対する応答として行われる情報の提供である。国の情報公開法と地方公共団体の情報公開条例が行政情報について一般法として存在し、国の個人情報保護法と地方公共団体の個人情報保護条例が個人情報の保護に関する一般法として存在する。ただし、法人情報の保護に関する一般法はない。いずれの場合も、情報の公開は私人の開示請求に対する開示（公開）決定として行われる[21]。これは、情報公開法の場合、国民の知る権利ないし国民主権原理（説明責任）、個人情報保護の場合、国民の情報コントロール権に基づいて、それぞれ国家に命じられた行為であり、行政行為として捉えられる。

　情報公開法の場合、規定上何人も請求権を持つとされるのが通常であるが、情報の公開は不特定多数人に向けられた行為ではなく、請求した相手方に対する個別的行為である。個人情報保護法の場合も、自らの個人情報に関してのみ各個人が開示請求権を持つ。

　情報の公開は、情報の公表のように情報を提供することが目的というよりは、政府の説明責任または個人情報保護責任の履行である点に特徴がある。それは、政府の統治の透明性の確保または個人情報のあるべき状態の確保を目的とするゆえに、情報の加工は許されず、現状のままの開示が命じられるという点で[22]、場合によっては情報の加工が許される情報の公表とは異なる[23]。

　このように、情報の公開は古典的な議会制民主主義・法律による行政の原理の欠陥を補完するという意味で独自の意義を持っているが、現在における情報の価値の重要性に対応するという点では情報の公表と共通する側面もある。とりわけ、情報の流通による不利益を防止・排除することが問題となるという点において、情報の公開と情報の公表は、情報の提供によって影響を受ける者の立場からは共通の問題として捉えられる。また、情報の受け手の立場から行政情報の公表に対する正当な利益が認められる場合には、情報の公表と情報の公開が重畳的に働き得る[24]。さらに、政府の情報ではなく、私人に対して情報の開示（公開）を義務づける行為ないし情報の報告を求める行為は情報の公表と同

じ範疇で捉えることが可能である。

2　情報の公表

続いて情報の公表について、その法的コントロールに関わる諸問題を検討する。

(1) 法的根拠が必要か？　情報の公表は、先に述べたように本質上非権力的な行為であるから、日本の通説判例がとる権力行使留保説の立場からは法的根拠を要さないことになる。しかし、情報の提供はその目的ないし効果が区々なので、法的根拠の要否も一律に考えるべきではないという考え方も有力である。すなわち、先に述べた①のサービスとして行われる情報の公表の場合であれば法的根拠を要しないが、②あるいは③のように、特定の者に対するサンクションまたは制裁的な行政行為に代わるものとして行われる場合は、法的根拠を要するとする考え方が示されている。[25]関連する裁判例として、運転免許証の裏面に運転免許停止処分があったことの記載がなされたことについて、警察官あるいは第三者に処分の存した事実を覚知され、名誉、感情、信用等を損なう可能性が常時継続して存在するとして、処分の効力が消滅した後の記載の取消を求めた訴えに対して、事実上の効果に過ぎないとして訴えの利益を認めなかった最高裁判例がある。[26][27]

しかしながら、前述したように、情報の公表が市場内要因となっていることに鑑みると、情報の公表は、それによって影響を受ける者の立場から見た場合、行政の目的如何に関係なく、情報の流通という点において不利益を受ける可能性がある点において変わりはない。その意味において、既に侵害留保原理的な観点から、特定の者に不利益な情報の公表は、それによって影響を受ける者との関係では常に法的根拠を要するというべきである。[28]情報の受け手との関係においても、問題となる情報が受け手と公表によって影響を受ける者との間の利益調整の市場内要因と解される場合は、当該情報の公表は二重効果的作用として法的根拠を要すると解すべきである。法的根拠を要するとすることは、公表にあたって形式上のハードルを設けるものであるが、法令上の要件を満たす場合に情報を公表することを妨げることを意味しない。

また、自己完結的な利益調整が認められるネットワーク内においては、情報の公表（流通）は固有のルールによることが許容され得ようが、ネットワーク

における自治を正当化する上で必要な限りで、情報の公表（流通）が国法によって義務づけられなければならない場合があろう[29]。もっとも、自治的なネットワーク内における情報の公表（流通）についても、国法による制限がある場合はそれが優先する。

　個人情報保護法の下においては、個人情報に関する限り、情報の提供はそれが公表であれ共有であれ公開であれ、法律・条例が許容する場合でなければすることができない（行政機関個人情報保護法8条1項）。法人情報の場合も、当該法人の競争上の地位に関わる情報の公開については同様のことが当てはまる（情報公開法5条2号）。もっとも、法人情報は個人情報のように一般的な法律によって流通が規制されるわけではないので、情報公開の制限規定からの類推によって、情報の公表が規制され得るに過ぎない。この点において、個人情報については、法律の規制の下で、法令が認める場合でなければ公表が許されないのに対して、法人情報の公表については、情報の公開に関する規制法律があるだけなので、情報の公表の法的根拠の要否について不明瞭な点があると言わざるを得ない。法人情報の流通に関しても、個人情報に対応した一般法による規律が必要ではないか、検討されるべき課題である。

　現行の法令・条例の規定例を見ると、情報の制裁的公表については、法的根拠を置くことは既に一般化しているという評価が可能である。この小論で網羅的に概観することはできないが[30]、次のような例が指摘できる。

　法律レベルにおいては、個別法として、法令違反を行っている者の氏名等の公表について法的根拠を置く例に、金融商品取引法192条の2や旅行業法71条等があり[31]、法令違反を行う者に対して行った是正の行政指導（勧告）に従わない者の公表について法的根拠を置く例に、児童福祉法21条の5の28第2項、特定化学物質の環境への排出量の把握等及び管理の改善の促進に関する法律15条等がある[32]。

　条例においては、一般的なものとしては各地の行政手続条例が、行政指導に従わなかったことを理由として不利益な取扱いをしてはならないという原則の例外として、公共の利益のために行政指導に従わないことを公表することを授権する例が多い[33]。また、個人情報保護条例においても、事業活動に実施にあたって個人情報の収集を行う事業者が、個人情報を不適切に取り扱っている場合に、その是正あるいは中止の勧告を行い、それでも従わないときにその旨を

公表することを授権する例が極めて多い[34]。このような行政指導に従わない者に対する制裁として公表を定める条例は、個別的な分野でも数多くの例を挙げることができる[35]。

このように、実定法上、情報の制裁的公表については法的根拠を置くことが確立されつつあり、それは個人情報の場合に限られていない。しかし、前述のとおり、情報の公表により影響を受ける者がある場合は、それは制裁的公表の場合だけでなく、個人または法人の利益状況に影響を与えることがあり得る。その意味において、制裁的公表でなくても、情報の公表によって影響を受ける個人または法人があることが明らかである場合は、法的根拠を置くように整えられる必要があろう。

(2) 事前手続　　情報の流通という観点において、特別の考慮が必要な場面がインターネットによる情報の公表である。この場合においては、行政が情報の掲載を止めた後においても、厳密な意味で情報の流通を防ぐことはできないので、法的根拠の要否に関する重要な視点になると共に、情報が公表される前段階におけるコントロールが重要になる[36]。また、情報の公表は、一度誤った情報が流通すると、それによって関係人に重大な不利益を与えるおそれがあるため、公表の前の事前手続により、関係人に意見を述べる機会を与えることが重要になる。

個人情報の場合、行政が個人情報を目的外に利用しようとする場合は、原則として本人の同意が要件となる（行政機関個人情報保護法8条2項1号）。また、行政による違法な情報の利用に対して、当該個人が利用の停止を求めることができる（行政機関個人情報保護法36条）。法人情報の場合、情報の公開については、公開決定の前に利害関係を有する者に意見を述べる機会が与えられ得る（情報公開法13条、個人情報保護法23条）。しかし、この機会の付与は行政機関の裁量により判断されるので、必ずしも有効な事前防御とは言えない。のみならず、この規定は情報の公開を規律するにとどまるので、情報の公表に際して一般的に事前に意見を述べる機会を認める根拠にはならない。この点は、わが国の情報保護における重大な欠陥と言わざるを得ない。

もっとも、情報の制裁的公表については、個人の情報であれ法人の情報であれ、既に事前手続を置く実定法上の例が少なくない。まず、自己に関する情報を公表される者に意見を述べる機会を与えている例としては、法律レベルで

は、金融商品取引法192条の２に規定する公表を行う場合に、金融商品取引法令に違反する行為を行った者の氏名等の公表に関する内閣府令２条がある[37]。しかし、法律レベルでは条例と比べると、公表に際して事前手続を規定することが通例になっているとは言い難い[38]。これに対し、条例レベルでは、情報の制裁的な公表に際して、制裁を受ける者に意見を述べる機会を与えるのが通例になっていると評価できよう。先述の行政手続条例や個人情報保護条例の例がそれに当たり、個別分野においてもほぼ確立されつつあると言えよう[39]。また、意見を述べる機会を与えること以外に、さらに審議会の意見を聴くこと等の手続要件を課している例もある[40]。

このように、情報の制裁的公表については事前手続を置かなければならないことが標準となりつつあるが、ここでも、情報の公表によって影響を受ける者にとっては、公表が制裁目的かどうかにかかわらず不利益があり得るのであるから、制裁的公表に限らず、公表に際して事前手続を定めることが必要であろう。

(3) 比例原則の適用　情報の公表が関係人に対して持ちうる重大な不利益に鑑みると、公表措置をとる場合に比例原則による制限を検討することが必要である。比例原則は、ドイツ警察法に由来する原則としてわが国においても、不利益な措置を科す場合の一般原則として確立していると言うことができる（例えば、警察官職務執行法１条）[41]。この観点からは、公表の目的から見て公表を行うことが必要かどうか、公表により関係人が被る不利益と公表による公共の福祉との衡量を検討することが必要である[42]。また、行政による公表以外に、関係人にとってより不利益の少ない措置が可能かどうか、公表期間の制限が必要かどうかも問題となる。より不利益の少ない措置としては、例えば、関係人に自主的な情報の公表を求めることで問題への対応が可能な場合がある。これは製品に欠陥があった場合のリコール制度で実現している仕組みであり、後で別に検討する。公表期間の制限は、実際上行われている場合もあるが[43]、一般的に規律する法令があるわけではない[44]。

比例原則の適用に関わって、行政指導が行われたことが公表される場合に、行政指導が累積して行われたときにより重い処分（例えば許認可の取消）が予定されることについて、そのことへの配慮が必要かどうかという問題がある。この点に関する古い時期の裁判例として、健康保険法上の社会保険医療担当者

(保険医)に戒告がなされたことに対して、保険医の指定取消が戒告の事由たる「重大なる過失により不正又は不当な診療、報酬請求」を「しばしば行つたもの」に対して行われることとなっているため、戒告理由がたび重なることによって一層不利益な指定取消を受ける虞のあるとして、戒告の取消が求められたことについて、戒告が相手方の名誉、信用等を害することは否定し得ないとしつつ、指定取消は、戒告を受けたこと自体がその事由になるのではなく、戒告の事由が度重なることによるものであるとして、戒告の処分性を認めないことにより救済を認めなかった最高裁判例がある[45]。しかし、より最近の最高裁判例においては、学校の式典における君が代の斉唱やピアノ伴奏の職務命令を拒んだ教員に対して戒告がなされたことについて、処遇上の不利益が反復継続的かつ累積加重的に発生し拡大する危険が現に存在する状況の下では、事後的な損害の回復が著しく困難になることを考慮して、職務命令に基づく公的義務の不存在の確認を求める訴えの利益が認められるとしたものがある[46]。この最近の最高裁判例の趣旨は、何らかの義務違反または行政指導に対する不服従を理由とする情報の公表により関係人に持続的に不利益（名誉・信用の失墜、取引機会の喪失、行為の抑制等）を与えている場合にも応用できる面がある。すなわち、次項で述べるように、不利益を課している公表措置の排除義務の確認について、確認の利益が認められ得よう。

　実定法上は、情報の公表について比例原則を適用することが一般的に明確になっているとはいえないものの、情報の制裁的公表について比例原則を適用する上で手がかりとなる規定がある例が見られる。例えば、公表に（公益上）必要な場合という要件を置いている例に、神奈川県公共的施設における受動喫煙防止条例18条、神奈川県秦野市まちづくり条例44条等がある[47]。また、勧告に従わなかった場合のサンクションとして公表を行うことを授権する場合には、勧告に従わないことに正当の理由がないことを要件とする例が少なくない。例えば、神奈川県松田町まちづくり条例の9条3項、19条3項、28条4項、千葉市下水道条例25条の6第1項、宮城県塩竈市環境美化の促進に関する条例17条第1項、柏市自転車等放置防止条例20条、福岡県糸島市空き家等の適正管理に関する条例8条、福岡市人に優しく安全で快適なまち福岡をつくる条例27条2項、愛知県屋外広告物条例36条3項、愛媛県障がいを理由とする差別の解消の推進に関する条例施行規則23条、京都市市街地景観整備条例55条、横浜市簡易

給水水道及び小規模受水槽水道における安全で衛生的な飲料水の確保に関する条例18条の2第2項等、多数を挙げることができる[48]。さらに、公表にあたっての考慮事項を規定する例として、福岡県暴力団排除条例23条2項が挙げられる[49]。

(4) 誤った公表に対する措置　情報の公表については、誤った情報が公表されたときの救済が明らかでなければならない。誤った情報の公表により不利益を被った利害関係人には、情報の訂正請求権が認められる必要がある。この点について、個人情報に関しては、行政機関個人情報保護法が訂正請求権を明示的に認めている (27条)。

しかし、ここでも、法人情報に関しては個人情報保護に対応する法的保護が見られない。誤った情報が情報公開によって開示されたときには、開示決定が行政行為 (処分) に該当するので、利害関係人は開示決定の取消を求めることができる。しかし、情報の公表は行政行為として行われるのではなく、非権力的な行為として行われるのが通常であるため、情報の公表行為を捉えて取消訴訟等の抗告訴訟を提起することは困難である[50]。2004年の改正行政事件訴訟法は、行政作用の拡大に対応して行政救済を拡充するため、従来の行政行為 (処分) に偏した行政救済の仕組みを改め、抗告訴訟と並ぶ行政訴訟の類型である当事者訴訟の一種として、公法上の法律関係の確認を求める訴えを明示した。これにより、行政行為 (処分) ではない行政作用についても、行政訴訟を提起する道が明文で開かれた。先に述べた君が代斉唱・伴奏の職務命令に係る最高裁判例は、そのような確認訴訟の可能性を認めた1例である。しかし、行政事件訴訟法は確認訴訟を含む当事者訴訟について明確な訴訟要件を定めていないため、民事訴訟の法理が類推されることになっており、確認訴訟についても民事訴訟に倣った確認の利益があることが立証されなければならない。そのため、確認の利益を満たすための法律関係の構成が工夫されなければならず、それは必ずしも容易ではないのが現実である。情報の公表措置についても、それに関わる法律関係を構成することが課題と言える。例えば、法人情報が情報公開法の非開示情報として規定されていることから類推することをも根拠として、誤った情報の訂正または公表の撤回を行う行政の義務があることの確認等が考えられよう。

行政救済としては、情報が流通することによる不利益を事前に防ぐために、公表措置に対する仮の権利保護も重要である。これについても、情報の公開に

ついては開示決定の執行停止を申し立てるという手段が明示的に認められているのに対して、情報の公表については根拠となる法規定がなく明瞭ではない。個人情報の場合は、利用停止請求権が法律上認められているが、公表は行政行為（処分）ではないので公表それ自体の執行停止は認められない。個人情報保護法に基づく利用停止の求めを行政が受け入れなかった場合は、その拒否決定の取消と利用停止決定の義務づけを求め、利用停止の仮の義務づけを求めることが考えられよう。利用停止請求権の規定もない法人情報の場合は、情報の公開については公開決定に対する取消訴訟ないし公開決定取消決定の義務づけ訴訟を提起して、執行停止ないし仮の義務づけを求める手段があり得る。しかし、情報の公表に対しては、行政法上の直接の根拠を欠く全くの民事上の請求（不法行為に対する仮処分）として構成するほかないであろう。

　行政訴訟が十分に機能しない場合、誤った情報の公表によって不利益を被る関係人に残された手段は損害賠償または損失補償である[51]。わが国では、これまで行政訴訟が行政作用の拡大や利害関係人の広がりになかなか対応できなかったため、その代替的救済として国家賠償が幅広く活用されてきた。情報の公表に関しては、大阪府堺市の小学校で提供された給食を食べた多くの児童がO-157に感染して死亡あるいは重症に陥った事件で、カイワレ大根が原因食材であるとする厚生労働省の報告書の公表により、カイワレ大根の業者が著しい不利益を受けたことに対する国家賠償訴訟が著名な例としてある[52]。

　この事件で裁判所は、検証、調査を重ねなければならない過渡的な段階において公表しなければならない緊急性、必要性は認められず、相当性を欠くとして賠償請求を認めた。この事例は、食中毒事件という国民にとって関心の高い事件においては、緊急の原因究明の要請に行政として応えなければならない立場がある一方で、一旦情報が流通すれば、それにより関係人に重大な営業上の不利益が生じることは明らかであることも考慮しなければならないという難しい状況を如実に表している。裁判所がその場合に比例原則を適用したことは、十分な事前手続を欠いている現状で妥当な判断であると言えよう。

　なお、情報の公表は不特定多数人に向けられた非権力的行為であるから、情報の受け手としての私人が情報が公表されることを訴求することは、法的利益の欠缺がないという点と行政行為（処分）が問題となっていないという点の両方において、認められていない。しかし、商品の危険性に関わる情報のよう

に、情報の受け手（この場合は消費者）の重要な利益（生命、健康等の身体的利益）に関わる場合には、当該情報は情報の受け手にとっても市場内要因であるということができるので、当該情報の公表を行政が指示できる立場にある限りにおいて、情報の受け手が行政に対して公表を求め、誤った情報が公表されている場合はその是正を求める仕組みがあるべきであろう。このような仕組みは情報の受け手が消費者のように利益が広く不特定多数者によって共有される場合には、リコール制度に関して後述するように訴訟法上は難しいのが現状であるが、誤った情報が公表（流通）している場合に適正な情報が公表されるよう行政に措置を講ずることを求める仕組みは必要であろう。

　もっとも、情報が行政情報である場合は、現行の情報公開制度に基づき、誰でも当該情報の公開を求めることができる。行政が本来公表すべき行政情報を公表しない場合においては、情報公開のシステムが情報が公表されること（開示請求者に対する公開であって、一般への公表ではないが）を義務づけるという関係に立つ[54]。この場合においては、先に述べてきたように、個人情報と法人情報が非開示情報となり得るので、開示原則の例外の例外としての公益情報の開示（行政機関情報公開法7条）の適用が問題となろう。

3　情報の公表の応用——リコール制度（製品回収制度）

　最後に、情報の公表を利用し、それを補う仕組みとしてリコール（製品回収）制度を取り上げる。

1　リコールの位置づけ

　リコール制度は、消費者に被害を与え得る製品について業者（メーカーまたは販売者）が被害（拡大）の防止措置として、製品を回収し修理することを指す。リコールは、法律や条例において制度化されたものもあれば、業者による自主的なものもある[55]。また、制度化されている場合も、行政行為（処分）による回収命令を規定している場合もあれば、単に業者に対して回収を指導する規定を置いているにとどまるものもある。法令に根拠を置くリコールの場合は、業者によるリコールに際して行政庁への報告が義務づけられ、それを行政が公表することにより、業者によるリコールの公表と併せてリコールの周知が図られる

のが通常である（例えば、道路運送車両法63条の3）。ここに、リコール制度と情報の公表が不可分に結びついていることと、情報の公表だけでは実現しない危険物の市場からの排除の役割をリコール制度が担っていることが表れている。

リコールの法構造は、行政と業者の二極的な法関係において、行政が公益として消費者の利益を保護するという古典的な関係である。もちろん、問題となる製品を購入したものは有限なので、理論上リコールが不特定多数人に向けられているとは必ずしも言えないが、最終購入者に至る販路が明らかでない場合は、製品購入者を含む不特定多数人に向けた行為にならざるを得ない。

消費者の利益は、わが国においては、少なくとも行政訴訟に関する限り、これまで法的利益として認められたことはない。[56] それは、消費者が構造的に不特定であり、究極的には国民一般と共通し得ることから、消費者の利益を国民一般の公益から切り出すことが困難であるという事情を考慮したものである。国家賠償請求訴訟においては、薬害訴訟等において業者の責任と並んで国家の監督権の不作為責任が認められた事例は下級審裁判例で存在するが、[57] 最高裁判例において国家賠償責任が認められた事例はない。[58] 最高裁判例においては、国民の生命・健康の法益が問題になる場合に、行政の保護責任を積極的に認める事例が存在するので、[59] 今後、特に消費者の生命・健康が関わる場合においては、消費者の利益が個別的な法的利益として認められる場合があり得ると思われるが、現時点ではまだ明確な判断事例がない。[60] この点においても、不特定多数人に向けて行われる情報の公表と消費者に向けて行われるリコール制度の親和性をみることができる。

リコール制度の制度的な根拠は、私法上は、業者の契約責任（債務不履行責任）または製造物責任（不法行為責任）に求められるが、公法上は、業者の警察責任（警察危険を生じさせない責任）に求めることが可能であろう。ドイツ法に倣って言えば、国家の基本権保護義務が問題となる場合と言うこともできよう。もっとも、リコールは業者の契約上の責任をも根拠としているとは言え、リコールをすることによって業者が製造物責任を免れるわけではない。実際上も、リコールを契機として私法上の損害賠償請求が行われる事例は事欠かない。また、公法上は警察責任を制度的根拠となし得ると言っても、明確な警察責任（危険の排除）が認められない段階でも、行政指導による回収指導や業者による自主的な回収は行われ得る。製品の完全な安全性の確保が難しい場合に

は、どこまでが消費者の自己責任に委ねられる許されたリスクであり、どこからが業者が放置することが許されない危険であるかの判断が、その都度なされなければならない。

　リコールは通常は国内法に基づいて各国ごとに行われるが、国際的に販売されている製品の場合、ある国においてリコールが行われることを契機として、他の国においても当該情報に基づいて連鎖的に同じあるいは同種の製品についてリコールが行われることがある。この点では、リコールは公共調達契約からの排除に係る情報の共有について指摘されているものと同じ問題を持つと言うことができる。

2　リコールに関する現行の法的仕組み

　リコールは、現に発生した被害に対する救済ではなく、被害発生（の広がり）を未然に防止する措置である点において、警察的な危険防御と私法上の差止めと同じ機能を果たす。その法的仕組みは、先に述べたように、典型的には行政による措置（報告の徴収と公表）と業者の措置（リコールの実施）の組み合わせである。

　まず、リコールのきっかけとなるのは一様ではない。消費者が被害を被る事例が消費者センターや警察等に報告され、場合によっては訴訟が提起された後、業者が欠陥を認めてリコールを報告することもあれば、製品の不具合が広く知られる前に業者が欠陥があることを報告することもある。また、業者が欠陥を認めない場合であっても、事故報告に基づいて、消費者と業者の間の利益調整として、行政が業者に対してリコールを指導することもある。いずれの場合であっても、リコールは業者と消費者の間の利害対立を解消するADRの一種として機能する。

　業者が届け出るリコールの内容に問題がないと行政が判断した場合、それ以上の進行は原則的に業者の手により進められることになる。しかし、業者のリコールの内容が十分でないと行政が判断した場合は、行政が改善命令（回収命令）を行うこともあり得る。当然ながら、これは法令に根拠がある場合に限られる。法令に強制的なリコールが規定されていない場合は、行政が改善措置が十分でないと判断したとしても、行政指導が行えるにとどまる。

　これに対して、法令がリコール制度の根拠を欠く場合は、行政がリコールの

指導を行う可能性があるほかは、業者による自主的なリコールがなされるにとどまるので、その効果は専ら業者の周知措置の有効性に依存することになる。また、業者側からすると、自主的にリコールを行うことによって、リコールに応じないまま被害にあった者に対する責任を免れるまたは軽減される根拠ともなし得るであろう。ここには、裁判を通じたフォーマルな利益調整に代替する、インターネットによる公表を介したインフォーマルなネットワークによる利益調整が見られるという評価も可能であろう。

3 リコールの法的統制

欠陥のある商品の修補・交換については、改正民法が買主の追完請求権を明示し、また、売主の側からの請求とは異なる方法の追完権を定めた[63]。これにより、私法的には、消費者の側からの追完請求に対して、公表を伴うリコールをするかどうかを業者の側が選択することができることになった。では、私法的な解決が図られない場合、たとえば、商品の欠陥について消費者に知られていない段階で、行政によりリコールを行わせることについて、法的にどのような統制があるべきであろうか。

(1) 法令に根拠のあるリコール　リコールが商品の欠陥に関する情報の公表を伴うものである以上、そのような情報は業者（メーカー、販売業者）にとって不利益なものであるので、先に述べたように、リコールは法的根拠を要すると考えるべきである。リコールが命令により実施される場合は、命令にも法的根拠が必要であるから、リコール命令を中心とした法的コントロールがあり得る（例えば、消費者安全法42条）。

すなわち、業者の側から見た事前手続としては、リコール命令という不利益処分に対する弁明手続が命じられる。先に述べたように、リコールは情報の公表と結びついて不特定多数人に向けられた行為であるので、リコールが向けられる消費者の側からの事前手続参加は、消費者団体によって代表されることが考えられるものの、消費者の利益が法的利益と認められない現状では参加権を伴わない裁量的な手続関与にとどまる。法令上は、消費者自身ではなく、消費者の利益を代表して消費者委員会が内閣総理大臣に対して勧告をする仕組みが用意されていることがある（消費者安全法43条）。

リコール命令に対する法的規律としては、比例原則の適用により、業者の改

善措置では十分でない場合に初めてリコール命令が可能となると言える。例えば、リコール命令が他国のリコール情報のみに依存し、監督官庁自らの調査立証がリコール命令を基礎付ける上で十分でないと考えるときには、業者の側は、適切な調査立証を行うよう求めることができるであろう。リコール命令は不利益処分であるので、相手方の業者は、リコール命令が誤っていると考えるときは取消訴訟や差止訴訟を提起することができる。もっとも、リコール命令が誤っていることの立証は業者の側に課せられている。

　反対に、消費者の側からリコール命令の義務づけ訴訟を提起することが認められるのは、原告適格の点から現時点では難しい。しかし、2015年の改正行政手続法は、法令違反がある場合に、違反是正のためにされるべき処分または行政指導を行うことを監督官庁に対して求めることを何人に対しても認めた（行政手続法36条の3）。これは法律上の利益の有無にかかわらず、不特定人に対して「民衆参加制度」を認めたものと言うことができる。もっとも、行政手続法が認める「処分または行政指導の求め」は、行政機関に対して職権発動の端緒となるにとどまり、申立人に処分等を行うことを求める権利を認めるものではないと解されている。求めを受けた行政機関においては、申立人に対して応答することを義務づけられているものでもない。しかし、行政機関は、このような求めを受けた場合、必要な調査を行い、その結果に基づき必要があると認めるときは、処分または行政指導をすることを義務づけられる（行政手続法36条の3第3項）。このような義務は、申立人に対する関係で義務となるものではなく、義務違反があったとしても直ちに法的なサンクションが用意されているわけではない。しかし、調査が十分なされなかった場合や調査の結果の判断に誤りがあった場合、後に当該処分または行政指導がなされることについて法律上の利益を有する者が何らかの訴訟（例えば、国家賠償請求訴訟）を提起したときに、裁量判断の考慮事項審査により違法と判断される可能性があるという意味において、義務違反は法的に担保され得る。[64]

　リコールが命令によってではなく、指導（勧告）によって行われる場合、業者の側は、違法な指導に対しては、改正行政手続法36条の2に基づいて、行政指導の中止を求めることができる。リコールの対象である商品の欠陥について、行政の判断が正しくないと考える場合がこれにあたる。のみならず、業者が行政指導に従わない場合に、商品の危険情報や業者が行政指導に従わないこ

とを行政が法的根拠なく公表することにより、リコールを余儀なくすることは原則的に違法と考えるべきであろう。[65] しかし、行政手続法36条の2に基づく求めは、消費者の側が処分または行政指導をすることを求める場合と同様に、請求権を認める構成にはなっていないため、何らかの抗告訴訟に連結できるわけではない。訴訟手段としては、業者は危険情報の公表及び回収の指導を受けない地位ないし行政が危険情報の公表及び回収の指導を中止する義務の確認訴訟を提起することが可能であろう。また、先に述べた行政手続法36条の3の規定により、消費者は監督官庁に対してリコール指導をすることを求めることができる。

(2) 業者の自主的なリコール　　リコールが法令上の根拠を有さない場合、危険情報の公表を含むリコールは業者の自主的な判断によって行われることになり、行政は、自ら当該事実の公表を行うことはできず、公表とリコールを行うよう指導を行うことができるにとどまる。この場合、それに対する法的統制は、上述の行政手続法を通じた統制以外は、私法に委ねられることになる。前述の改正民法の追完請求権に基づき、個々の消費者が売主に対して修繕を要求することが考えられる。さらに、それを補完する一般的な制度として、リコールが必要であるような商品について、適格消費者団体に販売の差止めを求める請求権が認められているが（消費者契約法23条）、リコールを行うことを求める請求権が認められているわけではない。リコールは、業者の追完請求権に代わる任意の措置にとどまる。

　他方で、個別的な追完請求の積み重ねあるいは消費者（団体）によるインターネット等を通じた被害情報の拡散によって、業者がリコールを余儀なくされることもあり得よう。しかし、このような事態においては、比例原則の観点から見て適切妥当な解決に至っているとは限らないことにも注意を払う必要があろう。このような「情報の暴走」による経済的不利益の拡大の可能性は、業者による自主的なリコールの場合に限らず、リコールと情報の公表・共有が一般に共通して持つと言うことができる。行政にリコールに関する権限が認められている場合には、行政に正確な調査に裏づけられた適切な情報管理を通じた利益調整責任が併せて与えられていると考えるべきであろう。[66]

4 おわりに

本稿は、情報の公表が市場内要因となった状況において、行政作用法の体系からどのように位置づけられるかを検討し、情報の公表を組み込んだ制度である欠陥のある商品のリコール制度についても、検討を加えた。情報の公表に関しては、情報の制裁的公表について法的整備が進みつつある一方で、個人情報の保護と法人情報の保護に一般法レベルでは格差がある状況の改善と、情報の公表が目的と関係なく不利益なものとなり得ることを踏まえた制度の構築が求められることを指摘した。また、リコールについては、情報の公表に付随する制度の改善が必要であることと、改正民法を通じた私法的な解決を補完し、必要な場合には情報の管理を行う行政の役割が考えられるべきことを指摘した。

情報の公表が提起する多様な問題については、本稿で論じられなかったことも少なくないが、その補完は他日を期したい。

【注】

1) 情報の公表が争われた初期の判例に、保険医戒告事件（最判昭38・6・4民集17巻5号670頁）と運転免許証裏面記載事件（最判昭55・11・25民集34巻6号781頁）があるが、情報の公表の行政法上の意味が注目される契機となったのは、堺市給食O157事件（東京高判平15・5・21判時1835号77頁）であろう。
2) 公法上の規制が原則として私法上の法律関係に影響しないとする伝統的な考え方は、最判昭35・3・16民集14巻4号483頁に示されている。
3) 行政法総論が成立する以前の段階で、行政各部の法制度を概括的に各論として叙述することが行われ、その中では、国営企業や補助事業も取り上げられている。たとえば、美濃部達吉『行政法撮要 下巻』（大正13年初版、昭和3年再版）においては、「非権力的生産的ノ事業」が「保育」と捉えられ、「国家又ハ公共団体ガ社会公共ノ為ニ権力ノ行使ヲ本質ト為サザル事業ヲ経営シ、物ヲ管理シ、事業ノ経営ヲ他人ニ特許シ、其ノ特許シタル事業ヲ監督シ、私人ノ事業ヲ保護奨励シ、及ビ此等ノ目的ヲ達スル為ニ人民ニ負担ヲ課スル作用」と定義されていた（同114頁）。そして、保育に含まれる作用として、公企業の経営、公物の管理、公企業の特許、私企業の保護、公用負担が挙げられていた（同117頁以下）。さらに、「財政」の中で、国家の収入を目的とする公益上の独占事業として「専売」が挙げられていた（同470頁以下）。なお、同『行政法撮要 上巻』（大正13年初版、昭和2年再版）において、「行政機関」の種類として「営造物又ハ企業機関」が挙げられ、帝国大学、中央気象台、専売局、鉄道局、製鉄所、通信官署がその例とされていた（同159頁）。
4) 従来、公益として捉えられていた利害関係人の利益を法的利益として捉え、行政の規

制をめぐる相手方と利害関係人の三極的法関係の成立を認める契機となった最高裁判例が最判昭37・1・19民集16巻 1 号57頁の公衆浴場法事件であり、競業関係にある既存業者の地域独占利益を新規業者の公衆浴場業許可を争う法的利益として承認した。しかし、この事例においては、公衆浴場を利用する者の利益（安全衛生、公衆浴場利用の便宜）は規制を裏付ける公益とされたまま、表に出てきていない。

5) 土地収用をめぐる土地所有者と起業者の場合や公有水面埋立をめぐる漁業権者と起業者の場合が二等辺三角形の関係に当たる。行政の作用をめぐって相対立する利害関係人が二等辺三角形の関係を形成する場合には、利害関係人の関係を当事者間の関係として把握することも技術的に可能であり、形式的当事者訴訟（行政事件訴訟法 4 条前段）の適用場面がそれに当たる。

6) 仲野武志『公権力行使概念の研究』（有斐閣、2007年）284頁以下は、一般国民から区別された団体の個々の関係人には還元されない利益を「凝集利益」と呼ぶが、消費者は一般国民と区別されない。

7) 行政過程の考え方は遠藤博也博士により強く刻印された。参照、遠藤博也『行政過程論・計画行政法』（信山社、2011年）。

8) 行政指導自体は法効果を持たないが、行政指導が違法に行われた場合は、行政に国家賠償責任が生じ得る。最判平 5・2・18民集47巻 2 号574頁（武蔵野市マンション事件）。

9) 行政が担う責任がある公益実現を私人に委ねることは、先に述べたように、美濃部博士によって「保育」として把握されたように、近代国家建設の時期から存在する。近代とポストモダンにおいて、私人による公益実現がどのように法的に異なって捉えられるべきかは、それ自体問題であろう。

10) 代表的に参照、原田大樹『公共制度設計の基礎理論』（弘文堂、2014年） 8 頁以下。

11) ここでいうネットワークは、情報の伝達という視点から利益調整が行われる利害関係者間の結びつきとそのような結びつきが相互に影響し合う関連の 2 つの意味で捉えている。

12) 企業情報のディスクロージャーあるいはインサイダー取引の規制において、すでに示されているところである。

13) Ferdinand Wollenschläger, Staatliche Verbraucherinformation als neues Instrument des Verbraucherschutzes, VerwArch 2011, S.20 (23). 制裁的公表の分類について、林晃大「制裁的公表に関する一考察——行政過程における位置づけに基づく分析」曽和俊文・野呂充・北村和生編『芝池義一先生古稀記念 行政法理論の探求』（有斐閣、2016年）262頁以下、北村喜宣『行政法の実効性確保』（有斐閣、2008年）79頁以下。

14) 林・前掲注 (13) 262頁。

15) Eberhard Schimidt-Assmann, Kohärenz und Konsistenz des Verwaltungsrechtsschutzes, Mohr Siebeck 2015, S. 194. 情報共助の例として税関相互間の情報交換が挙げられる。高橋里枝「EUにおける税務執行共助と納税者の権利保護：情報交換におけるプライバシーの権利を中心として」商学論纂59巻 5・6 号 (2018年) 87頁。

16) 行政機関間の関係について「権力的」あるいは「非権力的」という表現をとることは通常行われていることであり、「権力的」とは情報を提供する旨の命令を出された側がそれに従う義務があるということを意味し、「非権力的」とは情報の提供が任意に行われる場合を意味する。もっとも、行政機関間の関係において従う義務があるとされても、とりわけ、服従義務が情報の提供のような非代替的作為義務である場合は強制する手段

は通常ない。同じく服従義務であっても、許認可またはその取消のような形成的効果を有する場合であれば、「権力的」な行為はそのまま法的に実現されるし、代替的作為義務について代執行が規定されているような場合は（地方自治法245条の８）、作為義務を強制的に実現することも可能である。しかし、非代替的作為義務については、地方自治法において規定されている係争処理手続により、国の主務大臣または都道府県知事が都道府県または市町村に対して是正の指示（法定受託事務について）または是正の要求（自治事務について）を行い、相手方地方公共団体がそれにも従わない場合に国が不作為の違法確認訴訟を提起し、勝訴した場合であっても、相手方行政機関に対して義務を強制する手段はない。このような「機関訴訟」と通常は解されている訴訟手続は（この点の問題性について、白藤博行「国と違法公共団体との間の紛争処理の仕組み」公法研究62号（2000年）209頁）、地方自治法のような特別の規定がなければ認められないから、そのような訴訟手続が規定されていない行政機関相互間においては、「権力的」な命令を実現する法的手段は、機関担当者の罷免と新しい担当者により、上級機関の意に沿った措置が事実として行われる場合を除き、そもそも存在しない。その意味において、行政機関相互間の関係において「非権力的」な要請と本質的に区別された「権力的」な命令は、行政と私人の関係において、「権力的」な行政行為が取消訴訟制度により、相手方私人が訴訟を提起して行政行為の効力を否定しなければならないという意味の手続的な権力性が担保されているわけではなく、私人に対する場合のように刑罰の賦課により服従を強制することができるわけでもない。したがって、行政機関間の関係について「権力的」「非権力的」という表現をとることが可能であるとしても、それは行政と私人の関係と同様の意味ではないことに注意すべきである。なお参照、高橋明男「内閣総理大臣・各省大臣の職務権限」宇賀克也・交告尚史・山本隆司編『ジュリスト増刊　行政判例百選Ⅰ〔第７版〕』（有斐閣、2017年）41頁。

17)　内部行為としての性質は、外部の私人に対する法的効果を持たないという意味で捉えられるが、後述のように、個人の情報コントロール権を尊重する見地から個人情報の流通については個人情報保護法と各地方公共団体の個人情報保護条例が規制している。逆に、行政機関が情報を共有することによって適切な行政運営を行うことが私人の利益のために求められることもあり得る。例えば、カネミ油症事件第１審判決（福岡地小倉支判昭60・2・13判時1144号18頁）においては、鶏の大量へい死事故の調査に関与した農林省出先機関及び農林本省の各担当公務員に厚生省に対する連絡調整義務が認定された（ただし、控訴審の福岡高判昭61・5・15判時1191号28頁では国家賠償責任は否定されている）。この点について、野村武司「行政による情報の収集、保管、利用等」磯部力・小早川光郎・芝池義一編『行政法の新構想Ⅱ』（有斐閣、2008年）339頁。

18)　例えば、出入国管理及び難民認定法57条が規定する事前旅客情報システムにおいて、航空会社は旅客機の搭乗者情報を入国審査官に提供する義務を負う。

19)　安田理恵「情報共有に基づく公共調達契約からの排除のネットワーク」名古屋大学法政論集263号（2015年）91頁。

20)　国境を越えた情報の共有について、EUが2018年５月に一般データ保護規則を制定したことに伴い、EUと同程度のデータ保護制度を有していない国へのEU各国からのデータ移転が規制されることになったが、わが国は2018年７月にEUから個人データの移転につき十分性認定（EUと同程度の個人情報保護制度を有していることの認定）を受ける見通しとなった。個人情報保護委員会の発表につき、https://www.ppc.go.jp/enforcement/

cooperation/cooperation/300717/；https://www.ppc.go.jp/files/pdf/300717_pressstatement2.pdf（最終確認2018年11月21日）しかし、後で述べるように、個人情報以外の法人情報の保護については、わが国は極めて貧弱な仕組みしか有していない。
21) 法令・条例によって情報公開義務が課されない団体（地方公共団体の外郭団体等）の場合は、法令・条例によって情報公開の努力義務が規定されていても、当該団体の要綱等に基づく情報公開は法的な義務と解することはできないから、情報公開請求権を法的に民事訴訟等によって実現することは、平等原則等を媒介として請求することが理論的にあり得るとしても、困難であろう。
22) 情報そのものの提供ではなく、情報が記載されている文書の開示が命じられる。
23) もちろん、事実と異なる内容に変えることが許されるという意味ではない。
24) 情報の公開請求権と行政による情報の公表措置を共に定めているドイツの消費者情報法について、高橋明男「保障国家における法律の役割——消費者の安全保護のガバナンスの日独比較」岡村周一・人見剛編著『世界の公私協働‐制度と理論』（日本評論社、2012年）178頁以下。
25) 加藤幸嗣「行政上の情報提供・公表」高木光・宇賀克也編『行政法の争点』（有斐閣、2014年）60頁等。
26) 最判昭55・11・25民集34巻6号781頁。
27) 免許停止処分歴の免許証裏面への記載は、昭和62年4月1日以降は、従前の根拠規定であった道路交通法93条2項の削除により行われなくなり、代わって、免許の停止等処分を受けた当日に処分者講習を受講し、免許証の返還を受けた場合には、処分中であることが確認できるよう、処分者講習を受講した事実（「〇年〇月〇日済」）が備考欄に記載されることになった。
28) 小早川光郎『行政法上』（弘文堂、1999年）253頁は行政上の義務違反に対する制裁を目的とする違反事実を法的根拠なしに公表することを許さないのは、侵害留保原理の本来の意義に合致するとする。同書の別の箇所では、行政指導に従わない者について立法の根拠なしに公表の措置をとることは、行政指導に従わないことに対する制裁または威嚇をその趣旨とするものであるとすれば、相手方に対する違法な侵害と評される場合があり得るとする（同317頁）。また、塩野宏『行政法Ⅰ〔第6版〕』（有斐閣、2015年）266頁は、実効性確保の機能を営む公表は、厳密な意味での侵害留保原則が妥当するものではないが、特に制裁的意味での公表の制度化に当たっては、法律の根拠を置くのが法治主義に適合的であるとする。阿部泰隆『行政法解釈学Ⅰ』（有斐閣、2008年、2011年補訂）109頁は、被公表者の氏名を表示した、不利益を及ぼす公表は、行政処分・権力行為と同じように重大な制約を課すことから法律の根拠が必要とする（同『行政法再入門　上〔第2版〕』（信山社、2016年）388頁も同旨）。林・前掲注(13) 264頁も、制裁的公表の侵害的効果に着目すると、目的如何を問わず、法的根拠が必要であるとする。これに対し、川神裕「法律の留保」新・裁判実務体系25巻（2012年）7頁（19頁以下）は、制裁的公表について、名誉・信用、プライバシー、経済的利益を侵害する可能性も高く、実質的にみれば、侵害的性格を有することに着目すれば、侵害留保説の立場からしても、法律の根拠を要するという見解も十分考えられるとしつつ、法律の根拠がない制裁的公表を一律に違法とするのではなく、公表の目的・内容、必要性、侵害態様等に照らして個別に違法となるか否かを判断する方が妥当とする。また、天本哲史「行政による制裁的公表の法的問題に関する一考察」東海法学40号（2008年）75頁（82頁以下）は、公表され

るものの権利保障の観点から、原則として根拠規範を必要とすることが望ましいとしつつ、根拠規範なくされた公表の全てを直ちに違法と評価するのではなく、公表の目的、必要性、手段等を総合的に評価して判断すべきであるとする。紙野健二「行政手続法第32条」室井力・芝池義一・浜川清編『コンメンタール行政法Ⅰ〔第2版〕』(日本評論社、2008年) 241頁は、行政指導に協力しない者の氏名等の公表をすることが手続法が許さない不利益な取扱いにあたるかどうかについて、制裁か情報提供かという目的のみに応じて判断されるのではなく、行政指導により相手方に求められる協力内容の社会的妥当性・緊急性の存否または程度、これに対する当該不協力の評価、これへの制裁的取扱いとの内容的比較と均衡、公表によって受ける利益の制限と知らされる権利利益の質的量的比較、及び公表の対象となっている内容等を踏まえて、総合的かつ個別的に判断すべきであるとする。なお、山本隆司「事故・インシデント情報の収集・分析・公表に関する行政法上の問題(下)」ジュリスト1311号 (2006年) 178頁以下は、規制を内容とする行政決定と機能的に等価な「警告」と衡量素材の提示としての情報公表を分けて、法律の根拠の要否を論じる。

29) 例えば、宗教法人法25条3項が「宗教法人は、信者その他の利害関係人であつて前項の規定により当該宗教法人の事務所に備えられた同項各号に掲げる書類又は帳簿を閲覧することについて正当な利益があり、かつ、その閲覧の請求が不当な目的によるものでないと認められる者から請求があつたときは、これを閲覧させなければならない。」とする例や、一般社団法人及び一般財団法人に関する法律97条2項が「社員は、その権利を行使するため必要があるときは、裁判所の許可を得て、次に掲げる請求をすることができる。一 前項の議事録等が書面をもって作成されているときは、当該書面の閲覧又は謄写の請求 二 前項の議事録等が電磁的記録をもって作成されているときは、当該電磁的記録に記録された事項を法務省令で定める方法により表示したものの閲覧又は謄写の請求」と規定し、194条3項が「評議員及び債権者は、一般財団法人の業務時間内は、いつでも、次に掲げる請求をすることができる。一 前項の書面の閲覧又は謄写の請求 二 前項の電磁的記録に記録された事項を法務省令で定める方法により表示したものの閲覧又は謄写の請求」と規定する例が挙げられよう。

30) 制裁的公表の実定法上の例について、林・前掲注 (13) と北村・前掲注 (13) 参照。

31) 金融商品取引法192条の2「内閣総理大臣は、公益又は投資者保護のため必要かつ適当であると認めるときは、内閣府令で定めるところにより、この法律又はこの法律に基づく命令に違反する行為 (以下この条において「法令違反行為」という。) を行つた者の氏名その他法令違反行為による被害の発生若しくは拡大を防止し、又は取引の公正を確保するために必要な事項を一般に公表することができる。」、旅行業法71条「観光庁長官は、旅行業務又は旅行サービス手配業務に関する取引の公正の維持、旅行の安全の確保及び旅行者の利便の増進のため必要かつ適当であると認めるときは、国土交通省令で定めるところにより、この法律又はこの法律に基づく命令に違反する行為 (以下この条において「法令違反行為」という。) を行つた者の氏名又は名称その他法令違反行為による被害の発生若しくは拡大を防止し、又は取引の公正を確保するために必要な事項を一般に公表することができる。」

32) 児童福祉法21条の5の28「第二十一条の五の二十六第二項の規定による届出を受けた厚生労働大臣等は、当該届出をした指定障害児事業者等 (同条第四項の規定による届出を受けた厚生労働大臣等にあつては、同項の規定による届出をした指定障害児通所支援

事業者を除く。）が、同条第一項の厚生労働省令で定める基準に従つて適正な業務管理体制の整備をしていないと認めるときは、当該指定障害児事業者等に対し、期限を定めて、当該厚生労働省令で定める基準に従つて適正な業務管理体制を整備すべきことを勧告することができる。2　厚生労働大臣等は、前項の規定による勧告をした場合において、その勧告を受けた指定障害児事業者等が、同項の期限内にこれに従わなかつたときは、その旨を公表することができる。」、特定化学物質の環境への排出量の把握等及び管理の改善の促進に関する法律15条「経済産業大臣は、前条第一項の規定に違反する指定化学物質等取扱事業者があるときは、当該指定化学物質等取扱事業者に対し、同項の規定に従って必要な情報を提供すべきことを勧告することができる。2　経済産業大臣は、前項の規定による勧告を受けた指定化学物質等取扱事業者がその勧告に従わなかったときは、その旨を公表することができる。」

同様の例として、職業安定法48条の3第3項、船員職業安定法99条3項、海岸法21条の2第4項、高年齢者等の雇用の安定等に関する法律10条第3項、雇用の分野における男女の均等な機会及び待遇の確保等に関する法律30条、労働者派遣事業の適正な運営の確保及び派遣労働者の保護等に関する法律49条の2第2項、育児休業、介護休業等育児又は家族介護を行う労働者の福祉に関する法律56条の2、短時間労働者の雇用管理の改善等に関する法律18条2項、介護保険法115条の34第2項、障害者の日常生活及び社会生活を総合的に支援するための法律51条の4第2項、子ども・子育て支援法57条第2項、がん登録等の推進に関する法律7条2項、消費税の円滑かつ適正な転嫁の確保のための消費税の転嫁を阻害する行為の是正等に関する特別措置法6条2項、臨床研究法34条2項等がある。

33)　例えば、広島県行政手続条例30条2項「行政指導に携わる者は、その相手方が行政指導に従わなかったことを理由として、不利益な取扱いをしてはならない。ただし、公共の利益の実現その他正当な理由がある場合に、行政指導の事実又は相手方がそれに従わない事実を公表することを妨げない。」この規定は、行政手続法においては、本文の原則のみが規定されるにとどまるのに対し（32条2項）、行政手続条例では、本原則を含む行政指導に関する行政手続法の規定の基礎の1つとされる最判昭60・7・16民集39巻5号989頁（品川区マンション事件）が「社会通念上正義の観念に反するものといえるような特段の事情」が存在する場合に、行政指導に従わないことを明示したときは、行政指導を理由に確認処分の留保を続けることが違法となる原則の例外を認めていることを踏まえて、行政指導の実効性を確保し正当なサンクションを与えることを正当化するために、行政指導に従わない者について公表することが原則違反とならないよう定めているものであり、その例は極めて多い。参照、紙野・前掲注（28）240頁。これに対し、林・前掲注（13）283頁以下は、制裁的公表を一括して不利益取扱いの例外と規定することは不適切であるとする。

34)　例えば、埼玉県北本市個人情報保護条例28条「市長は、事業者が個人情報を不適正に取り扱っている疑いがあるときは、当該事業者に対し、説明又は資料の提出を求めることができる。2　市長は、事業者が個人情報を不適正に取り扱っていると認めるときは、当該事業者に対し、その取扱いを是正するよう勧告することができる。3　市長は、事業者が第1項の規定による説明若しくは資料の提出を正当な理由なく拒んだとき、又は前項の規定による勧告に従わないときは、規則で定めるところにより、その事実を公表することができる。」同様の例は、非常に多く数えることができる。

35) 例えば、まちの美化を促進する条例として、宮城県塩竈市環境美化の促進に関する条例17条が、同14条「市長は、重点地域内の土地にごみが著しく散乱している場合において、当該土地の占有者等が散乱ごみの清掃その他の環境美化の促進に必要な措置を容易に講ずることができるにもかかわらず、これを行っていないと認めるときは、当該土地の占有者等に対し、期限を定めて、当該措置を講ずべきことを勧告することができる。」を受けて、「市長は、第14条の規定による勧告を受けた者が、正当な理由がなくてその勧告に従わないときは、その旨及びその勧告の内容を公表することができる。」とする例、世田谷区環境美化等に関する条例13条が、同12条1項「区長は、販売事業者等が空き缶等の散乱を防止するための消費者への意識啓発及び回収容器の設置をしていない場合において必要があると認めるときは、当該販売事業者等に対し、当該措置を講ずるよう指導し、及び期限を定めて、当該措置を講ずるよう勧告することができる。」を受けて、「区長は、前条第1項の規定により回収容器の設置に係る勧告を受けた者が、当該勧告に従わない場合において必要があると認めるときは、その旨及び勧告の内容を公表することができる。」と定める例、迷惑駐車の防止に関して、福岡市迷惑駐車の防止に関する条例8条1項「市長は、重点区域内において、事業活動の用に供する自動車等で反復して迷惑駐車をしていると認めるものがあるときは、当該事業者に対し、駐車施設の確保その他迷惑駐車を是正するために必要な措置を講ずるよう勧告することができる。」を受けて、同条4項が「市長は、第1項の規定による勧告をした場合において、当該勧告を受けた事業者が当該勧告に従わないとき、又は前項の規定による報告をしないときは、その旨を公表することができる。」と定める例、仙台市落書きの防止に関する条例が、同3条「何人も、落書きをしてはならない。」の規定に反する者に対する同9条「市長は、第三条の規定に違反した者に対し、必要な措置を講ずるよう勧告することができる。2 市長は、市が管理する施設に落書きが行われた場合には、当該落書きの原因者に対して当該落書きの消去を命ずることができる。」を受けて、同10条が「市長は、前条の規定による勧告又は命令を受けた者が正当な理由なく当該勧告又は命令に従わないときは、その者に意見を述べる機会を与えた上で、その旨を公表することができる。」とする例、群馬県屋外広告物条例25条の2が、1項「知事は、この条例の規定又はこの条例の規定に基づく許可等に付した条件に違反した広告物等を表示し、若しくは設置し、又はこれらを管理する者に対し、期間を定めて当該広告物等の除却その他必要な措置をとるべきことを勧告することができる。」を受けて、同2項が「知事は、前項の規定による勧告を受けた者が、正当な理由がなく当該勧告に従わなかったときは、規則で定めるところにより、その旨を公表することができる。」とする例、空き家条例の分野で福岡県糸島市空き家等の適正管理に関する条例が空き家の適正管理を行わない者に対して、助言又は指導（同6条1項）、勧告（同6条2項）、命令（同7条）を受けて、同8条が「市長は、前条の規定による命令を行ったにもかかわらず、当該空き家等の所有者等が正当な理由なく命令に従わないときは、次に掲げる事項を公表することができる。(1) 命令に従わない者の住所及び氏名（法人にあっては、主たる事務所の所在地、名称及び代表者の氏名）(2) 命令の対象である空き家等の所在地 (3) 命令の内容 (4) その他市長が必要と認める事項」とする例、まちづくりの分野で兵庫県尼崎市住環境整備条例が、大規模開発構想を有する大規模開発事業者に対してまちづくりの方針に適合するよう指導又は助言（同15条の6）、勧告（同15条の7）することを規定したことを受けて、同15条の8第1項が、「市長は、大規模開発事業者が正当な理由なく前条

第1項の規定による勧告に従わないときは、規則で定めるところにより、当該大規模開発事業者の氏名又は名称、第15条の6第1項の規定による指導又は助言及び当該勧告の内容並びにこれらに対する当該大規模開発事業者の対応の状況その他規則で定める事項を公表することができる。」とする例、警察分野では各都道府県の暴力団排除条例に同様の例があるが、京都府暴力団排除条例が、暴力団威圧行為の禁止（同15条）と利益供与の禁止（同16条）に反する行為を行った者又は暴力団員等に対する調査（同22条）、勧告（同23条）を受けて、同24条が「公安委員会は、次の各号のいずれかに該当する場合は、公安委員会規則で定めるところにより、その旨を公表することができる。(1)　第22条第1項の規定により説明又は資料の提出を求められた者が、正当な理由なく当該説明若しくは資料の提出を拒み、又は虚偽の説明若しくは資料の提出をしたとき。(2)　第22条第2項の規定により立入検査の実施を求められた者が当該立入検査を拒み、妨げ、若しくは忌避し、又は同項の規定により質問を受けた者が当該質問に対して答弁せず、若しくは虚偽の答弁をしたとき。(3)　前条第1項の規定により勧告を受けた者が、正当な理由なく当該勧告に従わなかったとき。(4)　前条第2項の規定による事実の報告又は資料の提出をし、かつ、将来にわたって第15条又は第16条の規定に違反する行為を行わない旨の書面を提出した者が、同項の報告若しくは資料の提出について虚偽の報告をし、若しくは虚偽の資料の提出をし、又はそれぞれ提出をした当該書面の内容に反して再び第15条若しくは第16条の規定に違反する行為をしたとき。」とする例、八王子市生活の安全・安心に関する条例が、つきまとい勧誘行為（同7条1項3号）、置き看板等放置行為（同7条1項4号）を禁止し、重点区域においてそれに違反した者に対する指導又は質問（同7条2項）、中止の警告（同9条1項）、文書による勧告（同9条2項）を受けて、同9条3項が「市長は、前項の規定による勧告を行った場合において、その勧告を受けた者が正当な理由なく当該勧告に従わなかったときは、その旨を公表することができる。」とする例、消費者保護の分野では川崎市消費者の利益の擁護及び増進に関する条例が、25条1項で「市長は、不適正な事業行為等のおそれがある場合、又は苦情の処理のあっせん、調停等を行う場合において、調査のために必要があると認めるときは、当該事業者に対し、関係資料の提出を求め、又はその職員をして当該事業者の事務所、営業所その他の事業所に立ち入らせ、書類その他の物件を調査させ、若しくは関係者に質問させること（以下「立入調査」という。）について協力を求めることができる。」と規定し、協力要請に応じない事業者に対して書面による資料の提出又は立入調査への協力の求め（同条2項）を行ってもなお応じないときに、「市長は、事業者が前項の要請を拒んだときは、これに応ずるよう勧告し、必要に応じてその経過を公表することができる。」（同条3項）とする例等、多数がある。

36)　Vgl. Schmidt-Assmann, a.a.O. (Fn.15), S.208. 製品情報の行政による公表に関して、公表される前に、官庁が関係する企業の意見を聞くことは情報法の「標準的な手続」(Prozeduale Standards) であると表現する。

37)　「金融庁長官は、法第百七十八条第一項各号に掲げる事実のいずれかがあると認める場合において、法第百九十二条の二の規定に基づき、当該事実に係る法令違反行為を行った者の氏名を一般に公表しようとするときは、あらかじめ、当該法令違反行為を行った者に対して意見を述べる機会を与えなければならない。」旅行業法施行規則75条も同様に、「法第七十一条の規定に基づき、法令違反行為を行った者の氏名を一般に公表しようとするときは、あらかじめ、当該法令違反行為を行つた者に対して意見を述べ

38) 情報の制裁的公表に際して事前手続の規定を置かない例として、臨床研究法34条2項、がん登録等の推進に関する法律7条2項、消費税の円滑かつ適正な転嫁の確保のための消費税の転嫁を阻害する行為の是正等に関する特別措置法6条、子ども・子育て支援法57条2項、障害者の日常生活及び社会生活を総合的に支援するための法律51条の4第2項、特定化学物質の環境への排出量の把握等及び管理の改善の促進に関する法律15条、介護保険法115条の34第2項、短時間労働者の雇用管理の改善等に関する法律18条2項、育児休業、介護休業等育児又は家族介護を行う労働者の福祉に関する法律56条の2、労働者派遣事業の適正な運営の確保及び派遣労働者の保護等に関する法律49条の2第2項、雇用の分野における男女の均等な機会及び待遇の確保等に関する法律30条、高齢者等の雇用の安定等に関する法律10条3項、海岸法21条の2第4項、社会福祉法56条5項、船員職業安定法99条3項、職業安定法48条の3第3項、児童福祉法21条の5の18第2項等。

39) 広島県行政手続条例30条3項、大阪府交野市個人情報保護条例25条2項等。先に法的根拠の例として挙げた条例はほぼ、事前に意見を述べる機会を付与している。

40) 個人情報保護条例において、個人情報保護審議会の意見を聴くことを規定している例として、埼玉県北本市個人情報保護条例28条4項。審議会の意見を聴くことを付加要件とするほかの例に、尼崎市住環境整備条例15条の7第4項、神奈川県まちづくり条例9条3項、大阪市ヘイトスピーチへの対処に関する条例6条3項等がある。そのほか、福岡県太宰府市男女共同参画推進条例は、苦情の申出を受けた男女共同参画推進委員が、救済の申出に係る状況を是正するために、市長に対し人権侵害に係る状況を公表するよう求めることができるとし（同31条3項）、市長が公表を行うにあたって、当該公表に係る市民又は事業者等に意見を述べる機会を与えている（同32条4項）。川崎市人権オンブズパーソン条例22条もオンブズパーソンに太宰府市男女共同参画推進委員と同様の役割を規定する。

41) 須藤陽子「行政法における比例原則」高木・宇賀編・前掲注(25) 25頁。公表制度の運用に際して比例原則的な考慮を要することにつき、北村・前掲注(13) 90頁以下。

42) 大阪市ヘイトスピーチへの対処に関する条例5条のように、個人ないし団体の表現行為を理由としてその抑止を目的に個人ないし団体の名が公表される場合、公表に際して表現の自由の規制が許されるかという観点からの衡量が必要になる。

43) 例えば、厚生労働省は過労死防止を目的に、違法な長時間労働や過労死等が複数の事業所で認められた企業に対して都道府県労働局長等により指導を実施すると共に企業名を厚生労働省ホームページで公表する措置をとったが（厚生労働省労働基準局長から都道府県労働局長宛平成29年3月30日付通知）、それによれば、掲載期間は公表日から概ね1年間とし、1年以内であっても、①送検事案は、ホームページに掲載を続ける必要性がなくなったと認められる場合と②局長指導事案は、是正及び改善が確認された場合については、速やかにホームページから削除するものとされている。

44) 例えば、公共工事の入札及び契約の適正化の促進に関する法律5条1号は、入札者の商号又は名称及び入札金額、落札者の商号又は名称及び落札金額、入札の参加者の資格を定めた場合における当該資格、指名競争入札における指名した者の商号又は名称その他の政令で定める公共工事の入札及び契約の過程に関する事項を各省各庁の長が公表することを義務づけているが、公表の仕方については通達に委ねられており、それを受け

た平成13年3月30日付国土交通省大臣官房長の各地方整備局長宛通知「工事における入札及び契約の過程並びに契約の内容等に係る情報の公表について」(国官会第1429号・国官地第26号)においては、指名停止措置要領の対象となった業者名、指名停止措置期間、指名停止措置理由等の公表について、「当該措置を行った日の属する年度からその翌々年度まで、当該事項を公表するものとする」と定めている。また、平成24年11月29日に総務省のホームページに公表された総務省近畿管区行政評価局の「国の行政機関におけるネガティブ情報の公表に関する調査に係る調査結果に基づく改善所見の表示(通知)」においては、法令に基づくネガティブ情報の積極的な公表を求め、公表時期の適確化も意見として述べられているが、利害関係人の立場への配慮は述べられていない。
45) 最判昭38・6・4民集17巻5号670頁。
46) 最判平24・2・9民集66巻2号183頁。
47) 神奈川公共的施設における受動喫煙防止条例18条1項「知事は、必要があると認めるときは、前条の規定による勧告に従わない施設管理者が管理する公共的施設の名称、違反の事実その他の規則で定める事項を公表することができる。」、神奈川県秦野市まちづくり条例44条「市長は、必要があると認めるときは、次の各号のいずれかに該当する者の氏名、違反の事実その他規則で定める事項を公表することができる。(1) 第36条の規定により関係図書の提出を求め、若しくは意見を聴く場合、第37条の規定により工事の着手の延期若しくは工事の停止を要請する場合又は第38条第3項の規定により関係図書の提出を求め、若しくは審議会の会議への出席を求めて説明若しくは意見を聴く場合において、その求め又は要請に正当な理由がなく応じない者 (2) 第42条に規定する命令を受けた者 (3) 前条第1項の規定による報告若しくは資料の提出をせず、若しくは虚偽の報告若しくは資料の提出をし、又は同項の規定による立入検査を拒み、妨げ、若しくは忌避した事業者又は工事施行者 (4) 事前協議確認通知書等の内容と異なる環境創出行為をした事業者又は工事施行者」
48) このような勧告に従わない場合のサンクションとして公表を定める場合は、勧告を前置すること自体が比例原則の適用になっているということもできるが、公表の態様に関する比例原則の適用とはいえない。林・前掲注(13)274頁以下が行政指導と制裁的公表の関係を分析している。指導、勧告を経て公表する例として、八王子市生活の安全・安心に関する条例9条、過料、違反の行為の反復を経て公表する例として、那覇市ごみのポイ捨て防止による環境美化促進条例18条1項等があり、勧告に従うための猶予期間を設定し、それを守らなかった場合のサンクションとして公表を予定する例として、児童福祉法21条の5の28第2項、野々市市環境美化推進条例14条2項等がある。
49) 「公安委員会は、前項の規定による公表をするときは、青少年の氏名、住居等が推知されることのないよう必要な配慮をしなければならない。」
50) 情報の制裁的公表の処分性について、天本哲史「行政による制裁的公表の処分性に関わる法的問題に対する研究」桃山法学20・21号(2013年)287頁以下。
51) 情報の制裁的公表に対する国家賠償の問題につき、天本哲史「行政による制裁的公表の国家賠償法1条1項上の違法性判断に対する研究」桃山法学27号(2017年)99頁以下。
52) 大阪高判平16・2・19訟月53巻2号541頁。
53) 食品表示法に基づく食品表示基準(2017年9月改訂)では、原料原産国表示が義務づけられる一方で、日本国内のどこで製造されたかを表示する義務はなく、原産国が流動する場合に明確な表示を行わなくてもよい例外が設けられている。消費者庁の解説は次

のURLを参照。http://www.caa.go.jp/policies/policy/food_labeling/quality/country_of_origin/pdf/country_of_origin_180201_0001.pdf（最終確認2018年11月21日）

54）　情報の公開と公表の義務づけが行政による情報の公表の目的を実現し得ることに関して、阿部・前掲注（28）『行政法解釈学Ⅰ』602頁。

55）　法律に基づくリコールの典型例として、道路運送車両法に基づく自動車のリコールがある。地方自治体の条例に基づくリコールの例としては、東京都食品安全条例がある。

56）　最判昭53・3・14民集32巻2号211頁（主婦連ジュース表示訴訟）、最判平元・4・13判時1313号121頁（近鉄特急料金訴訟）。

57）　東京地判昭53・8・3判時899号48頁（スモン訴訟）等。

58）　最判平元・11・24民集43巻10号1169頁（宅建業法事件）、最判平7・6・23民集49巻6号1600頁（クロロキン薬害訴訟）。ただし、いわゆる薬害エイズ訴訟において国は和解を受け入れている。

59）　原子力発電所の近隣住民の原告適格について最判平4・9・22民集46巻6号571頁（もんじゅ訴訟）、最判平16・4・27民集58巻4号1032頁（じん肺訴訟）、最判平16・10・15民集58巻7号1802頁（水俣病訴訟）。

60）　裁判例について、高橋・前掲注（24）170頁以下。国家賠償請求訴訟においては、在宅投票制廃止事件（最判昭60・11・21民集39巻7号1512頁）以降、確立した最高裁判例によれば、国家賠償請求の違法性要件と故意過失要件を統合した形で「個別の国民に対して負担する職務上の法的義務に違背」することが求められるため、原告が被害を受けた利益が介入を基礎付ける法規範の保護法益に含まれることが必要となっている。このことを抗告訴訟における原告適格の有無（公益と反射的利益の区別）とパラレルに考えるべきなのかどうかは議論があるところであるが（宇賀克也『国家補償法』（有斐閣、1997年）75頁以下等）、行政の不作為の違法性が問われた事案において、最高裁判例では、少なくとも抗告訴訟の原告適格とは異なるアプローチがとられていることが窺える。最高裁判例における不作為の違法の判断基準は、「規制権限の不行使は、その権限を定めた法令の趣旨、目的や、その権限の性質等に照らし、具体的事情の下において、その不行使が許容される限度を逸脱して著しく合理性を欠くと認められるときは、その不行使により被害を受けた者との関係において、国家賠償法1条1項の適用上違法となる」とする裁量権消極的濫用基準であるが、ここでは、原告の利益の保護法益性の問題は、根拠法令の趣旨・目的と権限の性質と被害の状況を相関関係的に判断する枠組みの中に組み込まれていると言える。前掲・注（58）の宅建業法事件においては、「免許制度も、究極的には取引関係者の利益の保護に資するものではあるが、前記のような趣旨のものであることを超え、免許を付与した宅建業者の人格・資質等を一般的に保証し、ひいては当該業者の不正な行為により個々の取引関係者が被る具体的な損害の防止、救済を制度の直接的な目的とするものとはにわかに解し難く、かかる損害の救済は一般の不法行為規範等に委ねられているというべきである」とし、クロロキン薬害訴訟においては、「医薬品の安全性の確保及び副作用による被害の防止については、当該医薬品を製造、販売する者が第一次的な義務を負うものであり、また、当該医薬品を使用する医師の適切な配慮により副作用による被害の防止が図られる」として、加害者に対する行政の介入による被害の救済が被害者による加害者に対する責任追及に対して補充的な関係に立つことが指摘されており、被害を受けた原告の利益が保護範囲に含まれ得ることを前提として、保護の必要性の程度（抗告訴訟の場合であれば、不作為が裁量の逸脱濫用にあたる

かどうかという本案問題）を問題にしているとみることができる。その後の請求認容例において、前掲・注（59）のじん肺訴訟では、「鉱山保安法は、職場における労働者の安全と健康を確保すること等を目的とする労働安全衛生法の特別法としての性格を有」し、「同法の目的、上記各規定の趣旨にかんがみると、同法の主務大臣であった通商産業大臣の同法に基づく保安規制権限、特に同法30条の規定に基づく省令制定権限は、鉱山労働者の労働環境を整備し、その生命、身体に対する危害を防止し、その健康を確保することをその主要な目的」であることが認められ、水俣病訴訟においては、水質二法の「権限は、当該水域の水質の悪化にかかわりのある周辺住民の生命、健康の保護をその主要な目的の一つ」と認められ、熊本県漁業調整「規則が、水産動植物の繁殖保護等を直接の目的とするものではあるが、それを摂取する者の健康の保持等をもその究極の目的とするものである」とされ、最判平26・10・9民集68巻8号799頁（泉南アスベスト訴訟）においては、旧労基法と安衛法に基づく「規制権限は、粉じん作業等に従事する労働者の労働環境を整備し、その生命、身体に対する危害を防止し、その健康を確保することをその主要な目的」であることが認められた。また、結論的に請求は認められていないものの、建築確認申請書の耐震偽装を建築主事が見落としたことを理由とする国家賠償請求について、最判平25・3・26裁時1576号8頁では、「建築確認制度の目的には、建築基準関係規定に違反する建築物の出現を未然に防止することを通じて得られる個別の国民の利益の保護が含まれており、建築主の利益の保護もこれに含まれているといえるのであって、建築士の設計に係る建築物の計画について確認をする建築主事は、その申請をする建築主との関係でも、違法な建築物の出現を防止すべく一定の職務上の法的義務を負う」としている。このように、最高裁判例においては相関関係論的な保護法益性の判断手法がとられていることを考慮すれば、本文で述べたように、問題となる消費者の利益（被害）が生命・健康に関わるような事例においては、消費者の利益の保護法益性が承認されることもあり得るであろう。

61) 公共調達に係る情報共有ネットワークの問題として整理しているものとして、安田・前掲注（19）参照。
62) 地方公共団体の条例では、業者に自主回収の報告義務を課しつつ、回収命令ではなく公表と指導のみを規定する例もある（東京都食品安全条例24条等）。
63) 改正民法562条「引き渡された目的物が種類、品質又は数量に関して契約の内容に適合しないものであるときは、買主は、売主に対し、目的物の修補、代替物の引渡し又は不足分の引渡しによる履行の追完を請求することができる。ただし、売主は、買主に不相当な負担を課するものでないときは、買主が請求した方法と異なる方法による履行の追完をすることができる。」
64) 北村和生ほか『行政法の基本〔第6版〕』（法律文化社、2017年）192頁（高橋明男執筆）。
65) 法的根拠がない場合は、行政は業者に自主的なリコールを促すほかなく、業者が商品の欠陥を認めた場合に初めて、欠陥に関する情報の公表を行い得ると考えるべきであろう。
66) 磯部哲「行政保有情報の開示・公表と情報的行政手法」磯部・小早川・芝池編・前掲注（17）360頁以下は情報保障義務を説き、任務の性質に応じて、必要十分な情報量が供給されるように配慮すること、流れる情報の内容についての正確さ及び公正さを確保すること、タイミング良く情報の流れるように配慮することが求められるとする。

14 公共施設のあり方と統廃合・民営化

三野　靖

1　公共施設をめぐる動向

1　公共施設の状況

　自治体は、道路や橋梁等の土木構造物、上下水道等の公営企業の施設、公園や公営住宅、各種会館や福祉施設等、住民の生活向上や各種政策を推進するためにいわゆる「公共施設」[1]を整備し、住民サービスとして提供し、また住民の利用に供している。公共施設には上記以外にも多種多様なものがあり、その範囲を正確に捉えることは難しいが、総務省の「公共施設状況調経年比較表」で集計している公共施設には、道路、公園、公営住宅、廃棄物処理施設、上下水道等、港湾、漁港、児童福祉施設、幼稚園・認定こども園、老人福祉施設、保護施設、知的障害者援護施設、学校施設、その他施設（各種会館、図書館、博物館、体育施設、診療施設、保健センター、青年の家・自然の家）等が分類されている。本稿では、地方自治法244条に規定する「公の施設」のうち、道路や上下水道等のいわゆるインフラ施設を除き、とくに住民の日常生活に密着した政策分野である福祉や教育、文化等に関する自治体が設置している施設を対象とする。これらの施設の整備状況のいくつかを整理すると次のとおりである（表14-1）。図書館や体育館等、増えている施設もあるが、とくに顕著なのは保育所と老人ホームが減っている点である。10年前と比べてもいずれも3割前後減っている。学校は、小学校と高等学校が10年前と比べてもいずれも1割以上減っている。プールも1割強減っている。

2　公共施設の民営化から統廃合・民間移譲へ

　公共施設の管理運営に関しては、2003年の地方自治法改正により公の施設に指定管理者制度が制度化されたが、総務省の調査[2]によると、2015年4月1日現

表14-1　公共施設の状況

施　設	箇所数（時点）	前年増減（比率）	10年前増減（比率）
保育所	9,425（2016.10.1）	△331（△3.4%）	△3,428（△26.7%）
老人ホーム	719（同）	△32（△4.3%）	△363（△33.5%）
小学校	19,794（2017.5.1）	△217（△1.1%）	△2,626（△11.7%）
中学校	9,479（同）	△76（△0.8%）	△671（△6.6%）
高等学校	3,571（同）	△18（△0.5%）	△405（△10.2%）
各種会館	3,354（2017.3.31）	9（0.2%）	180（5.7%）
図書館	3,295（同）	22（0.7%）	237（7.8%）
博物館	863（同）	2（0.2%）	59（7.3%）
体育館	6,716（同）	68（1.0%）	409（6.5%）
陸上競技場	1,056（同）	△3（△0.3%）	△29（△2.7%）
野球場	4,130（同）	2（0.0%）	24（0.6%）
プール	3,650（同）	△48（△1.3%）	△663（△15.4%）

出典：「地方財政の状況」（総務省、2018.3）より、小学校・中学校「平成29年度学校基本調査」（文部科学省、2017.12）より

在で都道府県6909施設、指定都市7912施設、市区町村6万1967施設、合計7万6788施設で導入されている。都道府県での導入率は、59.9%である[3]。同制度は、公の施設の管理運営を民間企業等に委ねることを可能とする制度であるが、施設そのものを見直す動きが加速している。2015年調査[4]（表14-2）では、「指定管理者の指定を取り消した事例」（696施設）の理由として、「施設の見直し」が343（施設の休止・廃止205、施設の再編・統合16、施設の民間等への譲渡112、施設の民間等への貸与10）施設で48.8%を占める[5]。「指定管理者の指定を取り消した後の管理」（696施設）のうち「休止」43施設、「統合・廃止（民間等への譲渡・貸与を含む）」325施設、合わせて368施設で52.9%を占める。「期間を定めて管理の業務の停止を行った事例」（47施設）の理由として、「施設の見直し（施設の休止・廃止）」が39で81.3%を占める[6]。「指定期間の満了をもって指定管理者制度による管理を取り止めた事例」（1565施設）の理由として、「施設の見直し」が840（施設の休止・廃止303、施設の再編・統合88、施設の民間等への譲渡330、施設の民間等への貸与119）施設で50.2%を占める[7]。「指定期間の満了をもって指定管理者制度による管理を取り止めた後の管理」（1565施設）のうち「休止」50施設、「統合・廃止（民間等への譲渡・貸与を含む）」725施設、合わせて775施設で49.5%を占める。2015年調査以前の同調査も整理すると次のとおりである（表14-3、表14-4）。

14 公共施設のあり方と統廃合・民営化

表14-2 2015年調査（2012年4月2日〜2015年4月1日）
単位：施設数

指定取消の理由703のうち施設の見直し 343（48.8％）	施設の休止・廃止	205
	施設の再編・統合	16
	施設の民間等への譲渡	112
	施設の民間等への貸与	10
取消し後の管理696のうち施設の見直し 368（52.9％）	休止	43
	統合・廃止（民間等への譲渡・貸与を含む）	325
業務停止の理由48のうち施設の見直し 39（81.3％）	施設の見直し（施設の休止・廃止）	39
期間満了取止め理由1,672のうち施設の見直し[8] 840（50.2％）	施設の休止・廃止	303
	施設の再編・統合	88
	施設の民間等への譲渡	330
	施設の民間等への貸与	119
取止め後の管理1,565のうち施設の見直し 775（49.5％）	休止	50
	統合・廃止（民間等への譲渡・貸与を含む）	725

出典：「公の施設の指定管理者制度の導入状況等に関する調査結果」（総務省自治行政局行政経営支援室、2016年3月25日）より作成

表14-3 2012年調査[9]（2009年4月2日〜2012年4月1日）
単位：施設数

指定取消の理由831のうち施設の見直し 382（46.0％）	施設の休止・廃止	192
	施設の再編・統合	57
	施設の民間等への譲渡	121
	施設の民間等への貸与	12
取消し後の管理831のうち施設の見直し 410（49.3％）	休止	60
	統合・廃止（民間等への譲渡・貸与を含む）	350
業務停止の理由51のうち施設の見直し 3（5.9％）	施設の見直し（施設の休止・廃止）	3
期間満了取止め理由1,533のうち施設の見直し[10] 720（47.0％）	施設の休止・廃止	314
	施設の再編・統合	66
	施設の民間等への譲渡	305
	施設の民間等への貸与	35
取止め後の管理1,533のうち施設の見直し 694（45.3％）	休止	82
	統合・廃止（民間等への譲渡・貸与を含む）	612

出典：「公の施設の指定管理者制度の導入状況等に関する調査結果」（総務省自治行政局行政経営支援室、2012年11月6日）より作成

表14-4　2009年調査（2003年9月2日～2009年4月1日）[11]
単位：施設数

指定取消の理由672のうち施設の見直し 173（25.7％）	施設の休止・廃止等	67
	施設の再編・統合	22
	施設の民間譲渡等	83
	施設の管理方針の見直し	1
取消し後の管理672のうち施設の見直し 195（29.0％）	休止・廃止	124
	民間等へ譲渡	67
	民間等へ貸与	3
	他施設との統合	1
業務停止の理由8のうち施設の見直し 2（25.0％）	施設の休止・廃止等	2
期間満了取止め理由1,420のうち施設の見直し[12] 462（32.5％）	施設の休止・廃止等	197
	施設の再編・統合	14
	施設の民間譲渡等	194
	施設の管理方針の見直し	57
取止め後の管理1,420のうち施設の見直し 402（28.3％）	休止・廃止	313
	民間等へ譲渡	64
	民間等へ貸与	22
	他施設との統合	3

出典：「公の施設の指定管理者制度の導入状況等に関する調査結果」（総務省自治行政局行政課、2009年10月23日）より作成

以上の調査結果をまとめると次のようなことがいえる（表14-5）。

　指定管理者制度を導入していた施設で施設の見直しによる指定の取消しや指定期間満了時の同制度の取止めが、2015年3月までに2898施設あり、調査期間ごとに増えている。施設の見直しの理由としては、施設の休止・廃止が1312施設（45.3％）、施設の民間等への譲渡が1145施設（39.5％）と多い。一方、取止め後の状況は、統合・廃止（民間譲渡等含む）が2172施設（76.4％）と圧倒的である。調査期間を通した指定管理者制度を取り止めた施設は、6938施設であるが、そのうちの2898施設（41.8％）が施設の見直しを理由とするものである。指定管理者制度が導入されたときから予測されていたことではあったが、管理運営の民営化に留まらず、自治体が持て余した施設、民間に委ねても採算のとれない施設、民間でさえ手を出さない施設等々、公の施設がなくなっているのである。同制度の隠れた狙いは、ここにあったことが実証されているといえる。

表14-5 施設の見直しによる指定管理者制度取止めの理由・状況

単位：施設数

		2006.9〜2009.3	2009.4〜2012.3	2012.4〜2015.3	計
取り止めの理由	施設の休止・廃止	266	499	547	1,312 (45.3%)
	施設の再編・統合	36	123	106	265 (9.1%)
	施設の民間等への譲渡	277	426	442	1,145 (39.5%)
	施設の民間等への貸与	0	47	129	176 (6.1%)
	計	579	1,095	1,224	2,898 (100%)
取り止め後の状況	休止[13]	437	142	93	672 (23.6%)
	統合・廃止（民間譲渡等含む）	160	962	1,050	2,172 (76.4%)
	計	597	1,104	1,143	2,844 (100%)

出典：2015年調査、2012年調査、2009年調査より作成

3 公共施設の統廃合の推進

　自治体において公の施設の管理運営への指定管理者制度の導入が進む一方、同制度の取止めをきっかけに公の施設の統廃合（民間移譲等を含む）が進んでいるが、国としても公共施設等の老朽化対策を進めるよう自治体に対して対応を求めている。2014年に総務大臣通知[14]を発出し、厳しい財政状況や人口減少等による公共施設等の利用需要の変化を踏まえ、公共施設等の全体状況を把握し、長期的な視点をもって、更新・統廃合・長寿命化などを計画的に行うことにより、財政負担を軽減・平準化するとともに、公共施設等の最適な配置をすることが必要であるとして、「公共施設等総合管理計画」の策定を求めた。

　内容としては、公共施設等の現況および将来の見通し、管理に関する基本的な方針、施設類型ごとの管理に関する基本的な方針を記載することとしている。策定にあたっての留意事項として、あるべき行政サービス水準を検討すること（当該サービスが公共施設等を維持しなければ提供不可能なものであるか（民間代替性））、数値目標の設定（公共施設等の数・延べ床面積等に関する目標）、PPP／PFIの活用、市区町村区域を超えた広域的な検討等を求めている。また、総務省のホームページで更新費用試算ソフトを提供したり、公共施設等の除却、集約化・複合化、転用、長寿命化のための「公共施設等適正管理推進事業債」による財政支援をしたりしている。

　2018年3月31日現在、ほぼすべての自治体が公共施設等総合管理計画を策定済みである。数値目標を設定している自治体は、都道府県11団体（47団体中）、

指定都市12団体(20団体中)、市区町村931団体(1689団体中)、合計954団体(1756団体中)で、半分以上の自治体が数値目標を設定している[15]。なお、国は、個別施設計画を2020年度末までに策定することを求めている[16]。

2 公共施設の法的位置付け

1 「営造物」から「公の施設」へ

現行地方自治法は、「普通地方公共団体は、住民の福祉を増進する目的をもつてその利用に供するための施設(これを公の施設という。)を設けるものとする。」(244条1項)と規定し、「公の施設」という概念を使用している。この概念は、1963年の地方自治法改正(地方自治法等の一部を改正する法律(昭和38年6月8日法律99号))により規定された。それまでは、「営造物」概念で規定されていた[17]。

1947年の地方自治法制定時は、「住民は、この法律の定めるところにより、その属する普通地方公共団体の財産及び営造物を共用する権利を有し、その負担を分任する義務を負う。」(10条2項)、「普通地方公共団体は、法律又は政令に特別の定めがあるものを除く外、財産の取得、管理及び処分並びに営造物の設置及び管理に関する事項は、条例で定めなければならない。」(213条) 等の規定があった。また、1948年の地方自治法改正(地方自治法の一部を改正する法律(昭和23年7月20日法律179号))では、「普通地方公共団体は、条例で定める特に重要な財産又は営造物については、当該普通地方公共団体の選挙人の投票においてその過半数の同意が得られないときは、当該財産又は営造物の独占的利益を与えるような処分又は十年を超える期間にわたる独占的な使用の許可をしてはならない。条例で定めるその他の財産又は営造物について議会において出席議員の三分の二以上の者の同意が得られないときも、また同様とする。」(213条2項)等の規定も追加された。とくに、1948年の地方自治法改正で追加された213条2項は、営造物の独占的な利用等に関しては住民投票でその可否を決定する制度であり、当時の営造物およびその後の公の施設の位置付けを考えるうえで重要な意味を持つ。

そして、1963年の地方自治法改正で、「第九章　財産」「第一節　財産及び営造物」関係規定のうち営造物に関する規定は、「第十章　公の施設」として規定されることになった。

2　「公の施設」と自治制度

　行政権としての「公の施設を設置し、管理し、及び廃止すること。」(地方自治法149条7号)の権限は、長にあるが、公の施設の設置管理については、条例で定めることとしており(244条の2第1項)、いわゆる設置管理条例の制定・改正・廃止については、議会の議決に係らしめている(96条1項1号)。このほかにも、地方自治法は、公の施設に関して多くの場面で議会の関与を規定している。

　条例で定める重要な公の施設につき条例で定める長期かつ独占的な利用をさせる場合には、議会の議決が必要であり(96条1項11号)、そのうち特に重要なものについて、これを廃止し、又は条例で定める長期かつ独占的な利用をさせようとするときは、出席議員の3分の2以上の同意(特別多数議決)が必要である(244条の2第2項)。いずれも、どのような公の施設を対象とするかは、自治体の判断であるが、各種会館等をはじめとする通常の施設も対象としている自治体もある。そのほか、指定管理者制度を導入する場合は、条例で必要な事項を定め(244条の2第3項)、指定にあたっては議会の議決が必要である(6項)。自治体の区域外に公の施設を設置する場合や他の自治体の公の施設を利用する場合は、自治体間の協議について、議会の議決が必要である(244条の3)。公の施設を利用する権利に関する処分の審査請求については、議会に諮問したうえで裁決をしなければならない(却下した場合は、議会への報告が必要)(244条の4)。

　なお、1948年に改正された地方自治法には、営造物の独占的な利用等に関しては住民投票でその可否を決定する制度があったが、現行地方自治法下にあっても、公の施設に関する住民投票制度が検討されたことがある。第30次地方制度調査会では、大規模な公の施設の設置に関して住民投票に付する制度が検討された。条例で定める大規模な公の施設の設置を議会が承認した場合、住民投票を実施し、過半数の同意が得られなければ設置できないとする仕組みであった。しかし、施設の設置場所や規模など多様な論点があるにもかかわらず、設置の是非のみが問われることとなり、手法として適当ではないなどの意見もあり法制化には至らなかった。[18]

　二元代表制の地方自治制度は、一般に強首長主義といわれるが、公の施設に関しては、あらゆる場面で議会の関与に係らしめており、強議会主義といえる。このことは、公共施設の統廃合においては、極めて重要な意味をもってくる。公共施設の統廃合や民営化等(以下、「統廃合等」という。)、公共施設のあり

方についての検討や判断は、長（教育財産については、教育委員会（地教行法21条2号））がすることになるが、決定権は議会に委ねられており、地域住民の代表である議会は、ジレンマに陥ることになろう。

3 公共施設と住民の利用権

1 小学校廃止と保育所廃止の最高裁裁判例

　1963年の地方自治法改正で、「公の施設」は、「住民の福祉を増進する目的をもつてその利用に供する施設」として定義され、自治体は、「正当な理由がない限り、住民が公の施設を利用することを拒んではならない。」(244条2項)、「住民が公の施設を利用することについて、不当な差別的取扱いをしてはならない。」(3項)と規定された。これらの規定は、集会の自由や法の下の平等を公の施設の利用権に関して明文化し、住民の公の施設の利用権を保障したものである。そこで、公共施設の統廃合等と住民の利用権に関して問題となる。

　公共施設の統廃合等に関する最高裁判所の裁判例としては、千代田区立小学校廃止処分取消等請求事件（最判平14・4・25判時229号52頁）（以下、「千代田区最判」という。）および横浜市立保育所廃止処分取消請求事件（最判平21・11・26民集63巻9号2124頁）（以下、「横浜市最判」という。）がある。

　千代田区最判は、区立小学校を統廃合する条例について、「条例は一般的規範にほかならず、上告人らは、被上告人東京都千代田区が社会生活上通学可能な範囲内に設置する小学校においてその子らに法定年限の普通教育を受けさせる権利ないし法的利益を有するが、具体的に特定の区立小学校で教育を受けさせる権利ないし法的利益を有するとはいえないとし、本件条例が抗告訴訟の対象となる処分に当たらないとした原審の判断は、正当として是認することができる。」と判示し、特定の小学校で教育を受けさせる権利・法的利益までは有せず、条例の制定の処分性を認めなかった。

　横浜市最判は、市立保育所を民間に移譲するために市立保育所を廃止する条例について、「条例の制定は、普通地方公共団体の議会が行う立法作用に属するから、一般的には、抗告訴訟の対象となる行政処分に当たるものでないことはいうまでもないが、本件改正条例は、本件各保育所の廃止のみを内容とするものであって、他に行政庁の処分を待つことなく、その施行により各保育所廃

止の効果を発生させ、当該保育所に現に入所中の児童及びその保護者という限られた特定の者らに対して、直接、当該保育所において保育を受けることを期待し得る上記の法的地位を奪う結果を生じさせるものであるから、その制定行為は、行政庁の処分と実質的に同視し得るものということができる。」と判示し、特定の保育所で保育の実施期間が満了するまで保育を受けることを期待し得る法的地位を認め、条例の改正の処分性を認めた。

　公共施設の統廃合等は、当該公共施設の設置管理条例の改正又は廃止（以下、「改廃」という。）によりなされるため、当該条例の改廃による住民の利用権の侵害の有無が争われることになる。そこで、特定の公共施設における利用権について、認めなかった千代田区最判、認めた横浜市最判との関係をどうみるかが問題となる。

　千代田区最判は、1審判決（東京地判平7・12・6判自148号59頁）で、「条例の施行前、その子女を永田町小学校に通学させ、同校において教育を受けさせることができたのは、被告区が永田町小学校を設置し、これを広く一般の利用に供していたことによるものであって、原告らが既得権として主張する永田町小学校で教育を受けるという利益は、単なる事実上の利益に過ぎず、これをもって原告らの権利ないし法的地位と認めることはできない。したがって、永田町小学校の廃止を内容とする本件条例の制定によって、原告らが、その子女を永田町小学校に通学させ同校での教育を受けられなくなるとしても、そのことをとらえて、本件条例が原告らの権利義務ないし法的地位に直接影響を及ぼすものということはできない」とした。

　横浜市最判は、市町村に保育の義務を課した児童福祉法の仕組みを踏まえて、「当該保育所の受入れ能力がある限り、希望どおりの入所を図らなければならないこととして、保護者の選択を制度上保障したもの」と解して、保育所への入所承諾の際に、保育の実施期間が指定されることを踏まえて、「保育所の利用関係は、保護者の選択に基づき、保育所及び保育の実施期間を定めて設定されるものであり、保育の実施の解除がされない限り（同法33条の4参照）、保育の実施期間が満了するまで継続するものである」として、「特定の保育所で現に保育を受けている児童及びその保護者は、保育の実施期間が満了するまでの間は当該保育所における保育を受けることを期待し得る法的地位を有する」とした。

両判決は、関係法令において利用者が特定の公共施設を選択し、継続的に利用することを前提として設計されているか否かが、その法的地位の保障の有無、当該公共施設の条例の改廃が及ぼす影響の評価の違いに表れている。

　横浜市最判における「行政庁の処分と実質的に同視し得るもの」とする点については、条例の内容的特質（本件各保育所の廃止のみを内容とするもの）、法効果の具体性（他に行政庁の処分を待つことなく、その施行により各保育所廃止の効果を発生）、法効果の及ぶ対象者の特定性（当該保育所に現に入所中の児童およびその保護者という限られた特定の者らに対して）、権利侵害性（当該保育所において保育を受けることを期待し得る上記の法的地位を奪う結果を生じさせる）が要素である。「当該保育所において保育を受けることを期待し得る法的地位を奪う結果を生じさせる」との判断は、保護者の保育所選択を保障する児童福祉法の仕組みを前提に「特定の保育所で保育を受ける法的地位」を認め、条例の改廃の処分性を認めたものである[20]。

　一方、千代田区最判に関して、一旦成立した利用関係の継続に関する法的地位を問題としているのであり、それは利用関係成立の契機（利用者の選択を前提とするか否か）によって当然に左右されるものではないとする見解もある[21]。また、学校選択制の制度化に伴い就学指定における具体的な権利性を認める見解もある[22]。

2　その他の裁判例

　横浜市最判以降の公共施設の統廃合等に関する裁判例として、次のようなものがある。

　保育所の民間委託に関する損害賠償事件として、①大阪地判平22・4・15判自338号57頁。保育所の廃止に関する損害賠償事件として、②仙台地判平23・8・30裁判所裁判例情報。特別支援学校の廃止に関する取消訴訟および損害賠償事件として、③大阪地判平24・7・4裁判所裁判例情報、④大阪高判平25・9・12裁判所裁判例情報（③の控訴審）。保育所の廃止に関する執行停止申立事件として、⑤大阪地決平26・3・5判自392号64頁。小学校の統廃合に関する無効等確認訴訟および損害賠償事件として、⑥東京地判平27・5・13判自413号93頁[23]。老人福祉施設の無償譲渡に関する住民訴訟として、⑦鳥取地判平27・10・30、⑧広島高判松江支判平28・6・13（⑦の控訴審）。市立病院の廃止・地方独

立行政法人化に関する取消訴訟等として、⑨広島地判平26・7・16裁判所裁判例情報、⑩広島高判平28・1・20（⑨の控訴審）、⑪最判平28・9・13（⑩の上告審）。同和対策事業の集会所廃止に関する取消訴訟および損害賠償事件として、⑫さいたま地判平28・9・28判自425号10頁。記念館の廃止に関する取消訴訟として、⑬青森地判平29・1・27判時2343号53頁、⑭仙台高判平29・6・23（⑬の控訴審）。ここでは、①②③の各裁判例を取り上げる。

①判決は、市立保育所の運営の民間委託（市立保育所自体は存続し、運営の民間委託）が争われた裁判例であるが、横浜市最判を引用したうえで、次のとおり判示している。

「「保育の実施期間が満了するまでの間は当該保育所における保育を受けることを期待し得る」ことの意味する内容には、保育所での保育自体を終了させられないことや現に保育を受けている保育所から別の保育所に移籍させられないことに対する期待が含まれることはもとより、保育所の運営主体をみだりに変更されないことに対する期待も含まれるものと解するのが相当であり、このことは市町村が当該保育所の設置主体であり続けるか否かによって区別されないというべきである。けだし、保護者による保育所の選択は、当該保育所で行われる保育の具体的内容を踏まえて行われるのが通常であり、その際に抱いていた期待も一定の限度で法的保護に値するものとみるべきところ、保育所の運営主体の変更は、一般に、当該保育所で行われる保育の具体的内容の変更に結び付き得るものといえるからである。」

「そして、法によって保育に係る責務を負っている市町村が具体的な保育所の設置や運営をどのように行うかについては、その運営を自ら行うか、民間法人等に委託するかの選択も含めて、保育に対するニーズのほか財政的制約その他諸般の事情を考慮した上での政策的な裁量判断にゆだねられているというべきであるが、民間法人等に運営を委託することの目的やそこから得られるメリットと、それによって生じる保育内容の変更、児童及び保護者に与えた影響とを対比して、その判断が合理性を欠くような場合には、児童及びその保護者の保育を受けることを期待し得る法的地位が違法に侵害されたものとして裁量違反となり、国家賠償法上も違法と評価すべきである。また、民間法人等への運営委託が裁量違反に当たるか否かを判断するに当たっては、児童の保育を受けることを期待し得る法的地位という被侵害利益の性質にかんがみ、運営委託の実施過程における手続・方法の妥当性もしんしゃくする必要があるというべきである。」

「さらに、保護者が保育の実施期間が満了するまでの間は当該保育所における保育を受けることを期待し得る法的地位を有することからすれば、法33条の4が規定する保育の実施を解除する場合のみならず、当該保育所の保育内容において重要な変更がされる場合にも、当該変更の適否の問題とは別に、あらかじめ、変更の理由について

説明を受け、その意見を述べることが、上記法的地位の一内容として法的保護に値するものと解される。そして、ここでいう保育内容の重要な変更には、上記で述べたところから、保育所の運営主体の変更も含まれ、このことは市町村が当該保育所の設置主体であり続けるか否かによって区別されないというべきである。」

「もっとも、市町村が設置する保育所の設置又は運営をいかに行うかが市町村の裁量判断にゆだねられていることは上記で述べたとおりであり、民間法人等への運営の委託を含め、当該保育所の入所児童やその保護者の同意がない限りそれをなし得ないものと解することはできないから、保育内容に係る変更の理由についての説明や意見聴取をどのような形で行うかについても、結局は市町村の裁量判断にゆだねられるべき事柄であり、それが国家賠償法上違法と評価されるのは、虚偽の事実を述べ又は重要な事実を隠ぺいした場合や、意見を述べる機会を一切与えない場合又はこれと同視すべき場合等、保護者の法的地位に対する配慮を著しく欠いた、明らかに不合理な措置がとられた場合に限られるというべきである。」

「本件運営委託の目的やそこから得られるメリット、その実施過程における手続・方法を踏まえた上で、保育内容の変更、児童及び保護者に与えた影響といった諸点をみる限り、本件運営委託を実施したことが合理性を欠いていたとはいえず、そこに裁量違反はないというべきであり、被告が保育実施期間満了まで当該保育所における保育を受けることを期待し得る原告らの法的地位を違法に侵害したと評価することもできない。」

本判決は、「特定の保育所で保育の実施期間が満了するまで保育を受けることを期待し得る法的地位」には、保育所の運営主体を変更されないことも含まれるとしたうえで、運営の方法は、政策的な裁量判断に委ねられ、民間委託の目的やメリットと保育内容の変更、児童・保護者に与えた影響を比較較量して、合理性を欠く場合は違法となるとする。また、児童の保育を受けることを期待し得る法的地位という被侵害利益の性質に鑑み、民間委託の実施過程における手続・方法の妥当性も斟酌する必要があり、変更理由について説明を受け、意見を述べることも法的地位の一内容として法的保護に値するとする。ただ、その方法は、市町村の裁量判断に委ねられ、国家賠償法上違法となるのは、虚偽の事実を述べたり、重要な事実を隠ぺいしたり、意見を述べる機会を一切与えない場合等、保護者の法的地位に対する配慮を著しく欠いた明らかに不合理な措置がとられた場合に限られるとする。

②判決は、市立保育所を廃止し、新たに設置される民間の保育所への移管が争われた裁判例である。児童福祉法の仕組みを踏まえ、「児童福祉法は、保護者による保育所の選択を制度上保障し、特定の保育所で保育の実施を受ける利

益を尊重すべきものとしている」としたうえで、保育所の廃止について、地方自治法に244条の2以外に公の施設の廃止の制限規定がないこと、児童福祉法も児童福祉施設の廃止を前提とした規定があることを示し、次のとおり判示している。

　「児童福祉法は、入所者がいる児童福祉施設の廃止を予定しているものと解される。これに加えて、公立保育所も公の施設であるから、住民全体の利益に適う有効利用がされるべきであり、保育所の利用は長ければ6年間に及び、当該保育所を取り巻く諸情勢に変化が生じることは避け難く、もともと入所時に定める保育期間も入所時における見込期間という性質を有するのである。そして、市町村の有する限られた資産等を有効利用する必要性があることを考慮すると、保護者が有する上記法的利益について、保育所の廃止を許さない絶対無制約のものと解することはできず、市町村が設置する保育所の廃止は、基本的には設置者の合理的な裁量判断に委ねられているものと解するのが相当である。」

　「保育所の設置者である普通地方公共団体が保育所を廃止するか否かの判断に当たり、公立保育所で実現可能なことはまず公立保育所で実現努力するという保育所廃止回避義務あるいは保育所廃止回避努力義務があるとはいえない。もっとも、保育所の廃止に係る上記設置者の裁量権はもとより無制約に許容されるわけではなく、普通地方公共団体が、公立保育所を廃止・民営化するか否かの判断に当たっては、当該地方公共団体における財政状況、保育環境等を合理的に考慮したものである必要がある」

　「被告を取り巻く保育の状況、予算の効率的配分、被告全体の保育行政の充実等を勘案し、A保育所を廃止・民営化することとしたのであり、A保育所を廃止・民営化すること自体については合理性を欠くとはいえず、被告がA保育所を廃止・民営化したこと自体をもって国家賠償法上違法と評価されるのではないというべきである」

　「公立保育所を廃止・民営化する場合、当該保育所に入所している児童の保護者の保育所選択等の利益を侵害することになるだけでなく、上記児童を取り巻く環境に少なからぬ影響を及ぼすことが不可避であるから、公立保育所の廃止・民営化に当たっては、適切な移管先法人を選定し、同法人に対して円滑な引継ぎを行い、児童に対する適切な保育を実施できるような措置を講じ、児童の心身に十分配慮した適切な措置を講ずるなどの配慮を行うとともに、保護者の懸念・不安を軽減する配慮を行うべき義務を負っているというべきであり、この義務に違反した場合には、国家賠償法1条1項の適用上違法となる」

　「被告は、本件民営化に当たり、適切な移管先法人を選定し、同法人に対して円滑な引継ぎを行い、児童に対する適切な保育を実施できるような措置を講じ、児童の心身に十分配慮した適切な措置を講ずるなどの合理的な配慮をするとともに、保護者の懸念・不安を軽減する合理的な配慮をしていたと認められるのであり、配慮義務違反に係る原告の主張は採用することができない」

本判決は、保護者が有する法的利益について、保育所の廃止を許さない絶対無制約のものではなく、保育所の廃止は設置者の合理的な裁量判断に委ねられているとし、保育所廃止回避義務があるとはいえないとしたうえで、保育所の廃止・民営化の判断に当たっては、当該自治体の財政状況、保育環境等を合理的に考慮する必要があるとする。一方、保育所の廃止・民営化は、保育所選択等の利益を侵害し、児童を取り巻く環境に影響を及ぼすため、適切な移管先法人を選定し、円滑な引継ぎを行い、適切な保育を実施できるような措置を講じ、児童の心身に十分配慮した適切な措置を講ずるなど、保護者の懸念・不安を軽減する配慮義務を負うとする。

③判決は、市立特別支援学校（A校）を廃止し、別の市立特別支援学校に転入することになったことが争われた裁判例である。

まず、学校教育法等の規定を踏まえて、「視覚障害者等に該当する児童生徒は、市町村又は都道府県が設置する特別支援学校に就学し、法定の年限、当該児童生徒の障害に応じた特別支援教育を受ける権利を有し、その保護者は、上記教育を受けさせる権利又は法的利益を有しているということができる。」としたうえで、次のとおり判示している。

> 「市町村が設置する特別支援学校に就学する際、当該市町村の設置する特別支援学校が2校以上ある場合には、小学校又は中学校が2校以上ある場合（学校教育法施行令5条2項）と同じく、当該市町村の教育委員会において、当該視覚障害者等を就学させるべき特別支援学校を指定して保護者に対する入学期日の通知を行うものと解される。」

> 「そうであるところ、この市町村又は都道府県の教育委員会が行う特別支援学校の指定については、保育の実施に係る児童福祉法24条等と異なり、学校教育法及びその関連法令において、視覚障害者等の児童生徒又はその保護者の選択権を認め又はその選択を制度上保障する規定は置かれていない。」

> 「このような特別支援学校の指定に関する学校教育法及びその関連法令に基づく仕組みに照らすと、前述のとおり、認定就学者を除く視覚障害者等に該当する児童生徒は、市町村又は都道府県が設置する特別支援学校に就学し、法定の年限、当該児童生徒に応じた特別支援教育を受ける権利を有し、その保護者は、これを受けさせる権利又は法的利益を有しているということはできるものの、それを超えて、学校教育法等が、当該児童生徒及びその保護者に対し、特定の特別支援学校において特別支援教育を受ける権利及び受けさせる権利又は法的利益までも保障していると解することはできない。」

「そうすると、視覚障害者等に該当する児童生徒が、特定の特別支援学校に就学することにより、当該児童生徒と地方公共団体との間に当該特別支援学校の利用関係が生じたとしても、当該利用関係は、当該児童生徒又はその保護者の選択権に基づいて設定されたものではなく、当該地方公共団体の教育委員会の指定通知に基づいて設定され、当該学校の廃止等の事情がない限り、法定の年限に満つるまで事実上継続するものにすぎないのであって、当該児童生徒及びその保護者は、当該特定の特別支援学校において、法定の年限に満つるまで特別支援教育を受けることを期待し得る法的地位を有するということはできない。」

　「したがって、特別支援学校の廃止を内容とする条例の制定行為については、これにより現に当該特別支援学校において教育を受けている児童生徒が、社会通念上特別支援学校において障害に応じた特別支援教育を受けることができなくなるような場合でない限り、当該児童生徒及びその保護者の法的地位に影響を及ぼすものではないということができる。」

　「A学校に就学し現に教育を受けていた児童生徒は、同校が廃止されてもなお、被告が設置するB学校等において、病弱者を対象とする特別支援教育を受けることが可能であったのであり、そうであれば、本件改正条例の制定は、A学校に在籍していた児童生徒及びその保護者の、特別支援学校において当該児童生徒の障害に応じた特別支援教育を受ける権利及び受けさせる権利又は法的利益を何ら侵害するものではない。」

　本判決は、特別支援学校で法定年限の特別支援教育を受ける一般的な権利は認めたうえで、特別支援学校の指定に関する学校教育法等の仕組みからは、特定の特別支援学校で法定年限の特別支援教育を受ける権利までは保障していないとし、特別支援学校の利用関係は、児童生徒・保護者の選択権に基づいて設定されたものではなく、教育委員会の指定通知に基づいて設定され、法定の年限に満つるまで事実上継続するものにすぎないとした。

　市町村教育委員会が都道府県教育委員会に特別支援学校に就学させる者の氏名を通知する際に、保護者の意見を聴くものとする規定（学校教育法施行令18条の2）から特定の特別支援学校で教育を受ける権利を有するとの原告の主張に対して、都道府県教育委員会への通知の際に保護者等の意見を聴くことを定めているにとどまり、就学の通知および就学校の指定（同施行令14条1項・2項）の際に保護者等の意見を聴くこととされているものではなく、学校の選択に係る意見を聴取するものではなく、就学者として認定するかどうかの判断に当たって、児童生徒等の身体状況や教育的ニーズを把握するために保護者等の意見を聴取することを定めた規定であるとした。

国家賠償法上の違法性については、次のように判示している。

　「特別支援学校を含めた学校の設置や廃止は、他の学校の設置状況、教育施策の在り方、財政状況等、諸般の事情を総合的に考慮して判断すべき性質のものであって、都道府県及び市町村の合理的な裁量に委ねられている」
　「特別支援学校は、視覚障害者等の障害のある児童生徒に対してひとしくその障害の程度に応じた内容の義務教育を受ける機会を保障するとともに、障害の程度に応じた教育の実現として、障害による学習上又は生活上の困難を克服し、自立を図るために必要な知識技能を授ける場を提供することを目的として設置されるものと認められるから、地方公共団体に付与された特別支援学校設置に関する権限は、このような特別支援学校の設置の理念及び趣旨に沿って行使されるべきである。さらに、学校教育法施行規則15条が、特別支援学校の廃止等の認可の申請は、廃止の事由及び時期並びに児童生徒の処置方法を記載した書類を添えてしなければならないと規定していることからすれば、特別支援学校の廃止に当たっては、当該特別支援学校に在籍する児童生徒の教育を受ける権利が不当に害されることのないよう配慮し、しかるべき代替措置を講じることが求められているということができる。」
　「以上からすれば、市町村による特別支援学校の廃止については、上記のような特別支援学校設置の理念及び趣旨に照らして著しく不合理であり、さらに、当該特別支援学校に現に在籍する児童生徒に対する適切な代替措置が講じられないなど、障害を有する児童生徒の教育を受ける権利を著しく侵害するような場合には、その裁量権の範囲を超え又はこれを濫用したものとして、違法となるというべきである。」

　本事案においては、特別支援教育に関する教育基本法の理念および学校教育法の趣旨等を没却するものではなく、裁量権の踰越濫用はないとした。

3　裁判例にみる公共施設における住民の利用権

　千代田区最判と横浜市最判では、関係法令が特定の公共施設を選択し、継続的に利用することを前提として設計されているか否かが、その法的地位の保障の有無、当該公共施設の条例の改廃が及ぼす影響の評価の違いに表れている。
　①判決は、特定の保育所で実施期間が満了まで保育を受ける法的地位に保育所の運営主体を変更（民間委託）されないことも含まれるとしたうえで、メリット・デメリットを比較較量して合理性を欠く場合は違法となり、民間委託の過程における手続・方法の妥当性も斟酌する必要があり、説明を受け、意見を述べることも法的地位として認める。
　②判決は、保護者が有する法的利益について、保育所の廃止を許さない絶対

無制約のものではなく、保育所の廃止は設置者の合理的な裁量判断に委ねられているとし、保育所廃止回避義務があるとはいえないとする一方、保育所の廃止・民営化は、保育所選択等の利益を侵害するため、移管先法人の選定や引継ぎ等の適切な措置を講ずる義務を負うとする。

③判決は、特別支援学校の指定に関する学校教育法等の仕組みからは、特定の特別支援学校で法定年限の特別支援教育を受ける権利までは保障していないとし、利用関係は、児童生徒・保護者の選択権に基づくものではなく、教育委員会の指定通知に基づくもので、法定年限まで事実上継続するものにすぎないとする。

以上を総合すると、公共施設における住民の利用権の法的保障については、次の点がポイントである。①関係法令が特定の公共施設の選択と継続的な利用を前提とした設計になっていること、②保育所のようにそのような前提になっている場合、民間委託の是非とその手続も法的地位に含まれること、③学校のようにそのような前提になっていない場合でも、利用可能な代替施設等の措置が講じられる必要はあり、そうでない場合は利用権を侵害すること、④そのほか、公園や各種会館等、誰もが自由に利用ができる施設では、より一般的な利用権に留まること（会館について⑫判決）[24]。

4 公共施設の統廃合等の課題

以上、公共施設をめぐる動向、公共施設の法的位置付け、公共施設と住民の利用権についてみてきた。公共施設をめぐる動向では、保育所と老人施設の減少がとくに大きく、学校とプールも減少傾向にあること、指定管理者制度を取り止めた施設のほぼすべてが統廃合等によるものであること、ほぼすべての自治体が公共施設等総合管理計画を策定し、半数以上の自治体が数値目標を設定していることなどについて整理分析した。公共施設の法的位置付けでは、地方自治法上の営造物概念から公の施設概念への変遷、同法改正の経緯において独占的利用に関する住民投票制度があったこと、現行地方自治法上も公の施設に関してはあらゆる場面で議会の関与に係らしめており、強議会主義をとっていることについて言及した。公共施設と住民の利用権では、関係法令が特定の公共施設の選択と継続的な利用を前提とした設計になっているか否かが具体的な

利用権を保障しているかのポイントであることなどを裁判例を通じて整理した。
　少子高齢化、人口減少、公共施設の老朽化、自治体財政のひっ迫等の状況のなか、公共施設の統廃合等は、やむを得ない面があることは否定できないが、議論を進めるうえで留意すべき点を付言してまとめとする。
　一つは、公共施設の統廃合等の議論は、自治体も住民も「総論賛成、各論反対」になりがちなことである。自治体における全体的な公共施設のあり方については、公共施設等総合管理計画の策定において総務企画系の部署が大所高所の観点から取りまとめても、あくまでも基本的な方針等に留まり、個別の公共施設の統廃合等までは踏み込めていない自治体が多い。個別の公共施設を所管する担当部署は、利用者や関係団体、管理団体等の利害関係者が背後にあり、ときには担当部署にとっても既得権益的な側面もあり、統廃合等に消極的な対応をとることもありうる。そのため、自治体組織内外において、合意形成が極めて困難な状況に陥ることになる。その結果、自治体周辺部の公共施設や利用者の少ない公共施設を狙い撃ち的に統廃合等することになって、公共施設間や地域間のアンバランスや不平等感がより統廃合等の合意形成を難しくするのではないか。[25]
　二つは、議会での議論の重要性である。公共施設の統廃合等の検討は、長や教育委員会の執行機関主導で行われており、そこでの情報公開や住民の意見の集約はもとよりであるが、最終的な決定権は議会に委ねられており、議会での審議の充実度は、議会の住民代表機能、住民意思の統合機能のバロメーターになろう。公共施設の統廃合等のように利害関係が対立する問題でこそ、議会および議員の役割が発揮されるべきであろう。
　三つめは、住民の利用権に配慮した議論の必要性である。
　現在の公共施設の統廃合等の動きおよびその視点は、もっぱら公共施設マネジメントの観点からのものであり、公共施設の数・面積、維持管理費用等の数量的な面から公共施設のあり方を問うものである。これ自体を否定するものではないが、いわば公共施設を営造物概念的にハコ物としてしか捉えない利用者不在の観点である。住民の福祉を増進するために利用に供する公共施設概念から捉え直し、公共施設の意義、法的位置付けを踏まえて、住民の利用権に配慮した施設のあり方を議論する視点が必要である。

14　公共施設のあり方と統廃合・民営化

【注】
1)　「公共施設」の概念として、「行政主体が公共の福祉を維持増進するという目的のために、人民の利用に供するために設ける施設」(原龍之助『公物営造物法〔新版〕』(有斐閣、1974年) 361頁)。本稿では、一般的には「公共施設」と表し、地方自治法上の用語としては「公の施設」と表す。
2)　「公の施設の指定管理者制度の導入状況等に関する調査結果」(総務省自治行政局行政経営支援室、2016年3月25日)(以下、「2015年調査」という。)。
3)　公の施設数11,525に対する導入数6,909の割合である。2015年調査では、指定都市および市区町村については、公表されていない。「地方行政サービス改革の取組状況等に関する調査等(平成30年3月28日公表)」(総務省自治行政局行政経営支援室、2018.3)では、22施設類型の導入率が公表されており、都道府県では多くの施設類型で割合が高いが、図書館は11.3％と低く、指定都市でも多くの施設類型で割合が高いが、図書館は23.5％と低く、市区町村では宿泊休養施設88.2％、休養施設75.6％、特別養護老人ホーム74.7％等は高いが、全体的には高くなく、公営住宅13.3％、図書館17.4％と低い。
4)　以下の件数は、2012年4月2日から2015年4月1日の期間の数値である。
5)　回答数は703施設となっており、複数回答があるものと思われる。
6)　回答数は48施設となっており、複数回答があるものと思われる。
7)　回答数は1,672施設となっており、複数回答があるものと思われる。
8)　公営住宅法に基づく管理代行制度への移行1が含まれている。
9)　2012年4月1日現在の調査(「公の施設の指定管理者制度の導入状況等に関する調査結果」(総務省自治行政局行政経営支援室、2012年11月6日))では、2009年4月2日から2012年4月1日の期間の数値である。
10)　公営住宅法に基づく管理代行制度への移行296が含まれている。
11)　2009年4月1日現在の調査(「公の施設の指定管理者制度の導入状況等に関する調査結果」(総務省自治行政局行政課、2009年10月23))では、指定の取消しは、2006年9月2日から2009年4月1日の期間の数値である。
12)　公営住宅法に基づく管理代行制度への移行588が含まれている。
13)　2006.9～2009.3は、休止・廃止。
14)　「公共施設等の総合的かつ計画的な管理の推進について」(総財務第74号、平成26年4月22日)
15)　「公共施設等総合管理計画の主たる記載内容等をとりまとめた一覧表(平成29年3月31日現在)」(総務省)
16)　「経済・財政再生計画改革工程表2017改訂版」(経済財政諮問会議、平成29年12月21日)
17)　市制町村制(1888年(明治21年))の「凡市住民タル者ハ此法律ニ従ヒ公共ノ営造物並市有財産ヲ共用スル権利ヲ有シ及ビ市ノ負担ヲ分任スルノ義務ヲ有スルモノトス」(6条2項)等の規定にさかのぼる。以下、(財)地方自治総合研究所監修『逐条研究　地方自治法Ⅳ』(敬文堂、2000年) 384-426頁参照。
18)　「地方自治法改正案に関する意見」(第30次地方制度調査会、平成23年12月15日)
19)　但し、「上告人らの子が通学していた区立小学校の廃止後に新たに設置され就学校として指定を受けた区立小学校は、上告人らの子らにとって社会生活上通学することができる範囲内にないものとは認められない」としたうえでの判示である。
20)　久保茂樹「公立保育所の廃止を内容とする条例の処分性」ジュリスト1420号(2011年)

293

63頁。
21) 「就学指定は保護者に対し具体的にその子女を特定の学校に就学させる義務を生じさせる効果を有するもの、すなわち営造物である特定の小学校に具体的利用関係を生じさせるものであるから、保護者はその子女を当該学校で法定の義務年限は授業を受けさせる権利乃至法的利益を有すると解され、条例による当該小学校の廃止によって、直接、これを利用する利益を失うことになる」(大津地判平4・3・30判タ794号86頁)とした判決の方が親和性が高いとする(石塚武志「判例研究」法学論叢168巻5号(2011年)84頁)。
22) 髙橋滋「行政判例研究」自治研究87巻2号(2011年)156頁。
23) 学校選択制が導入された自治体における判決であるが、条例の改廃の処分性の判断において考慮されていない(藤原孝洋・古田隆「学校統廃合計画と条例制定は「処分」に当たらず」判例地方自治416号(2017年)6頁参照)。
24) 原・前掲注(1)473頁は、法律上、利用関係が強制される義務教育関係の施設のみでなく、病院等、本来受益的性質をもつものであっても、施設の利用が住民の日常生活と密接に結びついているものである限り、従来の利用者の日常生活が著しく不便になり、あるいは具体的な生活利益が侵害される場合には、廃止処分の取消しを求める訴えの利益を有するとする。
25) 香川県地方自治研究センター「公共施設のあり方研究会」(「行政の民営化と自治体行政の変容──指定管理者制度と公の施設のあり方を通して」(基盤研究(C) 16K03293)に基づく研究会)による自治体ヒアリングおよび現地調査を実施した。

■執筆者紹介（執筆順、※は編者）

金　海龍（キム　ヘリョン）	韓国外国語大学名誉教授	1
ヤン・ツィーコウ	シュパイヤー行政大学教授	2
※人見　剛（ひとみ　たけし）	早稲田大学大学院法務研究科教授	3
前田　萌（まえだ　もえ）	立命館大学政策科学部授業担当講師	4
村上　博（むらかみ　ひろし）	広島修道大学法学部教授	5
※岡田正則（おかだ　まさのり）	早稲田大学大学院法務研究科教授	6
荒木　修（あらき　おさむ）	関西大学法学部教授	7
角松生史（かどまつなるふみ）	神戸大学大学院法学研究科教授	8
川合敏樹（かわいとしき）	國學院大學法学部教授	9
※野呂　充（のろ　みつる）	大阪大学高等司法研究科教授	10
北見宏介（きたみこうすけ）	名城大学法学部准教授	11
磯村篤範（いそむらあつのり）	島根大学大学院法務研究科教授	12
髙橋明男（たかはしあきお）	大阪大学法学研究科教授	13
三野　靖（みの　やすし）	香川大学法学部教授	14
※石崎誠也（いしざきせいや）	新潟大学名誉教授	

Horitsu Bunka Sha

現代行政とネットワーク理論

2019年2月15日　初版第1刷発行

編　者　野呂　充・岡田正則
　　　　人見　剛・石崎誠也

発行者　田靡純子

発行所　株式会社　法律文化社

〒603-8053
京都市北区上賀茂岩ヶ垣内町71
電話 075(791)7131　FAX 075(721)8400
http://www.hou-bun.com/

印刷：西濃印刷㈱／製本：㈱藤沢製本
装幀：谷本天志

ISBN978-4-589-03987-3

©2019 M. Noro, M. Okada, T. Hitomi, S. Ishizaki
Printed in Japan

乱丁など不良本がありましたら、ご連絡下さい。送料小社負担にてお取り替えいたします。
本書についてのご意見・ご感想は、小社ウェブサイト、トップページの「読者カード」にてお聞かせ下さい。

JCOPY　〈出版者著作権管理機構　委託出版物〉
本書の無断複写は著作権法上での例外を除き禁じられています。複写される場合は、そのつど事前に、出版者著作権管理機構（電話 03-5244-5088、FAX 03-5244-5089、e-mail: info@jcopy.or.jp）の許諾を得て下さい。

中川義朗著
行政法理論と憲法
A5判・300頁・6000円

憲法に対する行政法の従属性と自立性に着目し、両者の関係を問いなおす。著者がこれまで行政法総論および個別行政法について発表してきた諸論稿をベースに、新規の描き下ろし論考も加えて、行政法総論体系に対応するよう構成・配置。

須藤陽子著
過料と不文の原則
A5判・182頁・3800円

「過料とは何か」また「なぜ過料なのか」につき、立法史・学説史からその変遷を考察。行政法と刑法がクロスする領域から「行政罰」「秩序罰」の目的と内実を問い、その生成と展開を立法および理論から追究。広く法領域を横断し根源的に問うことで過料制度におけるすべての論点を明示する。

君塚正臣著
司法権・憲法訴訟論
〈上巻〉〈下巻〉
A5判・626頁・10000円／A5判・772頁・11000円

戦後日本の司法権・憲法訴訟論における法理、法解釈の主要論点のすべてを考察。日本国憲法の下で裁判所が法的および憲法判断を行う際のルールを解明し、司法の在り方への理論的・実務的な要請に応える。

手塚崇聡著
司法権の国際化と憲法解釈
―「参照」を支える理論とその限界―
A5判・270頁・5600円

自国の憲法解釈をする際に国際法規範を取り入れる方法のひとつである「参照」に焦点をおき、その方法と実態をカナダ最高裁の実践手法を具体的に明らかにしつつ考察。「参照」の正当性や司法の国際化にとっての「参照」の意義を探求する。日本の司法にも示唆を与える論考。

深澤龍一郎・大田直史・小谷真理編
公共政策を学ぶための行政法入門
A5判・258頁・2500円

公共政策の策定・実現過程で行政法が果たす役割を丁寧に解説した入門教科書。交通一斉検問等を取り上げる入門編では、「法律による行政」や「行政裁量」など基礎的概念を解説。応用編ではごみ屋敷対策等、行政の現場で直面する応用課題を概説。条文の読み方、専門用語の解説や実務家の補論を掲載。

板垣勝彦著
公務員をめざす人に贈る 行政法教科書
A5判・296頁・2500円

行政法の全体像をコンパクトに描き、公務員志望者のニーズに応えたテキスト。行政法で問題となる紛争類型を4タイプで示すなどの工夫をすることで、ほとんどの事例に対応できる。です・ます調の丁寧な説明で、読み物として楽しみながら知識が身に付く。

―法律文化社―

表示価格は本体（税別）価格です